周易研究经典丛书

《周易注疏》校勘

[唐] 孔颖达 撰 郭彧 校勘

华龄出版社
HUALING PRESS

责任编辑：郑建军　董　巍
责任印刷：李未圻

图书在版编目（CIP）数据

《周易注疏》校勘 / (唐) 孔颖达撰；郭彧校勘 -- 北京：华龄出版社，2019.1

ISBN 978-7-5169-1355-0

Ⅰ. ①周… Ⅱ. ①孔… ②郭… Ⅲ. ①《周易》—研究 Ⅳ. ①B221.5

中国版本图书馆 CIP 数据核字 (2018) 第 295051 号

书　　名：《周易注疏》校勘
作　　者：(唐) 孔颖达 撰　郭彧 校勘

出 版 人：胡福君
出版发行：华龄出版社
地　　址：北京市东城区安定门外大街甲 57 号　**邮　编：**100011
电　　话：010-58122241　**传　真：**010-58122264
网　　址：http://www.hualingpress.com

印　　刷：鸿博昊天科技有限公司
版　　次：2019 年 1 月第 1 版　2019 年 4 月第 1 次印刷
开　　本：710 × 1000　1/16　**印　张：**23.75
字　　数：292 千字
定　　价：88.00 元

目录

日本國寶級藏書周易注疏校勘記

周易注疏底本與諸參校本圖片

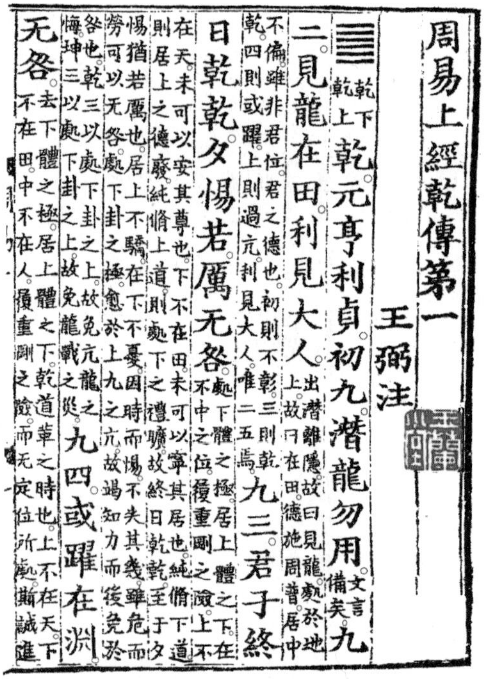

周易上經乾傳第一

王弼注

☰乾下乾上　乾元亨利貞初九潛龍勿用 文言備矣 九二見龍在田利見大人 出潛離隱故曰見龍處於地上故曰在田德施周普居中不偏雖非君位君之德也初則不彰三則乾乾四則或躍上則過亢利見大人唯二五焉 九三君子終日乾乾夕惕若厲无咎 處下體之極居上體之下在不中之位履重剛之險上不在天未可以安其尊也下不在田未可以寧其居也純脩下道則居上之德廢純脩上道則處下之禮曠故終日乾乾至于夕惕猶若厲也居上不驕在下不憂因時而惕不失其幾雖危而勞可以无咎處下卦之極愈於上九之亢故竭知力而後免於咎也乾三以處下卦之上故免亢龍之悔乾四以處上卦之下故免龍戰之災 九四或躍在淵无咎 去下體之極居上體之下乾道革之時也上不在天下不在田中不在人履重剛之險而无定位所處斯誠進

右宋代刻本周易注（單注本）注參校本之一

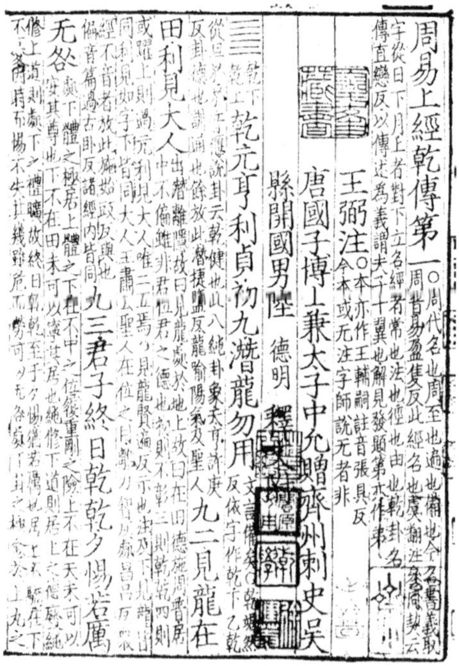

右宋代刻本周易注附音義本注 參校本之二

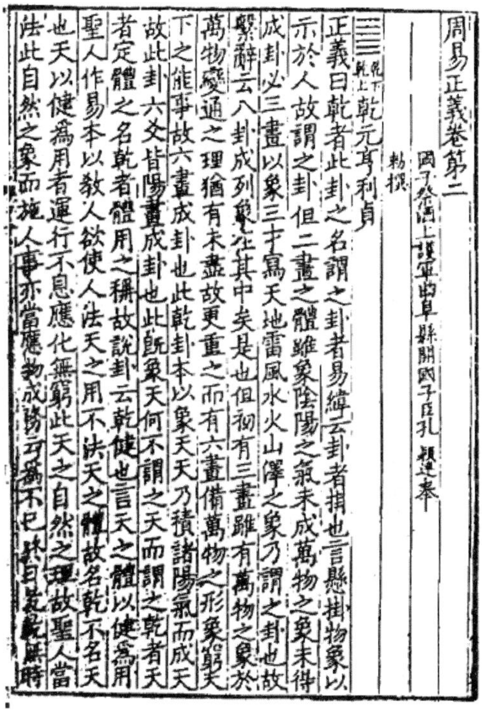
周易正義卷第二
國子祭酒上護軍曲阜縣開國子臣孔穎達奉
勅撰
☰☰乾下乾上 乾元亨利貞
正義曰乾者此卦之名謂之卦者易緯云卦者掛也言懸掛物象以示於人故謂之卦但二畫之體雖象陰陽之氣未成萬物之象未得成卦必三畫以象三才寫天地雷風水火山澤之象乃謂之卦也故繫辭云八卦成列象在其中矣是也但初有三畫雖有萬物之象於萬物變通之理猶有未盡故更重之而有六畫備萬物之形象窮天下之能事故六畫成卦也此乾卦本以象天天乃積諸陽氣而成天故此卦六爻皆陽畫成卦也此既象天何不謂之天而謂之乾者天者定體之名乾者體用之稱故說卦云乾健也言天之體以健為用聖人作易本以教人欲使人法天之用不法天之體故名乾不名天也天以健為用者運行不息應化無窮此天之自然之理故聖人當法此自然之象而施人事亦當應物成務云為不已終日乾乾無時

右宋代刻本周易正義（單疏本）疏參校本之一

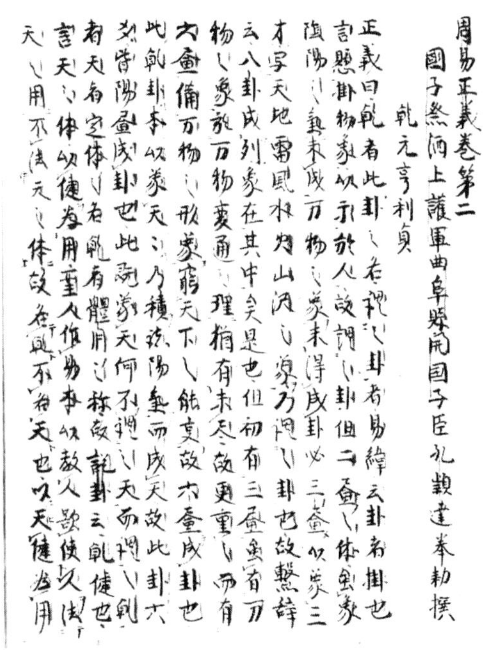
周易正義卷第二
國子祭酒上護軍曲阜縣開國子臣孔穎達奉勅撰
乾元亨利貞
正義曰乾者此卦之名謂之卦者易緯云卦者掛也言懸掛物象以示於人故謂之卦但二畫之体雖象陰陽之氣未成万物之象未得成卦必三畫以象三才寫天地雷風水火山澤之象乃謂之卦也故繫辭云八卦成列象在其中矣是也但初有三畫雖有万物之象於万物變通之理猶有未盡故更重之而有六畫備万物之形象窮天下之能事故六畫成卦也此乾卦本以象天天乃積諸陽氣而成天故此卦六爻皆陽畫成卦也此既象天何不謂之天而謂之乾者天者定体之名乾者體用之稱故說卦云乾健也言天之体以健為用聖人作易本以教人欲使人法天之用不法天之体故名乾不名天也以天健為用

右日本寫本周易正義（單疏寫本）疏參校本之二

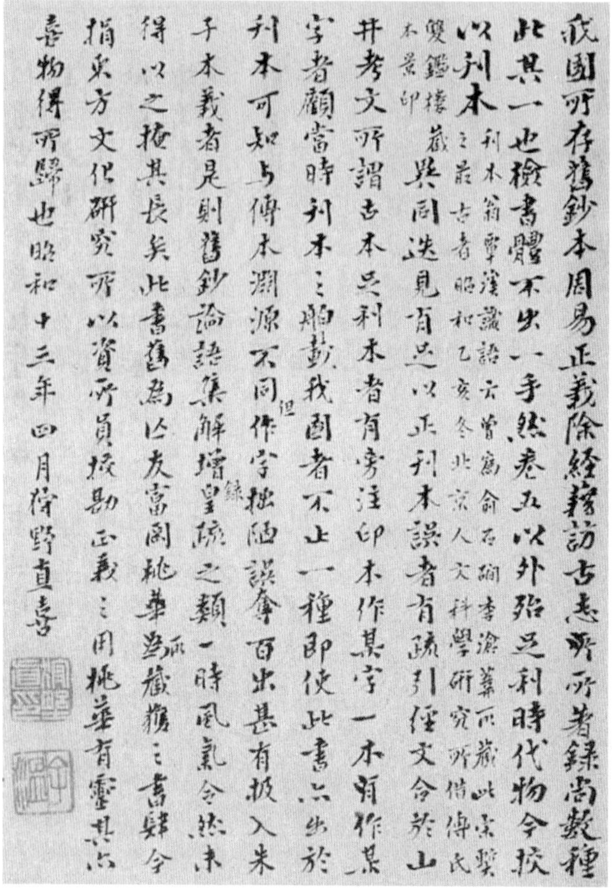

我國所存舊鈔本周易正義除經籍訪古志所著錄尚數種此其一也檢書體不出一手然卷五以外殆足利時代物今校以刊本（刊本翁覃溪識語云曾為俞石磵李滄葦所藏此宋槧之最古者昭和乙亥冬北京人文科學研究所借傳氏雙鑑樓藏本景印）與同迭見有足以正刊本誤者有疏引經文合於山井考文所謂古本足利本者有旁注印本作某字一本有作某字者顧當時刊本之㸦勘我國者不止一種即使此書亦出於刊本可知與傳本淵源不同作字拙陋誤奪百出甚有攙入朱子本義者是則舊鈔論語集解增錄皇疏之類一時風氣令然未得以之掩其長矣此書舊為亡友富岡桃華遺藏鬻之書肆今捐東方文化研究所以資所員校勘正義之用桃華有靈其亦喜物得所歸也昭和十三年四月狩野直喜

右日本狩野直喜關于寫本之跋

欽定四庫全書

周易注疏卷一

魏王弼注　唐陸德明音義　孔穎達疏

上經乾

乾下乾上

乾元亨利貞音義乾竭然反依字作乾下乙乾從旦放亨許庚反卦德正義曰乾者此卦之名謂之卦者也訓通也餘放此疏易緯云卦者掛也言懸掛物象以示於人故謂之卦但二畫之體雖象陰陽之氣未成萬物之象未得成卦必三畫以象三才寫天地雷風水火

欽定四庫全書　周易注疏　卷一　一

山澤之象乃謂之卦也故繫辭云八卦成列象在其中矣是也但初有三畫雖有萬物之象於萬物變通之理猶有未盡故更重之而有六畫備萬物之形象窮天下之能事故六畫成卦也此乾卦本以象天天乃積諸陽氣而成天故此卦六爻皆陽畫成卦也此既象天何不謂之天而謂之乾者天者定體之名乾者體用之稱故說卦云乾健也言天之體以健為用聖人作易本以教人欲使人法天之用不法天之體故名乾不名天也天以健為用者運行不息應化无窮此天之自然之理故聖人當法此自然之象而施人事亦當應物成務云為不已終日乾乾无時懈倦所以因天象以教人事於物象言之則純陽也天也於人事言之則君也父也以其居尊故在諸卦之首為易理之初但聖人名卦體例不同或則以物象而為卦名者若否泰剝頤鼎之屬是也或以象之所用而為卦名者即乾坤之屬是也如此之類多矣雖取物象乃以人事而為卦名者即家人歸妹

右清代文淵閣四庫本周易注疏（四庫閣本）注疏参校本之一

欽定四庫全書薈要卷四　經部

周易注疏卷一

魏王弼注　唐陸德明音義　孔穎達疏

上經乾

乾下乾上

乾元亨利貞音義乾竭然反依字作乾下乙乾從旦放亨許庚反卦德正義曰乾者此卦之名謂之卦者也訓通也餘放此疏易緯云卦者掛也言懸掛物象以示於人故謂之卦但二畫之體雖象陰陽之氣未成萬物之象未得成卦必三畫以象三才寫天地雷風水火

欽定四庫全書　周易注疏　卷一　一

山澤之象乃謂之卦也故繫辭云八卦成列象在其中矣是也但初有三畫雖有萬物之象於萬物變通之理猶有未盡故更重之而有六畫備萬物之形象窮天下之能事故六畫成卦也此乾卦本以象天天乃積諸陽氣而成天故此卦六爻皆陽畫成卦也此既象天何不謂之天而謂之乾者天者定體之名乾者體用之稱故說卦云乾健也言天之體以健為用聖人作易本以教人欲使人法天之用不法天之體故名乾不名天也天以健為用者運行不息應化无窮此天之自然之理故聖人當法此自然之象而施人事亦當應物成務云為不已終日乾乾无時懈倦所以因天象以教人事於物象言之則純陽也天也於人事言之則君也父也以其居尊故在諸卦之首為易理之初但聖人名卦體例不同或則以物象而為卦名者若否泰剝頤鼎之屬是也或以象之所用而為卦名者即乾坤之屬是也如此之類多矣雖取物象乃以人事而為卦名者即家人歸妹

右清代四庫全書薈要周易注疏（薈要本）注疏参校本之二

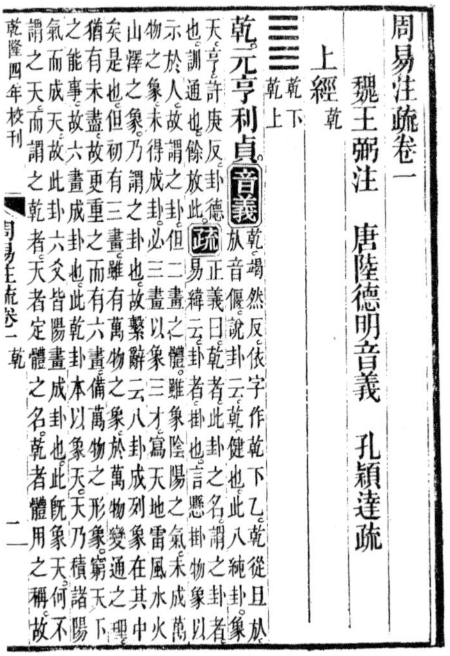

周易注疏卷一

魏王弼注　唐陸德明音義　孔穎達疏

上經　乾

☰☰ 乾下乾上

乾元亨利貞【音義】乾竭然反依字作乾下乙乾從且㫃㫃音偃說卦云乾健也此八純卦象天亨許庚反卦德也訓通也餘放此【疏】正義曰乾者此卦之名謂之卦者易緯云卦者掛也言懸掛物象以示於人故謂之卦但二畫之體雖象陰陽之氣未成萬物之象未得成卦必三畫以象三才寫天地雷風水火山澤之象乃謂之卦也故繫辭云八卦成列象在其中矣是也但初有三畫雖有萬物之象於萬物變通之理猶有未盡故更重之而有六畫備萬物之形象窮天下之能事故六畫成卦也此乾卦本以象天天乃積諸陽氣而成天故此卦六爻皆陽畫成卦也此既象天何不謂之天而謂之乾者天者定體之名乾者體用之稱故

乾隆四年校刊

周易注疏卷一　乾　　二

右清代武英殿本周易注疏（武英殿本）注疏參校本之三

周易注疏卷第一

國子祭酒上護軍曲阜縣開國子臣孔穎達奉

勑撰

☰☰ 乾下乾上 乾元亨利貞【疏】正義曰乾者此卦之名謂之卦者易緯云卦者掛也言懸掛物象以示於人故謂之卦但二畫之體雖象陰陽之氣未成萬物之象未得成卦必三畫以象三才寫天地雷風水火山澤之象乃謂之卦也故繫辭云八卦成列象在其中矣是也但初有三畫雖有萬物之象於萬物變通之理猶有未盡故更重之而有六畫備萬物之形象窮天下之能事故六畫成卦也此乾卦本以象天天乃積諸陽氣而成天故此卦六爻皆陽畫成卦也此既象

右日本足利學校藏宋代刻本周易注疏再造本　注疏整理之底本

凡例

漢代，周易、尚書、毛詩、周禮、春秋合稱五經。唐代，周易、尚書、毛詩、周禮、儀禮、禮記、春秋左傳、春秋公羊傳、春秋谷梁傳合稱九經。宋代，周易、尚書、毛詩、周禮、儀禮、禮記、春秋左傳、春秋公羊傳、春秋谷梁傳、論語、孝經、爾雅、孟子合稱十三經。十三經注疏，始於南宋。南宋紹興年間兩浙東路茶鹽司刻有周易注疏十三卷。

今見最早十三卷周易注疏藏本，是日本足利學校所藏南宋陸游之子陸子遹朱點標閱本。是書之所以於1955年被日本列為國寶級藏書，則因為該書自元代以來，我國沒有完整善本收藏。今國家圖書館所藏十四卷周易注疏，乃清代陳鱔據明代孫景芳所藏補刻十二卷（缺第一卷）及錢求赤寫本第一卷再補刻成十三卷，陳氏又加入周易正義前唐長孫無忌五經正義表、孔穎達周易正義序和八論為第一卷，厘定為十四卷。

北宋王堯臣崇文總目記：『周易正義十四卷，唐太尉長孫無忌與諸儒刋定。宋朝端拱初，國子司業孔維等奉詔是正。』南宋陳振孫直齋書録解題記：『周易正義十三卷。』于是，清代編纂十三經注疏，於周易注疏提要曰：『周易正義十卷，魏王弼晉韓康伯註，唐孔穎達疏。此書初名易贊，後詔改正義。然卷端又題曰兼義，未喻其故。序稱十四卷，唐志作十八卷，書録解題作十三卷，此本十卷，乃與王韓注本同。殆後人從注本合併歟？』翰林院侍讀朱良裘卷一考證曰：『按此，孔穎達所著正義十四卷之首卷也。通論易義不在經疏傳疏之列，故館閣書目不數之，謂止十三卷。併此則為十四，非書有缺也。』唐孔穎達所撰周易正義，本是十四卷。周易白文加入魏王弼周易注和唐孔穎達周易正義，是為南宋紹興年間兩浙東路茶鹽司所刻周易注疏，原本十三卷。何以清代四庫臣如此混淆不清？皆是沒有得見真正南宋刻本周易注疏之緣故。

自清代乾隆、阮元乃至如今北大編纂十三經注疏之周易注疏，皆與真正南宋刻本周易注疏相去甚遠。尤其是阮元以南宋十行周易兼義本為底本整理『周易注疏』，所謂『脱』『訛』『衍』『刪』『補』『改』等，多有似是而有不當之處。之所以如此，并非水平問題，乃因不見真宋正刻周易注疏底本所造成。如何在十三經注疏方面搞出一部真正的周易注疏，應該是歷史賦予的重任。

日本足利學校所藏周易注疏十三卷，為南宋陸游兒子陸子遹傳標本。陸子遹『手標以朱點』的時間，始于南宋理宗紹定六年（1233）十一月，終于端平二年（1235）正月。余經多方輾轉，終于如願以償得到日本足利學校遺跡圖書館後援會于一九七三年（昭和48年）再造周易注疏二冊。

此次校點南宋周易注疏（簡稱注疏本），以日本足利學校遺跡圖書館後援會再造周易注疏為底本。『注』以南宋刻王弼韓康伯周易注（簡稱單注本）及周易注附陸德明音義本（簡稱注附音本）為參校本。『疏』以北宋刻南宋遞修孔穎達周易正義（簡稱單疏本）和日本弘治永祿間大字手寫周易正義（簡稱寫本）為參校本。合『注』與『疏』則另參校清乾隆十一年四庫全書薈要周易注疏本（簡稱薈要本）、乾隆四十一年文淵閣四庫全書周易注疏本（簡稱四庫閣本）及同治十年廣東書局重刊武英殿十三經注疏之周易注疏本（簡稱武英殿本）。清代各本內容同者，則統稱四庫本。因阮元周易注疏本及劉承幹周易正義本多有舛誤，故不列為參考。

今整理是書，繁體豎排，經文、注文與疏文采用不同字體（包括疏文引用之經文及注文內容），一律用圓圈句讀，不加任何現代標點符號。於書後列出校勘記，指出各本或脱或訛或衍等處，予以或補或改或刪。宋代避諱字仍舊，己、巳、已等相似字徑改。

南宋初刻本周易注疏校勘記

郭彧

卷第一

第一頁

①乾卦符號及『乾下乾上』四小字，單疏本、四庫本有。寫本無。

第三頁

①『正義曰』之上，單疏本、寫本有『初九潛龍勿用』六字。

第四頁

①『比潛龍始起在建子之月於義恐非也』，單疏本、清薈要本、武英殿本同。寫本、四庫閣本『此』字皆作『此』。上句『諸儒皆以爲舜始漁於雷澤舜之時當堯之世堯君在上不得爲小人道盛』，意思是比如『舜始漁於雷澤舜之時』於義恐非。作『比』是。

②『彖云』，單疏本、寫本同。四庫本作『彖曰』。

③『從無』，單疏本、寫本及四庫本皆作『從无』。

第五頁

①『放此』，單疏本、四庫本同。寫本誤作『敢此』。

②『倣效』，單疏本、寫本作『倣効』，四庫本作『放效』。

第六頁

①『所以重錢』，單疏本、寫本同。四庫本作『所以重體』。

②『故交其錢』，單疏本、寫本同。四庫本作『故交其體』。

③『正義曰』之上，單疏本、寫本有『九二見龍至大人』七字。

④『且一之與二俱爲地道』，單疏本、寫本同。四庫本作『且初之與二俱爲地道』。

⑤『二在一上』，單疏本、寫本同。四庫本作『二在初上』。

第七頁

①『出潛至五焉』五字，單疏本、寫本有。四庫本無。
②『處於地上』之『上』字原脱，據單疏本、寫本及四庫本補。
第八頁
①『二為大夫』，單疏本、清薈要本、武英殿本同。寫本及四庫閣本作『二為大人』。
第九頁
①『仍有陽在』，單疏本、四庫本同。寫本作『仍有陽存』。
第十頁
①『正義曰』之上，單疏本、寫本有『九三君子至无咎』七字。
②『處下至之災』五字，單疏本、寫本有。四庫本無。
第十二頁
①『可與幾也』，單疏本、四庫本同。寫本作『可與言幾也』。
②『王以九三與上九相並』，單疏本、寫本同。四庫本誤作『正以九三與上九相並』。
③『持疑猶豫』，單注本、注附音本同。四庫本作『持疑猶與』。
④『正義曰』之上，單疏本、寫本有『九四或躍在淵无咎』八字。
第十三頁
①『躍在於淵』，單注本、注附音本同。四庫本作『躍於在淵』。

②『去下體至无咎也』七字，單疏本、寫本有。四庫本無。

③『上下皆无定位所處也』，寫本、四庫本同。單疏本誤作『上下皆无定住所處也』。

第十四頁

①『但逼迫於下』，寫本、四庫本同。單疏本作『但逼迫在下』。

②『持疑猶豫』，單注本、注附音本同。單疏本、寫本及四庫本作『遲疑猶豫』。

③『用心存公』，單疏本、四庫本同。寫本作『用心在公』。

④『正義曰』之上，單疏本、寫本有『九五飛龍在天利見大人』十字。

第十五頁

①『不行至亦宜乎』六字，單疏本、寫本有。四庫本無。

②『上九亢陽之至天上而極盛』，原脫『上』字，據單疏本、寫本補。『至天上而極盛』，四庫本作『至大而極盛』。

③『純陽進極』，寫本同。單疏本、四庫本作『純陽雖極』。

第十六頁

①『元吉』二字，單疏本原為空格，寫本有，四庫本無。據復卦初九爻辭補。

②『正義曰』之上，單疏本、寫本有『用九見羣龍无首吉』八字。

③『九天』之上，單疏本、寫本有『注九天之德也正義曰』九字，四庫本只有『注正義曰』五字。

第十七頁

①『正義曰』之上，單疏本、寫本有『彖曰大哉至咸寧』七字。

第十九頁

①『此明乘駕六龍各分其事』，單疏本、寫本同。四庫本作『此名乘駕六龍各分其事』。

第二十頁

①『天也至則邪』五字，單疏本、寫本有。四庫本無。

第二十一頁

①『則正直不傾邪也』，單疏本、寫本有。四庫本作『正直不傾邪也』。

②『莊氏云彖者發首則歎美卦者』，單疏本、寫本同。四庫本作『莊氏云彖有發首則歎美卦者』。

第二十二頁

①『則豫卦彖云』，單疏本、寫本同。四庫本作『則豫卦歎云』。

②『恐學者之徒勞心不曉也』，寫本、四庫本同。單疏本作『恐牽者之徒勞心不曉也』。

③『正義曰』之上，單疏本、寫本有『象曰天行至不息』七字。

④『但萬物之體』，寫本、四庫本同。單疏本作『釋為物之體』。

⑤『釋此卦之所象』，寫本、四庫本同。單疏本作『釋其卦之所象』。

第二十三頁

①『乾是用名』，單疏本、寫本同。四庫本作『乾則用名』。

第二十四頁

①『火在水上未濟也』，寫本、四庫本同。單疏本誤作『火在水上末濟也』。

第二十七頁

①『正義曰』之上，單疏本、寫本有『潛龍至不可久』六字，四庫本無。

②『自此已下至盈不可久』九字，單疏本、寫本有。四庫本無。

③『是夫子釋六爻之象辭』，單疏本、寫本同。四庫本作『此夫子釋六爻之象辭』。

第二十八頁

①『舉初以見末』之『末』字，原誤作『未』，據單疏本、寫本及四庫本改。

第二十九頁

①『正義曰』之上，單疏本、寫本有『文言曰至利貞』六字。

②『當謂釋二卦之經文』，寫本及四庫本同。單疏本作『當謂飾二卦之經文』。

第三十頁

①『自君子以成德爲行至其唯聖人乎』原作『自君子以成德爲行至其其唯聖人乎』，衍一『其』字，據單疏本、寫本及四庫本删。

第三十一頁

①『於時配夏』，寫本、四庫本同。單疏本誤作『於是配夏』。

②『土則分王四季』，寫本、四庫本同。『土』單疏本誤作『士』，『王』寫本誤作『於』。

③『法天之元德』原誤作『法天之亢德』，據單疏本、寫本及四庫本改。

第三十三頁

①『乃始云利貞者』，單疏本、四庫本同。寫本作『於下云利貞者』。

②『或在事後者』，單疏本、寫本及武英殿本同。薈要本、四庫閣本作『或在事後言』。

第三十四頁

①『隨時曲變』，單疏本、四庫本同。寫本作『隨時由變』。

第三十五頁

①『利是利益也』，單疏本、四庫本同。寫本作『利是益利也』。

②『正義曰』之上，單疏本、寫本有『初九曰潛龍勿用至潛龍也』十一字。

③『此第二節』，單疏本、寫本同。四庫本誤作『此第一節』。

第三十六頁

①『潛隱避世』，單疏本、寫本同。四庫本作『隱潛避世』。

②『心志守道』，原脫『志』字，據單疏本、寫本及四庫本補。

第三十七頁

①『正義曰』之上，單疏本、寫本有『九二曰見龍至君德也』九字。

第三十八頁

①『正義曰』之上，單疏本、寫本有『九三曰君子至雖危无咎矣』十一字。

第三十九頁

①『知至至之可與幾者』，單疏本、四庫本同。寫本作『知至至之可與言幾者』。

②『既居上卦之下而不犯凶咎』字，單疏本、寫本同。四庫本作『既居上卦之下而不凶咎』。

第四十頁

①『是故居上位而不驕者』，單疏本、四庫本同。寫本作『是故居上退位而不驕者』，衍『退』字。

②『處一體至知終者乎』八字，單疏本、寫本有。四庫本無。

第四十一頁

①『注明夫至不憂也正義曰』十字，單疏本、寫本有。四庫本無。

②『注處事至无咎正義曰』九字，單疏本、寫本有。四庫本無。

第四十二頁

①『正義曰』之上，單疏本、寫本有『九四曰或躍至故无咎』九字。

第四十三頁

①『但九四於前進多於九三』，單疏本、寫本同。四庫本作『但九四欲前進多於九三』。

②『正義曰』之上，單疏本、寫本有『九五曰飛龍至其類也』九字。

③『同聲相應已下至各從其類也』十二字，單疏本、寫本有。四庫本無。

④『若天欲雨而柱礎潤是也』，單疏本、寫本同。四庫本作『若天欲雨而礎柱潤是也』。

第四十六頁

①『正義曰』之上，單疏本、寫本有『上九曰亢龍至有悔』八字。

②『聖人設誡』，單疏本、寫本同。四庫本作『聖人設戒』。

第四十七頁

①『處上至其義』五字，單疏本、寫本有。四庫本無。

第四十八頁

①『正義曰』之上，單疏本、寫本有『潛龍勿用至天下治也』九字。

第四十九頁

①『故云天下治也』，『也』字原脫。據單疏本、寫本及四庫本補。

②『此一章至可知也』七字，單疏本、寫本有。四庫本無。

③『貌恭心恨』，單疏本、寫本同。四庫本作『貌恭心狠』。

第五十頁

①『龍潛龍見之義』六字，單疏本脫，四庫本有。寫本作『龍潛見之義』。

②『正義曰』之上，單疏本、寫本有『潛龍勿用至見天則』八字。

第五十二頁

①『正義曰』之上，單疏本、寫本有『乾元至天下平也』七字。

第五十三頁

①『不為至性情也』六字，單疏本、寫本有。四庫本無。

第五十四頁

①『初末雖无正位』，單疏本、寫本同。四庫本作『初上雖无正位』。

②『正義曰』之上，單疏本、寫本有『君子以成至弗用也』八字。

第五十五頁

①『是文言第六節』，單疏本、四庫本同。寫本作『是文言第五節』。

②『所以今日潛者』，單疏本、四庫本同。寫本作『所以今曰潛者』。

③『以時未可見』字，寫本、四庫本同。單疏本誤作『以時末可見』。

④『下文即云行而未成』，單疏本、寫本同。四庫本作『下又即云行而未成』。

第五十六頁

①『正義曰』之上，單疏本、寫本有『君子學以至君德』七字。

②『正義曰』之上，單疏本、寫本有『九三重剛至无咎』七字。

第五十七頁

①『正義曰』之上，單疏本、寫本有『九四重剛至故无咎』八字。

第五十八頁

①『故心惑之也』，單疏本、武英殿本同。寫本、薈要本、四庫閣本、作『故心或之也』。

②『经稱或是疑惑之辭』，單疏本、四庫本同。寫本作『经稱或是疑或之辭』。

③『正義曰』之上，單疏本、寫本有『夫大人至鬼神乎』七字。

第五十九頁

①『正義曰』之上，單疏本、寫本有『亢之為至聖人乎』七字。

卷第二

第六十一頁

①『正義曰』之上，單疏本、寫本有『坤元亨至安貞吉』七字。

②『但乾坤合體之物』，單疏本、寫本同。四庫本作『蓋乾坤合體之物』。

第六十二頁

①『言地之為體』，單疏本、四庫本同。寫本作『言坤之為體』。

②『此假象以明人事』，單疏本、四庫本同。寫本作『是假象以明人事』。

第六十三頁

①『坤貞至牝馬之貞』七字，單疏本、寫本有。四庫本無。

第六十四頁

①『注西南至貞吉正義曰』九字，單疏本、寫本有。四庫本無。

②『坤位在西南』，單疏本、寫本同。四庫本作『坤位居西南』。

第六十五頁

①『正義曰』之上，單疏本、寫本有『象曰至哉至無疆』七字。

②『與乾相連』，單疏本、寫本同。四庫本作『與乾相通』。

③『論坤元之德也』，單疏本、寫本同。四庫本作『論坤元之義也』。

第六十六頁

①『以陰在物之先』，單疏本、寫本同。四庫本作『以陰在事之先』。

②『若夫行至難矣』六字，單疏本、寫本有。四庫本無。

第六十七頁

①『正義曰』之上，單疏本、寫本有『象曰地勢至載物』七字。

②『地形不順其勢順』七字，單疏本、寫本有。四庫本無。

③『則以初為潛』之下，四庫本接『象曰履霜堅冰陰始凝也馴致其道至堅冰也』。

④『正義曰』之上，單疏本、寫本有『初六履霜堅冰至』七字。

第六十八頁

①『象曰』至『冰也』十八字，四庫本在前注『為潛』之下。

②『正義曰』之上，單疏本、寫本有『象曰履霜至冰也』七字。

③『夫子所作象辭』至『慎終于始也』一段疏文，四庫本接前疏文『是其義也』之後，并無『正義曰』三字。

④『不敢干亂先聖正經之辭』，四庫本同。單疏本、寫本作『不敢于亂先聖正經之辭』。

第六十九頁

①『故分爻之象辭』，寫本、四庫本同。單疏本誤作『故分文之象辭』。

②『分經之年與傳相附』，單疏本、四庫本同。寫本作『分經之年與傳年相附』。

③『不可不制其節度』，寫本、四庫本同。單疏本誤作『不可不制其尊度』。

④『正義曰』之上，單疏本、寫本有『六二直方至光也』七字。

⑤『直方大不習无不利者』九字，單疏本、寫本有。四庫本無。

第七十頁

①『居中至地質』五字，單疏本、寫本有。四庫本無。

②『正義曰』之下，四庫本有『居中得正極於地質者』九字。

③『注動而至質也正義曰是』十字，單疏本、寫本有。四庫本無。

④『質以直方』之上，四庫本有『動而直方任其質者』八字。

第七十一頁

①『正義曰』之上，單疏本、寫本有『六三含章至光大也』八字。

第七十二頁

①『三處至有終也』六字，單疏本、寫本有。四庫本無。

②『正義曰』之上，單疏本、寫本有『六四括囊至不害也』八字。

③『由其謹慎』，單疏本、寫本同。四庫本作『施其謹慎』。

④『處陰至之道』五字，單疏本、寫本有。四庫本無。

第七十三頁

①『正義曰』之上，單疏本、寫本有『六五黄裳至文在中』八字。

②『故云文在中』，單疏本、寫本同。四庫本作『故云文在其中』。

第七十四頁

①『黄中至美之至也』七字，單疏本、寫本有。四庫本無。

②『正義曰』之上，單疏本、寫本有『上六龍戰至道窮也』八字。

③『故曰于野』，單疏本、四庫本同。寫本作『故曰戰于野』。

④『陰之至戰于野』六字，單疏本、寫本有。四庫本無。

第七十五頁

①「正義曰」之上，單疏本、寫本有「用六至大終也」六字。

②「則是柔而又圓」，單疏本、四庫本同。寫本無「是」字。

③「正義曰」之上，單疏本、寫本有「文言至時行」五字。

第七十六頁

①「則上云履霜堅冰是也」，單疏本、四庫本同。寫本作「則上云履霜堅冰至是也」。

②「又地能生物」，寫本、四庫本同。單疏本誤作「爻地能生物」。

③「即不敢為物之先」，寫本、四庫本同。單疏本誤作「即不敢為如之先」。

④「正義曰」之上，單疏本、寫本有「積善至言順也」六字。

第七十七頁

①「由辯之不早辯者」，二「辯」字，單疏本、四庫本同。寫本分別作「辨」與「弁」。

②「辯明之事不早分辯」，二「辯」字，單疏本、四庫本同。寫本皆作「辨」。

③「正義曰」之上，單疏本、寫本有「直其正至疑其所行」八字。

第七十八頁

①「故曰即不疑其所行」，單疏本、寫本同。四庫本「故曰不疑其所行」。按文言當作「故曰則不疑其所行」。

②『正義曰』之上，單疏本、寫本有『陰雖有美至代有終』八字。

③『此一節』原作『此此一節』，衍『此』字，據單疏本、寫本及四庫本删。

第七十九頁

①『若或從王事』，單疏本、寫本同。四庫本作『苟或從王事』。

②『正義曰』之上，單疏本、寫本有『天地變至言謹也』七字。

③『互而相通』，單疏本、寫本同。四庫本作『互文相通』。

第八十頁

①『正義曰』之上，單疏本、寫本有『君子黄至之至也』七字。

②『正義曰』之上，單疏本、寫本有『陰凝於至地黄』六字。

第八十一頁

①『故爲陽所傷而見滅也』，單疏本、寫本同。四庫本作『故爲陽所傷而見血也』。

②『正義曰』之上，單疏本、寫本有『屯元亨至建侯』六字。

第八十二頁

①『正義曰』之上，單疏本、寫本有『彖曰屯剛至不寧』七字。

第八十三頁

①『二盈也』，單疏本、寫本同。四庫本作『一盈也』。

②『雷雨至所為』五字，單疏本、寫本有。四庫本無。

第八十四頁

①『注屯體至建侯正義曰』九字，單疏本、寫本有。四庫本無。

②『造物之始始于冥昧者』，單疏本同。寫本及四庫本作『造物之始始於冥昧者』，與注文同。

③『正義曰』之上，單疏本、寫本有『象曰云雷至經綸』七字。

④『鄭玄云』，單疏本、四庫本同。寫本作『鄭玄曰』。

第八十五頁

①『正義曰』之上，單疏本、寫本有『初九磐桓至得民也』八字。

第八十六頁

①『處屯至得民也』六字，單疏本、寫本有。四庫本無。

②『注不可至行正也正義曰』十字，單疏本、寫本有。四庫本無。

③『但欲以靜息亂也』，單疏本、寫本同。四庫本作『恒欲以靜息亂也』。

第八十七頁

①『正義曰』之上，單疏本、寫本有『六二屯如至反常也』八字。

②『數極則變』，單疏本、寫本同。四庫本作『數極復變』。

第八十八頁

①『皆倣於此』，單疏本、寫本同。四庫本作『皆放於此』。

②『正義曰』之上，單疏本、寫本有『六三即鹿至吝窮』七字。

第八十九頁

①『商度形勢可否』之『商』字，原誤作『商』，據單疏本、寫本及四庫本改。

②『就鹿當有虞官』，單疏本、寫本同。四庫本作『即鹿當有虞官』。

③『三既近五至吝窮也』八字，單疏本、寫本有。四庫本無。

④『商度鹿之所在』之『商』字，原誤作『商』，據單疏本、寫本及四庫本改。

第九十頁

①『正義曰』之上，單疏本、寫本有『六四乘馬至往明也』八字。

②『乘馬班如求婚媾往吉无不利者』十三字，單疏本、寫本有。四庫本無。

第九十一頁

①『正義曰』之上，單疏本、寫本有『九五屯其至施未光也』九字。

②『處屯至貞之凶』六字，單疏本、寫本有。四庫本無。

③『不容他人間厕其間也』，單疏本、四庫本同。寫本無『也』字。

④『正義曰』之上，單疏本、寫本有『上六乘馬至何可長也』九字。

第九十二頁

①『正義曰』之上，單疏本、寫本有『蒙亨至利貞』五字。

第九十三頁

①『師若以廣深二義再三之言告之』，單疏本、四庫本同。寫本作『師若以廣深之義再三之言告之』。

②『自此已上』，單疏本、寫本同。四庫本作『自此以上』。

③『筮者至大疑者也』七字，單疏本、寫本有。四庫本無。

④『一理而則告之』，單疏本、寫本同。四庫本作『一理而剖告之』。

⑤『注蒙之至失其道矣正義曰』十一字，單疏本、寫本有。四庫本無。

第九十四頁

①『巧所避是也』，單疏本、四庫本同。寫本作『乃所避是也』，與單注本、注附音本同。

②『退則困險』原誤作『困退用險』。據單注本、注附音本及四庫本改。

③『正義曰』之上，單疏本、寫本有『彖曰蒙山至聖功也』八字。

第九十五頁

①『蒙亨以亨行時中者』，單疏本、四庫本同。寫本作『蒙亨以亨行得時中者』。

②『自此已上』，單疏本、寫本同。四庫本作『自此以上』。

③『正義曰』之上，單疏本、寫本有『象曰山下至育德』七字。

④『山下出泉蒙者』六字，單疏本、寫本有。四庫本無。

⑤『故蒙昧之象也』字，單疏本、四庫本同。寫本作『故蒙昧象也』。
⑥『君子當法此蒙道』，單疏本、寫本同。四庫本作『君子當發此蒙道』。
第九十六頁
①『正義曰』之上，單疏本、寫本有『初六發蒙至以正法也』九字。
②『刑人說梏皆得當』，單疏本、寫本同。四庫本作『刑人說桎梏皆得當』。
③『小爾雅云』原作『小雅云』，單疏本同。據寫本、四庫本補『爾』字。
第九十七頁
①『正義曰』之上，單疏本、寫本有『九二包蒙至柔接也』八字。
②『群蒙悉來歸己』，單疏本、寫本同。四庫本作『童蒙悉來歸己』。
③『在內理中』，單疏本、寫本同。四庫本作『任內理中』。
④『以剛至之義』五字，單疏本、寫本有。四庫本無。
第九十八頁
①『又能納疋』，寫本同。單疏本、四庫本作『又能納匹』。通。
②『正義曰』之上，單疏本、寫本有『六三勿用至不順也』八字。
第九十九頁
①『正義曰』之上，單疏本、寫本有『六四困蒙至遠實也』八字。

②『陽稱實者』四字，單疏本、寫本有。四庫本無。

第一百頁

①『正義曰』之上，單疏本、寫本有『六五童蒙至以巽也』八字。

②『童蒙吉者』四字，單疏本、寫本有。四庫本無。

③『委物至以巽也』六字，單疏本、寫本有。四庫本無。

④『是委任二也』，單疏本、四庫本同。寫本無『二』字。

第一百一頁

①『正義曰』之上，單疏本、寫本有『上九擊蒙至上下順也』九字。

②『擊蒙不利爲寇利禦寇者』十字，單疏本、寫本有。四庫本無。

③『正義曰』之上，單疏本、寫本有『需有孚至大川』六字。

第一百二頁

①『正義曰』之上，單疏本、寫本有『彖曰需須至有功也』八字。

第一百三頁

①『謂五至貞吉』五字，單疏本、寫本有。四庫本無。

②『是須道終畢』，單疏本、寫本同。四庫本作『是需道終畢』。

③『即所為皆成』，單疏本、寫本同。四庫本作『則所為皆成』。

④『故需道畢矣』之『需』，原誤作『須』，單疏本、寫本同誤。據注文及四庫本改。

⑤『注乾德至輒亨也正義曰』十字，單疏本、寫本有。四庫本無。

⑥四庫本於『前云』之上，有『乾德獲進往輒亨者』八字。

⑦『正義曰』之上，單疏本、寫本有『象曰云上至宴樂』七字。

⑧『此象不取』，單疏本、四庫本同。寫本誤作『不此象取』。

第一百四頁

①『正義曰』之上，單疏本、寫本有『初九需于郊至未失常也』十字。

第一百五頁

①『正義曰』之上，單疏本、寫本有『九二需于至吉終』七字。

②『正義曰』之上，單疏本、寫本有『九三需于泥至不敗也』九字。

第一百六頁

①『則不有禍敗』之下，四庫本有『也』字。單疏本、寫本無。

②『正義曰』之上，單疏本、寫本有『六四需于血至以聽也』九字。

第一百七頁

①『凡稱血者至自穴也』八字，單疏本、寫本作『凡稱血至自穴也』，無『者』字。四庫本無此七字。

②『正義曰』之上，單疏本、寫本有『九五需于酒至中正也』九字。

第一百八頁

①『正義曰』之上，單疏本、寫本有『上六入于至大失也』八字。

②『乃入于穴而居也』，單疏本、四庫本同。寫本作『乃入穴而居也』。

第一百九頁

①『或有去難遠近』，單疏本、四庫本同。寫本作『或有去難遠近也』。

②『並皆倣此』，單疏本、寫本同。四庫本作『並皆放此』。

③『皆惕』，單注本、注附音本同。四庫本作『能惕』。

④『正義曰』之上，單疏本、寫本有『訟有孚至大川』六字。

⑤『訟有孚窒惕中吉者』八字，單疏本、寫本有。四庫本無。

第一百一十一頁

①『正義曰』之上，單疏本、寫本有『象曰訟上至于淵也』八字。

②『他皆倣此』，單疏本、寫本同。四庫本作『他皆放此』。

第一百一十二頁

①『即必隊于深淵』，單疏本同。寫本、四庫本作『即必墜于深淵』，通。

②『凡不和至應斯任』七字，單疏本、寫本有。四庫本無。

③『己自不可』，單疏本、寫本同。四庫本作『己且不可』。

④『前注云可以獲中吉』，寫本、四庫本同。單疏本誤作『前注云可以獲中吉』。
⑤『謂獲中止之吉』，單疏本、四庫本同。寫本作『謂獲中正之吉』。
⑥『使訟不至也』，單疏本、四庫本同。寫本作『不使訟又至也』。

第一百一十三頁

①『正義曰』之上，單疏本、寫本有『象曰天與至謀始』七字。
②『聽訟至不責於人』七字，單疏本、寫本有。四庫本無。

第一百一十四頁

①『正義曰』之上，單疏本、寫本有『初六不永至辯明也』八字。
②『處訟之始不為訟先者』九字，單疏本、寫本有。四庫本無。

第一百一十五頁

①『正義曰』之上，單疏本、寫本有『九二不克至患至掇也』九字。
②『若其邑狹少』，單疏本、寫本同。四庫本作『若其邑狹小』，通。
③『方十里為成』，單疏本、四庫本同。寫本作『方十里為城』。
④『一成之地也』，單疏本、四庫本同。寫本作『一城之地也』。
⑤『再易之地休二歲乃種』，單疏本、寫本同。四庫本作『再易之田休二歲乃種』。
⑥『則无災眚』，單疏本、寫本同。四庫本作『則无眚災』。

第一百一十六頁

①『以剛至災未免也』七字，單疏本、寫本有。四庫本無。

②『正義曰』之上，單疏本、寫本有『六三食舊至從上吉也』九字。

第一百一十七頁

①『正義曰』之上，單疏本、寫本有『九四不克至不失也』八字。

②『處上至吉從之』六字，單疏本、寫本有。四庫本無。

第一百一十八頁

①『正義曰』之上，單疏本、寫本有『九五訟元吉至中正也』九字。

②『訟元吉者』四字，單疏本、寫本有。四庫本無。

③『處得至元吉』五字，單疏本、寫本有。四庫本無。

第一百一十九頁

①『正為一主也』，單疏本、寫本同。四庫本作『止為一主也』。

第一百二十頁

①『今九五象辭云訟元吉以中正也』之『也』字，原誤作『何』。單疏本、寫本、薈要本、武英殿本同誤。據九五象辭及四庫閣本改。

①『正義曰』之上，單疏本、寫本有『上九或錫至敬也』七字。

第一百二十一頁

①『則上云或從王事无成』，單疏本、寫本同。四庫本作『則三云或從王事无成』。

卷第三

第一百二十三頁

①『師貞丈人吉无咎者』八字，單疏本、寫本有。四庫本無。

②『丈人至乃无咎者』七字，單疏本、寫本有。四庫本無。

③『師必无功而有其罪』，單疏本、寫本同。四庫本作『師必无功而獲其罪』。

第一百二十四頁

①『正義曰』之上，單疏本、寫本有『彖曰師衆至何咎矣』八字。

第一百二十五頁

①『正義曰』之上，單疏本、寫本有『象曰地中至畜衆』七字。

②『正義曰』之上，單疏本、寫本有『初六師出至失律凶也』九字。

第一百二十六頁

①『為師至皆凶』五字，單疏本、寫本有。四庫本無。

第一百二十七頁

①『正義曰』之上，單疏本、寫本有『九二在師至萬邦也』八字。

②『以剛至成命』五字，單疏本、寫本有。四庫本無。

第一百二十八頁

①『正義曰』之上，單疏本、寫本有『六三師或至无功也』八字。

②『以陰至之凶』五字，單疏本、寫本有。四庫本無。

第一百二十九頁

①『正義曰』之上，單疏本、寫本有『六四師左至失常也』八字。

②『得位至故左次之』七字，單疏本、寫本有。四庫本無。

③『授不得主』，單注本、注附音本同。四庫本作『授不得正』。

④『正義曰』之上，單疏本、寫本有『六五田有至不當也』八字。

第一百三十頁

①『往必得直』四字，單疏本、寫本有。四庫本無。

第一百三十一頁

①『正義曰』之上，單疏本、寫本有『上六大君至亂邦也』八字。

②『正義曰』之上，單疏本、寫本有『比吉至後夫凶』六字。

第一百三十二頁

①『則不寧方來矣』，單注本、注附音本皆同。四庫本作『則不寧之方皆來矣』。

第一百三十三頁

①「正義曰」之上，單疏本、寫本有『象曰比吉至道窮也』八字。

②『自此已上』，單疏本、寫本同。四庫本作『自此以上』。

③『處比至九五乎』六字，單疏本、寫本有。四庫本無。

第一百三十四頁

①『注將合至以凶也正義曰』十字，單疏本、寫本有。四庫本無。

②『正義曰』之上，單疏本、寫本有『象曰地上至諸侯』七字。

③『非諸侯已下之所爲』，單疏本、寫本同。四庫本作『非諸侯以下之所爲』。

第一百三十五頁

①『正義曰』之上，單疏本、寫本有『初六有孚至它吉也』八字。

第一百三十六頁

①『應不在一心无私吝』八字，單疏本、寫本有。四庫本無。

②『正義曰』之上，單疏本、寫本有『六二比之至比自失也』九字。

③『正義曰』之上，單疏本、寫本有『六三比之匪人至傷乎』九字。

第一百三十七頁

①『正義曰』之上，單疏本、寫本有『六四外比之至從上也』九字。

②『故外比也』，單疏本、寫本同。四庫本作『欲外比也』。

第一百三十八頁

①『非為上之道』，單注本、注附音本皆同。四庫本作『非為上道也』。

②『正義曰』之上，單疏本有『九五顯比至使中也』八字，寫本無。

第一百三十九頁

①『為比至之道』五字，單疏本、寫本有。四庫本無。

②『皆悉親附』，單疏本、四庫本同。寫本無『皆』字。

第一百四十頁

①『二以其顯比親者』，單疏本、寫本同。四庫本作『五以其顯比親者』。

②『正義曰』之上，單疏本、寫本有『上六比之无首至所終』九字。

第一百四十一頁

①『正義曰』之上，單疏本、寫本有『小畜亨至西郊』六字。

第一百四十二頁

①『小畜之義』原作『小畜之義也』，衍『也』字，據單注本、注附音本及四庫本刪。

第一百四十三頁

①『正義曰』之上，單疏本、寫本有『彖曰小畜至未行也』八字。

②『不被擁抑』，單疏本、寫本同。四庫本作『不被摧抑』。

第一百四十四頁

①『小畜至既處』四字，單疏本、寫本有。四庫本無。

②『貴於上往』，單疏本、四庫本同。寫本作『貴於止往』。

第一百四十五頁

①『它皆倣此』，單疏本、寫本同。四庫本作『它皆放此』。

②『正義曰』之上，單疏本、寫本有『象曰風行至文德』七字。

③『君子以辯上下』，單疏本、四庫本同。寫本作『君子以弁上下』。

④『取上下尊卑之義』，單疏本、四庫本同。寫本無『取上下』三字。

⑤『餘皆倣此』，單疏本、寫本同。四庫本作『餘皆放此』。

第一百四十六頁

①『正義曰』之上，單疏本、寫本有『初九復自至其義吉也』九字。

②『正義曰』之上，單疏本、寫本有『九二牽復至自失也』八字。

第一百四十七頁

①『正義曰』之上，單疏本、寫本有『九三輿説輻至正室』八字。

②『正義曰』之上，單疏本、寫本有『六四有孚至合志』七字。

第一百四十八頁

①『夫言至无咎也』六字，單疏本、寫本有。四庫本無。

②『正義曰』之上，單疏本、寫本有『九五有孚至獨富』七字。

第一百四十九頁

①『即必富實』，單疏本、四庫本同。寫本作『即必實富貴』。

②『君子征凶』之下，原衍『也』字，據單注本、注附音本及四庫本删。

第一百五十頁

①『正義曰』之上，單疏本、寫本有『上九既雨至所疑也』八字。

②『尚德載者』，單疏本、四庫本同。寫本作『尚德積載者』。

第一百五十一頁

①『處小畜至征凶』六字，單疏本、寫本有。四庫本無。

②『注夫處至征之輻正義曰』十字，單疏本、寫本有。四庫本無。

③『不可盡陵者』，單疏本、四庫本同。寫本作『不可得盡陵者』。

第一百五十二頁

①『至於上九无可所畜』，單疏本、寫本同。四庫本作『至於上九无所可畜』。

第一百五十三頁

①『正義曰』之上，單疏本、寫本有『象曰履柔至光明也』八字。
②『是柔之履剛』，寫本、四庫本同。單疏本誤作『是柔之履則』。

第一百五十四頁

①『居五之尊』，單疏本、寫本同。四庫本作『居九五之尊』。
②『正義曰』之上，單疏本、寫本有『象曰上天至民志』七字。

第一百五十五頁

①『正義曰』之上，單疏本、寫本有『初九素履至行願』七字。
②『不憙處盈』，注附音本、四庫本同，單注本作『不喜處盈』。
③『宜其吉』之下，注附音本、四庫本有『也』，單注本無。
④『正義曰』之上，單疏本、寫本有『九二履道至不自亂也』九字。

第一百五十六頁

①『履道至其吉』五字，單疏本、寫本有。四庫本無。

第一百五十七頁

①『正義曰』之上，單疏本、寫本有『六三眇能至志剛也』八字。
②『以此履虎尾』，單疏本、四庫本同。寫本作『以履虎尾』。

第一百五十八頁

①『正義曰』之上，單疏本、寫本有『九四履虎至志行也』八字。
②『而五處實』，單注本、注附音本同。四庫本作『而五處尊』。
③『正義曰』之上，單疏本、寫本有『九五夬履至正當也』八字。

第一百五十九頁

①『正義曰』之上，單疏本、寫本有『上九視履至有慶也』八字。
②『禮道大成』，單疏本、寫本同。四庫本作『履道大成』。
③『象曰大有慶者』，四庫本同。單疏本、寫本誤作『象曰有大慶者』。
④『小往大來吉亨者』七字，單疏本、寫本有。四庫本無。
⑤『物既大通』，單疏本、寫本同。四庫本作『物既泰通』。

第一百六十頁

①『正義曰』之上，單疏本、寫本有『象曰泰小至道消也』八字。
②『止由天地氣交而生養萬物』之『止』字，原誤作『正』。據單疏本、寫本及四庫本改。

第一百六十一頁

①『正義曰』之上，單疏本、寫本有『象曰天地至左右民』八字。

第一百六十二頁

①『正義曰』之上，單疏本、寫本有『初九拔茅至在外也』八字。

第一百六十三頁

①『正義曰』之上，單疏本、寫本有『九二包荒至光大也』八字。

第一百六十四頁

①『正義曰』之上，單疏本、寫本有『九三无平至天地際也』九字。

第一百六十五頁

①『乾本至有福也』六字，單疏本、寫本有。四庫本無。

②『此九三將棄三而向四』，寫本、四庫本同。單疏本誤作『此九三將棄二而向四』。

第一百六十六頁

①『正義曰』之上，單疏本、寫本有『六四翩翩至心願也』八字。

第一百六十七頁

①『正義曰』之上，單疏本、寫本有『六五帝乙至行願也』八字。

②『止由中順行其志願』，單疏本、寫本同。四庫本作『正由中順行其志願』。

③『婦人謂嫁曰歸』五字，單疏本、寫本有。四庫本無。

第一百六十八頁

①『正義曰』之上，單疏本、寫本有『上六城復至命亂也』八字。

②『由基土陪扶』，單疏本、寫本同。四庫本作『由基土培扶』。

③『今下不陪扶』，單疏本、寫本同。四庫本作『今下不培扶』。

④『城則損壞』，諸本皆同，唯武英殿本作『城則隕壞』。

⑤『卑道崩也』四字，單疏本、寫本有。四庫本無。

⑥『卑道向下』之上，四庫本有『卑道崩也者』五字。

第一百六十九頁

①『正義曰』之上，單疏本、寫本有『否之至小來』五字。

②『正義曰』之上，單疏本、寫本有『象曰否之至道消』七字。

第一百七十頁

①『正義曰』之上，單疏本、寫本有『象曰天地至以祿』七字。

②『辟其陰陽厄運之難』，單疏本、四庫本同。寫本作『辟其陰陽危運之難』。

③『正義曰』之上，單疏本、寫本有『初六拔茅至在君也』八字。

第一百七十一頁

①『正義曰』之上，單疏本、寫本有『六二包承至亂群也』八字。

②『良由否閉小人』，單疏本、四庫本同。寫本作『良明否閉小人』。

第一百七十二頁

①『正義曰』之上，單疏本、寫本有『六三包羞至位不當也』九字。

②『正義曰』之上，單疏本、寫本有『九四有命至志行也』八字。

第一百七十三頁

①『正義曰』之上，單疏本、寫本有『九五休否至正當也』八字。

第一百七十四頁

①『居尊至得固也』六字，單疏本、寫本有。四庫本無。

②『恒念其亡其亡』，單疏本、寫本同。四庫本作『但念其亡其亡』。

③『正義曰』之上，單疏本、寫本有『上九傾否至可長也』八字。

④『傾否先否後喜者』，單疏本、寫本有。四庫本無。

⑤『故否之終極』字，單疏本、四庫本同。寫本作『故否終極』。

第一百七十五頁

①『正義曰』之上，單疏本、寫本有『彖曰同人至之志』七字。

第一百七十六頁

①『所以乃能至同人曰』八字，單疏本、寫本有。四庫本無。

②『謂卦之彖辭』，單疏本、四庫本同。寫本作『諸卦之彖辭』。

第一百七十七頁

①『注君子以文明為德正義曰』十一字，單疏本、寫本有。四庫本無。

②『若非君子則用威武』之上，四庫本有『君子以文明為德者』八字。

③『正義曰』之上，單疏本、寫本有『象曰天與至辨物』七字。

第一百七十八頁

①『正義曰』之上，單疏本、寫本有『初九同人于門至誰咎也』十字。

②『正義曰』之上，單疏本、寫本有『六二同人至吝道也』八字。

第一百七十九頁

①『正義曰』之上，單疏本、寫本有『九三伏戎至安行也』八字。

②『居同至所行焉』六字，單疏本、寫本有。四庫本無。

第一百八十頁

①『正義曰』之上，單疏本、寫本有『九四乘其至反則也』八字。

第一百八十一頁

①『正義曰』之上，單疏本、寫本有『九五同人先至相克』八字。

第一百八十二頁

①『正義曰』之上，單疏本、寫本有『上九同人至未得也』八字。

第一百八十三頁

①『郊者至其志』五字，單疏本、寫本有。四庫本無。

②『注凡處至用師也正義曰』十字，單疏本、寫本有。四庫本無。

③『不曰人亡之人得之』，單疏本、寫本同。四庫本作『不曰人亡弓人得之』。

第一百八十四頁

①『哀六年吴伐陳』，單疏本、四庫本同。寫本作『哀公六年吴伐陳』。

卷第四

第一百八十五頁

①『大能所有』，單疏本、寫本同。四庫本作『能大所有』。

②『故云大有元亨』之『有』字原脱，據單疏本、寫本及四庫本補。

第一百八十六頁

①『正義曰』之上，單疏本、寫本有『象曰大有至元亨』七字。

②『德應至元亨』五字，單疏本、寫本有。四庫本無。

第一百八十七頁

①『正義曰』之上，單疏本、寫本有『象曰火在至休命』七字。

②『火又在上』，單疏本、寫本同。四庫本作『火性炎上』。

③『術斯以往』之『以』字，原誤作『之』。據單注本、注附音本及四庫本改。

④『正義曰』之上，單疏本、寫本有『初九无交至交害也』八字。

⑤『以夫至无咎也』六字，單疏本、寫本有。四庫本無。

第一百八十八頁

①『正義曰』之上，單疏本、寫本有『九二大車至不敗也』八字。

②『任重而不危』五字，單疏本、寫本有。四庫本無。

第一百八十九頁

①『正義曰』之上，單疏本、寫本有『九三公用享至弗克也』九字。

②『故云小人不克也』，單疏本、寫本同。四庫本作『故云小人弗克也』，是。

③『處大至可待也』六字，單疏本、寫本有。四庫本無。

④『正義曰』之上，單疏本、寫本有『九四匪其至辯哲也』八字。

第一百九十頁

①『正義曰』之上，單疏本、寫本有『六五厥孚至无備也』八字。

第一百九十一頁

①『正義曰』之上，單疏本、寫本有『上九自天至不利』七字。

第一百九十二頁

①『大有至具焉』五字，單疏本、寫本有。四庫本無。

②『既能清淨高絜』，單疏本、薈要本、武英殿本同。寫本、四庫閣本作『既能清淨高潔』。

③『故不言之也』之『也』字原脱，四庫本亦脱。據單疏本、寫本補。

第一百九十三頁

①『事亦倣此』，單疏本、寫本同。四庫本作『事亦放此』。

第一百九十四頁

①『正義曰』之上，單疏本、寫本有『象曰謙亨至之終也』八字。

②『君子』二字，寫本、四庫本有。單疏本脱為二空格。

第一百九十五頁

①『卑者謙而不可踰越』之『者』字原脱，四庫本亦脱。據單疏本、寫本補。

②『正義曰』之上，單疏本、寫本有『象曰地中至平施』七字。

第一百九十六頁

①『多者至不失平』六字，單疏本、寫本有。四庫本無。

第一百九十七頁

①『正義曰』之上，單疏本、寫本有『初六謙謙至自牧也』八字。

②『正義曰』之上，單疏本、寫本有『六二鳴謙貞吉至心得也』十字。

③『謂聲名也』，單疏本、四庫本同。寫本作『謙聲名也』。

第一百九十八頁

①『正義曰』之上，單疏本、寫本有『九三勞謙至民服也』八字。

②『正義曰』之上，單疏本、寫本有『六四无不至違則也』八字。

③『象曰指撝皆謙不違則者釋无不利撝謙之義』，單疏本、寫本有及四庫本皆同。『指撝皆謙不違則也』是注文，『无不利撝謙不違則也』是小象辭。所以，當作『注曰指撝皆謙不違則者』。按體例，當作『注指撝皆謙不違則也正義曰釋无不利撝謙之義……』。

第一百九十九頁

①『正義曰』之上，單疏本、寫本有『六五不富至不服也』八字。

②『最處於外』之上，脱『注云』二字，據注疏體例及四庫本補。

③『夫吉凶悔吝』之上，脱『注云』二字，據注疏體例及四庫本補。

第二百頁

①『正義曰』之上，單疏本、寫本有『上六鳴謙至邑國也』八字。

②『夫吉凶至信矣哉』七字，單疏本、寫本有。四庫本無。

第二百一頁

①『正義曰』之上，單疏本、寫本有『彖曰豫剛至大矣哉』八字。

第二百五頁

①『直云時者』之『者』字原脱，據單疏本、寫本及四庫本補。

②『正義曰』之上，單疏本、寫本有『象曰雷出至祖考』七字。

第二百六頁

①『正義曰』之上，單疏本、寫本有『初六鳴豫至窮凶也』八字。

第二百七頁

①『正義曰』之上，單疏本、寫本有『六二介于至中正也』八字。

②『正義曰』之上，單疏本、寫本有『六三盱豫至不當也』八字。

第二百八頁

①『正義曰』之上，單疏本、寫本有『九四由豫至大行也』八字。

第二百九頁

①『正義曰』之上，單疏本、寫本有『六五貞疾至未亡也』八字。

②『非合己之所乘』，單疏本、寫本同。四庫本作『非己所乘』。

第二百一十頁

①『正義曰』之上，單疏本、寫本有『上六冥豫至可長也』八字。

第二百一十一頁

①『正義曰』之上，單疏本、寫本有『象曰隨剛至大矣哉』八字。

第二百一十二頁

①『大亨貞无咎』，單疏本、四庫本同。寫本作『大亨利貞无咎』。
②『大亨貞无咎』，單疏本、四庫本同。寫本作『大亨利貞无咎』。
③『云震剛至矣哉』六字，單疏本、寫本有。四庫本無。
④『為隨而不大通逆於時也』，單疏本、寫本同。四庫本作『為隨而不大通逆於時者』。
⑤『釋隨時之義』之『釋』字原脫，據單疏本、寫本及四庫本補。

第二百一十三頁

①『正義曰』之上，單疏本、寫本有『象曰澤中至宴息』七字。
②『鄭玄云悔冥也』，單疏本、寫本同。四庫本誤作『鄭玄云悔宴也』。
③『以欲隨宜者也』之『也』字原脫，據單注本、注附音本及四庫本補。
④『隨不失正也』之『隨』字原脫，據單注本、注附音本及四庫本補。
⑤『正義曰』之上，單疏本、寫本有『初九官有至不失也』八字。

第二百一十四頁

①『云居隨至失哉』六字，單疏本、寫本有。四庫本無。

第二百一十五頁

①『正義曰』之上，單疏本、寫本有『六二係小子至兼與也』九字。
②『正義曰』之上，單疏本、寫本有『六三係丈夫至舍下也』九字。

第二百一十六頁

①『云陰之至小子也』七字，單疏本、寫本有。四庫本無。

第二百一十七頁

①『正義曰』之上，單疏本、寫本有『九四隨有至明功也』八字。

②『正義曰』之上，單疏本、寫本有『九五孚于至正中也』八字。

第二百一十八頁

①『正義曰』之上，單疏本、寫本有『上六拘係至上窮也』八字。

②『今有不從』，單疏本、寫本同。四庫本作『令有不從』。

第二百一十九頁

①『正義曰』之上，單疏本、寫本有『蠱元亨至後甲三日』八字。

②『甲後三日』之『甲』字原脱，據單疏本、寫本及四庫本補。

第二百二十頁

①『正義曰』之上，單疏本、寫本有『彖曰蠱剛至天行也』八字。

②『拔拯危難』，單疏本、四庫本同。寫本作『拔極危難』。

③『徃當有事』之『往』字，原誤作『位』，據單疏本、寫本及四庫本改。

第二百二十一頁

①『蠱者至四時也』六字，單疏本、寫本有。四庫本無。

②『正義曰』之上，單疏本、寫本有『象曰山下至育德』七字。

第二百二十二頁

①『正義曰』之上，單疏本、寫本有『初六幹父至承考也』八字。

②『以柔巽之質』之上，寫本多『以柔之首』四字，單疏本、四庫本無。

第二百二十三頁

①『正義曰』之上，單疏本、寫本有『九二幹母至中道也』八字。

②『正義曰』之上，單疏本、寫本有『九三幹父之至无咎也』九字。

③『正義曰』之上，單疏本、寫本有『六四裕父至未得也』八字。

第二百二十四頁

①『正義曰』之上，單疏本、寫本有『六五幹父至以德也』八字。

②『幹父用譽』四字，單疏本、寫本有。四庫本無。

③『正義曰』之上，單疏本、寫本有『上九不事至可則也』八字。

第二百二十五頁

①『正義曰』之上，單疏本、寫本有『臨元亨至有凶』六字。

②『正義曰』之上，單疏本、寫本有『象曰臨剛至不久也』八字。

第二百二十六頁

①『每卦皆應八月有凶』之『卦』字原脫，據單疏本、寫本及四庫本補。

②『八月至有凶』六字，單疏本、寫本有。四庫本無。

第二百二十七頁

①『正義曰』之上，單疏本、寫本有『象曰澤上至无疆』七字。

②『正義曰』之上，單疏本、寫本有『初九咸臨至行正也』八字。

第二百二十八頁

①『正義曰』之上，單疏本、寫本有『九二咸臨至順命也』八字。

第二百二十九頁

①『居剛長之世』之『世』字，原誤作『前』，據單注本、注附音本及四庫本改。

②『正義曰』之上，單疏本、寫本有『六三甘臨至不長也』八字。

③『正義曰』之上，單疏本、寫本有『六四至臨至位當也』八字。

第二百三十頁

①『正義曰』之上，單疏本、寫本有『六五知臨至之謂也』八字。

②『止由六五處中』，單疏本、寫本同。四庫本作『正由六五處中』。

第二百三十一頁

①『正義曰』之上，單疏本、寫本有『上六敦臨至在内也』八字。
②『志在助賢』，寫本、四庫本同，單疏本誤作『至在助賢』。
③『象曰敦臨之吉志在内者』，單疏本、寫本同。四庫本作『象曰志在内者』。

第二百三十二頁

①『王道至顒若也』六字，單疏本、寫本有。四庫本無。

第二百三十三頁

①『正義曰』之上，單疏本、寫本有『彖曰大觀至服矣』七字。

第二百三十四頁

①『正義曰』之上，單疏本、寫本有『象曰風行至設教』七字。
②『正義曰』之上，單疏本、寫本有『初六童觀至小人道也』九字。
③『為此觀看』，單疏本、寫本同。四庫本作『為此觀者』。

第二百三十五頁

①『正義曰』之上，單疏本、寫本有『六二闚觀至可醜也』八字。
②『處在至可醜也』六字，單疏本、寫本有。四庫本無。

第二百三十六頁

①『正義曰』之上，單疏本、寫本有『六三觀我至失道也』八字。

②『正義曰』之上，單疏本、寫本有『六四觀國至尚賓也』八字。

③『象曰觀國之光尚賓者』，單疏本、寫本同。四庫本作『象曰尚賓者』。

第二百三十七頁

①『正義曰』之上，單疏本、寫本有『九五觀我生君子至觀民也』十一字。

②『則天下有君子之風』，單疏本、寫本同。四庫本作『則天下著君子之風』。

③『自觀其道者也』，單注本、注附音本同。四庫本作『自觀其道也』。

第二百三十八頁

①『正義曰』之上，單疏本、寫本有『上九觀其生至未平也』九字。

②『為衆所觀』之『衆』字原脫，據單疏本、寫本及四庫本補。

③『觀我至動出也』六字，單疏本、寫本有。四庫本無。

第二百三十九頁

①『正義曰』之上，單疏本、寫本有『象曰頤中至用獄也』八字。

②『乃復言曰某卦』，單疏本、四庫本同。寫本作『乃後言曰某卦』。

第二百四十頁

①『所居陰位』，單疏本、四庫本同。寫本作『所居陽位』。

②『剛柔至之義』五字，單疏本、寫本有。四庫本無。

第二百四十一頁

①『注謂五至用獄也正義曰』十字，單疏本、寫本有。四庫本無。

②『恐畏之適五位則是上行』，單疏本同。寫本作『恐思之適五位則是上行』，四庫本作『恐謂之適五位則是上行』。

③『是減三而益上掛』，單疏同。寫本及四庫本作『是減下而益上掛』。

④『正義曰』之上，單疏本、寫本有『象曰雷電至勑法』七字。

第二百四十二頁

①『正義曰』之上，單疏本、寫本有『初九屨校至不行也』八字。

第二百四十三頁

①『正義曰』之上，單疏本、寫本有『六三噬腊至不當也』八字。

②『言用刑大深也』，單疏本、寫本同。四庫本作『言用刑太深也』，通。

第二百四十四頁

①『正義曰』之上，單疏本、寫本有『六二噬膚至乘剛也』八字。

②『失正刑人』，單疏本、寫本同。四庫本作『失政刑人』。

③『小吝无咎』之下，四庫本有『也』。單疏本及寫本無。

④『正義曰』之上，單疏本、寫本有『九四噬乾胏至未光也』九字。

第二百四十五頁

①『正義曰』之上，單疏本、寫本有『六五噬乾肉至得當也』九字。

第二百四十六頁

①『正義曰』之上，單疏本、寫本有『上九何校至不明也』八字。

②『何謂擔何』原誤作『何謂檐何』，單疏本同誤。據寫本及四庫本改。

③『何擔枷械』原誤作『何檐枷械』，單疏本同誤。據寫本及四庫本改。

④『處罰至甚焉』五字，單疏本、寫本有。四庫本無。

⑤『尋常刑罪』之『常』字，原誤作『當』，單疏本同誤。據寫本及四庫本改。

第二百四十七頁

①『正義曰』之上，單疏本、寫本有『彖曰賁亨至天下』七字。

第二百四十九頁

①『坤之上六至之義也』八字，單疏本、寫本有。四庫本無。

②『正義曰』之上，單疏本、寫本有『象曰山下至折獄』七字。

第二百五十頁

①『正義曰』之上，單疏本、寫本有『初九賁其趾至弗乘也』九字。

②『正義曰』之上，單疏本、寫本有『六二賁其須至上興也』七字。

第二百五十一頁

①『正義曰』之上，單疏本、寫本有『九三賁如濡如至之陵也』十字。

②『欲靜則欽初之應』，單注本、注附音本同。四庫本作『欲靜則疑初之應』。

第二百五十二頁

①『正義曰』之上，單疏本、寫本有『六四賁如至无尤也』八字。

②『若待匪有寇難乃為婚媾』，單疏本、四庫本同。寫本作『若得匪有寇難乃為婚媾』。

③『賁于丘園』之『園』字，原誤作『東』，據單注本、注附音本及四庫本改。

④『乃得終吉也』之『也』字原脱，據單注本、注附音本及四庫本補。

⑤『正義曰』之上，單疏本、寫本有『六五賁于至有喜也』八字。

第二百五十三頁

①『處得至終吉也』六字，單疏本、寫本有。四庫本無。

②『則質素之道乃隕落』，單疏本、寫本同。四庫本作『則素質之道乃隕落』。

③『則不靡費財務』，單疏本、寫本作『則不縻費財務』，四庫本作『則不糜費財務』。

第二百五十四頁

①『正義曰』之上，單疏本、寫本有『上九白賁至得志也』八字。

第二百五十五頁

①『正義曰』之上，單疏本、寫本有『彖曰剝剝也至天行也』九字。

第二百五十六頁

①『則天氣盛大』，單疏本、寫本同。四庫本無『則』字。

②『坤順至所尚也』六字，單疏本、寫本有。四庫本無。

③『正義曰』之上，單疏本、寫本有『象曰山附至安宅』七字。

第二百五十七頁

①『正義曰』之上，單疏本、寫本有『初六剝床至以滅下也』九字。

②『言床足已剝也』，四庫本同。單疏本、寫本作『言床足以剝也』。

③『正義曰』之上，單疏本、寫本有『六二剝床以辨至有與也』十字。

第二百五十八頁

①『蔑猶至所棄也』六字，單疏本、寫本有。四庫本無。

②『此為蔑甚極』之『為』字原脫，據單疏本、寫本及四庫本補。

③『稍近於牀轉欲蔑物之所處者』，單疏本、寫本同。四庫本作『稍近於牀轉欲蔑物之處者』。注有『所』字。

④『正義曰』之上，單疏本、寫本有『六三剝之至上下也』八字。

第二百五十九頁

①『正義曰』之上，單疏本、寫本有『六四剝床至近災也』八字。

第二百六十頁

①『正義曰』之上，單疏本、寫本有『六五貫魚至无尤也』八字。

②『正義曰』之上，單疏本、寫本有『上九碩果至不可用也』九字。

第二百六十一頁

①『言小人處此位為君』，單疏本、四庫本同。寫本作『若小人處此位為君』。

卷第五

第二百六十三頁

①『正義曰』之上，單疏本、寫本有『復亨至攸往』五字。

②『欲使反之與復而得其道』，單疏本、寫本、武英殿本同。薈要本與四庫閣本作『欲速反之與復而得其道』。

第二百六十四頁

①『正義曰』之上，單疏本、寫本有『彖曰復亨至之心乎』八字。

第二百六十五頁

①『陽氣至凡七日』六字，單疏本、寫本有。四庫本無。

第二百六十七頁

①『復者至具存矣正義曰』十字，單疏本、寫本有。四庫本無。

②『凡動息則静静非對動者也』，單疏本、寫本同。四庫本無『也』字。

第二百六十八頁

①『故未獲具存』，單疏本、寫本同。四庫本作『故未獲具存也』。

②『正義曰』之上，單疏本、寫本有『象曰雷在至省方』七字。

③『方事至无事也』六字，單疏本、寫本有。四庫本無。

第二百六十九頁

①『遂至迷凶』之『迷』字，原誤作『遠』，據單注本、注附音本及四庫本改。

②『正義曰』之上，單疏本、寫本有『初九不遠至脩身也』八字。

第二百七十頁

①『正義曰』之上，單疏本、寫本有『六二休復至下仁也』八字。

②『正義曰』之上，單疏本、寫本有『六三頻復至无咎也』八字。

③『頻頻至難保』五字，單疏本、寫本有。四庫本無。

④『去復未甚大遠』，寫本、四庫本同。單疏本誤作『去復末甚大遠』。

第二百七十一頁

①『正義曰』之上，單疏本、寫本有『六四中行至從道也』八字。

②『正義曰』之上，單疏本、寫本有『六五敦復至自考也』八字。

第二百七十二頁

①『正義曰』之上，單疏本、寫本有『上六迷復至君道也』八字。

第日本七十三頁

①『正義曰』之上，單疏本、寫本有『无妄元亨至攸往』七字。

②『當以正道行之』，單疏本、四庫本同。寫本脱『當』字。

第二百七十四頁

①『正義曰』之上，單疏本、寫本有『彖曰无妄至行矣哉』八字。

第二百七十五頁

①『剛自至攸往也』六字，單疏本、寫本有。四庫本無。

②『注匪正至竟矣哉正義曰』十字，單疏本、寫本有。四庫本無。

③『正義曰』之上，單疏本、寫本有『象曰天下至萬物』七字。

第二百七十六頁

①『此唯王者其德乃耳』，單疏本同。寫本作『此唯王者其德乃爾耳』，四庫本作『此唯王者其德乃爾』。

②『正義曰』之上，單疏本、寫本有『初九无妄至得志也』八字。

第二百七十七頁

①『正義曰』之上，單疏本、寫本有『六二不耕至未富也』八字。

②『不敢菑發新田 唯治其畬熟之地 皆是不為其初而成其末 猶若為臣之道不為事始而代君有終也 則利有攸往者 為臣如此則利有攸往 若不如此則往而无利也』，單疏本、四庫本同。日本寫本作『不敢菑發新 為臣之道不為事始而代君有終也 則利有攸往者 田唯治其畬熟之地 皆是不為其初而成其猶末猶若 為臣如此則利有攸往 若不如此則往而无利也』，乃抄寫誤行并衍『猶』字。

③『耕之與獲』，單疏本、寫本同。四庫本無『耕』字。

第二百七十八頁

①『正義曰』之上，單疏本、寫本有『六三无妄之災至人災也』十字。

第二百七十九頁

①『正義曰』之上，單疏本、寫本有『九四可貞至有之也』八字。

②『正義曰』之上，單疏本、寫本有『九五无妄至不可試也』九字。

第二百八十頁

①『正義曰』之上，單疏本、寫本有『上九无妄行至之災也』九字。

第二百八十一頁

①『正義曰』之上，單疏本、寫本有『大畜利貞至大川』七字。

②『乾剛上進』，單疏本、寫本同。四庫本作『乾健上進』。

第二百八十二頁

①『正義曰』之上，單疏本、寫本有『象曰大畜至應乎天也』九字。

②『能止健大正也者』，單疏本、寫本同。四庫本作『能止健大正者』。

③『所以不使賢者在家自食而獲吉也』，單疏本、寫本同。四庫本作『所以不使賢者在家自食而獲吉者』。

第二百八十三頁

①『凡物至篤實也』六字，單疏本、寫本有。四庫本無。

②『注謂上至之謂也正義曰』十字，單疏本、寫本有。四庫本無。

③『注有大畜至大川也正義曰』十一字，單疏本、寫本有。四庫本無。

第二百八十四頁

①『正義曰』之上，單疏本、寫本有『象曰天在至其德』七字。

②『物之至於此也』六字，單疏本、寫本有。四庫本無。

第二百八十五頁

①『正義曰』之上，單疏本、寫本有『初九有厲至犯災也』八字。

②『正義曰』之上，單疏本、寫本有『九二輿說至无尤也』八字。

③『則輿說其輻』，單疏本、寫本同。四庫本作『則輿說其輹』，與經文同。

④『此輿說輻』，單疏本、寫本同。四庫本作『此輿說輹』，與經文同。

第二百八十六頁

①『之乎通路』，單注本、注附音本同。四庫本作『在乎通路』。

②『正義曰』之上，單疏本、寫本有『九三良馬至合志也』八字。

第二百八十七頁

①『正義曰』之上，單疏本、寫本有『六四童牛至有喜也』八字。

②『正義曰』之上，單疏本、寫本有『六五豶豕至有慶也』八字。

③『豕牙至有慶也』六字，單疏本、寫本有。四庫本無。

第二百八十八頁

①『豶大防』，單疏本、寫本同。四庫本作『墳大防』。

②『則豶是隄防之義』，單疏本、寫本同。四庫本作『額墳是隄防之義』。

③『正義曰』之上，單疏本、寫本有『上九何天至大行也』八字。

④『正義曰』之上，單疏本、寫本有『頤貞吉至口實』六字。

第二百八十九頁

①『正義曰』之上，單疏本、寫本有『彖曰頤貞至大矣哉』八字。

第二百九十頁

①『有如虞舜六人』，單疏本、寫本同。四庫本作『有如虞舜五人』。

②『正義曰』之上，單疏本、寫本有『象曰山下至飲食』七字。

第二百九十一頁

①『正義曰』之上，單疏本、寫本有『初九舍爾至不足貴也』九字。

②『朶頤至甚焉』五字，單疏本、寫本有。四庫本無。

第二百九十二頁

①『正義曰』之上，單疏本、寫本有『六二顛頤至失類也』八字。

第二百九十三頁

①『正義曰』之上，單疏本、寫本有『六三拂頤至大悖也』八字。

第二百九十四頁

①『正義曰』之上，單疏本、寫本有『六四顛頤至上施光也』九字。

②『顛頤之吉』四字，單疏本、寫本有。四庫本無。

第二百九十五頁

①『體屬至為盛矣』六字，單疏本、寫本有。四庫本無。

②『正義曰』之上，單疏本、寫本有『六五拂經至從上也』八字。

第二百九十六頁

①『正義曰』之上，單疏本、寫本有『上九由頤至有慶也』八字。

②『正義曰』之上，單疏本、寫本有『大過棟橈至往亨』七字。

③『以拯患難也』，單疏本、四庫本同。寫本誤作『以極患難也』。

第二百九十七頁

①『音相過之過』五字，單疏本、寫本有。四庫本無。

②『正義曰』之上，單疏本、寫本有『彖曰大過至大矣哉』八字。

第二百九十八頁

①『正義曰』之上，單疏本、寫本有『象曰澤滅至无悶』七字。

第二百九十九頁

①『正義曰』之上，單疏本、寫本有『初六藉用至在下也』八字。

第三百頁

①『正義曰』之上，單疏本、寫本有『九二枯楊至以相與也』九字。

第三百一頁

①『稊者至斯義也』六字，單疏本、寫本有。四庫本無。

②『拯救弱陰也』，單疏本、寫本同。四庫本作『拯救陰弱也』。

③『少之大過』，單疏本、寫本同。四庫本作『少之太過』，通。

④『則稚者長也』，單疏本、寫本同。四庫本作『則稚者長者』。

⑤『以稚分老則枯者榮者』之『榮』字原誤作『也』，據單注本、注附音本及四庫本改。

第三百二頁

①『正義曰』之上，單疏本、寫本有『九三棟橈至有輔也』八字。

②『正義曰』之上，單疏本、寫本有『九四棟隆至乎下也』八字。

第三百三頁

①『何得云不被橈乎在下』之『云』字原誤作『之』，單疏本亦誤。據寫本及四庫本改。

②『榱為末』原誤作『榱為末』，據單疏本、寫本改。四庫本作『棟為末』。

③『僑將□墜焉』，單疏本同。寫本作『僑將厭焉』，四庫本作『僑將壓焉』。

④『正義曰』之上，單疏本、寫本有『九五枯楊至可醜也』八字。

第三百四頁

①『處得至可醜也』六字，單疏本、寫本有。四庫本無。

第三百五頁

①『不能得女妻』，單疏本、寫本同。四庫本作『不能使老夫得女妻』。

②『正義曰』之上，單疏本、寫本有『上六過涉至可咎也』八字。

第三百六頁

①『正義曰』之上，單疏本、寫本有『習坎有孚至有尚』七字。

②『剛正至亨者也』六字，單疏本、寫本有。四庫本無。

第三百七頁

①『注內亨至有尚也正義曰』十字，單疏本、寫本有。四庫本無。

第三百八頁

①『正義曰』之上，單疏本、寫本有『彖曰習坎至大矣哉』八字。

第三百九頁

①『故使地之所載之物保守其全』之『使』字原脫，據單注本、注附音本及四庫本補。

②『言習至重險也』六字，單疏本、寫本有。四庫本無。

③『止是便習重坎』，單疏本、寫本同。四庫本作『正是便習重坎』。

④『注險陗至之謂也正義曰』十字，單疏本、寫本有。四庫本無。

⑤『注非用至有時也正義曰』十字，單疏本、寫本有。四庫本無。

第三百一十頁

①『正義曰』之上，單疏本、寫本有『象曰水洊至教事』七字。

第三百一十一頁

①『正義曰』之上，單疏本、寫本有『初六習坎至失道凶也』九字。

②『正義曰』之上，單疏本、寫本有『九二坎有至出中也』八字。

第三百一十二頁

①『正義曰』之上，單疏本、寫本有『六三來之至无功也』八字。

第三百一十三頁

①『正義曰』之上，單疏本、寫本有『六四樽酒至剛柔接也』九字。

第三百一十四頁

①『正義曰』之上，單疏本、寫本有『九五坎不至未大也』八字。

②『正義曰』之上，單疏本、寫本有『上六係用至三歲也』八字。

第三百一十六頁

①『離之至貞亨也』六字，單疏本、寫本有。四庫本無。

②『注柔處至牝牛也正義曰』十字，單疏本、寫本有。四庫本無。

③『似婦人而外事』，單疏本、寫本四同。庫本作『似婦人而外事也』。

第三百一十七頁

①『正義曰』之上，單疏本、寫本有『彖曰離麗至牛吉也』八字。

②『柔麗乎中正故亨是以畜牝牛吉者』之『畜』字原脱，單疏本亦脱。據寫本及四庫本補。經文有『畜』字。

第三百一十八頁

①「正義曰」之上，單疏本、寫本有「象曰明兩至于四方」八字。
②「今有上下二離」，單疏本、寫本同。四庫本作「今有上下二體」。

第三百一十九頁

①「乃得作離卦之美」，單疏本、寫本同。四庫本作「乃得作離卦之義」。
②「正義曰」之上，單疏本、寫本有「初九履錯至辟咎也」八字。
③「錯然至其咎也」六字，單疏本、寫本有。四庫本無。

第三百二十頁

①「正義曰」之上，單疏本、寫本有「六二黄離至中道也」八字。
②「故象云得中道」，單疏本、四庫本同。寫本作「故象曰得中道」。
③「正義曰」之上，單疏本、寫本有「九三日昃至可久也」八字。

第三百二十一頁

①「正義曰」之上，單疏本、寫本有「九四突如至所容也」八字。

第三百二十二頁

①「正義曰」之上，單疏本、寫本有「六五出涕至王公也」八字。
②「所以出涕滂沱」，寫本、四庫本同。單疏本誤作「所以出沸滂沱」。

第三百二十三頁

①『正義曰』之上，單疏本、寫本有『上九王用至正邦也』八字。

卷第六

第三百二十六頁

①『取女吉者』，單疏本、四庫本同。寫本作『娶女吉者』。

②『共相感應』，四庫本同。單疏本、寫本作『相共感應』。

③『取女吉也』，單疏本、四庫本同。寫本作『娶女吉也』。

第三百二十七頁

①『正義曰』之上，單疏本、寫本有『彖曰咸感至可見矣』八字。

第三百二十八頁

①『可見矣也』，單疏本、寫本同。四庫本無『也』字。

②『正義曰』之上，單疏本、寫本有『象曰山下至受人』七字。

第三百二十九頁

①『正義曰』之上，單疏本、寫本有『初六咸其拇至在外矣』九字。

②『注如其本實未至傷靜正義曰』，單疏本、寫本同。四庫本作『注正義曰如其本實未至傷靜者』。

第三百三十頁

①『正義曰』之上，單疏本、寫本有『六二咸其腓至不害也』九字。

②『注腓體動躁者也正義曰』，單疏本、寫本同。四庫本作『注正義曰腓體動躁者』。
③『正義曰』之上，單疏本、寫本有『九三咸其股至執下也』九字。

第三百三十二頁

①『正義曰』之上，單疏本、寫本有『九四貞吉至光大也』八字。
②『正義曰』之上，單疏本、寫本有『九五咸其脢至志末也』九字。

第三百三十三頁

①『脢者至而已』五字，單疏本、寫本有。四庫本無。
②『雖諸説不同』之『諸』字原脱，據單疏本、寫本有及四庫本補。
③『正義曰』之上，單疏本、寫本有『上六咸其輔至口説也』九字。
④『咸道轉末』之『轉』字，原誤作『輔』，據單疏本、寫本有及四庫本改。

第三百三十四頁

①『正義曰』之上，單疏本、寫本有『恒亨至攸往』五字。
②『恒而亨以濟三事也』八字，單疏本、寫本有。四庫本無。

第三百三十六頁

①『正義曰』之上，單疏本、寫本有『象曰恒久至可見也』八字。
②『因明此卦得其恒名』，單疏本、寫本同。四庫本作『因名此卦得其恒名』。

第三百三十八頁

①『注剛尊柔卑得其序也正義曰』，單疏本、寫本同。四庫本作『注正義曰剛尊柔卑得其序者』。

②『注長陽長陰能相成也正義曰』十二字，單疏本、寫本同。四庫本作『長陽長陰能相成者』八字。

③『注不孤媲也正義曰』八字，單疏本、寫本有。四庫本無。

④『正義曰』之上，單疏本、寫本有『象曰雷風至易方』七字。

第三百三十九頁

①『正義曰』之上，單疏本、寫本有『初六浚恒至求深也』八字。

②『注始求深者乎正義曰』，單疏本、寫本同。四庫本作『注正義曰始求深者』。

③『正義曰』之上，單疏本、寫本有『九二悔亡至久中也』八字。

第三百四十頁

①『正義曰』之上，單疏本、寫本有『九三不恒至无所容也』九字。

②『注中不在體至不可致詰正義曰』，單疏本、寫本同。四庫本作『注正義曰中不在體者』。

第三百四十一頁

①『正義曰』之上，單疏本、寫本有『九四田无至得禽也』八字。

②『正義曰』之上，單疏本、寫本有『六五恒其至婦凶也』八字。

第三百四十二頁

①『正義曰』之上，單疏本、寫本有『上六振恒至无功也』八字。
②『故曰遯亨』之上，寫本有『故曰遯而後得通』七字，單疏本及四庫本無。

第三百四十三頁

①『剛當位而應』之上原衍一『以』字，據單注本、注附音本及四庫本删。
②『正義曰』之上，單疏本、寫本有『彖曰遯亨至大矣哉』八字。

第三百四十四頁

①『正義曰』之上，單疏本、寫本有『象曰天下至而嚴』七字。
②『注天下有山陰長之象正義曰』，單疏本、寫本同。四庫本作『注正義曰陰長之象者』。
③『正義曰』之上，單疏本、寫本有『初六遯尾至何災也』八字。

第三百四十五頁

①『正義曰』之上，單疏本、寫本有『六二執之至固志也』八字。

第三百四十六頁

①『正義曰』之上，單疏本、寫本有『九三係遯至大事也』八字。

第三百四十七頁

①『正義曰』之上，單疏本、寫本有『九四好遯至小人否也』九字。
②『若好遯君子』，寫本、四庫本同。單疏本誤作『吉好遯君子』。

③『注音臧否之否正義曰』，單疏本、寫本同。四庫本作『注正義曰音臧否之否者』。

④『正義曰』之上，單疏本、寫本有『九五嘉遯至正志也』八字。

第三百四十八頁

①『正義曰』之上，單疏本、寫本有『上九肥遯至所疑也』八字。

②『矰繳不能及』五字，單疏本、寫本有。四庫本無。

第三百四十九頁

①『正義曰』之上，單疏本、寫本有『彖曰大壯至見矣』七字。

②『注大者獲正故利貞也正義曰』，單疏本、寫本同。四庫本作『注正義曰大者獲正故利貞也者』。

第三百五十頁

①『正義曰』之上，單疏本、寫本有『象曰雷在至弗履』七字。

②『正義曰』之上，單疏本、寫本有『初九壯于至孚窮也』八字。

第三百五十一頁

①『正義曰』之上，單疏本、寫本有『九二貞吉至以中也』八字。

②『正義曰』之上，單疏本、寫本有『九三小人至君子罔也』九字。

③『用之為羅罔於己』，單疏本、四庫本同。寫本作『用之以為羅罔於己』。

第三百五十二頁

①『正義曰』之上，單疏本、寫本有『九四貞吉至尚往也』八字。

第三百五十三頁

①『正義曰』之上，單疏本、寫本有『六五喪羊至不當也』八字。

②『羊壯也至无悔』六字，單疏本、寫本有。四庫本無。

③『羊剛很之物』，單疏本同。寫本、四庫本作『羊剛狠之物』。

④『必有喪其羊之理』原誤作『有必喪之理』，四庫本作『有必喪其羊之理』。據單疏本、寫本改。

第三百五十四頁

①『二理自為矛楯』，單疏本、寫本同。四庫本作『二理自為矛盾』。

②『正義曰』之上，單疏本、寫本有『上六羝羊至不長也』八字。

第三百五十五頁

①『象曰不祥也者』，單疏本、寫本、薈要本、武英殿本同。四庫閣本作『象曰不詳也者』。『詳』通『祥』，象辭作『不詳也』。

②『祥者善也』，單疏本、寫本、薈要本、武英殿本同。四庫閣本作『詳者善也』。

③『故云不祥也』，單疏本、寫本、薈要本、武英殿本同。四庫閣本作『故云不詳也』。

④『正義曰』之上，單疏本、寫本有『晉康侯至三接』六字。

第三百五十六頁

①『正義曰』之上，單疏本、寫本有『象曰晉進至三接也』八字。

②『以訟至三接也』六字，單疏本、寫本有。四庫本無，而於『注正義曰』之下有『云以訟受服終朝三褫柔進受寵一晝三接』十七字。

③『俱不盡一日者』之『者』字原脫，據單疏本、寫本補。

④『正義曰』之上，單疏本、寫本有『象曰明出至明德』七字。

第三百五十七頁

①『准此二注』，單疏本、寫本同。四庫本作『準此二注』。

②『之少反』，單疏本、寫本同。四庫本作『之召反』。

③『正義曰』之上，單疏本、寫本有『初六晉如至受命也』八字。

第三百五十八頁

①『乃得无咎』之下，四庫本有『也』字，單疏本、寫本無。

第三百五十九頁

①『正義曰』之上，單疏本、寫本有『六二晉如愁至中正也』九字。

②『故曰貞吉也』，寫本、四庫本同。單疏本誤作『故曰貞正也』。

③『注鳴鶴在陰則其子和之正義曰』，單疏本、寫本同。四庫本作『注正義曰鳴鶴在陰則其子和之者』。

④『正義曰』之上，單疏本、寫本有『六三衆允至上行也』八字。

⑤『故得悔亡』，單疏本、寫本同。四庫本作『故得其悔亡』。

第三百六十頁

①『正義曰』之上，單疏本、寫本有『九四晉如鼫至不當也』九字。

②『注進如鼫鼠无所守也正義曰』，單疏本、寫本同。四庫本作『注正義曰晉如鼫鼠无所守也者』。

③『術注曰』，單疏本、寫本同。四庫本作『王注曰』。

④『不能免人』，單疏本、寫本同。四庫本作『不能先人』。

第三百六十一頁

①『術斯以往无不利也』之『也』字原脱，據單注本、注附音本及四庫本補。

②『正義曰』之上，單疏本、寫本有『六五悔亡至有慶也』八字。

③『正義曰』之上，單疏本、寫本有『上九晉其至未光也』八字。

第三百六十二頁

①『正義曰』之上，單疏本、寫本有『彖曰明入至以之』七字。

第三百六十三頁

①『正義曰』之上，單疏本、寫本有『象曰君子至而明』七字。

第三百六十四頁

①『正義曰』之上，單疏本、寫本有『初九明夷至不食也』八字。

第三百六十五頁

①「故曰有攸往主人有言」之「有」字原脫，據單疏本、寫本及四庫本補。

②「正義曰」之上，單疏本、寫本有「六二明夷夷至以則也」九字。

第三百六十六頁

①「正義曰」之上，單疏本、寫本有「九三明夷于至大得也」九字。

第三百六十七頁

①「正義曰」之上，單疏本、寫本有「六四入于至心意也」八字。

第三百六十八頁

①「正義曰」之上，單疏本、寫本有「六五箕子至可息也」八字。

②「象曰明不可息也」，單疏本、寫本同。四庫本作「象曰明不可息者」。

③「正義曰」之上，單疏本、寫本有「上六不明至失則也」八字。

第三百六十九頁

①「正義曰」之上，單疏本、寫本有「象曰家人至定矣」七字。

②「女正位乎内男正位乎外者」之第二個「位」字原誤作「謂」，單疏本同。據寫本、四庫本改。

第三百七十頁

①「故曰家人有嚴君」七字原脫，據單疏本、寫本及四庫本補。

第三百七十一頁

①『正義曰』之上，單疏本、寫本有『象曰風自至有恒』七字。

②『發邇化遠』，單疏本、寫本同。四庫本作『發邇見遠』。

③『正義曰』之上，單疏本、寫本有『初九閑有至未變也』八字。

第三百七十二頁

①『正義曰』之上，單疏本、寫本有『六二无攸至以巽也』八字。

第三百七十三頁

①『正義曰』之上，單疏本、寫本有『九三家人至家節也』八字。

②『正義曰』之上，單疏本、寫本有『六四富家至位也』七字。

第三百七十四頁

①『正義曰』之上，單疏本、寫本有『九五王假至相愛也』八字。

第三百七十五頁

①『正義曰』之上，單疏本、寫本有『上九有孚至之謂也』八字。

第三百七十六頁

①『正義曰』之上，單疏本、寫本有『象曰睽火至大矣哉』八字。

第三百七十七頁

①「此以下歷就天地男女萬物」，單疏本、寫本同。四庫本無「此」字。

第三百七十八頁

①「正義曰」之上，單疏本、寫本有「象曰上火至而異」七字。

②「與四合志」，單注本、注附音本同。四庫本作「與人合志」。

③「正義曰」之上，單疏本、寫本有「初九悔亡至辟咎也」八字。

第三百七十九頁

①「見謂遜接之也」之「見」字原脱，據單疏本、寫本及四庫本補。

②「正義曰」之上，單疏本、寫本有「九二遇主至失道也」八字。

第三百八十頁

①「正義曰」之上，單疏本、寫本有「六三見輿至遇剛也」八字。

②「故剠其額」之「剠」字，寫本及四庫本同。單疏本誤作「掠」。

第三百八十一頁

①「正義曰」之上，單疏本、寫本有「九四睽孤至志行也」八字。

②「正義曰」之上，單疏本、寫本有「六五悔亡至有慶也」八字。

第三百八十二頁

①「四剠其應」之「剠」字原誤作「剌」，據單注本、注附音本及四庫本改。

第三百八十三頁

①『正義曰』之上，單疏本、寫本有『上九睽孤至羣疑亡也』九字。

②『四剠其應』之『剠』字原誤作『剌』，據單疏本、寫本及四庫本改。

第三百八十四頁

①『注恢詭譎怪道將爲一正義曰』，單疏本、寫本同。四庫本作『注正義曰恢詭譎怪道將爲一者』。

②『故爲舉筳與楹』，單疏本同。寫本作『故爲是舉莛與楹』，四庫本作『故爲舉莛與楹』。

第三百八十五頁

①『正義曰』之上，單疏本、寫本有『蹇利西南至貞吉』七字。

②『蹇利西南不利東北者』之『蹇』字原脫，四庫本亦脫。據單疏本、寫本補。

③『西南地位』，單疏本、寫本同。四庫本作『西南順位』。

④『正義曰』之上，單疏本、寫本有『彖曰蹇難至大矣哉』八字。

第三百八十七頁

①『正義曰』之上，單疏本、寫本有『象曰山上至脩德』七字。

②『正義曰』之上，單疏本、寫本有『初六往蹇至宜待也』八字。

第三百八十八頁

①『處難之時』之『之』字原誤作『窮』。據單注本、注附音本及四庫本改。

②『正義曰』之上，單疏本、寫本有『六二王臣至无尤也』八字。

③『正義曰』之上，單疏本、寫本有『九三往蹇至喜之也』八字。

第三百八十九頁

①『正義曰』之上，單疏本、寫本有『六四往蹇來連至位實也』十字。

②『正義曰』之上，單疏本、寫本有『九五大蹇至中節也』八字。

第三百九十頁

①『注同志者集而至矣正義曰』，單疏本、寫本同。四庫本作『注正義曰同志者集而至矣者』。

②『往則失之』原誤作『往之則失』，據單注本、注附音本及四庫本改。

③『正義曰』之上，單疏本、寫本有『上六往蹇來至從貴也』九字。

第三百九十一頁

①『正義曰』之上，單疏本、寫本有『解利西至夙吉』六字。

②『古買反』，單疏本、寫本同。四庫本作『佳買反』。

③『胡賣反』，單疏本、寫本同。四庫本作『諧買反』。

第三百九十二頁

①『正義曰』之上，單疏本、寫本有『彖曰解險至大矣哉』八字。

第三百九十三頁

①『即見免說於險』，單疏本、寫本同。四庫本作『即是免脫於險』。

②『正義曰』之上，單疏本、寫本有『象曰雷雨至有罪』七字。

第三百九十四頁

①『正義曰』之上，單疏本、寫本有『初六无咎至无咎也』八字。

②『注或有過咎非其理也正義曰』，單疏本、寫本同。四庫本作『注正義曰或有過咎非其理也』。

③『為五所任』，注附音本、四庫本同。單注本誤作『所住』。

第三百九十五頁

①『正義曰』之上，單疏本、寫本有『九二田獲至中道也』八字。

②『正義曰』之上，單疏本、寫本有『六三負且至誰咎也』八字。

第三百九十六頁

①『正義曰』之上，單疏本、寫本有『九四解而至當位也』八字。

第三百九十七頁

①『正義曰』之上，單疏本、寫本有『六五君子至小人退也』九字。

第三百九十八頁

①『正義曰』之上，單疏本、寫本有『上六公用至解悖也』八字。

卷第七

第四百一頁

①『正義曰』之上，單疏本、寫本有『損有孚至用享』六字。

②『准下王注彖辭云』，單疏本同。寫本同、四庫本作『凖下王注彖辭云』。

第四百二頁

①『損剛而不爲邪』之『剛』字，原誤作『下』，單疏本、四庫本同誤。據單注本、注附音本及寫本改。

第四百三頁

①『正義曰』之上，單疏本、寫本有『彖曰損損至偕行』七字。

第四百四頁

①『正義曰』之上，單疏本、寫本有『象曰山下至窒欲』七字。

第四百五頁

①『正義曰』之上，單疏本、寫本有『初九已事至合志也』八字。

第四百六頁

①『進之乎柔則凶矣』，單注本、注附音本同。四庫本作『進之於柔則凶矣』。

②『正義曰』之上，單疏本、寫本有『九二利貞至為志也』八字。

第四百七頁

①『正義曰』之上，單疏本、寫本有『六三三人至則疑也』八字。

第四百八頁

①『正義曰』之上，單疏本、寫本有『六四損其至可喜也』八字。

②『速乃有喜有喜乃无咎也』十字，單疏本、寫本同。四庫本於『注正義曰』下有『速乃有喜有喜乃无咎者』十字。

第四百九頁

①『正義曰』之上，單疏本、寫本有『六五或益至上祐也』八字。

②『而能自抑損者也』，單疏本、寫本同。四庫本作『能自抑損者也』。

第四百一十頁

①『注朋黨也正義曰』，單疏本、寫本同。四庫本作『注正義曰朋黨者』。

②『正義曰』之上，單疏本、寫本有『上九弗損至得至也』八字。

③『下制於柔』，單疏本、寫本同。四庫本作『不制於柔』。

第四百一十一頁

①『正義曰』之上，單疏本、寫本有『益利有至大川』六字。

第四百一十二頁

①『正義曰』之上，單疏本、寫本有『彖曰益損至偕行』七字。

第四百一十四頁

①『正義曰』之上，單疏本、寫本有『象曰風雷至則改』七字。

第四百一十五頁

①『正義曰』之上，單疏本、寫本有『初九利用至厚事也』八字。

②『得其時而非其處』，單疏本、寫本同。四庫本作『得其時而无其處』。

第四百一十六頁

①『正義曰』之上，單疏本、寫本有『六二或益至外來也』八字。

②『王用此時以享祭於帝』，單疏本、四庫本同。寫本無『於』字。

第四百一十七頁

①『正義曰』之上，單疏本、寫本有『六三益之至有之也』八字。

第四百一十八頁

①『公者臣之極至用圭也』九字，單疏本、寫本有，四庫本無。

②『告王者』之上，四庫本有『六三之才不足以告王者』十字。

③『正義曰』之上，單疏本、寫本有『六四中行至益志也』八字。

第四百一十九頁

①『正義曰』之上，單疏本、寫本有『九五有孚至得志也』八字。

第四百二十頁

①『正義曰』之上，單疏本、寫本有『上九莫益至外來也』八字。

第四百二十一頁

①『正義曰』之上，單疏本、寫本有『夬揚于至攸往』六字。

第四百二十二頁

①『正義曰』之上，單疏本、寫本有『象曰夬決至乃終也』八字。

第四百二十三頁

①『終成也』三字，單疏本、寫本有，四庫本無。

②『施而能嚴』，單注本、注附音本同，四庫本作『明而能嚴』。

③『正義曰』之上，單疏本、寫本有『象曰澤上至則忌』七字。

第四百二十四頁

①『正義曰』之上，單疏本、寫本有『初九壯于至往咎也』八字。

②『孰知不勝』，單疏本、四庫本同。寫本作『熟知不勝』。

第四百二十五頁

①『正義曰』之上，單疏本、寫本有『九二惕號至中道也』八字。

②『語之云暮夜』，單疏本、寫本同，四庫本作『語之云莫夜』。通。

③「正義曰」之上，單疏本、寫本有「九三壯于至无咎也」八字。

第四百二十六頁

①「居於此時」，單疏本、寫本同，四庫本作「若於此時」。

②「牴很難移之物」，單注本、注附音本同。四庫本作「牴狠難移之物」。

第四百二十七頁

①「正義曰」之上，單疏本、寫本有「九四臀无至不明也」八字。

②「臀无膚其行次且者」，單疏本、四庫本同。寫本作「臀无膚其行赼趄者」，下兩處「次且」則與經文同。

③「牴很難移之物」，單注本、注附音本同。四庫本作「牴狠難移之物」。

④「注同於噬嗑滅耳之凶正義曰」，單疏本、寫本同，四庫本作「注正義曰同於噬嗑滅耳之凶者」。

第四百二十八頁

①「正義曰」之上，單疏本、寫本有「九五莧陸至未光也」八字。

②「注莧陸草之柔脆者正義曰」，單疏本、寫本同，四庫作「注正義曰莧陸草之柔脆者」。

③「草之柔脆似亦以為一」，單疏本、寫本同。四庫本作「草之柔脆者亦以為一」。

第四百二十九頁

①「正義曰」之上，單疏本、寫本有「上六无號至不可長也」九字。

②『滛壯至甚』，單疏本、寫本同，四庫本作『為壯至甚』。

第四百二十頁

①『正義曰』之上，單疏本、寫本有『彖曰姤遇至矣哉』七字。

①『方可期之偕老』，單疏本、四庫本同。寫本作『方可期之偕老者』。

第四百二十一頁

①『注凡言至意謂者也正義曰』，單疏本、寫本同。四庫本作『注正義曰凡言義者』。

②『正義曰』之上，單疏本、寫本有『象曰天下至四方』七字。

第四百二十二頁

①『正義曰』之上，單疏本、寫本有『初六繫于至道牽也』八字。

第四百二十三頁

①『注柅者制動之主正義曰』，單疏本、寫本同。四庫本作『注正義曰柅者制動之主者』。

②『柅者制動之主』，單疏本、寫本同。四庫本作『柅制動之主』。

③『正義曰』之上，單疏本、寫本有『九二包有至及賓也』八字。

第四百二十四頁

①『正義曰』之上，單疏本、寫本有『九三臀无至未牽也』八字。

②『正義曰』之上，單疏本、寫本有『九四包无至遠民也』八字。

第四百三十五頁

①「正義曰」之上，單疏本有「九五至以杞舍命也」八字，寫本有「九五至以杞命也」七字。當作「九五以杞至舍命也」。

第四百三十六頁

①「注杞之為物生於肥地者也正義曰」，單疏本、寫本同。四庫本作「注正義曰杞之為物生於肥地者」。

②「杞性柔刃」，單疏本同。寫本作「杞性柔仞」，四庫本作「杞性柔韌」。

③「宜屈橈似匏瓜」，寫本、四庫閣本、武英殿本同。單疏本、薈要本作「宜屈撓似匏瓜」。

④「正義曰」之上，單疏本、寫本有「上九姤其至窮吝也」八字。

第四百三十七頁

①「正義曰」之上，單疏本、寫本有「萃亨至有攸往也」七字。

②「故曰利見大人亨利貞也」之「利」字，原誤作「則」，據單疏本、寫本作及四庫本改。

第四百三十八頁

①「正義曰」之上，單疏本、寫本有「彖曰萃聚至可見矣」八字。

第四百四十頁

①「正義曰」之上，單疏本、寫本有「象曰澤上至不虞」七字。

②「正義曰」之上，單疏本、寫本有「初六有孚至志亂也」八字。

③『則情志迷亂』，單疏本、寫本同。四庫本作『則情意迷亂』。

第四百四十一頁

①『只謂疑四與三』，單疏本、寫本同。四庫本作『只為疑四與三』。

②『正義曰』之上，單疏本、寫本有『六二引吉至未變也』八字。

第四百四十二頁

①『正義曰』之上，單疏本、寫本有『六三萃如至上巽也』八字。

第四百四十三頁

①『正義曰』之上，單疏本、寫本有『九四大吉至不當也』八字。

②『正義曰』之上，單疏本、寫本有『九五萃有至未至也』八字。

第四百四十四頁

①『萃有位无咎匪孚元永貞悔亡者』十三字，單疏本、寫本有，四庫本無。

②『正義曰』之上，單疏本、寫本有『上六齎咨至安上也』八字。

第四百四十五頁

①『正義曰』之上，單疏本、寫本有『升元亨至南征吉』七字。

②『故云南征吉也』，單疏本、寫本同，四庫本作『故曰南征吉也』。

第四百四十六頁

①『正義曰』之上，單疏本、寫本有『象曰柔以至志行也』八字。

②『正義曰』之上，單疏本、寫本有『象曰地中至高大』七字。

第四百四十七頁

①『君子以順德積小以高大者』，單疏本、四庫本同，寫本作『君子以順德積小以成高大者』，衍『成』字。

②『正義曰』之上，單疏本、寫本有『初六允升至上合志也』九字。

③『必大得矣』，單疏本、四庫本同，寫本作『必大得吉矣』。

④『正義曰』之上，單疏本、寫本有『九二孚乃至有喜也』八字。

第四百四十八頁

①『正義曰』之上，單疏本、寫本有『九三升虛至无所疑也』九字。

②『正義曰』之上，單疏本、寫本有『六四王用至順事也』八字。

第四百四十九頁

①『正義曰』之上，單疏本、寫本有『六五貞吉至得志也』八字。

②『保其尊貴而踐阼矣』，單疏本、四庫本同，寫本作『保其貴而踐祚矣』。

第四百五十頁

①『正義曰』之上，單疏本、寫本有『上六冥升至不富也』八字。

②『若絜己脩身』，單疏本、薈要本、武英殿本同。寫本、四庫閣本作『若潔己脩身』。

③『然勞不可久』，單疏本、四庫本同。寫本作『然榮不可久』。

④『正義曰』之上，單疏本、寫本有『困亨至不信』五字。

第四百五十一頁

①『正義曰』之上，單疏本、寫本有『象曰困剛至乃窮也』八字。

第四百五十二頁

①『其惟君子乎』，單疏本同。寫本、四庫本作『其唯君子乎』，與經文同。

②『惟君子能然也』，單疏本、寫本同。四庫本作『唯君子能然也』。

③『正義曰』之上，單疏本、寫本有『象曰澤无水至遂志』八字。

第四百五十三頁

①『不屈橈而移改也』，單疏本、四庫閣本、武英殿本同。寫本作『不屈橈而后改也』，薈要本作『不屈撓而移改也』。

第四百五十四頁

①『正義曰』之上，單疏本、寫本有『初六臀困至不明也』八字。

①『正義曰』之上，單疏本、寫本有『六二困于至有慶也』八字。

②『困于酒食者』，單疏本、四庫本同。寫本作『困于酒食朱紱方來利用享祀者』。

第四百五十五頁

①『正義曰』之上，單疏本、寫本有『六三困于石至不祥也』九字。

第四百五十六頁

①『正義曰』之上，單疏本、寫本有『九四來徐至有與也』八字。

第四百五十七頁

①『欲棄之』之『棄』字，原誤作『乘』，據單疏本、寫本及四庫本改。

②『故曰有終』，單疏本、寫本同。四庫本作『故曰有終也』。

第說部五十八頁

①『正義曰』之上，單疏本、寫本有『九五劓刖至受福也』八字。

②『乃寬緩修其道德』，單疏本、四庫本同。寫本作『乃寬緩修其德』。

③『若能不遂迷志』，寫本、四庫本同。單疏本作『君能不遂迷志』。

第四百五十九頁

①『正義曰』之上，單疏本、寫本有『上六困于葛至志行也』九字。

第四百六十頁

①『正義曰』之上，單疏本、寫本有『井改邑至瓶凶』六字。

②『此明井體有常』，單疏本、寫本同。四庫本作『此名井體有常』。

第四百六十一頁

①『絜靜之貌也』，單疏本、薈要本、武英殿本同。寫本、四庫閣本作『潔靜之貌也』。

②『皆使絜靜』，單疏本、薈要本、武英殿本同。寫本、四庫閣本作『皆使潔靜』。

第四百六十二頁

①『正義曰』之上，單疏本、寫本有『彖曰巽乎至是以凶也』九字。

②『注音舉上之上正義曰』，單疏本、寫本同。四庫本作『注正義曰音舉上之上者』。

第四百六十三頁

①『正義曰』之上，單疏本、寫本有『象曰木上至勸相』七字。

②『勸恤民德』，寫本同。單疏本、四庫本作『勸恤民隱』。

③『使有功成』，單疏本、寫本同。四庫本作『使有成功』。

④『正義曰』之上，單疏本、寫本有『初六井泥至時舍也』八字。

第四百六十四頁

①『注井者不變之物居德之地正義曰』，單疏本、寫本同。四庫作『注正義曰井者不變之物居德之地者』。

②『正義曰』之上，單疏本、寫本有『九二井谷至无與也』八字。

第四百六十五頁

①『脩己全絜』，單注本、注附音本、薈要本、武英殿本同。四庫閣本『脩己全潔』。

②『正義曰』之上，單疏本、寫本有『九三井渫至受福也』八字。

③『則清絜可食』，單疏本同。寫本、四庫本作『則清潔可食』。

第四百六十六頁

①『猶人修己全絜』，單疏本、薈要本同。寫本、武英殿本、四庫閣本作『猶人修己全潔』。

②『正義曰』之上，單疏本、寫本有『六四井甃至脩井也』八字。

③『未可上給養人也』，單疏本、寫本同。四庫本作『未可上汲養人也』。

④『冽絜也』，單注本、注附音本、薈要本、武英殿本同。四庫閣本作『冽潔也』。

第四百六十七頁

①『中正高絜』，單注本、注附音本、薈要本、武英殿本同。四庫閣本作『中正高潔』。

②『正義曰』之上，單疏本、寫本有『九五井冽至中正也』八字。

③『冽絜也』之『絜』，單疏本、薈要本、武英殿本同。寫本、四庫閣本作『潔』。下『井絜』『行絜』『表絜』，單疏本、薈要本、武英殿本皆同，四庫閣本皆作『潔』

④『正義曰』之上，單疏本、寫本有『上六井收至大初也』八字。

⑤『式胄反』，單疏本、寫本同。四庫本作『收胄反』。

第四百六十八頁

①『正義曰』之上，單疏本、寫本有『革已日至悔亡』六字。

第四百七十頁

①『正義曰』之上，單疏本、寫本有『象曰革水火至大矣哉』九字。

第四百七十一頁

①『革而當理』，單疏本、四庫本同。寫本作『變革而當理』。

②『正義曰』之上，單疏本、寫本有『象曰澤中至明時』七字。

第四百七十二頁

①『正義曰』之上，單疏本、寫本有『初九鞏用至有為也』八字。

第四百七十三頁

①『正義曰』之上，單疏本、寫本有『六二已日至有嘉也』八字。

②『正義曰』之上，單疏本、寫本有『九三征凶至何之矣』八字。

第四百七十四頁

①『正義曰』之上，單疏本、寫本有『九四悔亡至信志也』八字。

第四百七十五頁

①『正義曰』之上，單疏本、寫本有『九五大人至文炳也』八字。

第四百七十六頁

①『正義曰』之上，單疏本、寫本有『上六君子至從君也』八字。

卷第八

第四百七十七頁

①『自火化之後鑄金而為此器』之『之』字原脫，據單疏本、寫本及四庫本補。

②『以供亨飪之用』，單疏本、四庫本同。寫本作『以供烹飪之用』，通。下同。

第四百七十八頁

①『獲大亨也』，單注本、注附音本同。四庫本作『而獲大亨也』。

②『正義曰』之上，單疏本、寫本有『彖曰鼎象至元亨』七字。

第四百八十頁

①『正義曰』之上，單疏本、寫本有『象曰木上至凝命』七字。

②『正義曰』之上，單疏本、寫本有『初六鼎顛至從貴也』八字。

第四百八十一頁

①『正義曰』之上，單疏本、寫本有『九二鼎有至无尤也』八字。

第四百八十二頁

①『正義曰』之上，單疏本、寫本有『九三鼎耳至其義也』八字。

第四百八十四頁

①『正義曰』之上，單疏本、寫本有『九四鼎折至如何也』八字。

第四百八十五頁

①『正義曰』之上，單疏本、寫本有『六五鼎黃至為實也』八字。

②『高不誠亢』之『誠』字原誤作『誠』，據單注本、注附音本及四庫本改。

③『正義曰』之上，單疏本、寫本有『上九鼎玉至剛柔節也』九字。

第四百八十六頁

①『正義曰』之上，單疏本、寫本有『震亨至匕鬯』五字。

②『則足可以不喪匕鬯矣』，單注本、注附音本同。四庫本作『是可以不喪匕鬯矣』。

第四百八十七頁

①『威震至廟之盛也』七字，單疏本、寫本有，四庫本無。

②『橈鼎之器』，單疏本、四庫本同。寫本作『撓鼎之器』。

③『長三尺』，單疏本、寫本同。四庫本作『長二尺』。

④『詩云有梂棘匕是也』，單疏本同。寫本、四庫本作『詩云有捄棘匕是也』。

⑤『取其赤心之義』，單疏本、四庫本同。寫本作『取赤心之義』。

⑥『而加冪焉』，四庫本同。單疏本、寫本作『而加□冪焉』。

⑦『乃舉冪』，單疏本、四庫本同。寫本作『乃舉□冪』。

第四百八十八頁

①『正義曰』之上，單疏本、寫本有『彖曰震亨至祭主也』八字。

第四百八十九頁

①『已出』二字，單疏本、寫本有，四庫本無。

②『正義曰』之上，單疏本、寫本有『象曰洊雷至脩省』七字。

③『正義曰』之上，單疏本、寫本有『初九震來至有則也』八字。

第四百九十頁

①『此爻辭兩句』之『兩』字原誤作『雨』，據單疏本、寫本及四庫本改。

第四百九十一頁

①『正義曰』之上，單疏本、寫本有『六二震來厲至乘剛也』九字。

②『正義曰』之上，單疏本、寫本有『六三震蘇至不當也』八字。

③『震蘇蘇震行无眚者』八字，單疏本、寫本有，四庫本無。

第四百九十二頁

①『位非所處故懼蘇蘇又云懼行而无眚』十五字，單疏本、寫本有，四庫本無。

②『以訓震為懼』，單疏本、寫本同。四庫作『似訓震為懼』。

③『正義曰』之上，單疏本、寫本有『九四震遂至未光也』八字。

第四百九十三頁

①『正義曰』之上，單疏本、寫本有『六五震往至无喪也』八字。
②『是致危之行』之下，寫本有『也』字。單疏本、四庫無。
③『當其有事』，單疏本、寫本同。四庫作『當有其事』。

第四百九十四頁

①『正義曰』之上，單疏本、寫本有『上六震索至鄰戒也』八字。

第四百九十五頁

①『正義曰』之上，單疏本、寫本有『艮其背至无咎』六字。

第四百九十六頁

①『既兆而止』，寫本、四庫本同。單疏本脱『兆』字。
②『注目无患也正義曰』，單疏本、寫本同。四庫作『注正義曰目无患也者』。

第四百九十七頁

①『正義曰』之上，單疏本有『彖曰艮止至无咎也』八字。寫本作『彖曰艮止也至其所也』九字。
②『訓其名也』，單疏本、四庫本同。寫本作『説其君也』。
③『時止則止』，寫本、四庫本同。單疏本誤作『時止時止』。
④『光明施止有時』，單疏本、寫本同。四庫本作『先明施止有時』，是。
⑤『自各有時運』，寫本、四庫本同。單疏本作『自若有時運』。

⑥『艮其止止其所也』，單疏本、寫本作『艮其止止其所也者』，四庫本作『艮其止止其所者』。
⑦『所以施止須得所』，四庫本同。單疏本、寫本作『所以施止須得其所』。
⑧『上下敵應不相與也者』之『敵』字原誤作『適』，據單疏本、寫本及四庫本改。

第四百九十八頁

①『不侵官也』，單注本、注附音本同。四庫本作『不侵害也』。
②『正義曰』之上，單疏本、寫本有『象曰兼山至其位』七字。
③『正義曰』之上，單疏本、寫本有『初六艮其至未失正也』九字。

第四百九十九頁

①『釋所以在永貞』，單疏本、寫本同。四庫本作『釋所以利永貞』，是。
②『而不得拯其隨』，單注本、注附音本同。四庫本作『既不得拯其隨』。
③『正義曰』之上，單疏本、寫本有『六二艮其腓至退聽也』九字。

第五百頁

①『正義曰』之上，單疏本、寫本有『九三艮其限腓至危薰心也』十一字。
②『是分列其夤』，單疏本、四庫本同。寫本作『是分裂其夤』。下『夤既分列』，寫本作『夤既分裂』。
③『注體分兩主大器喪矣正義曰』，單疏本、寫本同。四庫作『注正義曰體分兩主大器喪矣者』。

第五百一頁

①『正義曰』之上，單疏本有『六四艮其身至諸躬也』九字，寫本有『六四艮其身至諸躬』八字。
②『求責也諸之也』，單疏本、四庫本同。寫本『求責也諸之也』之上有『注止求諸身者』六字。疑此底本、單疏本及四庫本皆脱此六字。
③『注自止其躬不分全體正義曰』，單疏本、寫本同。四庫本作『注正義曰自止其躬不分全體者』。

第五百二頁

①『正義曰』之上，單疏本、寫本有『六五艮其輔至中正也』九字。
②『正義曰』之上，單疏本、寫本有『上九敦艮至厚終也』八字。

第五百三頁

①『正義曰』之上，單疏本、寫本有『彖曰漸之至不窮也』八字。

第五百四頁

①『惟是九五也』，單疏本、寫本同。四庫本作『唯是九五也』。
②『正義曰』之上，單疏本、寫本有『象曰山上至善俗』七字。

第五百五頁

①『正義曰』之上，單疏本、寫本有『初六鴻漸于干至无咎也』十字。
②『若鴻之進於河之干』，單疏本、寫本同。四庫本作『若鴻之進于河之干』。

第五百六頁

①『正義曰』之上，單疏本、寫本有『六二鴻漸至不素飽也』九字。

②『注磐山石之安也正義曰』，單疏本同。四庫本作『注正義曰磐山石之安者』。

第五百七頁

①『正義曰』之上，單疏本、寫本有『九三鴻漸于陸至相保也』十字。

②『故曰鴻漸于陸也』之『漸』字原脱，據單疏本、寫本及四庫本補。

③『利禦寇者』，單疏本、四庫本同。寫本作『利用禦寇者』。

第五百八頁

①『注陸高之頂也正義曰』，單疏本同。四庫本作『注正義曰陸高之頂也者』。

②『正義曰』之上，單疏本、寫本有『六四鴻漸于木至以巽也』十字。

③『體巽而下附』，單疏本、寫本同。四庫本作『體巽而附下』。

第五百九頁

①『正義曰』之上，單疏本、寫本有『九五鴻漸于陵至所願也』十字。

②『九五進得中位』，單疏本、寫本同。四庫本作『九五進乎中位』。

③『注進以正邦三年有成正義曰』，單疏本同。四庫本作『注正義曰進以正邦三年有成者』。

④『故曰進以正邦也』之『正』字原脱，據單疏本、寫本及四庫本補。

第五百一十頁

①『正義曰』之上，單疏本、寫本有『上九鴻漸至不可亂也』九字。

②『是進處高絜』，單疏本、薈要本、武英殿本同。寫本、四庫閣本作『是進處高潔』。

第五百一十一頁

①『以妹從姊而嫁』，單疏本同。寫本、四庫本皆誤作『以妹從娣而嫁』。

②『明是妹從姊嫁』，單疏本同。寫本、四庫本皆誤作『明是妹從娣嫁』。

③『妹從姊嫁』，單疏本同。寫本、四庫本皆誤作『妹從娣嫁』。

④『若妄進求寵』，單疏本、寫本同。四庫本作『若妾進求寵』。

⑤『嫁而係姊』，單注本同。注附音本及四庫本皆誤作『嫁而係娣』。

第五百一十二頁

①『正義曰』之上，單疏本、寫本有『彖曰歸妹至乘剛也』八字。

②『嫁而係於姊』，單疏本同。寫本、四庫本皆誤作『嫁而係於娣』。

③『係姊所以說者』，單疏本同。寫本、四庫本皆誤作『係娣所以說者』。

④『既係姊為媵』，單疏本同。寫本、四庫本皆誤作『既係娣為媵』。

第五百一十三頁

①『更有勤望之憂』，單疏本、寫本同。四庫本作『更有動望之憂』。

②『故係姊而行合禮』，單疏本同。寫本、四庫本皆誤作『故係娣而行合禮』。

③『所戒其征凶也』，單疏本、寫本同。四庫本作『故戒其征凶也』。

④『此因六三六五乘剛』之『三』字，原誤作『二』。據單疏本、寫本及四庫本改。

⑤『注以征至之逆正義曰』，單疏本同。四庫本作『注正義曰以征則有不正之凶以處則有乘剛之逆者』。

⑥『正義曰』之上，單疏本、寫本有『象曰澤上至知敝』七字。

第五百一十四頁

①『妹少女之稱也』，單注本、注附音本同。四庫本作『娣少女之稱也』。

②『正義曰』之上，單疏本、寫本有『初九歸妹至相承也』八字。

③『從姊而行謂之歸』，單疏本同。寫本、四庫本皆誤作『從娣而行謂之歸』。

④『從姊之義也』，單疏本同。寫本、四庫本皆誤作『從娣之義也』。

⑤『妹而繼姊為娣』，單疏本、四庫本同。寫本誤作『妹而繼姊為姊』。

⑥『為娣而行則吉』，單疏本、四庫本同。寫本誤作『為姊而行則吉』。

第五百一十五頁

①『注夫承嗣以君之子雖幼而不妄行正義曰』，單疏本同。四庫本作『注正義曰夫承嗣以君之子雖幼而不妄行者』。

②『此為少女作比例也』，單疏本、四庫本同。寫本作『此為少女作此例也』。

③『正義曰』之上，單疏本、寫本有『九二眇能至變常也』八字。

第五百一十六頁

①『以娣乃行也』，注附音本及四庫本同。單注本作『以娣乃行』。

②『正義曰』之上，單疏本、寫本有『六三歸妹以須至未當也』十字。

③『既而有須』，單疏本、寫本同。四庫本作『既曰有須』。

④『正義曰』之上，單疏本、寫本有『九四歸妹至而行也』八字。

第五百一十七頁

①『正義曰』之上，單疏本、寫本有『六五帝乙至貴行也』八字。

第五百一十八頁

①『以長從少者也』，單疏本、寫本同。四庫本作『以長從少者』。

②『以長從少』，單疏本、寫本同。四庫本作『可以從少』。

③『釋其六五雖所居貴位』之『貴』字原脱，據單疏本、寫本及四庫本補。

第五百一十九頁

①『正義曰』之上，單疏本、寫本有『上六女承至虚筐也』八字。

第五百二十頁

①『正義曰』之上，單疏本、寫本有『豐亨至日中』五字。

第五百二十一頁

①『正義曰』之上，單疏本、寫本有『象曰豐大至鬼神乎』八字。

第五百二十二頁

①『承上宜日中之下』，單疏本、寫本同。四庫本作『承上宜日中之文』。

②『注音闡大之大也正義曰』，單疏本、寫本同。四庫本作『注正義曰音闡大之大者』。

③『二者』，單疏本、寫本同。四庫本作『一者』。

④『正義曰』之上，單疏本、寫本有『象曰雷電至致刑』七字。

第五百二十三頁

①『正義曰』之上，單疏本、寫本有『初九遇其至旬災也』八字。

②『災咎生焉』，單疏本、寫本同。四庫本作『災咎至焉』。

③『注過均則争交斯叛也正義曰』，單疏本、寫本同。四庫本作『注正義曰過均則争交斯叛者』。

第五百二十四頁

①『所豐在蔀』之『所』字原脱，據單注本、注附音本及四庫本補。

②『豐其蔀』，原作『豐其所蔀』。據單注本、注附音本及四庫本删『所』字。

③『有孚可以發其志』之『有』字原脱，據單注本、注附音本及四庫本補。

④『正義曰』之上，單疏本、寫本有『六二豐其至發志也』八字。

⑤『二以陰處陰又處於内』，寫本同。單疏本、四庫本作『二以陰處陰又處於內』。

第五百二十五頁

①『日中見沬』，單注本、注附音本同。四庫本作『日中則見沬』，衍『則』字。

②『正義曰』之上，單疏本、寫本有『九三豐其沛至可用也』九字。

第五百二十六頁

①『豐其沛』原作『豐在沛』，四庫本同。據經文及寫本改。

②『正義曰』之上，單疏本、寫本有『九四豐其至吉行也』八字。

第五百二十七頁

①『止謂以陽居陰』，單疏本、寫本同。四庫本作『正謂以陽居陰』。

②『日中盛明而反見斗』，單疏本、寫本同。四庫本作『日中盛則反而見斗』。

③『正義曰』之上，單疏本、寫本有『六五來章至有慶也』八字。

第五百二十八頁

①『三年豐道之成』之『成』字原誤作『盛』，據據單注本、注附音本及四庫本改。

②『正義曰』之上，單疏本、寫本有『上六豐其屋至自藏也』九字。

第五百二十九頁

①『而當自藏』，單疏本、寫本同。四庫本作『而當自藏也』。

②『可以出而不出』，單疏本、寫本同。四庫本作『以出而不出』。

卷第九

第五百二十二頁

①『足以小亨』，單注本、注附音本同。四庫本作『是以小亨』。

②『正義曰』之上，單疏本、寫本有『象曰旅小至大矣哉』八字。

第五百二十三頁

①『正義曰』之上，單疏本、寫本有『象曰山上至留獄』七字。

②『而為斯賤之役』，單注本同。注附音本作『而為賤之役』，四庫本作『而為斯卑賤之役』。

③『正義曰』之上，單疏本、寫本有『初六旅瑣瑣至窮災也』九字。

④『象曰志窮災』，單疏本同。寫本、四庫本作『象曰志窮災者』。

第五百二十四頁

①『正義曰』之上，單疏本、寫本有『六二旅即至无尤也』八字。

②『則終保无尤也』，單疏本、寫本同。四庫本作『則終保无咎也』。

第五百二十五頁

①『正義曰』之上，單疏本、寫本有『九三旅焚至義喪也』八字。

②『為君主所疑』，單疏本、寫本同。四庫本作『為主君所疑』。

③『注與萌侵權正義曰』，單疏本、寫本同。四庫本作『注正義曰與萌侵權者』。

④『正義曰』之上，單疏本、寫本有『九四旅于至未快也』八字。

第五百二十六頁

①『正義曰』之上，單疏本、寫本有『六五射雉至上逮也』八字。

第五百二十七頁

①『客而得上位』，單注本、注附音本同。四庫本作『客旅得上位』。

②『故莫之聞』，單注本、注附音本同。四庫本作『終莫之聞』。

③『正義曰』之上，單疏本、寫本有『上九鳥焚至者聞』七字。

④『衆所同疾』，單疏本、寫本同。四庫本作『衆所同嫉』。

第五百二十八頁

①『道愈隆』，單注本、注附音本同。四庫本作『道愈隆也』。

②『正義曰』之上，單疏本、寫本有『巽小亨至大人』六字。

③『巽小亨利有攸往利見大人者』十二字，單疏本、寫本有。四庫本無。

④『巽悌以行』之上，四庫本有『利有攸往者』五字。單疏本、寫本無。

⑤『但能用巽者』之上，四庫本有『利見大人者』五字。單疏本、寫本無。

第五百二十九頁

①『正義曰』之上，單疏本、寫本有『彖曰重巽至大人』七字。

②『雖上下皆巽』，單疏本、寫本同。四庫本作『須上下皆巽』。

③『故又因二五之爻』，單疏本、寫本同。四庫本誤作『故又因三五之爻』。

第五百四十頁

①『明无違逆故得小亨』八字，單疏本、寫本有，四庫本無。

②『明柔皆順剛之意』，寫本同。單疏本、四庫本作『則柔皆順剛之意』。

③『正義曰』之上，單疏本、寫本有『象曰隨風至行事』七字。

④『故君子則之』，單疏本同。寫本作『故君子象之』，四庫本作『故君子訓之』。

⑤『正義曰』之上，單疏本、寫本有『初六進退至志治也』八字。

第五百四十一頁

①『進退利武人之貞者』八字，單疏本、寫本有，四庫本無。

②『正義曰』之上，單疏本、寫本有『九二巽在至得中也』八字。

第五百四十二頁

①『正義曰』之上，單疏本、寫本有『九三頻巽至志窮也』八字。

第五百四十三頁

①『正義曰』之上，單疏本、寫本有『六四悔亡至有功也』八字。

②『充君之包厨也』，單疏本、寫本同。四庫本作『充君之庖厨也』。

第五百四十四頁

①『正義曰』之上，單疏本、寫本有『九五貞吉至正中也』八字。

②『民服其罪』，單疏本、四庫本同。寫本作『已服其罪』。

第五百四十五頁

①『正義曰』之上，單疏本、寫本有『上九巽在至正乎凶也』九字。

②『民无不説也』，寫本同。單疏本誤作『民兑不説也』，四庫本作『民莫不説也』。

第五百四十六頁

①『正義曰』之上，單疏本、寫本有『彖曰兑説至矣哉』七字。

第五百四十七頁

①『施説之盛』，單注本、注附音本同。四庫本作『施説之道』。

②『正義曰』之上，單疏本、寫本有『象曰麗澤至講習』七字。

③『正義曰』之上，單疏本、寫本有『初九和兑至未疑也』八字。

第五百四十八頁

①『和兑吉者』四字，單疏本、寫本有。四庫本無。

②『正義曰』之上，單疏本、寫本有『九二孚兑至信志也』八字。

③『孚兑吉悔亡者』六字，單疏本、寫本有。四庫本無。

④『正義曰』之上，單疏本、寫本有『六三來兑至不當也』八字。

⑤『來兑凶者』四字，單疏本、寫本有。四庫本無。

⑥『而以不正求説』，單疏本、寫本同。四庫本作『而以不正來説』。

第五百四十九頁

①『商兑未寧』之『商』字原誤作『商』，據單注本、注附音本及四庫本經文改。

②『商』字原誤作『商』，據單注本、注附音本及四庫本改。

③『商量裁制』之『商』字原誤作『商』，據單注本、注附音本及四庫本改。

④『正義曰』之上，單疏本、寫本有『九四商兑至有慶』七字。

⑤『此之為喜』之上，原衍『除邪』二字。據單疏本、寫本及四庫本删。

第五百五十頁

①『正義曰』之上，單疏本、寫本有『九五孚于至正當也』八字。

②『孚于剝有厲者』六字，單疏本、寫本有。四庫本無。

③『正義曰』之上，單疏本、寫本有『上六引兑至未光也』八字。

④『引兑者』三字，單疏本、寫本有。四庫本無。

⑤『正義曰』之上，單疏本、寫本有『涣亨至利貞』五字。

第五百五十二頁

①『正義曰』之上，單疏本、寫本有『象曰渙亨至有功也』八字。

②『建立宗廟而祭享』，單疏本、四庫本同。寫本作『建立宗廟而祭亨』，通。

③『凡剛至利貞也』六字，單疏本、寫本有。四庫本無。

第五百五十三頁

①『何由得亨通』，單疏本、四庫本同。寫本作『何由得亨乎通』。

②『注乘木即涉難也木者專所以涉川也正義曰』十八字，單疏本、寫本有。四庫本無。

③『先儒』之上，四庫本有『乘木即涉難也者』七字。

④『正義曰』之上，單疏本、寫本有『象曰風行至立廟』七字。

第五百五十四頁

①『正義曰』之上，單疏本、寫本有『初六用拯至順也』七字。

②『可用馬以自拯拔』，單疏本、四庫本同。寫本作『可用馬以自拯援』。

③『正義曰』之上，單疏本、寫本有『九二渙奔至得願也』八字。

第五百五十五頁

①『正義曰』之上，單疏本、寫本有『六三渙其至在外也』八字。

②『正義曰』之上，單疏本、寫本有『六四渙其群至光大也』九字。

第五百五十六頁

①『正義曰』之上，單疏本、寫本有『九五渙汗至正位也』八字。

第五百五十七頁

①『正義曰』之上，單疏本、寫本有『上九渙其血至遠害也』九字。

②『去而遠出者也』，單疏本、寫本同。四庫本作『去而逖出者也』。

③『制度之名』，寫本、四庫本同。單疏本作『制度之者』。

第五百五十八頁

①『正義曰』之上，單疏本、寫本有『彖曰節亨至不害民』八字。

第五百五十九頁

①『止由為節不中』，單疏本、寫本同。四庫本作『正由為節不中』。

②『則四時功成之也』，單疏本、寫本同。四庫本作『則四時之功成也』。

③『正義曰』之上，單疏本、寫本有『象曰澤上至德行』七字。

第五百六十頁

①『正義曰』之上，單疏本、寫本有『初九不出至通塞也』八字。

②『不出户庭无咎者』七字，單疏本、寫本有。四庫本無。

③『故慎密不失』，單疏本、寫本同。四庫本作『故慎密不出』。

④『注為節之初將整離散正義曰』，單疏本、寫本同。四庫本作『注正義曰将整離散而立制度者』。

⑤『正義曰』之上，單疏本、寫本有『九二不出至時極也』八字。

⑥『不出門庭凶者』，寫本同。四庫本無此六字。單疏本作『不出門庭凶若』。

第五百六十一頁

①『正義曰』之上，單疏本、寫本有『六三不節至誰咎也』八字。

②『正義曰』之上，單疏本、寫本有『六四安節至上道也』八字。

③『安節亨者』四字，單疏本、寫本有。四庫本無。

第五百六十二頁

①『正義曰』之上，單疏本、寫本有『九五甘節至信中也』八字。

②『甘節吉往有尚者』七字，單疏本、寫本有。四庫本無。

③『以斯施正』，單注本、注附音本同。四庫本作『以斯施人』。

第五百六十三頁

①『正義曰』之上，單疏本、寫本有『上六苦節至道窮也』八字。

②『正義曰』之上，單疏本、寫本有『中孚豚魚至利貞』七字。

③『顯著可知』，單疏本、寫本同。四庫本作『顯者可知』。

第五百六十四頁

①『正義曰』之上，單疏本、寫本有『彖曰中孚至乎天也』八字。

第五百六十五頁

①『乃化邦也者』，單疏本、寫本同。四庫本作『乃化邦者』。

②『釋此涉川所以得利』，單疏本、寫本同。四庫本作『釋涉川所以得利』。

③『正義曰』之上，單疏本、寫本有『象曰澤上至緩死』七字。

④『雖過可亮』，注附音本及四庫本同。單注本作『雖過可亮也』。

第五百六十六頁

①『正義曰』之上，單疏本、寫本有『初九虞吉至未變也』八字。

②『虞吉有它不燕者』七字，單疏本、寫本有。四庫本無。

③『故更有他來』，單疏本、寫本同。四庫本作『故更有他求』。

④『正義曰』之上，單疏本、寫本有『九二鳴鶴至心願也』八字。

第五百六十七頁

①『正義曰』之上，單疏本、寫本有『六三得敵至不當也』八字。

第五百六十八頁

①『正義曰』之上，單疏本、寫本有『六四月幾至類上也』八字。

②『上承於五』，寫本、四庫本同。單疏本誤作『上之於五』。

第五百六十九頁

①『正義曰』之上，單疏本、寫本有『六五有孚至正當也』八字。

第五百七十頁

①『正義曰』之上，單疏本、寫本有『上九翰音至可長也』八字。

②『翰音登于天貞凶者』八字，單疏本、寫本有。四庫本無。

③『信衰則詐起』，寫本、四庫本同。單疏本誤作『信衰則誰起』。

④『虛聲遠聞也』，寫本、四庫本同。單疏本誤作『虛聲進聞也』。

⑤『何可久長』，單疏本、四庫本同。寫本作『何可久長也』。

⑥『正義曰』之上，單疏本、寫本有『小過亨至大吉』六字。

第五百七十一頁

①『過於小事』，單疏本、寫本同。四庫本作『之於小事』。

②『止在君子為過行也』，單疏本同。寫本作『止在君子為過厚行也』，四庫本作『上在君子為過行也』。

③『時世下有過差』，單疏本、寫本同。四庫本作『時也下有過差』。

④『為過矯之行』，單疏本、寫本同。四庫本作『為過厚之行』。

⑤『順而止之則吉』，單疏本、寫本同。四庫本作『順而立之則吉』。

第五百七十二頁

①『注飛鳥遺其音聲哀以求處正義曰』，單疏本、寫本同。四庫本作『注正義曰飛鳥遺其音聲哀以求處

者』。

第五百七十三頁

①『正義曰』之上，單疏本、寫本有『象曰小過至下順也』八字。

②『此就六二』，單疏本、寫本同。四庫本作『就六二』字。

③『有飛鳥之象焉者』，單疏本、寫本同。四庫本作『有飛鳥之象者』。

第五百七十四頁

①『正義曰』之上，單疏本、寫本有『象曰山上至過乎儉』八字。

②『正義曰』之上，單疏本、寫本有『初六飛鳥至如何也』八字。

第五百七十五頁

①『正義曰』之上，單疏本、寫本有『六二過其至可過也』八字。

②『過其祖遇其妣不及其君遇其臣无咎者』十六字，單疏本、寫本有。四庫本無。

③『履得中位』，單疏本、寫本同。四庫本作『履得中正』。

④『小過之世』，單注本、注附音本同。四庫誤本作『小過之時』。

第五百七十六頁

①『正義曰』之上，單疏本、寫本有『九三弗過至如何也』八字。

②『至令小者咸過』，單疏本、寫本同。四庫本作『至令小者或過』。

③『不為貴主』，單注本、注附音本同。四庫本誤作『不為責主』。
④『夫宴安酖毒』，單注本、注附音本同。四庫本作『夫宴安鴆毒』。
第五百七十七頁
①『正義曰』之上，單疏本、寫本有『九四无咎至不可長也』九字。
第五百七十八頁
①『注夫宴安酖毒不可懷也正義曰』，單疏本、寫本同。四庫本作『注正義曰夫宴安酖毒不可懷也者』。
②『比酖鳥之毒』，單疏本、寫本同。四庫本作『即酖鳥之毒』。
③『陰布於上』，單注本、注附音本同。四庫本作『陰在於上』。
④『足及密雲』，單注本、注附音本同。四庫本作『是乃密雲』。
第五百七十九頁
①『正義曰』之上，單疏本、寫本有『六五密雲至已上也』八字。
②『以小過之才』，單疏本、四庫本同。寫本作『以小過之弋』。
③『已止於一卦之上而成止』，單疏本、寫本同。四庫本作『已上於一卦之上而成止』。
④『除過至能雨也』六字，單疏本、寫本有。四庫本無。
⑤『雨者』之上，四庫本有『除過之道不在取之是乃密雲未能雨也者』十七字。
第五百八十頁

①『正義曰』之上，單疏本、寫本有『上六弗遇至已亢也』八字。
②『正義曰』之上，單疏本、寫本有『既濟亨至終亂』六字。
第五百八十一頁
①『以既濟為家者』，單注本、注附音本同。四庫本作『以既濟為安者』。
②『終亂不為自亂』，單注本、注附音本同。四庫本無『終亂』二字。
③『正義曰』之上，單疏本、寫本有『彖曰既濟至道窮也』八字。
第五百八十二頁
①『正義曰』之上，單疏本、寫本有『象曰水在至豫防之』八字。
②『水在火上既濟君子以思患而豫防之者』十六字，單疏本、寫本有。四庫本無。
第五百八十三頁
①『而豫防之』，單疏本、四庫本同。寫本作『而豫防之也』。
②『正義曰』之上，單疏本、寫本有『初九曳其輪至无咎也』九字。
③『曳其輪濡其尾无咎者』九字，單疏本、寫本有。四庫本無。
④『體剛居下』，單疏本、寫本同。四庫本誤作『體剛居中』。
第五百八十四頁
①『正義曰』之上，單疏本、寫本有『六二婦喪至中道也』八字。

②『故伐鬼方』，單注本、注附音本同。四庫本作『故高宗伐鬼方』。

第五百八十五頁

①『正義曰』之上，單疏本、寫本有『九三高宗至憊也』七字。

②『正義曰』之上，單疏本、寫本有『六四繻有至所疑也』八字。

第五百八十六頁

①『而舟漏則濡濕』，單疏本、寫本同。四庫本作『而舟漏則濡濕』。

②『祭之盛者也』，單注本、注附音本同。四庫本作『祭之盛者』。

③『祭之薄者也』，單注本、注附音本同。四庫本作『祭之薄者』。

④『正義曰』之上，單疏本、寫本有『九五東鄰至大來也』八字。

第五百八十七頁

①『注沼沚之毛蘋蘩之菜可羞於鬼神正義曰』，單疏本、寫本同。四庫本作『注正義曰沼沚之毛蘋蘩之菜可羞於鬼神者』。

②『注在於合時正義曰』，單疏本、寫本同。四庫本作『在於合時者』。

第五百八十八頁

①『正義曰』之上，單疏本、寫本有『上六濡其至可久也』八字。

②『正義曰』之上，單疏本、寫本有『未濟亨至无攸利』七字。

③『小狐汔濟』，寫本及四庫本同。單疏本誤作『小狐沆濟』。

第五百八十九頁

①『正義曰』之上，單疏本、寫本有『彖曰未濟至剛柔應也』九字。

②『故於未濟之世』，單疏本、寫本同。四庫本作『故於未濟之時』。

第五百九十頁

①『正義曰』之上，單疏本、寫本有『象曰火在至居方』七字。

②『使皆得求其所』，單疏本、寫本同。四庫本作『使皆得安其所』。

第五百九十一頁

①『正義曰』之上，單疏本、寫本有『初六濡其至知極也』八字。

②『不能豫照』，寫本、四庫本同。單疏本作『不能豫昭』。

③『不知紀極者』五字，單疏本、寫本同。四庫本移至『正義曰』之下。

④『用健施難』，單注本、注附音本同。四庫本作『用健拯難』。

第五百九十二頁

①『正義曰』之上，單疏本、寫本有『九二曳其輪至行正也』九字。

②『循難在正』，單疏本、寫本同。四庫本作『靖難在正』。

③『正義曰』之上，單疏本、寫本有『六三未濟至不當也』八字。

第五百九十三頁

①『正義曰』之上，單疏本、寫本有『九四貞吉至志行也』八字。

②『居未濟之時』之上，四庫本有『貞吉悔亡者』五字。單疏本、寫本無。

第五百九十四頁

①『正義曰』之上，單疏本、寫本有『六五貞吉至暉吉也』八字。

第五百九十五頁

①『正義曰』之上，單疏本、寫本有『上九有孚至不知節也』九字。

卷第十

第五百九十七頁

①『故字體從口（擊去下『手』字）』之『擊（去下『手』字）』字，單疏本、寫本同。四庫本作『繫』。

第五百九十八頁

①『直以簡編重大』，單疏本、寫本同。四庫本作『有以簡編重大』。

第六百頁

①『乖其所趣則凶』之『趣』字原作異體『趍』，下『正義曰』作『趣』，據單注本改。

①『縣象運轉』之『縣』字，單注本、注附音本同。四庫本作『懸』，通。

第六百一頁

①『故以賢人目其德業』之『目』字原誤作『名』，據單注本、注附音本及四庫本改。

②『正義曰』之上，單疏本、寫本有『天尊地卑至其中矣』八字。

③『天以剛陽而尊』，單疏本、四庫本同。寫本作『謂天以剛陽而尊』。

第六百二頁

①『則萬物貴賤不得其位』原作『則萬物貴賤則不得其位』，衍一『則』字，據單疏本、寫本及四庫本删。

②『各有常度』，單疏本、寫本同。四庫本脱『各』字。

第六百四頁

①『其實亦兼焉』，單疏本、寫本同。四庫本作『其實亦一焉』。

②『乾知太始者』，單疏本同。寫本、四庫本作『乾知大始者』。『太』通『大』，下同。

第六百五頁

①『人則易可倣效也』，單疏本、寫本同。四庫本作『人則易可放效也』。

②『賢人亦事在有境』，單疏本、寫本同。四庫本作『賢人則事在有境』。

第六百六頁

①『乾坤其易至之體』七字，單疏本、寫本有。四庫本無。

②『云先明天尊地卑以定乾坤之體者』之『云』字，單疏本、四庫本有。寫本無。

③『注天尊地卑至明矣正義曰』十一字，單疏本、寫本有。四庫本無。

④『天尊地卑』之上，四庫本有『云』字，單疏本、寫本無。

⑤『注方有類至生矣正義曰』十字，單疏本、寫本有。四庫本無。

⑥『云方有類者』之『云』字，單疏本、四庫本有。寫本無。

第六百七頁

①『即是非類』，單疏本、四庫本同。寫本作『既是非類』。

②『注天地之道至易簡正義曰』十一字，單疏本、寫本有。四庫本無。

③『云天地之道不為善始者』之『云』字，單疏本、四庫本有。寫本無。

④『是自然成物之終也』，單疏本、寫本同。四庫本作『是自然成物之始也』。

⑤『注天地易簡至其德業正義曰』十二字，單疏本、寫本有。四庫本無。

⑥『云聖人不為群方各遂其業者』之『云』字，單疏本、四庫本有。寫本無。

第六百八頁

①『注天下之理至分位正義曰』十一字，單疏本、寫本有。四庫本無。

②『云天下之理』之『云』字，單疏本、四庫本有。寫本無。

③『又莊子云』，單疏本、寫本同。四庫本作『又莊云』。

第六百九頁

①『辯變化之小大』之『辯』字，單注本、注附音本及四庫本皆作『辨』。

第六百一十頁

①「正義曰」之上，單疏本、寫本有「聖人設卦觀至不利」七字。

第六百一十一頁

①「是故吉凶者失得之象也者」十一字，單疏本、寫本有。四庫本無。

第六百一十二頁

①「皆嫌其吉凶不明」，單疏本、四庫本同。寫本作「諸皆嫌其吉凶不明」。

第六百一十三頁

①「則是吉象之境」，單疏本、四庫本同。寫本作「則是吉象之竟」。

②「其以祉有慶有福之屬」，單疏本、寫本同。四庫本作「其有祉有慶有福之屬」。

第六百一十四頁

①「故可居治之位」，單疏本、寫本同。四庫本作「故居可治之位」。

②「由觀易之位次序也」，單疏本、寫本同。四庫本作「由觀易位之次序也」。

第六百一十五頁

①「注此總言也正義曰」，單疏本、寫本同。四庫本作「注正義曰云此總言也者」。

②「注書則陽剛至其義正義曰」十一字，單疏本、寫本有。四庫本無。

③「次文別序云變化者」，單疏本、寫本同。四庫本作「次文別云變化者」。

第六百一十六頁

①『云故始總言之也』，單疏本、寫本同。四庫本作『云故始總言之者』。

②『辯變化』，四庫本同。單疏本、寫本作『辨變化』。『小大』原作『大小』，單疏本、寫本同誤。據注文及四庫本改。

第六百一十八頁

①『存乎其悔過也』原誤作『存乎悔道也』，據單注本、注附音本補改。四庫本作『存乎悔過也』。

②『正義曰』之上，單疏本、寫本有『彖者言乎至生之説』八字。

③『明吉凶悔吝繫辭之義』，寫本、四庫本同。單疏本誤作『明吉凶侮吝繫辭之義』。

④『言説乎一卦之象也』，單疏本、寫本同。四庫本作『總説乎一卦之象也』。

第六百二十頁

①『其道銷散』，單疏本、寫本同。四庫本作『其道消散』。

②『其辭則艱險也』，單疏本、寫本同。四庫本作『其辭則難險也』。

第六百二十一頁

①『故知死生之説者』原作『故知生死之説者』，據單疏本、寫本及四庫本改。

②『知死生之數也』，單疏本、四庫本同。寫本作『知生死數也』。

③『止謂用易道參其逆順』，單疏本、寫本同。四庫本作『正謂用易道參其逆順』。

④『辭爻辭至之差』六字，單疏本、寫本有。四庫本無。

⑤『言變化所以明吉凶者』，單疏本、四庫本有。寫本作『言變所以明吉凶者』，與注文同。

第六百二十二頁

①『云悔吝』，單疏本、四庫本同。寫本作『云至於悔吝』。

②『謂皆生於爻也』，寫本、四庫本同。單疏本誤作『謂皆坐於爻也』。

③『生乎變者』原誤作『言乎變者』，據注文及寫本改。

第六百二十四頁

①『正義曰』之上，單疏本、寫本有『精氣為物至鮮矣』七字。

第六百二十六頁

①『自此已上』，單疏本、寫本同。四庫本作『自此以上』。

第六百二十七頁

①『恒日日賴用此道以得生』，單疏本、寫本同。四庫本作『恒日日賴用此道而得生』。

第六百二十八頁

①『盡聚散至不通』六字，單疏本、寫本有。四庫本無。

②『正義曰』之下，四庫本有『云知變化之道无幽而不通者』十二字。

③『幽冥悉通』，單疏本、寫本同。四庫本作『幽明悉通』。

④『自此以上至體明正義曰』十字，單疏本、寫本有。四庫本無。

⑤『自此已上』之上，四庫本有『云』字。『已上』，四庫本作『以上』。

⑥『安土敦仁』，單疏本誤作『安上敦仁』。

第六百二十九頁

①『是易无體也』，單疏本誤作『骨易无體也』。

②『注道者何至一陽也正義曰』十一字，單疏本、寫本有。四庫本無。

③『云道者何无之稱者』，單疏本、四庫本同。寫本作『道者何无之稱者』。

第六百三十一頁

①『注君子體道至極也正義曰』十一字，單疏本、寫本有。四庫本無。

②『君子體道』之上，四庫本有『云』字。

第六百三十二頁

①『藏諸用』下原衍『也』字。據單注本、注附音本及四庫本删。

②『故順通天下』之『順』字原誤作『顯』，據單注本、注附音本及四庫本改。

③『聖人功用之母』之『母』字原誤作『無』，據單注本、注附音本及四庫本改。

第六百三十三頁

①『欻爾而自造矣』原作『欻尔而自造矣』，據單注本、注附音本及四庫本改。

第六百三十五頁

①『正義曰』之上，單疏本、寫本有『顯諸仁至之門』六字。

②『富有之謂大業者』七字，單疏本、寫本有。四庫本移至下文『并明神之體』之後。

第六百三十七頁

①『无所偏二』，單疏本、寫本同。四庫本作『无所偏主』。

第六百三十九頁

①『天地設位而易行乎其中矣者』十二字，單疏本、寫本有。四庫本無。

②『萬物由之至之跡』七字，單疏本、寫本有。四庫本無。

③『云聖人雖體道以為用者』之『云』字，單疏本、四庫本有。寫本無。

第六百四十頁

①『至於神也』字原誤作『至於神矣』，據單注本、注附音本及四庫本改。『注神也者至於神也正義曰』十一字，單疏本、寫本有。四庫本無。

卷第十一

第六百四十四頁

①『氣同則和』字原誤作『氣同而和』，據單注本、注附音本及四庫本改。

第六百四十五頁

①『正義曰』之上，單疏本、寫本有『聖人有以至如蘭』七字。

第六百四十六頁

①『是行之尤急者』，單疏本、寫本同。四庫本作『是行之於急者』。

第六百四十七頁

①『謂此會通之事而為爻也』，單疏本、寫本同。四庫本作『議此會通之事而為爻也』。

②『見天下之賾』，單疏本、四庫本同。寫本作『見天下之至賾』，衍『至』字。

第四百六十八頁

①『而後言也』，單疏本、四庫本同。寫本作『而後言者也』。

②『若擬於惡』，單疏本、四庫本同。寫本作『若擬議於惡』。

③『既引易辭』，寫本、四庫本同。單疏本誤作『既明易辭』。

第六百四十九頁

①『言行雖初在於身』，單疏本、寫本同。四庫本作『言行雖切在於身』。

②『所感動天地』，單疏本、寫本同。四庫本作『所以感動天地』。

第六百五十一頁

①『正義曰』之上，單疏本、寫本有『初六藉用至盗之招也』九字。

第六百五十二頁

①『而用絜白之茅』，單疏本同。寫本及四庫本作『而用潔白之茅』。
②『可置於地』，單疏本、寫本同。四庫本作『不置於地』。
③『亢龍有悔』，單疏本誤作『亢龍有海』。

第六百五十三頁

①『幾事不密則害成者幾謂幾微之事』，單疏本、四庫本同。寫本作『機事不密則害成者機謂几微之事』。
②『小人之事也』，單疏本、寫本同。四庫本作『小人之事者』。

第六百五十四頁

①『易曰負且乘致寇至盜之招也者』十三字，單疏本、寫本有。四庫本無。
②『故首尾皆稱易曰』，單疏本、寫本同。四庫本脫『首』字。
③『而載易之爻辭也』，單疏本、寫本同。四庫本作『兩載易之爻辭也』。

第六百五十七頁

①『正義曰』之上，單疏本、寫本有『大衍之數至祐神矣』八字。

第六百六十頁

①『爻別三十六』，寫本、四庫本同。單疏本作『爻則三十六』。

第六百六十二頁

①『天下之能事』，單疏本、四庫本同。寫本作『天下之能事畢』。

②『應報對答』，單疏本、寫本同。四庫本作『應對報答』。

③『演天地之數至由之宗也』十字，單疏本、寫本有。四庫本無。

第六百六十三頁

①『无形无數』，寫本、四庫本同。單疏本誤作『无形之數』。

②『可以却本虛无』，單疏本、寫本同。四庫本作『可以知本虛无』。

第六百六十四頁

①『若易由太一』，單疏本、寫本同。四庫本作『若易由太極』。

第六百六十六頁

①『正義曰』之上，單疏本、寫本有『子曰知變化至此之謂也』十字。

②『又明易之深遠窮極幾神也』，單疏本、四庫本同。寫本作『又明易之深遠窮極機神也』。

第六百六十八頁

①『論易理功深』，單疏本、寫本同。四庫本作『論易理深』。

②『論極數變通』，單疏本、寫本同。四庫本作『論極數通變』。

第六百七十頁

①『聖人之道四焉』，單疏本、四庫本同。寫本作『聖人道四焉』。

②『變則唯幾也』，寫本、四庫本同。單疏本作『變則中幾也』。

第六百七十一頁

①『此四者存乎器象可得而用也』十二字，單疏本、寫本有。四庫本無。四庫本於『注正義曰』之下，有『云此四者存乎器象者』九字。

①『注夫非忘象至與於斯也正義曰』十三字，單疏本、寫本有。四庫本無。

第六百七十二頁

①『體其淳一之理』，單疏本、寫本同。四庫本作『體於淳一之理』。

第六百七十四頁

①『正義曰』之上，單疏本、寫本有『天一地二至謂之神』八字。

第六百七十五頁

①『天一地二至天九地十』，單疏本、寫本同。四庫本作『天一地二天三地四天五地六天七地八天九地十』。

第六百七十六頁

①『吉亦民之所患也』，單疏本、四庫本同。寫本作『吉亦民之所憂也』。

②『蓋是古之聰明睿知神武而不殺者夫』之『而』字原脱。據單疏本、寫本及四庫本補。

第六百七十七頁

①『是故闔户謂之坤者』，單疏本、寫本同。四庫本作『是故闔户謂之坤闢户謂之乾者』。

②『闢户謂之乾者』六字，單疏本、寫本有。四庫本無。

第六百七十八頁

①『言聖人以利而用』，單疏本、寫本同。四庫本作『言聖人以利為用』。

②『易以極數至天地之數也』十字，單疏本、寫本有。四庫本無。

③『謂易之為道』，單疏本、四庫本同。寫本誤作『也故明易之道』。

④『乃以數通』，單疏本、寫本同。四庫本作『乃以通』，脱『數』字。

⑤『注圓者運至故曰方也正義曰』十二字，單疏本、寫本有。四庫本無。

⑥『圓者運而不窮者』之上，四庫本有『言』字。

第六百七十九頁

①『阪上』，單疏本、四庫本同，寫本作『版上』。『走圜』字原誤作『走丸』，四庫本同，據單疏本、寫本改。

②『取其有之所極』字，單注本、注附音本同。四庫本作『取有之所極』。

第六百八十頁

①『正義曰』之上，單疏本、寫本有『是故易有至无不利也』九字。

第六百八十一頁

①『明象日月』，單疏本、寫本同。四庫本作『則象日月』。

②『是故易有大極是生兩儀者』十一字，單疏本、寫本有。四庫本無。

第六百八十二頁

①『以定天下之吉凶成天下之亹亹者莫大乎蓍龜』十九字，單疏本、寫本有。四庫本無。

②『故云莫善乎蓍龜也』，單疏本、寫本同。四庫本作『故云莫大乎蓍龜也』。

第六百八十四頁

①『吉凶告所斷』，單疏本同。寫本作『吉凶所斷』，四庫本作『吉凶所以斷』。

第六百八十五頁

①『注云』二字，原缺。據注疏體例及四庫本補。

②『注云』二字，原缺。據注疏體例及四庫本補。

③『注云』二字，原缺。據注疏體例及四庫本補。

④『注云』二字，原缺。據注疏體例及四庫本補。

第六百八十六頁

①『注云』二字，原缺。據注疏體例及四庫本補。

②『注云』二字，原缺。據注疏體例及四庫本補。

③『效天下之動也』之『效』字原作『効』，據單注本、注附音本及四庫本改。

④『注云』二字，原缺。據注疏體例及四庫本補。

⑤『注云』二字，原缺。據注疏體例及四庫本補。

⑥『注云』二字，原缺。據注疏體例及四庫本補。

第六百八十七頁

①『正義曰』之上，單疏本、寫本有『子曰書不盡言至乎德行』十字。

第六百八十九頁

①『或幾乎息矣』，單疏本、寫本同。四庫本作『或幾乎息者』。

②『雖未全死』，單疏本、寫本同。四庫本作『雖未至死』。

③『謂之器者』，單疏本、四庫本同。寫本無『者』字。

第六百九十一頁

①『不須言而自信也』之『而』字原脱，據單疏本、寫本及四庫本補。

卷第十二

第六百九十六頁

①『正義曰』之上，單疏本、寫本有『八卦成列至非曰義』八字。

②『則上繫第二章云』，單疏本、寫本同。四庫本作『即上繫第二章云』。

第六百九十七頁

①『立在其卦之根本者也』，單疏本、寫本同。四庫本作『在立其卦之根本者也』。

第六百九十九頁

①『他皆倣此』，單疏本、寫本同。四庫本作『他皆放此』。

第七百頁

①『夫八卦至其中矣』七字，單疏本、寫本有。四庫本無。

②『注剛柔至例詳矣正義曰』十字，單疏本、寫本有。四庫本無。

第七百一頁

①『適時之功則存之爻辭者』之『之』字原誤作『於』，據單注本、注附音本及四庫本改。

②『案略例論彖云』，單疏本、寫本同。四庫本作『案王略例論彖云』。

③『注貞者正也至執一御也正義曰』十三字，單疏本、寫本有。四庫本無。

第七百三頁

①『正義曰』之上，單疏本、寫本有『古者包犧至取諸夬』八字。四庫本移此八字於『正義曰』之下。

第七百四頁

①『或水澤以罔魚鱉也』，單疏本、四庫本同。寫本作『或水漁以罔魚鱉也』。

②『蓋取諸離者』，單疏本、寫本同。四庫本作『蓋取諸离者』。

第七百五頁

①『正義曰』之上，單疏本有『包犧氏至取諸噬嗑』八字。寫本無『正義曰』三字，而有此八字。

①『太皞帝包犧氏』，單疏本、四庫本同。寫本無『帝』字。

第七百六頁

①『或謂之虙犧』，單疏本、四庫本同。寫本作『或謂之宓犧』。

②『一百一十年』，單疏本、寫本同。四庫本作『一百二十年』。

③『柏皇氏』，單疏本、寫本同。四庫本作『柏黄氏』。

④『聽談』單疏本、寫本同。四庫本作『聽□（左『言』右『犮』）』。

⑤『軒轅氏』下，四庫本有『也』字。

第七百七頁

①『故可久』之下，四庫本有『也』字。單注本及注附音本皆無。

②『正義曰』三字，四庫本有。單疏本及寫本無。

③『此一節』之上，單疏本、寫本有『神農氏沒至吉无不利』九字。

④『大星如虹』，單疏本、寫本同。四庫本作『大星如斗』。

第七百八頁

①『伊祁姓』，單疏本、寫本同。四庫本作『伊祈姓』。

第七百九頁

①『通其變之事』，單疏本、寫本同。四庫本作『通則變之事』。

②『若能變通』，單疏本、寫本同。四庫本作『若能通變』。

③『以辯貴賤』，單注本、注附音本及四庫本皆作『以辨貴賤』。

④『正義曰』三字，四庫本有。單疏本及寫本無。

⑤『自此已下』之上，單疏本、寫本有『黄帝堯舜至取諸乾坤』九字。

⑥『此於九事』之『於』字，單疏本、寫本有。四庫本無。

第七百一十頁

①『衣裳辯貴賤』，單疏本同。寫本、四庫本作『衣裳辨貴賤』。

②『渙』字，單注本脱。

③注文『渙者乘理以散動』，單注本脱。

④『正義曰』三字，單疏本、寫本無。

⑤『此九事』之上，單疏本、寫本有『刳木爲舟至取諸渙』八字。

⑥『亦乘』，單疏本、寫本同。四庫本作『以乘』。

⑦『服牛乘馬引重致遠以利天下蓋取諸』十五字，單注本脱。

⑧『正義曰』三字，單疏本、寫本無。

⑨『此九事之第三也』之上，單疏本、寫本有『服牛乘馬至取諸隨』八字。

第七百一十一頁

①『正義曰』三字，單疏本、寫本無。
②『此九事之第四也』之上，單疏本、寫本有『重門擊柝至取諸豫』八字。
③『特以此豫文』，單疏本、寫本同。四庫本作『特以此象文』。
④『量為此也』單疏本、四庫本同。寫本作『蓋為此也』。
⑤『正義曰』三字，單疏本、寫本無。
⑥『此九事之第五也』之上，單疏本、寫本有『斷木爲杵至取諸小過』九字。
⑦『而用以利民』之『而』字，單疏本、寫本有。四庫本無。
⑧『正義曰』三字，單疏本、寫本無。
⑨『此九事之第六也』之上，單疏本、寫本有『弦木爲弧至取諸睽』八字。

第七百一十二頁

①『正義曰』三字，單疏本、寫本無。
②『此九事之第七也』之上，單疏本、寫本有『上古穴居而野處至取諸大壯』十二字。

第七百一十三頁

①『棺椁』，單注本、注附音本及四庫本皆作『棺槨』。
②『正義曰』三字，單疏本、寫本無。
③『此九事之第八也』之上，單疏本、寫本有『古之葬者至取諸大過』九字。

④『棺椁』，單疏本同。寫本及四庫本作『棺槨』。下同。

第七百一十四頁

①『書契所以決斷萬事也』原作『書契所以夬決斷萬事也』，衍一『夬』字，據單注本、注附音本及四庫本删。

②『正義曰』三字，單疏本、寫本無。

③『此明九事之終也』之上，單疏本、寫本有『上古結繩而治至取諸夬』十字。

第七百一十七頁

①『正義曰』之上，單疏本、寫本有『是故易者至德之盛也』九字。

②『皆倣效』，單疏本、寫本同。四庫本作『皆放效』。

第七百一十九頁

①『注云天下之動必歸乎一思以求朋未能一也一以感物不思而至矣』二十七字，單疏本、寫本有。四庫本無。

②『心既靜寂』，單疏本、寫本同。四庫本作『心既寂靜』。

第七百二十頁

①『蛟蛇初蟄』，單疏本、寫本同。四庫本作『龍蛇初蟄』。

②『是動因靜而來』之下，四庫本有『也』字。

③『此言過此二者以往之事』之『二』字，原誤作『一』。據寫本及四庫本改。

第七百二十一頁

①『陽君道至小人之道也』九字，單疏本、寫本有。四庫本無。

②『注利用之道至愈彰矣正義曰』十二字，單疏本、寫本有。四庫本無。

③『若不先安身』，單疏本、寫本同。四庫本作『若不先安其身』。

第七百二十二頁

①『易曰困于石至勿恒凶』九字，單疏本、寫本在『正義曰』之前。四庫本在『正義曰』之後。

②『以上章先利用安身』，單疏本、寫本同。四庫本作『以上章言利用安身』。

③『履非其位』，單疏本、寫本同。四庫本作『履非其地』。

第七百二十三頁

①『正義曰』三字，單疏本、寫本無。四庫本有。

②『以前章先須安身』之上，單疏本、寫本有『易曰公用射隼于高墉至語成器而動者也』十七字，單疏本、寫本有。四庫本無。

③『待時而動何不利者』，單疏本、四庫本同。寫本作『待時而動何不利之有者』。

第七百二十四頁

①『語成器而後動者』，單疏本、寫本及四庫本同。對照經文無『後』字。唯注附音本有『後』字，他如

注疏本及單注本等均無。

②『正義曰』三字，單疏本、寫本無。四庫本有。

③『此章第三節也』之上，單疏本、寫本有『子曰小人不恥不仁至滅趾无咎者』十四字。

第七百二十五頁

①『而不可揜』，單注本、注附音本同。四庫本作『而不可掩』，通。

②『正義曰』三字，單疏本、寫本無。四庫本有。

③『此章第四節也』之上，單疏本有『善不積不足以成名至何校滅耳凶者』十五字。寫本有『善不積不足以成名至何校滅耳凶』十四字。四庫本無。

第七百二十六頁

①『正義曰』三字，單疏本、寫本無。四庫本有。

②『此第五節』之上，單疏本、寫本有『子曰危者安其位者也至繫于苞桑』十四字。

③『此解恒須』，單疏本、寫本同。四庫本作『此解明恒須』。

④『力少而任重』，單注本、注附音本同。四庫本作『力小而任重』，通。

⑤『正義曰』三字，單疏本、寫本無。四庫本有。

⑥『此第六節』之上，單疏本、寫本有『子曰德薄而位尊至不勝其任』十二字。四庫本無。

第七百二十七頁

①『而遇禍也』，單疏本、寫本同。四庫本作『而遇禍』。
②『窮理者也』，單注本、注附音本同。四庫本作『窮理者乎』。
③『理而未形』，單注本、注附音本同。四庫本作『理而无形』。

第七百二十八頁

①『正義曰』三字，單疏本、寫本無。四庫本有。
②『此第七節』之上，單疏本、寫本有『子曰知幾其神乎至萬夫之望者』十三字。四庫本無。
③『故引豫之六二以證之』，單疏本、寫本同。四庫本作『引豫之六二以證之』。
④『幾者動之微吉之先見者』，單疏本、寫本同。四庫本無『吉之先見』四字。

第七百三十頁

①『正義曰』三字，單疏本、寫本無。四庫本有。
②『此第八節』之上，單疏本、寫本有『子曰顏氏之子至元吉者』十字。四庫本無。
③『上節明其知幾』，單疏本、寫本同。四庫本作『上節明知幾』。

第七百三十一頁

①『顏子近幾』，單疏本、寫本同。四庫本作『顏子通幾』。
②『以去幾既近』之上，四庫本有『易曰不遠復无祇悔元吉者』十一字。單疏本、寫本無。

第七百三十二頁

①『正義曰』三字，單疏本、寫本無。四庫本有。
②『此第九節也』之上，單疏本、寫本有『天地絪緼至勿恒凶』八字。四庫本無。

第七百三十四頁

①『所以辯失得』，單注本、注附音本作『所以辨失得』。四庫本作『所以明失得』。
②『辯物正言』，注附音本及四庫本同。單注本作『辨物正言』。
③『理類辯明』，注附音本及四庫本同。單注本作『理類辨明』。

第七百三十五頁

①『正義曰』之上，單疏本、寫本有『子曰乾坤其易至失得之報』十一字。四庫本無。
②『陽多爲剛陰多爲柔也』，單疏本、四庫本同。寫本作『陽多爲柔陰多爲剛也』。
③『或以剛柔體象天地之數也』，單疏本、寫本同。四庫本作『故以剛柔體象天地之數也』。

第七百三十六頁

①『多有悔吝憂虞』，單疏本、四庫同。寫本本作『多有悔吝憂慮』。

第七百三十七頁

①疏引經文『辯物正言』，單疏本、寫本及四庫本皆作『辨物正言』。下同。

第七百三十八頁

①『其易之所載之事』之『其』字，單疏本、寫本有。四庫本無。

②『欲令取吉而避凶』，單疏本、寫本同。四庫本作『欲令趨吉而避凶』。

第七百三十九頁

①『復小而辯於物』，注附音本同。單注本及四庫本作『復小而辨於物』。

②『微而辯之』，注附音本同。單注本及四庫本作『微而辨之』。

③『稱楊命令』，注附音本同。單注本及四庫本作『稱揚命令』。

④『而百姓不知其由也』，單注本、注附音本同。四庫本無『也』字。

第七百四十頁

①『正義曰』之上，單疏本、寫本有『易之興也至巽以行權』九字。四庫本無。

第七百四十一頁

①『是故履德之基者』七字，單疏本、寫本有。四庫本無。

②『欲為德之時』，單疏本、寫本同。四庫本作『言為德之時』。

③『恒德之固者』，單疏本、寫本同。四庫本作『恒德之固也者』。

④『則德之堅固』，單疏本、寫本同。四庫本無『之』字。

⑤『能以利益於物』之『以』字原脱，據單疏本、寫本及四庫本補。

⑥『困德之辨者』，單疏本、寫本同。四庫本作『困德之辨也者』。

第七百四十二頁

①『德乃可分辯也』，單疏本、寫本及四庫本皆作『德乃可分辨也』。
②『井德之地者』，單疏本、寫本同。四庫本作『井德之地也者』。
③『巽德之制者』，單疏本、寫本同。四庫本作『巽德之制也者』。
④『履和而至者』五字，四庫本移至下文『明九卦之德也』之後。
⑤『自此已下』字，單疏本、寫本有同。四庫本作『此已下』。
⑥『復小而辯於物者』，單疏本、寫本及四庫本皆作『復小而辨於物者』。
⑦『即能辯於物』，單疏本、寫本及四庫本皆作『即能辨於物』。
⑧『不被物之厭薄也』，單疏本、寫本同。四庫本作『不被物之不正也』。

第七百四十三頁

①『言巽稱揚號令』，單疏本、四庫本同。寫本作『言巽稱揚而號令』。
②『履以和行者』五字，四庫本移至下文『論九卦各有施用而有利益也』之後。
③『物亦盈已』，單疏本、寫本同。四庫本作『物亦益已』。
④『故辯明於義也』，單疏本、寫本及四庫本皆作『故辨明於義也』。
⑤『巽順也』字，單疏本、寫本同。四庫本誤作『巽順以』，以『巽順以既』斷句。

第七百四十四頁

①『不可立定準也』之『立』字原誤作『以』，據單注本、注附音本及四庫本改。

第七百四十五頁

①『正義曰』之上，單疏本、寫本有『易之爲書至思過半矣』九字。四庫本無。

第七百四十六頁

①『皆倣法』，單疏本、寫本同。四庫本作『皆放法』。

②『是上下无常定也』，單疏本、寫本同。四庫本無『上』字。

③『或在二位相易』字，單疏本、寫本同。四庫本無『或』字。

第七百四十八頁

①『原始要終以爲質也此』九字，單疏本、寫本有。四庫本無。

②『磐桓利居貞』，單疏本、寫本同。四庫本作『盤桓利居貞』。

③『略舉一爻』，單疏本、四庫本同。寫本作『略舉二爻』。

④『餘爻倣此也』，單疏本、寫本同。四庫本作『餘爻放此也』。

第七百四十九頁

①『辯是與非』之『辯』字，單疏本、寫本及四庫本皆作『辨』。下同。

②『欲辯定此六爻之是非』之上，寫本有『故』字。

第七百五十頁

①『夫彖者至不亦宜乎』八字，單疏本、寫本有。四庫本無。

②『云夫彖者』之『云』字，單疏本、寫本有。四庫本無。

第七百五十二頁

①『正義曰』之上，單疏本、寫本有『二與四至易之道也』八字。所以，單疏本及寫本之疏文皆在『二與四至易之道也』繫辭文及注文之後，只有一處『正義曰』。四庫本體例同。此注疏底本則分作三段，各有『正義曰』。

第七百五十三頁

①『疏正義曰』四字，單疏本、寫本及四庫本皆無。

②『此節明三才之義』之上，單疏本、寫本及四庫本有『易之爲書至吉凶生焉』九字。

第七百五十五頁

①『疏正義曰』四字，單疏本、寫本及四庫本皆無。

②『此一節明易之興起在紂之末世』之上，單疏本、寫本及四庫本有『易之興也至易之道也』九字。

③『危者使平者』，單疏本及四庫本同。寫本無『使平者』三字。

第七百五十六頁

①『若能終始之懼』，單疏本、寫本同。四庫本作『若能終始以懼』。

第七百五十八頁

①『正義曰』之上，單疏本、寫本有『夫乾天下至其辭屈』八字。四庫本無。

②『自此已下終篇末』七字，單疏本、寫本有。四庫本無。

③『恒易略不有艱難』之『艱』字原誤作『難』，據單疏本、寫本及四庫本改。

第七百五十九頁

①『今以阻險逆告於人』，單疏本同。寫本及四庫本做『今以險阻逆告於人』。

第七百六十頁

①『不煩思慮與探射』，單疏本、寫本同。四庫本作『不煩思慮與探討』。

第七百六十一頁

①『若以實情相感』，單疏本、寫本同。四庫本作『若以情實相感』。

②『又各无外應』，單疏本、寫本同。四庫本作『以各无外應』。

第七百六十二頁

①『故言其辭浮游也』之『浮』字，單疏本、寫本有。四庫本無。

②『故其辭屈橈』，單疏本、寫本同。四庫本作『故其辭屈撓』。

卷第十四

第七百六十三頁

①『周易說卦』，單疏本、寫本作『周易說卦第九』。四庫本作『說卦』。

第七百六十四頁

①『先儒』至『説卦為第九』六十七字，單疏本、寫本有。四庫本無。

第七百六十五頁

①『正義曰』之上，單疏本、寫本有『昔者聖人至以至於命』九字。

②『因重卦之意』，寫本同。單疏本去『卦』字作空格。繫辭曰『因而重之』，四庫本直接作『因重之意』。

③『明是伏犧』，單疏本、寫本同。四庫本作『言是伏犧』。

④『皆本其事之所由』，單疏本、寫本同。四庫本作『皆本其事之所自』。

⑤『言其作易聖人』之上，四庫本有『觀變於陰陽而立卦者』九字。單疏本及寫本無。

第七百六十六頁

①『下以治理斷割人倫之正義』之『割』字，單疏本、寫本有。四庫本無。

②『至於一期所賦之命』，單疏本、寫本同。四庫本作『至於一朝所賦之命』。

③『以至於命』之『於』字，單疏本、四庫本有。寫本無。

④『幽深至而然也』六字，單疏本、寫本有。四庫本無。

⑤『妙而无方』，單疏本、寫本同。四庫本作『妙而無方』。

第七百六十七頁

①『注參奇至陰數正義曰』九字，單疏本、寫本有。四庫本無。

②『先儒馬融王肅等』之上，四庫本有『云七九陽數六八陰數者』十字。

③『大演之數』，單疏本、寫本同。四庫本作『大衍之數』。

④『庶得吉凶之審也』，單疏本、四庫本同。寫本作『度得吉凶之審也』。

⑤『所云大演之數』，單疏本、寫本同。四庫本作『所云大衍之數』。

⑥『以為大演』，單疏本、寫本同。四庫本作『以為大衍』。

⑦『繫辭云大演之數』，單疏本、寫本同。四庫本作『繫辭云大衍之數』。

第七百六十八頁

①『何以參兩為目奇耦者』，單疏本、寫本同。四庫本作『何以參兩目為奇耦者』。

②『注卦象也至陰陽正義曰』十字，單疏本、寫本有。四庫本無。

③『卦則雷風相薄』之上，四庫本有『云』字。

第七百六十九頁

①『注命者至其極也正義曰』十字，單疏本、寫本有。四庫本無。

②『命者人所稟受』之上，四庫本有『云命者生之極者』七字。

第七百七十頁

①『正義曰』之上，單疏本、寫本有『昔者至成章』五字。

第七百七十一頁

①『既兼備三才之道』之『兼』字，單疏本、寫本有。四庫本無。

②『或有至其終也』六字，單疏本、寫本有。四庫本無。

③『注二四為陰三五為陽正義曰』十二字，單疏本、寫本有。四庫本無。

④『王輔嗣以為初上无陰陽定位』之上，四庫本有『曰二四爲陰三五爲陽者』十字。

第七百七十二頁

①『變化理備』之『化』字，單注本脫。

②『正義曰』之上，單疏本、寫本有『天地至逆數也』六字。

第七百七十三頁

①『作易至民用』五字，單疏本、寫本有。四庫本無。

②『易雖備知來往之事』之上，四庫本有『易以逆覩來事者』七字。

③『故聖人作易以逆覩來事也』，單疏本、四庫本同。寫本作『故聖人作易以逆觀來事也』。

④『正義曰』之上，單疏本、寫本有『雷以至藏之』五字。

⑤『帝出』至『乎艮』，四庫本分作一段，『萬物』至『乎艮』作另一段。

第七百七十四頁

①『正義曰』之上，單疏本、寫本有『帝出至乎艮』五字。

②『康伯於此无注』之上，四庫本有『帝出乎震至故曰成言乎艮』十一字。

第七百七十五頁

①『絜齊』，單疏本、四庫本同。寫本作『潔齊』。下同。
②『疏正義曰』至『在乎艮也』一段文字，四庫本在前經文『成言乎艮』之下。
③『萬物出乎震震東方者』之上，四庫本有『疏正義曰』四字。
④『言萬物之絜齊也』之下，四庫本有『者』字。

第七百七十六頁

①『坤不言方者』，單疏本、寫本同。四庫本作『坤不言方所者』。
②『所言地之養物』，單疏本、寫本同。四庫本作『言地之養物』。
③『正秋而萬物皆説成也』，單疏本、寫本同。四庫本作『立秋而萬物皆説成也』。

第七百七十七頁

①『正義曰』之上，單疏本、寫本有『神也至成萬物也』七字。

第七百七十八頁

①『故曰鼓動萬物者莫疾乎震』，單疏本、寫本同。四庫本無『故曰』二字。

第七百七十九頁

①『正義曰』之上，單疏本、寫本有『乾健也至兑説也』七字。
②『正義曰』之上，單疏本、寫本有『乾為馬至兑為羊』七字。

第七百八十頁

①『正義曰』之上，單疏本、寫本有『乾為首至兑為口』七字。

第七百八十一頁

①『正義曰』之上，單疏本、寫本有『乾天至少女』五字。

②『正義曰』之上，單疏本、寫本有『乾為天至木果』六字。

第七百八十二頁

①『取其尊首而為萬物之始也』，單疏本、寫本同。四庫本作『取其尊道而為萬物之始也』。

②『言此馬有牙如倨』，單疏本同。寫本及四庫本作『言此馬有牙如鋸』。

③『爾雅云倨牙食虎豹』，單疏本、寫本同。四庫本作『爾雅云鋸牙食虎豹』。

④『有似星之著天也』，單疏本、四庫本同。寫本作『白有侣星之著天也』。

⑤『正義曰』之上，單疏本、寫本有『坤為地至為黑』六字。

第七百八十三頁

①『正義曰』之上，單疏本、寫本有『震為雷至蕃鮮』六字。

第七百八十四頁

①『白頟為的顙』，單疏本同。寫本及四庫本作『白額為的顙』。

②『正義曰』之上，單疏本、寫本有『巽為木至躁卦』六字。

③『故絜白也』，單疏本同。四庫本、寫本作『故潔白也』。

第七百八十五頁

①『頟闊為廣顙』，單疏本同。寫本及四庫本作『額闊為廣顙』。

②『正義曰』之上，單疏本、寫本有『坎為水至多心』六字。

第七百八十六頁

①『取其使曲者』，單疏本及四庫本同。寫本作『取使曲者』。

②『聽勞則耳痛也』，單疏本及四庫本同。寫本作『聽勞則耳病也』。

③『取其中堅內動也』，單疏本及四庫本同。寫本作『取其中堅固動也』。

第七百八十七頁

①『正義曰』之上，單疏本、寫本有『離為火至上槁』六字。

②『正義曰』之上，單疏本、寫本有『艮為山至多節』六字。

第七百八十八頁

①『正義曰』之上，單疏本、寫本有『兌為澤至為羊』六字。

②『取少女從姊』，單疏本、四庫本同。寫本作『取少女從娣』。

第七百八十九頁

①『周易序卦第十』，單疏本、寫本同。四庫本作『序卦』。

②『其周氏就序卦以六門主攝』，寫本同。單疏本、四庫本作『其周氏就序卦以六門住攝』。

③『是人事門也』之『門』字原脫，據單疏本、寫本及四庫本補。
④『如責盡致剝』，單疏本、四庫本同。寫本作『如責盡到剝』。
⑤『故以取其義理也』，單疏本作『故以取其人理也』，四庫本同。寫本作『故以取其義人理也』。

第七百九十頁

①『若元用孔子序卦之意』，單疏本、四庫本同。寫本誤作『若无用孔子序卦之意』。
②『正義曰』之上，單疏本、寫本有『注屯剛至始生也』七字。
③『故為物始生也』，單疏本、四庫本同。寫本作『故為物之始生也』。

第七百九十一頁

①『則爭无由息』之『无』字原作『無』，據單注本、注附音本及四庫本改。

第七百九十二頁

①『正義曰』之上，單疏本、寫本有『注順以至所隨』六字。
②『則以為人所隨』，單疏本、寫本同。四庫本作『則必為人所隨』。

第七百九十五頁

①『正義曰』之上，單疏本、寫本有『注言咸至遠矣』六字。

第七百九十六頁

①『君子道勝』，單注本、注附音本同。四庫本作『君子道盛』。

第七百九十七頁

①『必有嘉遇也』，單注本、注附音本同。四庫本作『必有喜遇也』。

第七百九十八頁

①『止之』，單注本同。注附音本及四庫本作『動必止之』。

第八百頁

①『周易雜卦第十一』，單疏本、寫本同。四庫本作『雜卦』。

②『注云』至『明也』二十四字，四庫本無。

③『此者聖人之興』，單疏本、寫本同。四庫本作『昔者聖人之興』。

第八百一頁

①『蠱則飭也』之『飭』字原誤作『飾』，據單疏本、寫本及四庫本改。

②『飭整治也』之『飭』字原誤作『飾』，據單疏本、寫本及四庫本改。

第八百三頁

①『小人道憂也』之下，單注本、注附音本有『君子以決小人長其道小人見決去為深憂也』十八字注，四庫本無。疑後人所加。

附録一

日本足利學校藏周易注疏與國家圖書館藏周易注疏之卷一校勘記

宋代的《周易》刻本，大概有以下幾種版本：

一　北宋原版南宋遞修覆印的『單疏本』十四卷。是書大部份雕板制於北宋端拱元年。是書白口，單魚尾，上下單邊，左右雙邊，半葉十五行，行二十六字。書中『貞』『恒』『桓』『媾』『遘』等字皆避諱缺末筆。上有俞琰、季振宜、傅增湘等人的藏書朱記。今藏國家圖書館。

二　南宋八經『巾箱本』一卷。是書白口，雙魚尾，上下單邊，左右雙邊，半葉二十行，行二十七字。內容不分卷，《彖》《象》《文言》附屬於《易經》，未濟後接《繫辭》《說卦》《序卦》《雜卦》。書中『貞』『恒』『桓』『媾』『遘』『慎』等字皆避諱缺末筆。上有康熙御史季振宜印章朱記，還有袁世凱二子袁克文三印章朱記。此本原藏臺灣嚴靈峰處。

三　刻於南宋紹興年間的『注疏本』十三卷。是書白口，單魚尾，上下單邊，左右雙邊，半葉八行，行十九字，小字注疏雙行，行十九字。書中『貞』『恒』『桓』『媾』『遘』等字皆避諱缺末筆。今藏日本足利學校，卷末均有陸子遹傳標筆跡。

四　刻於南宋孝宗年間的『單注附音義本』十卷。是書白口，雙魚尾，上下單邊，左右雙邊，半葉十二行，行二十一字，小字注與音義雙行，行二十八字。書中『殷』『貞』『恒』『桓』『媾』『遘』『慎』等字皆避諱缺末筆，而不避諱『敦』『槨』等字。上有文徵明『玉蘭堂』、毛晉、徐乾學等十多枚藏書朱記。今藏國家圖書館。

五　刻於南宋寧宗年間的『單注本』十卷。是書白口，四周雙邊，雙魚尾，半葉十行，行十六字，注雙行二十四字。版心上記大小字數，下記刻工姓名。上魚尾下有『壬戌刊』『壬申重刊』『癸丑重刊』字樣。卷一第十六葉版心有『開禧乙丑換』五字，又『殷』『貞』『恒』『桓』『媾』『遘』『慎』『敦』等字皆避諱，而不避諱『廣』字。上有文徵明『玉蘭堂』、季振宜等印章朱記。今藏北京大學。

六　阮元曾謂藏有南宋刻元代遞修的十行『兼義本』九卷。可惜今日已經不知其去向，今日所見僅有明代嘉靖年間福建刻十卷『九行兼義本』而已。

今國家圖書館珍藏一部《周易注疏》，是『宋刻元遞修』本。是書卷首所錄《五經正義表》《周易正義序》和《八論》，乃清陳鱔借吳中周氏香嚴堂藏明錢求赤所有抄本補入。第一卷內容，亦是陳鱔據錢求赤所藏抄本重新刻板補入。從收藏朱記看，陳鱔所得《周易注疏》，原為明孫景芳所藏之二至十三卷（缺少第一卷）。所以，陳鱔記『鱔所得宋刻本亦最為精美，惜缺首卷，更無它本可補，借此繕錄，得成完書，幸莫甚焉』。

那么，陳鱔所言『所得宋刻本最為精美』，果真是『宋刻本』嗎？明孫景芳所藏《周易注疏》二至十三卷，果真與宋刻《周易注疏》原版毫無差別嗎？

倘若錢求赤所藏抄本為明代人所為，以及清代陳鱔的刻板補錄，則此藏本就更沒有資格稱之為『宋代甲等善本』了。

下面，列出筆者就卷一的校勘結果。

陳鱔據錢求赤所藏抄本補刻的第一卷共三十一板，一律沒有刻工姓名。真正宋刻本第一卷三十板，刻工姓名有顧忠、張祥、陳錫、王琺、李碩、陳明、朱明、李秀、李棠、高旼、毛昌、徐茂、梁文、孫中等。

陳鱔補刻第一卷，與真正宋刻本對比，有如下不同內容：

『應天象以教人事』原作『因天象以教人事』。

『欲以法天之用』原作『欲使人法天之用』。

『陽在下』原作『陽在下也』。

『他皆倣此』原作『他皆放此』。

『三者老陽數九』原作『二者老陽數九』。

『所以重體』原作『所以重錢』。

『故交其體』原作『故交其錢』。

『且大人之云』原作『且大人之文』。

『太簇之月』原作『太蔟之月』。

『地之萌芽』原作『地之萌牙』。

『當爻之地』原作『當爻之理』。

『竟』，原缺末筆。

『則無罪咎』原作『則无罪咎』。
『居上體之下有』原作『居上體之下者』。
『當若厲也』原作『常若厲也』。
『正以九三與上九相並』原作『王以九三與上九相並』。
『注云下至无咎也』原作『注云下體至无咎也』。
『遲疑猶豫』原作『持疑猶豫』。
『非飛而何』原作『非飛如何』。
『純陽雖極』原作『純陽進極』。
『故日用九』原作『故曰用九』。
『不失太和』原作『不失大和』。
『似頭首出』原作『以頭首出』。
『或難其解』原作『或難具解』。
『釋為物之體』原作『但萬物之體』。
『山上有大旅也』原作『山上有火旅也』。
『山上有山蹇也』原作『山上有水蹇也』。
『先王以明罰敕法』原作『先王以明罰敕法』。

『自此以下』原作『自此已下』。
『龍不憂懼』原作『能不憂懼』。
『自此以下』原作『自此已下』。
『汎愛施生』原作『凡愛施生』。
『更無所言』原作『更无所言』。
『是利事所施處廣』原作『是利字所施處廣』。
『亦於爻下有之』原作『亦於爻下言之』。
『隱潛避世心志守道』原作『潛隱避世心守道』。
『而礎柱潤是也』原作『而柱礎潤是也』。
『感應之事應』原作』感應之事廣』。
『以馬敘坤』原作『以馬明坤』。
『言聖人居下位』原作『言聖人居上位』。
『故云天下治也』原作『故云天下治』。
『注此一章全以人事至可知也』原作『注此一章至可知也』。
『可見利見是不虛妄也』原作『可見則見是不虛妄也』。
『言九五陽居天』原作『言九五陽居於天』。

『以乾非是當分有德』原作『以乾非自當分有德』。

『正謂五與二也』原作『正謂五與三也』。

『初上雖無正位』原作『初末雖無正位』。

『下文即云』原作『下又即云』。

『褚氏以初九居無位之地』原作『褚氏以初上居無位之地』。

『故九三不云中下在人』原作『故九三不云中不在人。

『故心或之也』原作』『故心惑之也』。

『陽德漸盛去五彌近則進稍易』原作『陽德漸盛去五彌近前進稍易』。

『聖人非但止知進退存亡』原作『聖人非但只知進退存亡』。

以上五十三處內容差異，大部分是後來抄本的抄錄錯誤。惜乎盧文弨《抱經堂．周易注疏考證》以錢求赤所藏抄本校《周易兼義》，卷一僅有『矣作是』『作在於』『作而不犯咎』三處合於『足利本』。

明孫景芳所藏第二卷共三十一板，補刻十三板，補修一板。見于真正宋刻本的刻工姓名，有李碩、張祥、陳明、王珎、朱明、李秀、高旼、毛昌、徐茂、梁文、顧忠、陳錫等。不見于真正宋刻本的刻工姓名，有王祥、毛端、邵亨、徐經、李德瑛、方堅、求裕、（重刊）柳、繆春等。

明孫景芳所藏第三卷共三十一板，補刻七板。見于真正宋刻本的刻工姓名，有高旼、朱明、李秀、梁文、毛昌、徐茂、張祥、顧忠、陳錫、王珎、陳明等。不見于真正宋刻本的刻工姓名，有沈定、楊榮、許茂、王百九、王智等。

明孫景芳所藏第四卷共三十九板，補刻二十七板。見于真正宋刻本的刻工姓名，有張祥、陳錫、王珎、顧忠、毛昌、李秀、許明、孫中、朱明等。不見于真正宋刻本的刻工姓名，有許茂、方二、許忠、余敏、刘昭、毛祖、高異、徐珙、凌宗、陳鎮、顧澄、李成、丁松年、楊昌等。

明孫景芳所藏第五卷共三十一板，補刻八板。見于真正宋刻本的刻工姓名，有顧忠、朱明、梁文、孫中、高旼、李棠、毛昌、丁璋、陳明、張祥、陳錫、李秀、許明、李碩、高旼等。不見于真正宋刻本的刻工姓名，有孫春、余政、龐知柔、高文、章忠、楊淘等。

明孫景芳所藏第六卷共三十八板，補刻五板。見于真正宋刻本的刻工姓名，有李棠、顧忠、張祥、高旼、李碩、陳明、毛昌、丁璋、王珎、許明、孫中、陳錫、梁文、朱明等。不見于真正宋刻本的刻工姓名，有毛端、石昌、曹興祖、繆恭、朱春等。

明孫景芳所藏第七卷共三十八板，補刻七板，補修一板。見于真正宋刻本的刻工姓名，有張祥、李秀、王珎、陳明、顧忠、毛昌、梁文、李碩、陳錫、徐茂、丁璋、李棠、朱明、徐亮等。不見于真正宋刻本的刻工姓名，有丁松年、王六、徐經、高文、繆恭、朱春等。

明孫景芳所藏第八卷共二十七板，補刻七板。見于真正宋刻本的刻工姓名，有高旼、顧忠、張祥、許明、梁文、朱明、李棠、孫中、徐亮、李碩、徐茂、毛昌等。不見于真正宋刻本的刻工姓名，有顧澄、丁松年、沈定、徐怡、凌宗、黄成、徐珙等。

明孫景芳所藏第九卷共三十三板，補刻十八板。見于真正宋刻本的刻工姓名，有李秀、顧忠、梁文、張祥、毛昌、陳明、高旼等。不見于真正宋刻本的刻工姓名，有高寅、徐經、宋琚、沈定、楊榮、許忠、邵亨、馬植、丁松年、毛祖、丁松年、余政等。

明孫景芳所藏第十卷共二十三板，補刻十六板。見于真正宋刻本的刻工姓名，有王珎、梁文、陳明、高旼、張祥、李秀等。不見于真正宋刻本的刻工姓名，有刘昭、王壽、王璡、吳春、何澤、高寅、王桂、繆恭、呂信、周成等。

明孫景芳所藏第十一卷共二十五板，補刻十五板。見于真正宋刻本的刻工姓名，有張祥、李碩、徐亮、顧忠、陳錫、許明等。不見于真正宋刻本的刻工姓名，有周成、高異、呂信、陳壽、祖善、顧永等。

明孫景芳所藏第十二卷共三十五板，補刻十八板。見于真正宋刻本的刻工姓名，有毛昌、張祥、高旼、李碩、李棠、梁文等。不見于真正宋刻本的刻工姓名，有高寅、顧永、陳壽、文玉、呂信、董澄、沈定、朱玩、吳春等。

明孫景芳所藏第十三卷共二十一板，補刻十三板。見于真正宋刻本的刻工姓名，有孫中、張祥、陳錫、丁璋、李秀等。不見于真正宋刻本的刻工姓名，有洪先、高寅、（□重刊）陳寧、徐經、王璡、何澤、吳春、章東、徐珙等。

真正宋刻本是四百二板，陳鱔補刻卷一多出一板，卷二至卷十三共計補刻一百五十四板，補修二板。連同卷一補刻三十一板，則是書總計補刻一百八十五板，補修二板。惜乎個別藏書家在是書卷一加蓋『宋本』『甲』

朱記，陳鱔之跋明明見于書後，豈能如此輕率！

《四庫全書》經部易類收《周易注疏》十卷，開篇提要曰：『《周易正義》十卷，魏王弼晉韓康伯註，唐孔穎達疏……此書初名《易贊》，後詔改《正義》，然卷端又題曰《兼義》，未喻其故。序稱十四卷，《唐志》作十八卷，《書録解題》作十三卷，此本十卷，乃與王韓註本同，殆後人從註本合併歟？』四庫館臣何以把《周易注疏》與《周易正義》《周易兼義》混為一談？實在是沒有得見真正宋刻本《周易注疏》的緣故！

日本足利學校所藏《周易注疏》十三卷，為南宋陸游兒子陸子遹傳標本。陸子遹『手標以朱點』的時間，始于南宋理宗端平元年十二月，終于端平二年正月。陸子遹傳標之本，是南宋初兩浙東路茶鹽司的刻印本。是書至南宋中葉又補板重刊，所以明代孫景芳所藏《周易注疏》十三卷，起碼是入元之後的遞修本。卷十三某版心有『□重刊』三字，刻工為『陳寧』。疑□為『明』字，倘若是『明重刊』，則是書就是『宋刻元明遞修本』無疑了。又加之清陳鱔在嘉慶年間據手抄本補刻原闕的第一卷，則是書的遞修時間就延伸到清代中期了。

郭彧　辛卯年癸巳月辛巳日記于廣州寓所

附錄二

乾隆御製重刻十三經序

班固氏曰：六學者王教之典籍，先聖所以明天道正人倫致至治之成法也。漢代以来，儒者傳授，或言五經，或言七經，暨唐分三禮三傳，則稱九經。已又益孝經論語爾雅刻石國子學，宋儒復進孟子，前明因之，而十三經之名始立。自宋易漢唐，石刻之舊，五經始有板本，及明南北監板行而箋疏傳義臚列具備，學士家有其書，傳習彌廣。顧訓詁繁則踳駁互見，卷帙重則豕亥易訛，或意晦於一言之舛，或理乖於一字之謬。校讎踈略，疑悮滋多。承學之士，無所取正。

我朝列祖，相承右文稽古。皇祖聖祖仁皇帝，研精至道，尊崇聖學，五經具有成書，頒布海内。朕披覽十三經注疏，念其歲月經久，梨棗日就漫漶，爰勑詞臣重加校正。其於經文誤字，以及傳注箋疏之未協者，參互以求其是。各為考證，附於卷後。不紊舊觀，刊成善本。匪徒備金匱石室之藏而已。書曰學於古訓乃有獲，傳曰經籍者聖哲之能事。其教有適，其用無窮。朕咨采勑幾，實無審定之暇，亦無鑒古之識，而惟是緝熙遜志。日就月將，則有志焉，而不敢不勉。繼自今津逮既正，於以窮道德之閫奥，嘉與海内學者，篤志研經，敦崇實學。庶幾經義明而儒術正，儒術正而人才昌恢。先王之道以贊治化，而宏遠猷有厚望焉。

乾隆十二年二月朔

影印南宋初年刻本 周易注疏

卷一 第一葉前

周易注疏卷第一
國子祭酒上護軍曲阜縣開國子臣孔穎達奉
勑撰
☰ 乾下乾上 乾元亨利貞 疏 正義曰乾者此卦之名謂之卦者易緯云卦者
挂也言懸挂物象以示於人故謂之卦但二畫之體雖象陰陽之氣未成萬物之象未得成卦必三
畫以象三才寫天地雷風水火山澤之象乃謂之卦也故繫辭云八卦成列象在其中矣是也但初
有三畫雖有萬物之象於萬物變通之理猶有未盡故更重之而有六畫備萬物之形象窮天下之
能事故六畫成卦也此乾卦本以象天天乃積諸陽氣而成天故此卦六爻皆陽畫成卦也此既象

卷一 第一葉後

天何不謂之天而謂之乾者天者定體之名乾者
體用之稱故說卦云乾健也言天之體以健爲用
聖人作易本以教人欲使人法天之用不法天之
體故名乾不名天也天以健爲用者運行不息應
化無窮此天之自然之理故聖人當法此自然之
象而施人事亦當應物成務云爲不已終日乾乾
無時懈倦所以因天象以教人事於物象言之則
純陽也天也於人事言之則君也父也以其居尊
故在諸卦之首爲易理之初但聖人名卦體例不
同或則以物象而爲卦名者若否泰剥頤鼎之屬
是也或以象之所用而爲卦名者即乾坤之屬是
也如此之類多矣雖取物象乃以人事而爲卦名
者即家人歸妹謙履之屬是也所以如此不同者
但物有萬象人有萬事若執一事不可包萬物之
象若限局一象不可揔萬有之事故名有隱顯辭
有蹐駁不可一例求之不可一類取之故繫辭云

上下無常剛柔相易不可爲典要韓康伯注云不可立定準是也元亨利貞者是乾之四德也子夏傳云元始也亨通也利和也貞正也言此卦之德有純陽之性自然能以陽氣始生萬物而得元始亨通能使物性和諧各有其利又能使物堅固貞正得終此卦自然令物有此四種使得其所故謂之四德言聖人亦當法此卦而行善道以長萬物物得生存而爲元也又當以嘉美之事會合萬物令使開通而爲亨也又當以義協和萬物使物各得其理而爲利也又當以貞固幹事使物各得其正而爲貞也是以聖人法乾而行此四德故曰元亨利貞其委曲條例備在文言

初九潛龍勿用注云文言備矣疏正義曰居第一之位故稱初以其陽爻故稱九潛者隱伏之名龍者變化之物言天之自然之氣起於建子之月陰氣始盛陽氣潛在地下故言初九潛龍也此自然之象聖人作法言於此潛龍之時小人道盛聖人雖有龍德於此時唯宜潛藏勿可施用故言勿用張氏云以道未可行故稱勿用以誡之於此小人道盛之時若其施用則爲小人所害寡不敵衆弱不勝強禍害斯及故誡勿用若漢高祖生於暴秦之世唯隱居爲泗水亭長是勿用也諸儒皆以爲舜始漁於雷澤舜之時當堯之世堯君在上不得爲小人道盛此潛龍始起在建子之月於義恐非也第一位言初第六位當言終第六位言上第一位當言下所以文不同者莊氏云下言初則上有末義故大過彖云棟橈本末弱是上有末義六言上則初當言下故小象云潛龍勿用陽在下也則是初有下義互文相通義或然也且第一言初者欲明萬物積漸從無入有所以言初不言一與下也六言上者欲見位居卦上故不言六與末也此初九之等是乾之六爻之辭但乾卦是陽生之世故

六爻所述皆以聖人出處託之其餘卦六爻各因象明義隨義而發不必皆論聖人他皆倣此謂之爻者繫辭云爻也者效此者也聖人畫爻以倣效萬物之象先儒云後代聖人以易占事之時先用蓍以求數得數以定爻累爻而成卦因卦以生辭則蓍爲爻卦之本爻卦爲蓍之末今案說卦云聖人之作易也幽贊於神明而生蓍參天兩地而倚數觀變於陰陽而立卦發揮於剛柔而生爻繫辭云成天下之亹亹者莫大乎蓍龜是故天生神物聖人則之又易乾鑿度云垂皇策者犧據此諸文皆是用蓍以求卦先儒之說理當然矣然陽爻稱九陰爻稱六其說有二一者乾體有三畫坤體有六畫陽得兼陰故其數九陰不得兼陽故其數六二者老陽數九老陰數六老陰老陽皆變周易以變者爲占故杜元凱注襄九年傳遇艮之八及鄭康成注易皆稱周易以變者爲占故稱九稱六所以老陽數九老陰數六者以揲蓍之數九遇揲則得老陽六遇揲則得老陰其少陽稱七少陰稱八義亦準此張氏以爲陽數有七有九陰數有八有六但七爲少陽八爲少陰質而不變爲爻之本體九爲老陽六爲老陰文而從變故爲爻之別名且七既爲陽爻其畫已長今有九之老陽不可復畫爲陽所以重錢避少陽七數故稱九也八爲陰數而畫陰爻今六爲老陰不可復畫陰爻故交其錢避八而稱六但易含萬象所託多塗義或然也

九二見龍在田利見大人注云出潛離隱故曰見龍處於地上故曰在田德施周普居中不偏雖非君位君之德也初則不彰三則乾乾四則或躍上則過亢利見大人唯二五焉疏正義曰陽處二位故曰九二陽氣發見故曰見龍田是地上可營爲有益之處陽氣發在地上故曰在田且一之與二俱爲地道二在一上所以稱

田見龍在田見自然之象利見大人以人事託之言龍見在田之時猶似聖人久潛稍出雖非君位而有君德故天下衆庶利見九二之大人故先儒去若夫子教於洙泗利益天下有人君之德故稱大人案文言云九二德博而化又云君德也王輔嗣注云雖非君位君之德也是九二有人君之德所以稱大人也輔嗣又云利見大人唯二五焉是二之與五俱是大人爲天下所利見也而褚氏張氏同鄭康成之說皆以爲九二利見九五之大人其義非也且大人之文不專在九五與九二故訟卦云利見大人又蹇卦利見大人此大人之文施處廣矣故輔嗣注謂九二也是大人非專九五注出潛○五焉正義曰處於地故曰在田者先儒以爲重卦之時重於上下兩體故初與四相應二與五相應三與上相應是上下兩體論天地人各別但易含萬象爲例非一及其六位則一二爲地

卷一第四葉後

道三四爲人道五上爲天道二在一上是九二處於地上所田食之處唯在地上所以稱田也觀輔嗣之注意唯取地上稱田諸儒更廣而稱之言田之耕稼利益及於萬物盈滿有益於人猶若聖人益於萬物故稱田也德施周普者下小象文謂周而普偏居中不偏者九二居在下卦之中而於上於下其心一等是居中不偏也不偏則周普也雖非君位者二爲大夫己居二位是非君位也君之德者以德施周普也文言云德博而化又云君德也是九二有人君之德也初則不彰者謂潛隱不彰顯也三則乾乾者危懼不安也四則或躍者謂進退懷疑也上則過亢過謂過甚亢謂亢極利見大人唯二五焉者言此據乾之一卦故云唯二五焉於別卦言之非唯二五而已故訟卦蹇卦並云利見大人所以施處廣非唯二五也諸儒以爲九二當太蔟之月陽氣發見則九三爲建辰之月九

卷一第五葉前

四爲建午之月九五爲建申之月爲陰氣始殺不宜稱飛龍在天上九爲建戌之月羣陰旣盛上九不得言與時偕極於此時陽氣僅存何極之有諸儒此說於理稍乖此乾之陽氣漸生似聖人漸出宜據十一月之後至建巳之月已來此九二當據建丑建寅之間於時地之萌牙初有出者即是陽氣發見之義乾卦之象其應然也但陰陽二氣共成歲功故陰興之時仍有陽在陽生之月尚有陰存所以六律六呂陰陽相間取象論義與此不殊乾之初九則與復卦不殊乾之九二文與臨卦无別何以復臨二卦與此不同者但易論象復臨二卦既有羣陰見象於上即須論卦之象義各自爲文此乾卦初九九二只論居位一爻无羣陰見象故但自明當爻之理爲此與臨復不同

九三君子終日乾乾夕惕若厲无咎注云處下體之極居上體之下在不中之

九

卷一第五葉後

位履重剛之險上不在天未可以安其尊也下不在田未可以寧其居也純脩下道則居上之德廢純脩上道則處下之禮曠故終日乾乾至于夕惕猶若厲也居上不驕在下不憂因時而惕不失其幾雖危而勞可以无咎處下卦之極愈於上九之亢故竭知力而後免於咎也乾三以處下卦之上故免亢龍之悔坤三以處下卦之上故免龍戰之災〔疏〕正義曰以陽居三位故稱九三以居不得中故不稱大人陽而得位故稱君子在憂危之地故終日乾乾言每恒終竟此日健健自強勉力不有止息夕惕者謂終竟此日後至向夕之時猶懷憂惕若厲者若如也厲危也言尋常憂懼恒如傾危乃得无咎謂既能如此戒愼則无罪咎如其不然則有咎故繫辭云无咎者善補過也此一爻因陽居九三之位皆以人事明其象 注處下至之災正義曰處下體之極者極終也三是上卦之下

一〇

下體之極故云極也又云居上體之下者四五與上是上體三居四下未入上體但居上體之下四則已入上體但居其上體之下故九四注云居上體之下與此別也云履重剛之險者上下皆有陽爻剛強好為險難故云履重剛之險云上不在天未可以安其尊者若在天位其尊自然安處在上卦之下雖在下卦之上其尊未安故云未可以安其尊也下不在田未可以寧其居者由是所居之處又是中和之所既不在田故不得安其居純脩下道則居上之德廢者言若純脩下道以事上卦則已居下卦之上其德廢壞言其太卑柔也純脩上道則處下之禮曠者曠謂空曠言已純脩居下卦之上道以自驕矜則處上卦之下其禮終竟空曠夕惕猶若厲也者言雖至於夕恒懷惕懼猶如未夕之前常若厲也案此卦九三所居之處實有危厲又文言云雖危无咎是實有危也據其上下

文勢若字宜為語辭但諸儒並以若為如如似有厲是實无厲也理恐未盡今且依如解之因時而惕不失其幾者因時謂因可憂之時故文言云因時而惕又云知至至之可與幾也是因時而惕不失其幾也雖危而勞者若厲是雖危終日乾乾是而勞也故竭知力而後免於咎者王以九三與上九相並九三處下卦之極其位猶卑故竭知力而得免咎也上九在上卦之上其位極尊雖竭知力不免亢極言下勝於上卑勝於尊

九四或躍在淵无咎注云去下體之極居上體之下乾道革之時也上不在天下不在田中不在人履重剛之險而无定位所處斯誠進退无常之時也近乎尊位欲進其道迫乎在下非躍所及欲靜其居居非所安持疑猶豫未敢決志用心存公進不在私疑以為慮不謬於果故无咎也【疏】正義曰或疑也躍跳躍也言九四陽氣漸進似若龍

體欲飛猶疑或也躍在於淵未即飛也此自然之象猶若聖人位漸尊高欲進於王位猶豫遲疑在於故位未即進也云无咎者以其遲疑進退不即果敢以取尊位故无咎也若其貪利務進時未可行而行則物所不與故有咎也若周西伯內執王心外率諸侯以事紂也　注去下體至无咎也正義曰去下體之極者離下體入上體但在下體之上故云去下體之極注九三云處下體之極彼仍處九三與此別也云乾道革之時者革變也九四去下體入上體是乾道革之時云上不在天下不在田中不在人者易之為體三與四為人道人近在下不近於上故九四云中不在人異於九三也云而无定位所處者九四以陽居陰上既不在於天下復不在於地中又不當於人上下皆无定位所處也斯誠進退无常之時者文言云上下无常進退无恒是也欲進其道迫乎在下非躍所及者

謂欲進己聖道而居王位但逼近於下羣衆未許非己獨躍所能進及也欲靜其居居非所安持疑猶豫未敢決志者謂志欲靜其居處百姓既未離禍患須當拯救所以不得安居故遲疑猶豫未敢決斷其志而苟進也用心存公進不在私者本為救亂除患不為於己是進不在私也疑以為慮不謬於果者謬謂謬錯果謂果敢若不思慮苟欲求進當錯謬於果敢之事而致敗亡若疑惑以為思慮則不錯謬於果敢之事其錯謬者若宋襄公與楚人戰而致敗亡是也

九五飛龍在天利見大人注云不行不躍而在乎天非飛如何故曰飛龍也龍德在天則大人之路亨也夫位以德興德以位叙以至德而處盛位萬物之觀不亦宜乎【疏】正義曰言九五陽氣盛至於天故云飛龍在天此自然之象猶若聖人有龍德飛騰而居天位德備天下為萬物所瞻覩故天下利

卷一第八葉前

見此居王位之大人 注 不行至亦宜乎正義曰龍德在天則大人之路亨謂若聖人有龍德居在天位則大人道路得亨通猶若文王拘在羑里是大人道路未亨也夫位以德興者位謂王位以聖德之人能興王位也德以位敘者謂有聖德之人得居王位乃能敘其聖德若孔子雖有聖德而无其位是德不能以位敘也 上九亢龍有悔 疏 正義曰上九亢陽之至天而極盛故曰亢龍此自然之象以人事言之似聖人有龍德上居天位久而亢極物極則反故有悔也純陽雖極未至大凶但有悔吝而已繫辭云悔吝者言乎其小疵也故鄭引堯之末年四凶在朝是以有悔未大凶也凡悔之爲文既是小疵不單稱悔也必以餘字配之其悔若在則言有悔謂當有此悔則此經是也其悔若无則言悔亡言其悔已亡也若恒卦九二悔亡是也其悔雖亡或是更取他文結

卷一第八葉後

之若復卦初九不遠復无祇悔之類是也但聖人至極終始无虧故文言云知進退存亡而不失其正者其唯聖人乎是知大聖之人本无此悔但九五天位有大聖而居者亦有非大聖而居者不能不有驕亢故聖人設法以戒之也 用九見羣龍无首吉 注 云九天之德也能用天德乃見羣龍之義焉夫以剛健而居人之首則物之所不與也以柔順而爲不正則佞邪之道也故乾吉在无首坤利在永貞 疏 正義曰用九見羣龍者此一句說乾元能用天德也九天德也若體乾元聖人能用天德則見羣龍之義羣龍之義以无首爲吉故曰用九見羣龍无首吉也九天之德者言六爻俱九乃共成天德非是一爻之九則爲天德也 彖曰大哉乾元萬物資始乃統天雲行雨施品物流形大

五

卷一第九葉前

明終始六位時成時乘六龍以御天乾道變化各正性命 注 云天也者形之名也健也者用形者也夫形也者物之累也有天之形而能永保无虧爲物之首統之者豈非至健哉大明乎終始之道故六位不失其時而成升降无常隨時而用處則乘潛龍出則乘飛龍故曰時乘六龍也乘變化而御大器靜專動直不失大和豈非正性命之情者邪 保合大和乃利貞 注 云不和而剛暴 首出庶物萬國咸寧 注 云萬國所以寧各以有君也 疏 正義曰夫子所作彖辭統論一卦之義或說其卦之德或說其卦之義或說其卦之名故略例云彖者何也統論一卦之體明其所由之主案褚氏莊氏並云彖斷也斷定一卦之義所以名爲彖也但此彖釋乾與元亨利貞之德但諸儒所說此彖分解四德意各不同

一七

卷一第九葉後

今案莊氏之說於理稍密依而用之大哉乾元萬物資始乃統天者此三句揔釋乾與元也乾是卦名元是乾德之首故以元德配乾釋之大哉乾元者陽氣昊大乾體廣遠又以元大始生萬物故曰大哉乾元萬物資始者釋其乾元稱大之義以萬象之物皆資取乾元而各得始生不失其宜所以稱大也乃統天者以其至健而爲物始以此乃能統領於天天是有形之物以其至健能揔統有形是乾元之德也雲行雨施品物流形者此二句釋亨之德也言乾能用天之德使雲氣流行雨澤施布故品類之物流布成形各得亨通无所壅蔽是其亨也大明終始六位時成者此二句揔結乾卦之德也以乾之爲德大明曉乎萬物終始之道始則潛伏終則飛躍可潛則潛可飛則飛是明達乎始終之道故六爻之位依時而成若其不明終始之道應潛而飛應飛而潛應生而殺應殺而生六

一八

位不以時而成也時乘六龍以御天者此二句申明乾元乃統天之義言乾之爲德以依時乘駕六爻之陽氣以控御於天體六龍即六位之龍也以所居上下言之謂之六位也陽氣升降謂之六龍也上文以至健元始揔明乾德故云乃統天也此明乘駕六龍各分其事故云以御天也乾道變化各正性命者此二句更申明乾元資始之義道體无形自然使物開通謂之爲道言乾卦之德自然通物故云乾道也變謂後來改前以漸移改謂之變也化謂一有一无忽然而改謂之爲化言乾之爲道使物漸變者使物卒化者各能正定物之性命性者天生之質若剛柔遲速之別命者人所稟受若貴賤夭壽之屬是也保合大和乃利貞者此二句釋利貞也純陽剛暴若无和順則物不得利又失其正以能保安合會大和之道乃能利貞於萬物言萬物得利而貞正也首出庶物萬國咸寧

者自上已來皆論乾德自然養萬物之道此二句論聖人上法乾德生養萬物言聖人爲君在衆物之上最尊高於物以頭首出於衆物之上各置君長以領萬國故萬國皆得寧也人君位實尊高故於此云首出於庶物者也志須卑下故前經云无首吉也但前文說乾用天德其事既詳故此文聖人以人事象乾於文略也以此言之聖人亦當令萬物資始統領於天位而雲行雨施布散恩澤使兆庶衆物各流布其形又大明乎盛衰終始之道使天地四時貴賤高下各以時而成又任用羣賢以奉行聖化使物各正性命此聖人所以象乾而立化　注天也至者邪　正義曰夫形也者物之累也凡有形之物以形爲累是含生之屬各憂性命而天地雖復有形常能永保无虧爲物之首豈非統用之者至極健哉若非至健何能使天形无累見其无累則知至健也乘變化而御大器者乘變

化則乘潛龍飛龍之屬是也而御大器大器謂天也乘此潛龍飛龍而控御天體所以運動不息故云而御大器也靜專動直不失大和者謂乾之爲體其靜住之時則專一不轉移也其運動之時則正直不傾邪也故上繫辭云夫乾其靜也專其動也直是以大生焉韓康伯注云專專一也直剛正也不失大和則下文保合大和是也豈非正性命之情者邪以乾能正定物之性命故云豈非正性命之情者邪謂物之性命各有情非天之情也天本无情何情之有而物之性命各有情也所稟生者謂之性隨時念慮謂之情无識无情今據有識而言故稱曰情也夫子爲彖之體斷明一卦之義體例不同莊氏以爲凡有一十二體今則略舉大綱不可事事繁說莊氏云彖者發首則歎美卦者則此乾彖云大哉乾元坤卦彖云至哉坤元以乾坤德大故先歎美之乃後詳說其義或有先疊文

解義而後歎者則豫卦彖云豫之時義大矣哉之類是也或有先釋卦名之義後以卦名結之者則同人彖云柔得位得中而應乎乾曰同人大有彖云柔得尊位大中而上下應之曰大有之例是也或有特疊卦名而稱其卦者則同人彖云同人曰同人於野亨注云同人于野亨利涉大川非二之所能也是乾之所行故特曰同人曰此等之屬爲文不同唯同人之彖特稱同人曰注又別釋其餘諸卦之彖或詳或略或先或後故上下參差體例不同或難具解或易略解若一一比並曲生節例非聖人之本趣恐學者之徒勞心不曉也今皆略而不言必有其義於卦下而具說

象曰天行健君子以自強不息

疏　正義曰此大象也十翼之中第三翼揔象一卦故謂之大象但萬物之體自然各有形象聖人設卦以寫萬物之象今夫子釋此卦之所象故言象

卷一第十二葉前

曰天有純剛故有健用今畫純陽之卦以比擬之
故謂之象象在彖後者彖詳而象略也是以過半
之義思在彖而不在象有由而然也天行健者行
者運動之稱健者強壯之名乾是衆健之訓今大
象不取餘健爲釋偏說天者萬物壯健皆有衰怠
唯天運動日過一度蓋運轉混沒未曾休息故云
天行健健是乾之訓也順者坤之訓也坤則云地
勢坤此不言天行乾而言健者劉表云詳其名也
然則天是體名乾是用名健是其訓三者並見最
爲詳悉所以尊乾異於他卦凡六十四卦說象不
同或總舉象之所由不論象之實體又總包六爻
不顯上體下體則乾坤二卦是也或直舉上下二
體者若雲雷屯也天地交泰也天地不交否也雷
電噬嗑也雷風恒也雷雨作解也風雷益也雷電
皆至豐也洊雷震也隨風巽也習坎坎也明兩作
離也兼山艮也麗澤兌也凡此一十四卦皆總舉

二三

卷一第十二葉後

兩體而結義也取兩體俱成或有直舉兩體上下
相對者天與水違行訟也上天下澤履也天與火
同人也上火下澤睽也凡此四卦或取兩體相違
或取兩體相合或取兩體上下相承而爲卦也故
兩體相對而俱言也雖上下二體共成一卦或直
指上體而爲文者若雲上於天需也風行天上小
畜也火在天上大有也雷出地奮豫也風行地上
觀也山附於地剝也澤滅木大過也雷在天上大
壯也明出地上晉也風自火出家人也澤上於天
夬也澤上於地萃也風行水上渙也水在火上既
濟也火在水上未濟也凡此十五卦皆先舉上象
而連於下亦意取上象以立卦名也亦有雖意在
上象而先舉下象以出上象者地上有水比也澤
上有地臨也山上有澤咸也山上有火旅也木上
有水井也木上有火鼎也山上有木漸也澤上有
雷歸妹也山上有水蹇也澤上有水節也澤上有

二四

卷一第十三葉前

風中孚也山上有雷小過也凡此十二卦皆先舉
下象以出上象亦意取上象共下象而成卦也或
先舉上象而出下象義取下象以成卦義者山下
出泉蒙也地中有水師也山下有風蠱也山下有
火賁也天下雷行无妄也山下有雷頤也天下有
山遯也山下有澤損也天下有風姤也地中有山
謙也澤中有雷隨也地中生木升也澤中有火革
也凡此十三卦皆先舉上體後明下體也其上體
是天天與山則稱下也若上體是地地與澤則稱
中也或有雖先舉下象稱在上象之下者若雷在
地中復也天在山中大畜也明入地中明夷也澤
无水困也是先舉下象而稱在上象之下亦義取
下象以立卦也所論之例者皆大判而言之其間
委曲各於卦下別更詳之先儒所云此等象辭或
有實象或有假象實象者若地上有水比也地中
生木升也皆非虛故言實也假象者若天在山中

二五

卷一第十三葉後

風自火出如此之類實无此象假而爲義故謂之
假也雖有實象假象皆以義示人總謂之象也天
行健者謂天體之行晝夜不息周而復始无時虧
退故云天行健此謂天之自然之象君子以自彊
不息此以人事法天所行言君子之人用此卦象
自彊勉力不有止息言君子者謂君臨上位子愛
下民通天子諸侯兼公卿大夫有地者凡言君子
義皆然也但位尊者象卦之義多也位卑者象卦
之義少也但須量力而行各法其卦也所以諸卦
並稱君子若卦體之義唯施於天子不兼包在下
者則言先王也若比卦稱先王以建萬國豫卦稱
先王以作樂崇德觀卦稱先王以省方觀民設教
噬嗑稱先王以明罰勑法復卦稱先王以至日閉
關无妄稱先王以茂對時育萬物渙卦稱先王以
享于帝立廟泰卦稱后以財成天地之道姤卦稱
后以施命誥四方稱后兼諸侯也自外卦並稱君

二六

子潛龍勿用陽在下也見龍在田德施普也終日乾乾反復道也注云以上言之則不驕以下言之則不憂反覆皆道也或躍在淵進无咎也飛龍在天大人造也亢龍有悔盈不可久也疏正義曰自此已下至盈不可久是夫子釋六爻之象辭謂之小象以初九陽潛地中故云陽在下也經言龍而象言陽者明經之稱龍則陽氣也此一爻之象專明天之自然之氣也見龍在田德施普者此以人事言之用龍德在田似聖人已出在世道德恩施能普徧也比初九勿用是其周普也若比九五則猶狹也終日乾乾反復道者此亦以人事言之君子終日乾乾自彊不息故反之與覆皆合其道反謂進反在上也處下卦之上能不驕逸是反能合道也覆謂從上倒

覆而下居上卦之下能不憂懼是覆能合道也或躍在淵進无咎者此亦人事言之進則跳躍在上退則潛處在淵猶聖人疑或而在於貴位也心所欲進意在於公非是爲私故進无咎也飛龍在天大人造者此亦人事言之飛龍在天猶聖人之在王位造爲也唯大人能爲之而成就也姚信陸績之屬皆以造爲造至之造今案象辭皆上下爲韻則姚信之義其讀非也亢龍有悔盈不可久者此亦人事言之九五是盈也盈而不已則至上九而致亢極有悔恨也故云盈不可久也但此六爻象辭第一爻言陽在下是舉自然之象明其餘五爻皆有自然之象舉初以見末五爻並論人事則知初爻亦有人事互文相通也用九天德不可爲首也疏正義曰此一節釋經之用九之象辭經稱用九故象更疊云用九云天德不可爲首者此夫子釋辭九九也天之德

也天德剛健當以柔和接待於下不可更懷尊剛爲物之首故云天德不可爲首也文言曰元者善之長也亨者嘉之會也利者義之和也貞者事之幹也君子體仁足以長人嘉會足以合禮利物足以和義貞固足以幹事君子行此四德者故曰乾元亨利貞疏正義曰文言者是夫子第七翼也以乾坤其易之門戶邪其餘諸卦及爻皆從乾坤而出義理深奧故特作文言以開釋之莊氏云文謂文飾以乾坤德大故特文飾以爲文言今謂夫子但贊明易道申說義理非是文飾華彩當謂釋二卦之經文故稱文言從此至元亨利貞明乾之四德爲第一節從初九曰潛龍勿用至動而有悔明六爻之義爲第二節

自潛龍勿用下至天下治也論六爻之人事爲第三節自潛龍勿用陽氣潛藏至乃見天則論六爻自然之氣爲第四節自乾元者至天下平也此一節復說乾元之四德之義爲第五節自君子以成德爲行至其唯聖人乎此一節更廣明六爻之義爲第六節今各依文解之此第一節論乾之四德也元者善之長也此已下論乾之四德但乾之爲體是天之用凡天地運化自然而爾因无而生有也无爲而自爲天本无心豈造元亨利貞之德也天本无名豈造元亨利貞之名也但聖人以人事託之謂此自然之功爲天之四德垂教於下使後代聖人法天之所爲故立天四德以設教也莊氏云第一節元者善之長者謂天之體性生養萬物善之大者莫善施生元爲施生之宗故言元者善之長也亨者嘉之會者嘉美也言天能通暢萬物使物嘉美之會聚故云嘉之會也利者義之和

卷一第十六葉前

者言天能利益庶物使物各得其宜而和同也貞
者事之幹者言天能以中正之氣成就萬物使物
皆得幹濟莊氏之意以此四句明天之德也而配
四時元是物始於時配春春為發生故下云體仁
仁則春也亨是通暢萬物於時配夏故下云合禮
禮則夏也利為和義於時配秋秋既物成各合其
宜貞為事幹於時配冬冬既收藏事皆幹了也於
五行之氣唯少土也土則分王四季四氣之行非
土不載故不言也君子體仁足以長人者自此已
下明人法天之行此四德言君子之人體包仁道
汎愛施生足以尊長於人也仁則善也謂行仁德
法天之元德也嘉會足以合禮者言君子能使萬
物嘉美集會足以配合於禮謂法天之亨也利物
足以和義者言君子利益萬物使物各得其宜足
以和合於義法天之利也貞固足以幹事者言君
子能堅固貞正令物得成使事皆幹濟此法天之

卷一第十六葉後

貞也施於五事言之元則仁也亨則禮也利則義
也貞則信也不論智者行此四事並須資於知且
乾鑿度云水土二行兼信與知也故略知不言也
君子行此四德者故曰乾元亨利貞以君子之人
當行此四種之德是以文王作易稱元亨利貞之
德欲使君子法之但行此四德則與天同功非聖
人不可唯云君子者但易之為道廣為垂法若限
局聖人恐不逮餘下故揔云君子使諸侯公卿之
等悉皆行之但聖人行此四德能盡其極也君子
行此四德各量力而為多少各有其分但乾卦象
天故以此四德皆為天德但陰陽合會二象相成
皆能有德非獨乾之一卦是以諸卦之中亦有四
德但餘卦四德有劣於乾故乾卦直云四德更无
所言欲見乾之四德无所不包其餘卦四德之下
則更有餘事以四德狹劣故以餘事繫之即坤卦
之類是也亦有四德之上即論餘事若革卦云已

卷一第十七葉前

日乃孚元亨利貞悔亡也由乃孚之後有元亨利
貞乃得悔亡也有四德者即乾坤屯臨隨无妄革
七卦是也亦有其卦非善而有四德者以其卦凶
故有四德乃可也故隨卦有元亨利貞乃得无咎
是也四德具者其卦未必善也亦有三德者即離
咸萃兌渙小過凡六卦就三德之中為文不一或
揔稱三德於上更別陳餘事於下若離咸之屬是
也就三德之中上下不一離則云利貞亨由利貞
乃得亨也亦有先云亨更陳餘事乃始云利貞者
以有餘事乃得利貞故也有二德者大有蠱漸大
畜升困中孚凡七卦此二德或在事上言之或在
事後言之由後有事乃致此二德故也亦有一德
者若蒙師小畜履泰謙噬嗑賁復大過震豐節既
濟未濟凡十五卦皆一德也並是亨也或多在事
上言之或在事後者履卦云履虎尾不咥人亨由
有事乃得亨以前所論德者皆於經文挺然特明

卷一第十七葉後

德者乃言之也其有因事相連而言德者則不數
之也若需卦云需有孚光亨貞吉雖有亨貞二德
連事起文故不數也遯卦云亨小利貞雖有三德
亦不數也旅卦云旅小亨旅貞吉雖有亨貞二德
亦連他事不數也比卦云原筮元永貞无咎否卦
云否之匪人不利君子貞雖有貞字亦連他文言
之又非本卦德亦不數之同人云同人於野亨坎
卦云有孚維心亨損卦云无咎可貞此等雖有一
德皆連事而言之故亦不數所以然者但易含萬
象事義非一隨時曲變不可為典要故也其有意
義各於卦下詳之亦有卦善而德少者若泰與謙
復之類雖善唯一德也亦有全无德者若豫觀剝
晉蹇解夬姤井艮歸妹凡十一卦也大略唯有凶
卦无德者若剝蹇夬姤之屬是也亦有卦善而无
德者晉解之屬是也各於卦下詳之凡四德者亨
之與貞其德特行若元之與利則配連他事其意

[illegible]元配亨以利配貞雖配他事爲文元是元大也[illegible]首也利是利益也合和也以當分言之各是其一德也唯配亨貞俱爲四德元雖配亨亦配他事故比卦云元永貞坤六五黃裳元吉是也利亦非獨利貞亦所利餘事多矣若利涉大川利建侯利見大人利君子貞如此之屬是利字所施處廣故諸卦謂他事之利不數以爲德也此四德非唯卦下有之亦於爻下言之但爻下其事稍少故黃裳元吉及何天之衢亨小貞吉大貞凶此皆於爻下言之其利則諸爻皆有

初九曰潛龍勿用何謂也子曰龍德而隱者也不易乎世注云不爲世俗所移易也不成乎名遯世无悶不見是而无悶樂則行之憂則違之確乎其不可拔潛龍也

疏 正義曰此第二節釋

初九爻辭也初九曰潛龍勿用何謂也者此夫子疊經初九爻辭故言初九曰方釋其義假設問辭故言潛龍勿用何謂也子曰龍德而隱者也此夫子以人事釋潛龍之義聖人有龍德隱居者也不易乎世者不移易其心在於世俗雖逢險難不易本志也不成乎名者言自隱默不成就於令名使人知也遯世无悶者謂逃遯避世雖逢无道心无所悶不見是而无悶者言舉世皆非雖不見善而心亦无悶上云遯世无悶心處僻陋不見是而无悶此因見世俗行惡是亦无悶故再起无悶之文樂則行之憂則違之者心以爲樂己則行之心以爲憂己則違之確乎其不可拔者身雖逐物推移潛隱避世心守道確乎堅實其不可拔此是潛龍之義也

九二曰見龍在田利見大人何謂也子曰龍德而正中者也庸言之信

庸行之謹閑邪存其誠善世而不伐德博而化易曰見龍在田利見大人君德也

疏 正義曰此釋九二爻辭子曰龍德而正中者九二居中不偏然不如九五居尊得位故但云龍德而正中者也庸言之信庸行之謹者庸謂中庸庸常也從始至末常言之信實常行之謹慎閑邪存其誠者言防閑邪惡當自存其誠實也善世而不伐者謂爲善於世而不自伐其功德博而化者言德能廣博而變化於世俗初爻則全隱遯避世二爻則漸見德行以化於俗也若舜漁於雷澤陶於河濱以器不窳民漸化之是也易曰見龍在田利見大人君德者以其異於諸爻故特稱易曰見龍在田未是君位但云君德也

九三曰君子終日乾乾夕惕若厲无咎何謂也子曰

君子進德脩業忠信所以進德也脩辭立其誠所以居業也知至至之可與幾也知終終之可與存義也注云處一體之極是至也居一卦之盡是終也處事之至而不犯咎知至者也故可與成務矣處終而能全其終知終者也夫進物之速者義不若利存物之終者利不及義故靡不有初鮮克有終夫可與存義者其唯知終者乎是故居上位而不驕在下位而不憂注云居下體之上在上體之下明夫終敝故不驕也知夫至至故不憂也故乾乾因其時而惕雖危无咎矣注云惕怵惕之謂也處事之極失時則廢懈怠則曠故因其時而惕雖危无咎

疏 正義曰此釋九三爻辭也子曰君子進德脩業者德謂德行業謂功業九

卷一第二十葉前

三所以終日乾乾者欲進益道德脩營功業故終日乾乾匪懈也進德則知至將進也脩業則知終存義也忠信所以進德者復解進德之事推忠於人以信待物人則親而尊之其德日進是進德也脩辭立其誠所以居業者辭謂文教誠謂誠實也外則脩理文教內則立其誠實內外相成則有功業可居故云居業也上云進德下復云進德上云脩業下變云居業者以其間有脩辭之文故避其脩文而云居業且功業宜云居也知至至之可與幾者九三處一體之極方至上卦之下是至也既居上卦之下而不犯凶咎是知至也既能知是將至則是識幾知理可與共論幾事幾者去无入有有理而未形之時此九三既知時節將至知理欲到可與共營幾也知終終之可與存義者居一體之盡而全其終竟是知終也既能知此終竟是終盡之時可與保存其義義者宜也保全其位不有

三九

卷一第二十葉後

失喪於事得宜九三既能知其自全故可存義然九三唯是一爻或使之欲進知幾也或使之欲退存義也一進一退其意不同以九三處進退之時若可進則進可退則退兩意並行是故居上位而不驕者謂居下體之上位而不驕也以其知終故不敢懷驕慢在下位而不憂者處上卦之下故稱下位以其知事將至務幾欲進故不可憂也故乾乾因其時而惕雖危无咎者九三以此之故恒乾乾也因其已終已至之時而心懷惕懼雖危不寧以其知終知至故无咎　注處一體至知終者乎正義曰處一體之極是至也者莊氏云極即至也三在下卦之上是至極褚氏云一體之極是至者是下卦已極將至上卦之下至謂至上卦也下云在下位而不憂注云知夫至至故不憂此以人事言之既云下位明知在上卦之下欲至上卦故不憂是知將至上卦若莊氏之說直云下卦上極是

四〇

卷一第二十一葉前

至極儻无上卦之體何可至也何須與幾也是知至者據上卦爲文莊說非也處事之至而不犯咎是知至者謂三近上卦事之將至能以禮知屈而不觸犯上卦之咎則是知事之將至故可與成務者務謂事務既識事之先幾可與以成其事務與猶許也言可許之事不謂此人共彼相與也進物之速者義不若利者利則隨幾而發見利則行也義者依分而動不妄求進故進物速疾義不如利由義靜而利動故也存物之終者利不及義者保全已成之物不妄興動故利不及義也故靡不有初鮮克有終者見利則行不顧在後是靡不有初不能守成其業是鮮克有終　注明夫至不憂也正義曰明夫終敝故不驕者解知終也知夫至至故不憂者解知至也前經知至在前知終在後此經先解知終後解知至者隨文便而言之也　注處事至无咎正義曰處事之極失時則廢者謂三

四一

卷一第二十一葉後

在下卦之上體是處事之極至也若失時不進則幾務廢闕所以乾乾須進也懈怠則曠者既處事極極則終也當保守已終之業若懈怠驕逸則功業空曠所以乾乾也失時則廢解知至也懈怠則曠解知終也

九四曰或躍在淵无咎何謂也子曰上下无常非爲邪也進退无恒非離羣也君子進德脩業欲及時也故无咎

疏 正義曰此明九四爻辭也子曰上下无常非爲邪者上而欲躍下而欲退是无常也意在於公非是爲邪也進退无恒非離羣者何氏云所以進退无恒者時使之然非苟欲離羣也何氏又云言上下者據位也進退者據爻也所謂非離羣者言雖進退无恒猶依羣衆而行和光俯仰並同於衆非是卓絕獨離羣也君子進德脩業欲及時者進德則欲

四二

上欲進也脩業則欲下欲退也進者棄位欲躍是進德之謂也退者仍退在淵是脩業之謂也其意與九三同但九四於前進多於九三故云欲及時也九三則不云及時但可與言幾而已 九五曰飛龍在天利見大人何謂也子曰同聲相應同氣相求水流濕火就燥雲從龍風從虎聖人作而萬物覩本乎天者親上本乎地者親下則各從其類也 疏 正義曰此明九五爻之義同聲相應已下至各從其類也飛龍在天者言天能廣感衆物衆物應之所以利見大人因大人與衆物感應故廣陳衆物相感應以明聖人之作而萬物瞻覩以結之也同聲相應者若彈宮而宮應彈角而角動是也同氣相求者若天欲雨而柱礎潤是也

此二者聲氣相感也水流濕火就燥者此二者以形象相感水流於地先就濕處火焚其薪先就燥處此同氣水火皆无識而相感先明自然之物故發初言之也雲從龍風從虎者龍是水畜雲是水氣故龍吟則景雲出是雲從龍也虎是威猛之獸風是震動之氣此亦是同類相感故虎嘯則谷風生是風從虎也此二句明有識之物感无識故以次言之漸就有識而言也聖人作而萬物覩者此二句正釋飛龍在天利見大人之義聖人作則飛龍在天也萬物覩則利見大人也陳上數事之名本明於此是有識感有識也此亦同類相感聖人有生養之德萬物有生養之情故相感應也本乎天者親上本乎地者親下者在上雖陳感應唯明數事而已此則廣解天地之間共相感應之義莊氏云天地絪縕和合二氣共生萬物然萬物之體有感於天氣偏多者有感於地氣偏多者故周禮

大宗伯有天產地產大司徒云動物植物本受氣於天者是動物含靈之屬天體運動含靈之物亦運動是親附於上也本受氣於地者是植物无識之屬地體凝滯植物亦不移動是親附於下也則各從其類者言天地之間共相感應各從其氣類此類因聖人感萬物以同類故以同類言之其造化之性陶甄之器非唯同類相感亦有異類相感者若磁石引針琥珀拾芥蠶吐絲而商弦絕銅山崩而洛鐘應其類煩多難一一言也皆冥理自然不知其所以然也感者動也應者報也皆先者為感後者為應非唯近事則相感亦有遠事遙相感者若周時獲麟乃為漢高之應漢時黃星後為曹公之兆感應之事廣非片言可悉今意在釋理故略舉大綱而已 上九曰亢龍有悔何謂也子曰貴而无位高而无民 注云下无陰也 賢人在

下位而无輔 注云賢人雖在下而當位不為之助 是以動而有悔也 注云處上卦之極而不當位故盡陳其闕也獨立而動物莫之與矣乾文言首不論乾而先說元下乃曰乾何也夫乾者統行四事者也君子以自強不息行此四者故首不論乾而下曰乾元亨利貞餘爻皆說龍至於九三獨以君子為目何也夫易者象也象之所生生於義也有斯義然後明之以其物故以龍敘乾以馬明坤隨其事義而取象焉是故初九九二龍德皆應其義故可論龍以明之也至於九三乾乾夕惕非龍德也明以君子當其象矣統而舉之乾體皆龍別而敘之各隨其義 疏 正義曰此明上九爻辭也子曰貴而无位者以上九非位而上九居之是无位也高而无民者六爻皆无陰是无民也賢人在下位而无輔者賢人雖在下位不為之輔助也是以動而有悔者聖人設誡居

卷一第二十四葉前

此之時不可動作也　注處上至其義正義曰夫
乾者統行四事者也君子以自強不息行此四者
注意以乾爲四德之首應先說乾而先
說四德者故自發問而釋之以乾體當分无功唯
統行此四德之事行此四德乃是乾之功故文言
先說君子以自強不息行此四德者故先言之發
首不論乾也但能四德既備乾功自成故下始云乾元亨利貞　潛龍勿用下也見
龍在田時舍也終日乾乾行事也或躍在淵自試
也飛龍在天上治也亢龍有悔窮之災也乾元用
九天下治也　注云此一章全以人事明之也九陽也陽剛直之物也夫能全用剛直放遠善
柔非天下至理未之能也故乾元用九則天下治
也夫識物之動則其所以然之理皆可知也龍之

四七

卷一第二十四葉後

爲德不爲妄者也潛而勿用何乎必窮處於下也
見而在田必以時之通舍也以爻爲人以位爲時
人不妄動則時皆可知也文王明夷
則主可知矣仲尼旅人則國可知矣　疏　正義曰此一節是文
言第三節說六爻人事所治之義潛龍勿用下也
者言聖人於此潛龍之時在卑下也見龍在田時
舍者舍謂通舍九二以見龍在田是時之通舍也
終日乾乾行事者言行此知至知終之事也或躍
在淵自試者言聖人逼近五位不敢果決而進唯
漸漸自試意欲前進遲疑不定故云自試也飛龍
在天上治者言聖人居上位而治理也亢龍有悔
窮之災者言位窮而致災災則悔也非爲大禍災
也乾元用九天下治者易經上稱用九用九之文
總是乾德又乾字不可獨言故舉元德以配乾也
言此乾元用九德而天下治九五止是一爻觀見
事狹但云上治乾元總包六爻觀見事闊故云天

四八

卷一第二十五葉前

下治　注此一章至可知也正義曰此一章全以
人事明之者下云陽氣潛藏又云乃位乎天德又
云乃見天則此一章但云天下治是皆以人事說
之也夫能全用剛直放遠善柔非天下至理未之
能也者以乾元用九六爻皆陽是全用剛直放遠
善柔謂放棄善柔之人善能柔諂貌恭心很佷當作
使人不知其惡識之爲難此用九純陽者是全用剛
直更无餘陰柔善之人堯尚病之故云非天下之至
理未之能也夫識物之動則其所以然之理皆可
知者此欲明在下龍潛見之義故張氏云識物之
動謂龍之動也則其所以然之理皆可知者謂識
龍之所以潛所以見然此之理皆可知也龍之爲
德不爲妄者言龍靈異於他獸不妄舉動可潛則
潛可見則見是不虛妄也見而在田必以時之通
舍者經唯云時舍也注云必以時之通舍者則輔
嗣以通解舍舍是通義也初九潛藏不見九二既

四九

卷一第二十五葉後

見而在田是時之通舍之義也以爻爲人以位爲
時者爻居其位猶若人遇其時故文王明夷則主
可知矣主則時也謂當時无道故明傷也仲尼旅
人則國可知矣國亦時也若見仲尼羈旅於人則
知國君无道令其羈旅出外引
文王仲尼者明龍潛龍見之義　潛龍勿用陽氣潛
藏見龍在田天下文明終日乾乾與時偕行　與天時俱
不息　或躍在淵乾道乃革飛龍在天乃位乎天德亢
龍有悔與時偕極　與時運俱終極　乾元用九乃見天則　注云此一
章全說天氣以明之也九剛直之物唯乾
體能用之用純剛以觀天天則可見矣　疏　正義曰此
一節是文言第四節明六爻天氣之義天下文明
者陽氣在田始生萬物故天下有文章而光明也

五〇

卷一　第二十六葉前

與時偕行者，此以天道釋爻象也。所以九三乾乾
不息，終日自戒者，同於天時，生物不息，言與時偕
行也。偕，俱也。諸儒以爲建辰之月，萬物生長，不有
止息，與天時而俱行。若以不息言之，是建寅之月
三陽用事，三當生物之初，生物不息，同於天時生
物不息，故言與時偕行也。乾道乃革者，去下體入
上體，故云乃革也。乃位乎天德者，位當天德之位，
言九五陽居於天，照臨廣大，故云天德也。乃見天
則者，陽是剛亢之物，能用此純剛，唯天乃然，故云乃見天則。乾元者，始而亨者
也。利貞者，性情也。注云：不爲乾元，何能通物之始？不性其情，何能久行其正？是故始而
亨者，必乾元也；利而正者，必性情也。乾始能以美利利天下，不言所
利，大矣哉！大哉乾乎！剛健中正，純粹精也。六爻發

五一

卷一　第二十六葉後

揮旁通情也。時乘六龍以御天也。雲行雨施，天下
平也。【疏】正義曰：此一節是第五節，復明上初章及乾四德之義也。乾元者，始而亨者也，以乾
非自當分有德，以元亨利貞爲德，元是四德之首，
故夫子恒以元配乾而言之，欲見乾元相將之義
也。以有乾之元德，故能爲物之始而亨通也。此解
元亨二德也。利貞者，性情也者，所以能利益於物
而得正者，由性制於情也。乾始能以美利利天下
不言所利，大矣哉者，此復說始而亨利貞之義。乾
始謂乾能始生萬物，解元也。能以美利利天下，解
利也。謂能以生長美善之道，利益天下也。不復說
亨貞者，前文亨既連始，貞又連利，舉始舉利，則通
包亨貞也。不言所利大矣哉者，若坤卦云利牝馬
之貞，及利建侯，利涉大川，皆言所利之事，此直云
利貞，不言所利之事，欲見无不利也。非唯止一事

五二

卷一　第二十七葉前

而已，故云不言所利，大矣哉，其實此利爲无所不
利，此貞亦无所不貞，是乾德大也。大哉乾乎，剛健
中正，純粹精者，此正論乾德，不兼通元也。故直云
大哉乾乎，剛健中正，謂純陽剛健，其性剛強，其行
勁健。中謂二與五也，正謂五與三也，故云剛健中
正。六爻俱陽，是純粹也。純粹不雜，是精靈，故云純
粹精也。六爻發揮，旁通情者，發謂發越也，揮謂揮
散也，言六爻發越揮散，旁通萬物之情也。時乘六
龍以御天者，重取乾彖之文，以讚美此乾之義。雲
行雨施，天下平者，言天下普得其利，而均平不偏
陂。注不爲至性情也。正義曰：乾之元氣，其德廣大，故能徧通諸物之始，若餘卦元德，雖能始生萬
物，德不周普，故云不爲乾元，何能通物之始，其實
坤元亦能通諸物之始，以此文言論乾元之德，故
注連言乾元也。不性其情，何能久行其正者，性者
天生之質，正而不邪，情者性之欲也。言若不能以

五三

卷一　第二十七葉後

性制情，使其情如性，則不能久行其正。其六爻發
揮之義，案略例云：爻者，言乎變者也。故合散屈伸
與體相乖，形躁好靜，質柔愛剛，體與情反，質與願
違，是爻者所以明情，故六爻發散，旁通萬物之情。
輔嗣之意，以初爲无用之地，上爲盡末之境，其居
位者唯二、三、四、五，故繫辭唯論此四爻。初末雖无
正位，統而論之，爻亦始末之位，故乾彖云六位時
成。二、四爲陰位，陰居爲得位，陽居爲失位；三、五爲
陽位，陽居爲得位，陰居爲失位。略例云：陽之所求
者陰也，陰之所求者陽也。一與四，二與五，三與上，
若一陰一陽爲有應，若俱陰俱陽爲无應。此
其六爻之大略，其義具於繫辭，於此略言之。君子
以成德爲行，日可見之行也。潛之爲言也，隱而未
見，行而未成，是以君子弗用也。【疏】正義曰：此一節是文言第六節

五四

卷一第二十八葉前

六節乾元者始而亨者也是廣明乾與四德之義此君子以成德爲行亦是第六節明六爻之義總屬第六節不更爲第七節義或當然也君子以成德爲行者明初九潛龍之義故先開此語也言君子之人當以成就道德爲行令其德行彰顯使人日可見其德行之事此君子之常也不應潛隱所以今日潛者以時未可見故須潛也潛之爲言也隱而未見行而未成此夫子解潛龍之義此經中潛龍之言是德之幽隱而未宜見所行之行未可成就是以君子弗用者德既幽隱行又未成是君子於時不用以逢衆陰未可用也周氏云德出於己在身内之物故云成行被於人在外之事故云爲行下文即云行而未成是行亦稱成周氏之說恐義非也成德爲行者言君子成就道德以爲其行其成德爲行未必文相對

君子學以

五五

卷一第二十八葉後

聚之問以辯之注云以君德而處下體資納於物者也寬以居之仁以行之易曰見龍在田利見大人君德也疏正義曰此復明九二之德君子學以聚之者九二從微而進未在君位故且習學以畜其德問以辯之者學有未了更詳問其事以辯決於疑也寬以居之者當用寬裕之道居處其位也仁以行之者以仁恩之心行之被物易曰見龍在田利見大人君德者既陳其德於上然後引易本文以結之易之所云是君德寬以居之仁以行之是也但有君德未是君位

九三重剛而不中上不在天下不在田故乾乾因其時而惕雖危无咎矣疏正義曰此明九三爻辭上之初九九二皆豫陳其德於上不發首云初九九二此九三九四則發首

五六

卷一第二十九葉前

无言九三九四其九五全不引易文上九則發首云亢之爲言也上下不爲例者夫子意在釋經義便則言以潛見須言其始故豫張本於上三四俱言重剛不中恐其義同故並先云爻位并重剛不中之事九五前章巳備故不復引易但云大人也上九亦前章備顯故此直言亢之爲言也棄初九云潛之爲言上爻云亢之爲言獨二爻云言者褚氏以初上居无位之地故稱言也其餘四爻是有位故不云言義或然也重剛者上下俱陽故重剛也不中者不在二五之位故不中也上不在天謂非五位下不在田謂非二位也故乾乾因其時而惕雖危无咎矣者居危之地以乾乾夕惕戒懼不息得无咎也

九四重剛而不中上不在天下不在田中不在人故或之或之者疑之也故无咎疏正義曰此明九

五七

卷一第二十九葉後

四爻辭也其重剛不中上不在天下不在田並與九三同也中不在人者三之與四俱爲人道但人道之中人下近於地上遠於天九三近二是下近於地正是人道故九三不云中不在人九四則上近於天下遠於地非人所處故特云中不在人故或之者以其上下无定故心或之也或之者疑之也者此夫子釋經或字經稱或是疑惑之辭欲進欲退猶豫不定故疑之也九三中雖在人但位卑近下向上爲難故危惕其憂深也九四則陽德漸盛去五彌近前進稍易故但疑惑憂則淺也

夫大人者與天地合其德與日月合其明與四時合其序與鬼神合其吉凶先天而天弗違後天而奉天時天且弗違而況於人乎況於鬼神乎疏正義曰此

五八

卷一第三十葉前　五九

明九五爻辭但上節明大人與萬物相感此論大人之德无所不合廣言所合之事與天地合其德者莊氏云謂覆載也與日月合其明者謂照臨也與四時合其序者若賞以春夏刑以秋冬之類也與鬼神合其吉凶者若福善禍淫也先天而天弗違者若在天時之先行事天乃在後不違是天合大人也後天而奉天時者若在天時之後行事能奉順上天是大人合天也天且弗違而況於人乎況於鬼神乎者夫子以天且不違遂明大人之德言尊而遠者尚不違況小而近者可有違乎況於人乎況於鬼神乎

亢之為言也知進而不知退知存而不知亡知得而不知喪其唯聖人乎知進退存亡而不失其正者其唯聖人乎疏正義曰此明上九之義也知進而不知退

卷一第三十葉後　六〇

知存而不知亡知得而不知喪者言此上九所以亢極有悔者正由有此三事若能三事備知雖居上位不至於亢也此設誡辭莊氏云進退據心存亡據身得喪據位其唯聖人乎知進退存亡者得唯聖人乃能知進退存亡也何不云得喪者得喪輕於存亡舉重略輕也而不失其正者其唯聖人之乎者聖人非但只知進退存亡又能不失其正道其唯聖人乎此經再稱其唯聖人乎者上稱聖人為知進退存亡發文下稱其唯聖人乎者為不失其正發文言聖人非但知進退存亡又能不失其正故再發聖人之文也

周易注疏卷第一　其月二十一日陸子遹三山東宅傳標

上杉右京亮藤原憲忠寄進

卷二第一葉前　六一

周易注疏卷第二

國子祭酒上護軍曲阜縣開國子臣孔穎達奉

勑撰

䷁ 坤下坤上 坤元亨利牝馬之貞 注云坤貞之所利利於牝馬也馬在下而行者也而又牝馬順之至也至順而後乃亨故唯利於牝馬之貞

君子有攸往先迷後得主利西南得朋東北喪朋安貞吉 西南致養之地與坤同道者也故曰得朋東北反西南者也故曰喪朋陰之為物必離其黨之於反類而後獲安貞吉

疏正義曰此一節是文王於坤卦之下陳坤德之辭但乾坤合體之物故乾後次坤言

卷二第一葉後　六二

地之為體亦能始生萬物各得亨通故云元亨與乾同也利牝馬之貞者此與乾異乾之所利利於萬事為貞此唯云利牝馬之貞坤是陰道當以柔順為貞假借柔順之象以明柔順之德也牝對牡為柔馬對龍為順假借此柔順以明柔道故云利牝馬之貞牝馬外物自然之象此亦聖人因坤元亨利牝馬之貞自然之德以垂教也不云牛而云馬者牛雖柔順不能行地无疆无以見坤廣生之德馬雖比龍為劣所行亦能廣遠象地之廣育君子有攸往者以其柔順利貞故君子利有所往先迷後得主利者以其至陰當待唱而後和凡有所為若在物之先即迷惑若在物之後即得主利以陰不可先唱猶臣不可先君卑不可先尊故也西南得朋者此假象以明人事西南坤位是陰也今以陰詣陰是得朋俱是陰類不獲吉也猶人既懷陰柔之行又向陰柔之所是純陰柔故非吉也

卷二第二葉前

爲陽也以柔順之道往詣於陽是喪失陰朋故得安靜貞正之吉以陰而兼有陽故也若以人事言之象人臣離其黨而入君之朝女子離其家而入夫之室莊氏云先迷後得主利者唯據臣事君也得朋喪朋唯據婦適夫也其理褊狹非易弘通之道　注坤貞至牝馬之貞　正義曰至順而後乃亨故唯利於牝馬之貞者案牝馬是至順牝馬在元亨之下在貞之上應云至順而後乃貞今云至順而後乃亨倒取上文者輔嗣之意下句既云牝馬之貞避此貞文故云乃亨但亨貞相將之物故云至順之貞亦是至順之亨此坤德以牝馬至順乃得貞也下文又云東北喪朋去陰就陽乃得貞吉上下義反者但易含萬象一屈一伸此句與乾相對不可純剛敵乾故利牝馬下句論凡所交接不可純陰當須剛柔交錯故喪朋吉也　注西南至

六三

卷二第二葉後

貞吉　正義曰坤位在西南說卦云坤也者地也萬物皆致養焉坤既養物若向西南與坤同道也陰之爲物必離其黨之於反類而後獲安貞吉者若二女同居其志不同必之於陽是之于反類乃得吉也凡言朋者非唯人爲其黨性行相同亦爲其黨假令人是陰柔而之剛正亦是離其黨　彖曰至哉坤元萬物資生乃順承天坤厚載物德合无疆含弘光大品物咸亨牝馬地類行地无疆注云地之所以得无疆者以卑順行之故也乾以龍御天坤以馬行地　柔順利貞君子攸行先迷失道後順得常西南得朋乃與類行東北喪朋乃終有慶安貞之吉應地无疆注云地也者形之名也坤也者

六四

卷二第三葉前

健爲耦而能永保无疆用之者不亦至順乎若夫行之不以牝馬利之不以永貞方而又剛柔而又圓求安難矣　疏　正義曰至哉坤元至德合无疆此五句總明坤義及元德之首也但元是坤德之首故連言之猶乾之元德與乾相連共文也至哉坤元者歎美坤德故云至哉至謂至極也言地能生養至極與天同也但天亦至極包籠於地非但至極又大於地故乾言大哉坤言至哉萬物資生者言萬物資地而生初稟其氣謂之始成形謂之生乾本氣初故云資始坤據成形故云資生乃順承天者乾是剛健能統領於天坤是陰柔以和順承奉於天坤厚載物德合无疆者以其廣厚故能載物有此生長之德合會无疆凡言无疆者其有二義一是廣博无疆二是長久无疆也自此已上論坤元之德也含弘光大品物咸亨者包含

六五

卷二第三葉後

弘厚光著盛大故品類之物皆得亨通但坤比乾即不得大名若比衆物其實大也故曰含弘光大者也此二句釋亨也牝馬地類行地无疆者以其柔順故云地類以柔順爲體終无禍患故行地无疆不復窮已此二句釋利貞也故上文云利牝馬之貞是也柔順利貞君子攸行者重釋利貞之義是君子之所行兼釋前文君子有攸往先迷失道者以陰在物之先失其爲陰之道後順得常者以陰在物之後陽唱而陰和乃得主利是後順得常西南得朋乃與類行者以陰而造坤位是乃與類俱行東北喪朋乃終有慶者以陰而詣陽初雖離羣乃終久有慶善也安貞之吉應地无疆者安謂安靜貞謂貞正地體安靜而貞正人若得靜而能正即得其吉應合地之无疆是慶善之事也　注若夫行至難矣　正義曰行之不以牝馬牝馬謂柔順也利之不以永貞永貞謂貞固剛正也言坤既

六六

卷二第四葉前

至柔順而利之即不兼剛正也方而又剛者言體既方正而性又剛強即太剛也所以須牝馬也柔而又圓者謂性既柔順體又圓曲謂太柔也故須永貞也若其坤无牝馬之无永貞求安難矣云永貞者是下用六爻辭也東北喪朋去陰就陽是利之永貞

象曰地勢坤注云地形不順其勢順

君子以厚德載物

疏正義曰君子用此地之厚德容載萬物言君子者亦包公卿諸侯之等但厚德載物隨分多少非如至聖載物之極也 注地形不順其勢順 正義曰地體方直是不順也其勢承天是其順也

初六履霜堅冰至注云始於履霜至于堅冰所謂至柔而動也剛陰之爲道本於卑弱而後積著者也故取履霜以明其始陽之爲物非基於始以至於著者也故以出處明之則以初爲潛

疏正義曰初六陰氣之微似若初寒之

六七

卷二第四葉後

始但履霜其霜微而積漸故堅冰乃至義取所謂陰道初雖柔順漸漸積著乃至堅剛凡易者象也以物象而明人事若詩之比喻也或取天地陰陽之象以明義者若乾之潛龍見龍坤之履霜堅冰龍戰之屬是也或取萬物雜象以明義者若屯之六三即鹿无虞六四乘馬班如之屬是也如此之類易中多矣或直以人事不取物象以明義者若乾之九三君子終日乾乾坤之六三含章可貞之例是也聖人之意可以取象者則取象也可以取人事者則取人事也故文言注云至於九三獨以君子爲目者何也乾乾夕惕非龍德也故以人事明之是其義也

象曰履霜堅冰陰始凝也馴致其道至堅冰也

疏正義曰夫子所作象辭元在六爻經辭之後以自卑退不敢干亂先聖正經之辭

六八

卷二第五葉前

義易了故分爻之象辭各附其當爻下言之猶如元凱注左傳分經之年與傳相附陰始凝也者釋履霜之義言陰氣始凝結而爲霜也馴致其道至堅冰也者馴猶狎順也若鳥獸馴狎然言順其陰柔之道習而不已乃至堅冰也褚氏云履霜者從初六至六三堅冰者從六四至上六陰陽之氣无爲故積馴履霜必至於堅冰以明人事有爲不可不制其節度故於履霜而逆以堅冰爲戒所以防漸慮微愼終于始也

六二直方大不習无不利注云居中得正極於地質任其自然而物自生不假脩營而功自成故不習焉而无不利

象曰六二之動直以方也動而直方任其質也不習无不利地道光也

疏正義曰直方大不習无不利者文言云直其正也二得其位極地之質故亦同地也俱包三德生物不邪

六九

卷二第五葉後

謂之直也地體安靜是其方也无物不載是其大也既有三德極地之美自然而生不假脩營故云不習无不利物皆自成无所不利以此爻居中得位極於地體故盡極地之義此因自然之性以明人事居在此位亦當如地之所爲象曰六二之動直以方者言六二之體所有興動任其自然之性故云直以方也不習无不利地道光者言所以不假脩習物无不利猶地道光大故也 注居中至地質 正義曰質謂形質地之形質直方又大此六二居中得正是盡極地之體質也所以直者言氣至即生物由是體正直之性其運動生物之時又能任其質性直而且方故象云六二之動直以方也 注動而至質也 正義曰是質以直方動又直方是質之與行內外相副物有內外不相副者故略例云形躁好靜質柔

六三含章可貞或從王事无

七〇

卷二第六葉前

成有終注云三處下卦之極而不疑於陽應斯義者也不爲事始須唱乃應待命乃發含美而可正者也故曰含章可貞也有事則從不敢爲首故曰或從王事也不爲事主順命而終故曰无成有終也象曰含章可貞以時發也或從王事知光大也注云知慮光大故不擅其美疏正義曰含章可貞者六三處下卦之極而能不被疑於陽章美也既居陰極能自降退不爲事始唯內含章美之道待命乃行可以得正故曰含章可貞或從王事无成有終者言六三爲臣或順從於王事故不敢爲事之首主成於物故云无成唯上唱下和奉行其終故云有終象曰含章可貞以時發者夫子釋含章之義以身居陰極不敢爲物之首但內含章美之道待時而發是以時發也或從王事知光大者釋无成有終也既隨從王事不敢主成物始但

卷二第六葉後

奉終而行是知慮光大不自擅其美唯奉於上注三處至有終也正義曰三處下卦之極者欲見三雖陰爻其位尊也不疑於陽者陰之尊極將與陽敵體必被陽所忌今不被疑於陽言陽不害也應斯義者斯此也若能應此義唯行含章可貞已下之事乃應斯義此爻全以人事明之六四括囊无咎无譽注云處陰之卦以陰居陰履非中位无直方之質不造陽事无含章之美括結否閉賢人乃隱施慎則可非泰之道象曰括囊无咎慎不害也疏正義曰括結也囊所以貯物以譬心藏知也閉其知而不用故曰括囊功不顯物故曰无譽不與物忤故曰无咎象曰慎不害者釋所以括囊无咎之義由其謹慎不與物競故不被害也注處陰至之道正義曰不造陽事无含章之美者六三以陰居陽位是造爲陽事但不爲事始待唱乃行是陽

卷二第七葉前

事猶在故云含章章即陽之美也今六四以陰處陰內无陽事是不造陽事无含章之美當括結否閉之時是賢人乃隱唯施謹慎則可非通泰之道也六五黃裳元吉注云黃中之色也裳下之飾也坤爲臣道美盡於下夫體无剛健而能極物之情通理者也以柔順之德處於盛位任夫文理者也垂黃裳以獲元吉非用武者也極陰之盛不至疑陽以文在中美之至也象曰黃裳元吉文在中也注云用黃裳而獲元吉以文在中也疏正義曰黃裳元吉者黃是中之色裳是下之飾坤爲臣道五居君位是臣之極貴者也能以中和通於物理居於臣職故云黃裳元吉元大也以其德能如此故得大吉也象曰黃裳元吉文在中者釋所以黃裳元吉之義以其文德在中故也既有中和又奉臣職通達文理故云文在中言不用威武也注黃中至美之

卷二第七葉後

至也正義曰黃中之色裳下之飾者左氏昭十二年傳文也裳下之飾則上衣比君下裳法臣也垂黃裳以獲元吉非用武者以體无剛健是非用威武也以內有文德通達物理故象云文在中也上六龍戰于野其血玄黃注云陰之爲道卑順不盈乃全其美盛而不已固陽之地陽所不堪故戰于野象曰龍戰于野其道窮也疏正義曰龍戰于野其血玄黃者以陽謂之龍上六是陰之至極陰盛似陽故稱龍焉盛而不已固陽之地陽所不堪故陽氣之龍與之交戰即說卦云戰乎乾是也戰於卦外故曰于野陰陽相傷故其血玄黃注陰之至戰于野正義曰盛而不已固陽之地者固爲占固陰去則陽來陰乃盛而不去占固此陽所生之地故陽氣之龍與之交戰用六利永貞注云用六之利利永貞也象曰用

六永貞以大終也 注云能以永貞大終者也 【疏】正義曰用六利永貞者此坤之六爻揔辭也言坤之所用用此衆爻之六六是柔順不可純柔故利在永貞永長也貞正也言長能貞正也象曰以大終者釋永貞之義既能用此柔順長守貞正所以廣大而終也若不用永貞則是柔而又圓即前注云求安難矣此永貞即坤卦之下安貞吉是也 文言曰坤至柔而動也剛至靜而德方 注云動之方正不爲邪也柔而又圓消之道也其德至靜德必方也 後得主而有常含萬物而化光坤道其順乎承天而時行 【疏】正義曰此一節是第一節明坤之德也自積善之家以下是第二節也分釋六爻之義坤至柔而動也剛者六爻皆陰是至柔也體雖至柔而運動也剛柔而積漸乃至

堅剛則上云履霜堅冰是也又地能生物初雖柔弱後至堅剛而成就至靜而德方者地體不動是至靜生物不邪是德能方正後得主而有常者陰主卑退若在事之後不爲物先即得主也此陰之恒理故云有常含萬物而化光者自明彖辭含弘光大言含養萬物而德化光大也坤道其順乎承天而時行者言坤道柔順承奉於天以量時而行即不敢爲物之先恒相時而動 積善之家必有餘慶積不善之家必有餘殃臣弒其君子弒其父非一朝一夕之故其所由來者漸矣由辯之不早辯也易曰履霜堅冰至蓋言順也 【疏】正義曰此一節明初六爻辭也積善之家必有餘慶積不善之家必有餘殃者欲明初六其惡有漸故先

明其所行善惡事由久而積漸故致後之吉凶其所由來者漸矣者言弒君弒父非一朝一夕率然而起其禍患所從來者積漸久遠矣由辯之不早辯者臣子所以久包禍心由君父欲辯明之事不早分辯故也此戒君父防臣子之惡蓋言順者言此履霜堅冰至蓋言順習陰惡之道積微而不已乃致此弒害稱蓋者是疑之辭凡萬事之起皆從小至大從微至著故上文善惡並言今獨言弒君弒父有漸者以陰主柔順積柔不已乃終至禍亂故特於坤之初六言之欲戒其防柔弱之初又陰爲弒害故寄此以明義 直其正也方其義也君子敬以直內義以方外敬義立而德不孤直方大不習无不利則不疑其所行也 【疏】正義曰此一節釋六二爻辭直其正者經稱直是其

正也方其義者經稱方是其義也義者宜也於事得宜故曰義君子敬以直內者覆釋直其正也言君子用敬以直內內謂心也用此恭敬以直內心義以方外者用此義事以方正外物言君子法地正直而生萬物皆得所宜各以方正然即前云直其正也方其義也下云義以方外即此應云正以直內改云敬以直內者欲見正則能敬故變正爲敬也敬義立而德不孤者身有敬義以接於人則人亦敬義以應之是德不孤也直則不邪正則謙恭義則與物无競方則凝重不躁既不習无不利則所行不須疑慮故曰即不疑其所行 陰雖有美含之以從王事弗敢成也地道也妻道也臣道也地道无成而代有終也 【疏】正義曰此此一節明六三爻辭言陰雖有美含之以從王事者釋含章可貞之

卷二第十葉前 七九

義也。言六三之陰，雖有美道，包含之德，若或從王事，不敢為主先成之也。地道也，妻道也，臣道也者，欲明坤道處卑待唱乃和，故歷言此三事，皆卑應於尊，下順於上也。地道无成而代有終者，其地道卑柔，无敢先唱成物，必待陽始先唱，而後代陽有終也。

天地變化，草木蕃。天地閉，賢人隱。易曰：括囊无咎无譽，蓋言謹也。疏 正義曰：此一節明六四爻辭。天地變化，謂二氣交通，生養萬物，故草木蕃滋。天地閉，賢人隱者，謂二氣不相交通，天地否閉，賢人潛隱。天地通則草木蕃，明天地閉草木不蕃。天地閉賢人隱，明天地通則賢人出。互而相通。此乃括囊无咎，故賢人隱屬天地閉也。蓋言謹者，謹謂謹慎。蓋言賢人君子於此之時，須謹慎也。

君子黃中通理，正位居體，美在其中，而暢

卷二第十葉後 八〇

於四支，發於事業，美之至也。疏 正義曰：此一節明六五爻辭也。黃中通理者，以黃居中，兼四方之色，奉承臣職，是通曉物理也。正位居體者，居中得正，是正位也。處上體之中，是居體也。黃中通理，是美在其中，有美在於中，必通暢於外，故云暢於四支。四支猶人手足，比于四方物務也。外內俱善，能宣發於事業，所營謂之事，事成謂之業，美莫過之，故云美之至也。

陰疑於陽必戰 注云：辯之不早，疑盛乃動，故必戰。為其嫌於无陽也 注云：為其嫌於非陽而戰。故稱龍焉，猶未離其類也 注云：猶未失其陰類，為陽所滅。故稱血焉 注云：猶與陽戰而相傷，故稱血。夫玄黃者，天地之雜也，夫玄而地黃。疏 正義曰：此一節明上六爻辭。陰疑於陽必戰者，陰盛為陽所疑，陽乃

卷二第十一葉前 八一

發動，欲除去此陰，陰既強盛，不肯退避，故必戰也。為其嫌於无陽，故稱龍焉者，上六陰盛似陽，為嫌純陰非陽，故稱龍以明之。猶未離其類也，故稱血焉者，言上六雖陰盛似陽，然猶未能離其陰類，故為陽所傷而見滅也。夫玄黃者，天地之雜也，天玄而地黃者，釋其血玄黃之義。莊氏云：上六之爻，兼有天地雜氣，所以上六被傷，其血玄黃也。天色玄，地色黃，故血有天地之色。今輔嗣注云：猶與陽戰而相傷，是言陰陽俱傷也。恐莊氏之言，非王之本意，今所不取也。

䷂ 震下坎上 屯元亨利貞 注云：剛柔始交，是以屯也。不交則否，故屯乃大亨也。大亨則无險，故利貞。勿用有攸往 注云：往益屯也。利建侯 注云：得主則定。疏 正義曰：屯，難也。剛柔始交而難生，初相逢遇，故云屯難也。以陰陽始交而為難，因難物始大通，故元亨也。萬物

卷二第十一葉後 八二

大亨，乃得利益而貞正，故利貞也。但屯之四德劣於乾之四德，故屯乃元亨，亨乃利貞。乾之四德无所不包，此即勿用有攸往，又別言利建侯，不如乾之无所不利。此已上說屯之自然之四德，聖人當法之。勿用有攸往，利建侯者，以其屯難之世，世道初創，其物未寧，故宜利建侯以寧之。此二句釋人事也。

彖曰：屯，剛柔始交而難生，動乎險中，大亨貞 注云：始於險難，至於大亨而後全正，故曰屯元亨利貞。雷雨之動滿盈 注云：雷雨之動，乃得滿盈，皆剛柔始交之所為。天造草昧，宜建侯而不寧 注云：屯體不寧，故利建侯也。屯者，天地造始之時也。造物之始，始於冥昧，故曰草昧也。處造始之時，所宜之善，莫善建侯也。疏 正義曰：屯，剛柔始交而難生一者，此一句釋屯之名，以剛柔二氣始欲相交，未相通感，情意未得

卷二第十二葉前

生也若剛柔已交之後物皆通泰非復難也唯初始交時而有難故云剛柔始交而難生動乎險中是動於險中初動險中故屯難動而不已將出於大亨貞者此釋四德也坎爲險震爲動震在坎下險故得大亨貞也大亨即元亨也不言利者利屬於貞故直言大亨貞雷雨之動滿盈者周氏云此一句覆釋亨也但屯有二義一難也二盈也上既以剛柔始交釋屯難也此又以雷雨二象解盈也言雷雨二氣初相交動以生養萬物故得滿盈即是亨之義也覆釋亨者以屯難之世不宜亨通恐亨義難曉故特釋之此已下說屯之自然之象也天造草昧宜建侯而不寧者釋利建侯也草謂草創昧謂冥昧言天造萬物於草創之始如在冥昧之時也于此草昧之時王者當法此屯卦宜建立諸侯以撫恤萬方之物而不得安居无事此二句以人事釋屯之義 注雷雨至所爲 正義曰雷雨

八三

卷二第十二葉後

之動乃得滿盈者周氏褚氏云釋亨也萬物盈滿則亨通也皆剛柔始交之所爲者雷雨之動亦陰陽始交也萬物盈滿亦陰陽而致之故云皆剛柔始交之所爲也若取屯難則坎爲險則上云動乎險中是也若取亨通則坎爲雨震爲動此云雷雨之動是也隨義而取象其例不一 注屯體至建侯 正義曰屯體不寧者以此屯邅險難其體不寧故宜建侯也造物之始始於冥昧者造物之始即天造草昧也草謂草創初始之義始於冥昧者言物之初造其形未著其體未彰故在幽冥闇昧也

象曰雲雷屯君子以經綸 注云君子經綸之時 疏 正義曰經謂經緯綸謂繩綸言君子法此屯象有爲之時以經綸天下約束於物故云君子以經綸也姚信云綸謂緯也以織綜經緯此君子之事非其義也劉表鄭玄云以綸爲淪字非王本意也

初九磐桓

八四

卷二第十三葉前

利居貞利建侯 注云處屯之初動則難生不可以進故磐桓也處此時也其利安在不唯居貞建侯乎夫息亂以靜守靜以侯安民在正弘正在謙屯難之世陰求於陽弱求於強民思其主之時也初處其首而又下焉爻備斯義宜其得民也

象曰雖磐桓志行正也 注云不可以進故磐桓也非爲宴安棄成務也故雖磐桓志行正也

以貴下賤大得民也 注云陽貴而陰賤也 疏 正義曰磐桓不進之貌處屯之初動即難生故磐桓也不可進唯宜利居處貞正亦宜建立諸侯象曰雖磐桓志行正者言初九雖磐桓不進非苟求宴安志欲以靜息亂故居處貞也非是苟貪逸樂唯志行守正也以貴下賤大得民者貴謂陽也賤謂陰也言初九之陽在三陰之下是以貴下賤屯難之世民思其主之時既能以貴下賤所以大得民心也 注處屯

八五

卷二第十三葉後

至得民也 正義曰息亂以靜者解利居貞也守靜以侯者解利建侯也安民在正者解貞也弘正在謙者取象其以貴下賤也言弘大此屯正在於謙也陰求於陽弱求於強者解大得民也 注不可至行正也 正義曰非爲宴安棄成務者言已止爲前進有難故磐桓且住非是苟求宴安棄此所成之務而不爲也言身雖住但欲以靜息亂也

六二屯如邅如乘馬班如匪寇婚媾女子貞不字十年乃字 注云志在乎五不從於初屯難之時正道未行與初相近而不相得困於侵害故屯邅也時方屯難正道未通涉遠而行難可以進故曰乘馬班如也寇謂初也无初之難則與五婚矣故曰匪寇婚媾也志在於五不從於初故曰女子貞不字也屯難之世勢不過十年者也十年則反常反常則本志斯獲矣故曰十年乃字

象曰

八六

卷二第十四葉前

六二之難乘剛也十年乃字反常也疏正義曰屯如邅
如者屯是屯難邅是邅迴如是語辭也言六二欲
應於九五即畏初九逼之不敢前進故屯如邅如
也乘馬班如者子夏傳云班如者謂相牽不進也
馬季長云班班旋不進也言二欲乘馬往適於五
正道未通故班旋而不進也匪寇婚媾者寇謂初
也言二非有初九與己作寇害則得共五爲婚媾
矣馬季長云重婚曰媾鄭玄云媾猶會也女子貞
不字者貞正也女子謂六二也女子以守貞正不
受初九之愛字訓愛也十年乃字者十年難息之
後即初不害己也乃得往適於五受五之字愛十
者數之極數極則變故云十年也象曰六二之難
乘剛也者釋所以屯如邅如也有畏難者以其乘
陵初剛不肯從之故有難也十年乃字反常者謂
十年之後屯難止息得反常者謂反常道即二適

八七

卷二第十四葉後

于五是其得常也已前有難不得行常十年難息
得反歸於常以適五也此爻因六二之象以明女
子婚媾之事即其餘人事亦當法此猶如有人逼
近於強雖遠有外應未敢苟進被近者所陵經久
之後乃得與應相合是知萬事皆象於此非唯男
女而已諸爻所云陰陽男女之象義皆倣於此
六三即鹿无虞惟入于林中君子幾不如舍往吝注云
三既近五而无寇難四雖比五其志在初不妨己
路可以進而无屯邅也見路之易不揆其志五應
在二往必不納何異无虞以從禽乎雖見其禽而
无其虞徒入于林中其可獲乎幾辭也夫君子之
動豈取恨辱哉故不如舍往吝窮也象曰即鹿无虞以從禽也君子
舍之往吝窮也疏正義曰即鹿无虞者即就也虞謂虞官如人之田獵欲從

八八

卷二第十五葉前

就於鹿當有虞官助己商度形勢可否乃始得鹿
若无虞官即虛入于林木之中必不得鹿故云唯
入于林中此是假物爲喻今六三欲往從五如就
鹿也五自應二今乃不自揆度彼五之情納已以
否是无虞也即徒往向五五所不納是徒入于林
中君子幾不如舍者幾辭也夫君子之動自知可
否豈取恨辱哉見此形勢即不如休舍也言六三
不如舍此求五之心勿往也往吝者若往求五即
有悔吝也象曰即鹿无虞以從禽者言就鹿當有
虞官即有鹿也若无虞官以從逐于禽亦不可得
也君子舍之往吝窮者君子見此之時當舍而不
往若往則有悔吝窮苦也注三既近五至吝窮
也正義曰見路之易不揆其志者三雖比四四不
害己身无屯邅是路之平易即意欲向五而不預
先揆度五之情意納己以否是无虞也獵人先遣
虞官商度鹿之所在猶若三欲適五先遣人測度

八九

卷二第十五葉後

五之情意幾爲語辭不爲義也知此幾未爲事之
幾微凡幾微者乃從无向有其事未見乃爲幾也
今即鹿无虞是已成之事事已顯著故不得爲幾微之幾六四乘馬班如求婚
媾往吉无不利注云二雖比初執貞不從不害己志者也求與合好往必見納矣故曰往
吉无不利象曰求而往明也注云見彼之情狀也疏正義曰乘馬班如求婚媾
往吉无不利者六四應初故乘馬也慮二妨己路
故初時班如旋也二既不從於初故四求之爲婚
必得婚合所以往吉无不利象曰求而往明者言
求初而往婚媾明識初與二之情狀知初納己知
二不害己志是其明矣九五屯其膏小貞吉大貞凶注云處屯難之時居
尊位之上不能恢弘博施无物不與拯濟微滯亨
于群小而繫應在二屯難其膏非能光其施者也

九〇

固志同好，不容他間，小貞之吉，大貞之凶。象曰：屯其膏，施未光也。疏正義曰：屯其膏者，膏謂膏澤恩惠之類。言九五既居尊位，當恢弘博施，唯繫應在二，而所施者褊狹，是屯難其膏。小貞吉、大貞凶者，貞，正也，出納之吝謂之有司，是小正為吉；若大人不能恢弘博施，是大正為凶。注處屯至貞之凶。正義曰：固志同好，不容他間者，間者，廁也。五應在二，是堅固其志在于同好，不容他人間廁其間也。上六乘馬班如，泣血漣如。注云：處險難之極，下无應援，進无所適，雖比於五，五屯其膏，不與相得，居不獲安，行无所適，窮困闉厄，无所委仰，故泣血漣如。象曰：泣血漣如，何可長也。疏正義曰：處險難之極，而下无應援，若欲前進，即无所之適，故乘馬班如。窮困闉厄，无所委仰，故泣血漣如。象曰何可長者，言窮困泣

血，何可久長也。

䷃坎下艮上　蒙亨。匪我求童蒙，童蒙求我。初筮告，再三瀆，瀆則不告。注云：筮者決疑之物也。童蒙之來，求我欲決所惑也。決之不一，不知所從，則復惑也。故初筮則告，再三則瀆，瀆蒙也。能為初筮，其唯二乎？以剛處中，能斷夫疑者也。利貞。注云：蒙之所利，乃利正也。夫明莫若聖，昧莫若蒙，蒙以養正，乃聖功也。然則養正以明，失其道矣。疏正義曰：蒙者，微昧闇弱之名。物皆蒙昧，唯願亨通，故云蒙亨。匪我求童蒙，童蒙求我者，物既闇弱而意願亨通，即明者不求於闇，即匪我師德之高明往求童蒙之闇，但闇者求明，明者不諮於闇，故云童蒙求我也。初筮告者，初者發始之辭，筮者決疑之物。童蒙既來求我，我當以初始一理

剖決告之。再三瀆，瀆則不告者，師若遲疑不定，或再或三，是褻瀆，瀆則不告。童蒙來問，本為決疑，師若以廣深二義，再三之言告之，即童蒙聞之轉亦瀆亂，故不如不告也。自此已上，解蒙亨之義。順此上事，乃得亨也。故亨文在此事之上也。不云元者，謂時當蒙弱，未有元也。利貞者，貞，正也，言蒙之為義，利以養正，故彖云蒙以養正，乃聖功也。若養正以明，即失其道也。注筮者至夫疑者也。正義曰：初筮則告者，童蒙既來求我，我當以初心所念所筮之義，一理而則告之。再三則瀆，瀆蒙也者，若以棄此初本之意，而猶豫遲疑，歧頭別說，則童蒙之人聞之，褻瀆而煩亂也。故再三則瀆，瀆蒙也。能為初筮，其唯二乎者，以彖云初筮告，以剛中者，剛而得中，故知是二也。注蒙之至失其道矣。正義曰：然則養正以明失其道者，言人雖懷聖德，若隱黙不言，人則莫測其淺深，不知其大小，所以聖德彌

遠而難測矣。若彰顯其德，苟自發明，即人知其所為，識其淺深。故明夷注云：明夷莅眾，顯明於外，巧所避是也。此卦繇辭皆以人事明之。彖曰：蒙，山下有險，險而止，蒙。注云：困退用險，進則閡山，不知所適，蒙之義也。蒙亨，以亨行時中也。注云：時之所願，唯願亨也。以亨行之，得時中也。匪我求童蒙，童蒙求我，志應也。注云：我謂非童蒙者也。非童蒙者即陽也。凡不識者求問識者，識者不求所告；闇者求明，明者不諮於闇。故蒙之為義，匪我求童蒙，童蒙求我也。童蒙之來求我，志應故也。初筮告，以剛中也。注云：謂二也。二為眾陰之主也，无剛決中，何由得初筮之告乎？再三瀆，瀆則不告，瀆蒙也。蒙以養正，聖功也。疏正義曰：山下有險者，坎在艮下，是山下有險，艮為止，

卷二第十八葉前

坎上遇止。是險而止也。恐進退不可。故蒙昧也。此釋蒙卦之名。蒙亨以亨行時中者。疊蒙亨之義。言居蒙之時。人皆願亨。若以亨道。行之于時。則得中也。故云時中也。匪我求童蒙童蒙求我志應者。以童蒙闇昧之志。而求應會明者。故云志應也。再三瀆瀆則不告瀆蒙者。所以再三不告。恐瀆亂蒙者自此已上彖辭。總釋蒙亨之義。蒙以養正聖功也者。能以蒙昧隱默。自養正道。乃成至聖之功。此一句。釋經之利貞 象曰山下出泉蒙 注云。山下出泉未知所適。蒙之象也 君子以果行育德 注云。果行者。初筮之義也。育德者養正之功也 疏 正義曰。山下出泉蒙者。山下出泉。未有所適之處。是險而止。故蒙昧之象也。君子以果行育德者。君子當法此蒙道。以果決其行。告示蒙者。則初筮之義。育德謂隱默懷藏。不自彰顯。以育養其德。果行育德者。自相違錯。若童蒙

九五

卷二第十八葉後

來問。則果行也。尋常處衆則育德。是不相須也 初六發蒙利用刑人用說桎梏以往吝 注云。處蒙之初。二照其上。故蒙發也。蒙發疑明。刑說當也。以往吝。刑不可長也 象曰利用刑人以正法也 注云。刑人之道。道所惡也。以正法制。故刑人也 疏 正義曰。發蒙者。以初近於九二。二以陽處中而明能照闇。故初六以能發去其蒙也。利用刑人用說桎梏者。蒙既發去。无所疑滯。故利用刑戮于人。又利用說去罪人桎梏。以蒙既發去。疑事顯明。刑人說梏皆得當在足曰桎。在手曰梏。小雅云。杻謂之梏械謂之桎。以往吝者。若以正道而往。即其事益善矣。若以刑人之道出往。行之。即有鄙吝。象曰利用刑人以正法者。且刑人之道。乃賊害於物。是道之所惡。以利用刑人者。以正其法制。不可不刑矣。故刑罰不可不施於國。鞭扑不可不施於家。案此經

九六

卷二第十九葉前

刑人說人二事。象直云利用刑人一者。但舉刑重故也 九二包蒙吉納婦吉子克家 注云。以剛居中。童蒙所歸。包而不距。則遠近咸至。故曰包蒙吉也。婦者配己而成德者也。體陽而能包蒙。以剛而能居中。以此納配。物莫不應故納婦吉也。處于卦內。以剛接柔。親而得中。能幹其任。施之於子。克家之義 象曰子克家剛柔接也 疏 正義曰。包蒙吉納婦吉子克家者。包謂包含。九二以剛居中。群蒙悉來歸己。九二能含容而不距。皆與之決疑。故得吉也。九二以剛居中。陰來應之。婦謂配也。故納此疋配。而得吉也。此爻在下體之中。能包蒙納婦在内理中。幹了其任。即是子孫能克荷家事。故云子克家也。象曰子克家剛柔接者。以陽居於卦內。接待群陰。是剛柔相接。故克幹家事也 注以剛至之義。正義曰。親而得中者。言九二居下卦之中央

九七

卷二第十九葉後

上下俱陰。以己之剛陽。迎接上下二陰。陰陽相親。故云親而得中也。能幹其任者。既能包蒙。又能納疋。是能幹其任 六三勿用取女見金夫不有躬无攸利 注云。童蒙之時。陰求於陽。晦求於明。各求發其昧者也。六三在下卦之上。上九在上卦之上。男女之義也。上不求三。而三求上。女先求男者也。女之爲體。正行以待命者也。見剛夫而求之。故曰不有躬也。施之於女行在不順。故勿用取女而无攸利 象曰勿用取女行不順也 疏 正義曰。勿用取女者。女謂六三。言勿用取此六三之女。所以不須取者。此童蒙之世。陰求於陽。是女求男之時也。見金夫者。謂上九。以其剛陽。故稱金夫。此六三之女。自往求見金夫。女之爲體。正行以待命而嫁。今先求於夫。是爲女不能自保其躬。固守貞信。乃非禮而動。行既不順。若欲取之。无所利

九八

益故云不有躬无攸利也象曰勿用取女行不順者釋勿用取女之義所以勿用取此女者以女行不順故也 六四困蒙吝 注云獨遠於陽處兩陰之中闇莫之發故曰困蒙也困於蒙昧不能比賢以發其志亦以鄙矣故曰吝也 象曰困蒙之吝獨遠實也 注云陽稱實也 疏 正義曰此釋六四爻辭也六四在兩陰之中去九二既遠无人發去其童蒙故曰困于蒙昧而有鄙吝象曰獨遠實者實謂九二之陽也九二以陽故稱實也六三近九二六五近上九又應九二唯此六四既不近二又不近上故云獨遠實也注陽稱實者正義曰陽主生息故稱實陰主消損故不得言實 六五童蒙吉 注云以夫陰質居於尊位不自任察而委於二付物以能不勞聰明功斯克矣故曰童蒙吉 象曰童蒙之吉順以巽也 注云委物以能不先

不爲順以巽也 疏 正義曰童蒙吉者言六五以陰居於尊位其應在二二剛而得中五則以事委任於二不勞己之聰明猶若童稚蒙昧之人故所以得吉也象曰順以巽者釋童蒙之吉巽亦順也猶委物於二順謂心順巽謂貌順故褚氏云順者心不違也巽者外迹相卑下也 注委物至以巽也正義曰委物以能謂委付事物與有能之人謂委二也不先不爲者五雖居尊位而事委任於二不在先而首唱是順於二也不爲者謂不自造爲是委任二也不先於二是心順也不自造爲是貌巽也 上九擊蒙不利爲寇利禦寇 注云處蒙之終以剛居上能擊去童蒙以發其昧者也故曰擊蒙也童蒙願發而已能擊去之合上下之願故莫不順也爲之扞禦則物咸附之若欲取之則物咸叛矣故不利爲寇利禦寇也 象曰利用禦寇上下

順也 疏 正義曰擊蒙不利爲寇利禦寇者處蒙之終以剛居上能擊去衆陰之蒙合上下之願故莫不順從也若因物之來即欲取之而爲寇害物皆叛矣故不利爲寇也若物從外來爲之扞禦即物咸附之故利用禦寇也象曰利用禦寇上下順者所宜利爲物禦寇者由上下順從故也言此爻既能發去衆蒙以合上下之願文能爲之禦寇故上下彌更順從也

☵☰ 乾下坎上 需有孚光亨貞吉利涉大川 疏 正義曰此需卦繇辭也需者待也物初蒙稚待養而成无信即不立所待唯信也故云需有孚言需之爲體唯有信也光亨貞吉者若能有信即需道光明物得亨通于正則吉故云光亨貞吉也利涉大川者以剛健而進即不患於險難德乃亨故云利涉大川 彖曰需須也險在前也

剛健而不陷其義不困窮矣需有孚光亨貞吉位乎天位以正中也 注云謂五也位乎天位用其中正以此待物需道畢矣故光亨貞吉 利涉大川往有功也 注云乾德獲進往輒亨也 疏 正義曰此釋需卦繇辭需須也險在前者釋需卦之名也是需待之義故云需須也險在前釋所以需待由險難在前故有待乃進也剛健而不陷其義不困窮矣者解需道所以得亨由乾之剛健前雖遇險而不被陷滯是其需待之義不有困窮矣故得光亨貞吉由乾之德也需有孚光亨貞吉位乎天位以正中者此疊出需卦繇辭然後釋之也言此需體非但得乾之剛彊而不陷文由中正之力也以九五居乎天子之位又以陽居陽正而得中故能有信光明亨通而貞吉也剛健而不陷只由二象之德位乎天位以

正中是九五之德也凡卦之爲體或直取象而爲卦德者或直取爻而爲卦德者或以兼象兼爻而爲卦德者此卦之例是也利涉大川往有功者釋利涉大川之義以乾剛健故行險有功也注謂五至貞吉正義曰需道畢矣者凡需待之義先須於信後乃光明亨通於物而貞吉能備此事是須道終畢五即居於天位以陽居尊中則不偏正則无邪以此待物即所爲皆成故須道畢矣注乾德至輙亨也正義曰前云剛健而不陷此云往有功剛健即乾也故乾德獲進往而有功即是往輙亨通也此雖釋利涉大川兼釋上光亨之義由是光亨乃得利涉大川故於利涉大川乃明亨也

象曰雲上於天需君子以飲食宴樂注云童蒙已發盛德光亨飲食宴樂真在茲乎**疏**正義曰坎既爲險又爲雨今不言險雨者此象不取險難之義也

故不云險也雨是已下之物不是須待之義故不云雨也不言天上有雲而言雲上於天者若是天上有雲无以見欲雨之義故云雲上於天若言雲上於天是天之欲雨待時而落所以明需大惠將施而盛德又亨故君子於此之時以飲食宴樂

初九需于郊利用恒无咎注云居需之時最遠於難能抑其進以遠險待時雖不應幾可以保常也**象曰需于郊不犯難行也利用恒无咎未失常也****疏**正義曰但難在於坎初九去難既遠故待時在于郊郊者是境上之地亦去水遠也利用恒无咎者恒常也遠難待時以避其害故宜利保守其常所以无咎猶不能見幾速進但得无咎而已象曰不犯難行者去難既遠故不犯難而行未失常者不敢速進遠難待時是未失常也

九二需于沙小有

言終吉注云轉近於難故曰需于沙也不至致寇故曰小有言也近不逼難遠不後時履健居中以待其會雖小有言以吉終也**象曰需于沙衍在中也雖小有言以吉終也****疏**正義曰沙是水傍之地去水漸近待時于沙故難稍近雖未致寇而小有言以相責讓近不逼難遠不後時但履健居中以待要會雖小有責讓之言而終得其吉也象曰須于沙衍在中者衍謂寬衍去難雖近猶未逼于難而寬衍在其中也故雖小有言以吉終也

九三需于泥致寇至注云以剛逼難欲進其道所以招寇而致敵也猶有須焉不陷其剛寇之來也自我所招敬慎防備可以不敗**象曰需于泥災在外也自我致寇敬慎不敗也****疏**正義曰泥者水傍之地泥溺之處逼近於難欲

進其道難必害己故致寇至猶且遲疑而需待時雖即有寇至亦未爲禍敗也象曰災在外者釋需于泥之義言爲需雖復在泥泥猶居水之外即災在身外之義未陷其剛之義故可用需以免自我致寇敬慎不敗者自由也由我欲進而致寇來己若敬慎則不有禍敗

六四需于血出自穴注云凡稱血者陰陽相傷者也陰陽相近而不相得陽欲進而陰塞之則相害也穴者陰之路也處坎之始居穴者也九三剛進四不能距見侵則辟順以聽命者也故曰需于血出自穴也**象曰需于血順以聽也****疏**正義曰需于血者謂陰陽相傷故有血也九三之陽而欲上進此六四之陰而塞其路兩相妨害故稱血言待時于血猶待時於難中也出自穴者穴即陰之路也而處坎之始是居穴者也三來逼己四不能距故出此所居之穴以避之但順

以聽命而得免咎也·故象云需于血順以聽命也注凡稱血者至·自穴也正義曰凡稱血者陰陽相傷者也·即坤之上六·其血玄黃是也·穴者陰之路也者凡孔穴穿道皆是幽隱故云陰之路也·處坎之始·居穴者·坎是坎險·若處坎之上·即是出穴者也·處坎之始·是居穴者也·但易含萬象此六四一爻·若以戰鬭言之·其出則爲血也·若以居處言之·其處則爲穴也·穴之與血·各隨事義也 九五需于酒食貞吉注云·需之所須·以待達也·已得天位·暢其中正·无所復須·故酒食而已·獲貞吉也 象曰酒食貞吉以中正也 疏 正義曰·需于酒食貞吉者五既爲需之主·已得天位无所復需·但以需待酒食·以遞相宴樂而得貞吉象曰酒食貞吉以中正者·釋酒食貞吉之義·言九五居中得正·需道亨通·上下无事也 上六入于穴有不速之客三人

來敬之終吉注云·六四所以出自穴者·以不與三相得而塞其路·不辟則害·故不得不出自穴·而辟之也·至於上六·處卦之終·非塞路者也·與三爲應·三來之己·乃爲己援·故无畏害之辟·而乃有入穴之固也·三陽所以不敢進者·須難之終也·難終則至·不待召也·已居難終·故自來也·處无位之地·以一陰而爲三陽之主·故必敬之·而後終吉 象曰不速之客來敬之終吉雖不當位未大失也注云·處无位之地·不當位者也·敬之則得終吉·故雖不當位·未大失也 疏 正義曰·上六入于穴者·上六陰爻·故亦稱穴也·上六與三相應·三來之己·不爲禍害·乃得爲己援助·故上六无所畏忌·乃入于穴而居也·有不速之客三人來者·速召也·不須召喚之客有三人自來·三人謂初九·九二·九三也·三陽務欲前進·但畏于險難·不能前進·其難

既通·三陽務欲上升·不須召喚而自來·故云有不速之客三人來也·敬之終吉者·上六·居无位之地·以一陰而爲三陽之主·不可怠慢·故須恭敬此三陽·乃得終吉·象曰雖不當位未大失者·釋敬之終吉之義·言己雖不當位·而以一陰爲三陽之主·若不敬之·則有凶害·今由己能敬之·雖不當位·亦未有大失·言初時雖有小失·終久乃獲吉·故云未大失也·且需之一卦·須待難通·其於六爻·皆假他物之象·以明人事·待通而亨·須待之義·且凡人萬事或有去難遠近·須出須處·法此六爻·即萬事盡象·不可皆以人事曲細比之·易之諸爻之例·並皆倣此

䷅ 坎下乾上 訟有孚窒惕中吉注云·窒謂窒塞也·皆惕然後可以獲中吉終凶利見大人不利涉大川 疏 正義曰·訟有孚窒惕中吉者·窒塞也·

惕懼也·凡訟者·物有不和·情相乖爭而致其訟·凡訟之體·不可妄興·必有信實被物止塞·而能惕懼中道而止·乃得吉也·終凶者·訟不可長·若終竟訟事·雖復窒惕·亦有凶也·利見大人者·物既有訟·須大人決之·故利見大人也·不利涉大川者·以訟不可長·若以訟而往涉危難·必有禍患·故不利涉大川 彖曰訟上剛下險險而健訟訟有孚窒惕中吉剛來而得中也終凶訟不可成也利見大人尚中正也不利涉大川入于淵也注云·凡不和而訟·无施而可涉·難特甚焉·唯有信而見塞懼者·乃可以得吉也·猶復不可終·中乃吉也·不閉其源·使訟不至·雖每不枉·而訟至終竟·此亦凶矣·故雖復有信而見塞懼·猶不可以爲終也·故曰·訟有孚窒惕·中吉終凶也·无善聽者·雖有其實

卷二第二十六葉前

何由得興訟今有信窒懼者得其中吉必有善聽
之主焉其在二乎以剛而來正夫群小斷不失中
應斯任也 疏 正義曰此釋繇辭之義訟上剛下險險
而健訟者上剛即乾也下險即坎也猶
人意懷險惡性又剛健所以訟也此二句因卦之
象以顯有訟之所由案上需須也以釋卦之名此
訟卦不釋訟名者訟義可知故不釋也諸卦其名
難者則釋之其名易者則不釋之他皆倣此訟有
孚窒惕中吉剛來而得中者先疊出訟之繇辭以
剛來而得中者釋所以訟得其有孚窒惕中吉者
言由九二之剛來向下體而處下卦之中為訟之
主而聽斷獄訟故訟者得其有孚窒惕中吉也終
凶訟不可成者釋終凶之義以爭訟之事不可使
成故終凶也利見大人尚中正者釋利見大人之
義所以於訟之時利見此大人者以時方鬭爭貴
尚居中得正之主而聽斷之不利涉大川入于淵

卷二第二十六葉後

者釋不利涉大川之義若以訟事往涉于川即必
隊于深淵而陷于難也 注凡不和至應斯任正
義曰无施而可者言若性好不和又與人鬭訟即
无處施設而可也言所往之處皆不可也涉難特
甚焉者言好訟之人習常施為已自不可若更以
訟涉難其不可特甚焉故云涉難特甚焉中乃吉
者謂此訟事以中途而止乃得吉也前注云可以
獲中吉謂獲中止之吉不閉其源使訟不至者若
能謙虛退讓與物不競即此是閉塞訟之根源使
訟不至也今不能如此是不閉塞訟源使訟得至
也雖每不枉而訟至終竟者謂雖每訴訟陳
其道理不有枉曲而訟至終竟此亦凶矣 象曰
天與水違行訟君子以作事謀始 注云聽訟吾猶人也必也使无訟乎
无訟在於謀始謀始在於作制契之不明訟之所
以生也物有其分職不相濫爭何由興訟之所以

卷二第二十七葉前

起契之過也故有德司契而不責於人 疏 正義曰天道西轉水流
東注是天與水相違而行象人彼此兩相乖戾故致訟也不云
水與天違行者凡訟之所起必剛健在先以為訟
始故云天與水違行也君子以作事謀始者物既
有訟言君子當防此訟源凡欲興作其事先須謀
慮其始若初始分職分明不相干涉即終无所訟
也 注聽訟至不責於人正義曰訟之所以起契
之過者凡鬭訟之起只由初時契要之過謂作契
要不分明有德司契者言上之有德司主契要而
能使分明以斷於下亦不須責在下之人
有爭訟也有德司契之文出老子經也 初六不
永所事小有言終吉 注云處訟之始訟不可終故不永所事然後乃吉凡陽唱而陰
和陰非先唱者也四召而應見犯乃訟處訟
之始不為訟先雖不能不訟而了訟必辯明也 象曰

卷二第二十七葉後

不永所事訟不可長也雖小有言其辯明也 疏
正義曰不永所事者永長也不可長久為鬭訟之
事以訟不可終也小有言終吉者言初六應于九
四然九四剛陽先來非理犯己初六陰柔見犯乃
訟雖不能不訟是不獲已而訟也故小有言以處
訟之始不為訟先故終吉象曰訟不可長者釋不
永所事以訟不可長故不長此鬭爭之事其辯明
者釋小有言以訟必辯析分明四雖初時犯己己
能辯訟道理分明故初時小有言也 注處訟之
始不為訟先者正義曰處訟之始者始入訟境言
訟事尚微故云處訟之始也不為訟先者言己是
陰柔待唱乃和故
云不為訟先也 九二不克訟歸而逋其邑人三
百戶无眚 注云以剛處訟不能下物自下訟上宜其不克若能以懼歸竄其邑乃可以免災邑

過三百非爲竄也竄而據強災未免也

象曰不克訟歸逋竄也自下訟上患至掇也

疏 正義曰不克訟者克勝也以剛處訟不能下物自下訟上與五相敵不勝其訟言訟不得勝也歸而逋其邑者訟既不勝怖懼還歸逋竄其邑若其邑強大則大都偶國非逋竄之道三百戶无眚者若其邑狹少唯三百戶乃可也三百戶者鄭注禮記云小國下大夫之制又鄭注周禮小司徒云方十里爲成九百夫之地溝渠城郭道路三分去其一餘六百夫又以田有不易有一易有再易定受田三百家即此三百戶者一成之地也鄭注云不易之田歲種之一易之田休一歲乃種再易之地休二歲乃種言至薄也苟自藏隱不敢與五相敵則无災眚象曰歸逋竄者釋歸而逋邑以訟之不勝故退歸逋竄也患至掇者掇猶拾掇也自下訟

上悖逆之道故禍患來至若手自拾掇其物言患必來也故王肅云若手拾掇物然 注以剛至災未免也 正義曰若能以懼歸竄其邑乃可免災者如此注意則經稱其邑二字連上爲句人三百戶合下爲句

六三食舊德貞厲終吉或從王事无成 注云體夫柔弱以順於上不爲九二自下訟上不見侵奪保全其有故得食其舊德而不失也居爭訟之時處兩剛之間而皆近不相得故曰貞厲柔體不爭繫應在上衆莫能傾故曰終吉上壯爭勝難可忤也故或從王事不敢成也

象曰食舊德從上吉也

疏 正義曰食舊德者六三以陰柔順從上九不爲上九侵奪故保全己之所有故食其舊日之德祿位貞厲者貞正也厲危也居爭訟之時處兩剛之間故須貞正自危厲故曰貞厲然六三柔體不爭係應在上衆莫能傾故

終吉也或從王事无成者三應於上上則壯而又勝故六三或從上九之王事不敢觸忤无敢先成故云无成象曰從上吉者釋所以食舊德以順從上九故得其吉食舊德也

九四不克訟初辯明也復即命渝安貞吉 注云處上訟下可以改變者也故其咎不大若能反從本理變前之命安貞不犯不失其道爲仁由己故吉從之

象曰復即命渝安貞不失也

疏 正義曰不克訟者九四既非理陵犯於初初能分辯道理故九四訟不勝也復即命渝者復反也即就也九四訟既不勝若能反就本理變前與初爭訟之命能自渝變休息不與初訟故云復即命渝安貞吉者既能反從本理渝變往前爭訟之命即得安居貞吉象曰安貞不失者釋復即命渝之義以其反理變命故得安貞之吉不失其道 注處上至吉從之 正義

曰若能反從本理者釋復即之義復反也即從也本理謂原本不與初訟之理當反從此原本不爭之理故云反從本理變前之命者解命渝也渝變也但倒經渝字在命上故云變前之命前命者謂往前共初相訟之命也今乃變之也安貞不犯者謂四安居貞正不復犯初故云安貞不犯爲仁由己故吉從之者爲仁由己論語文初不犯己己莫陵於初是爲仁義之道自由於己故云爲仁由己

九五訟元吉 注云處得尊位爲訟之主用其中正以斷枉直中則不過正則不邪剛无所溺公无所偏故訟元吉

象曰訟元吉以中正也

疏 正義曰訟元吉者處得尊位中而且正以斷獄訟故得元吉也象曰以中正也者釋元吉之義所以訟得大吉者以九五處中而得正位中則不有過差正則不有邪曲中正爲德故元吉 注處得至元吉 正義曰處得尊

卷二第三十葉前

位爲訟之主者。居九五之位。當爭訟之時。是主斷獄訟者也。然此卦之內。斷獄訟之人。凡有二主。案上注云。善聽之主。其在二乎。是二爲主也。此注又云。爲訟之主。用其中正。以斷枉直。是五又爲主也。一卦兩主者。凡諸卦之內。如此者多矣。五是其卦尊位之主。餘爻是其卦爲義之主。猶若復卦初九是復卦之主。復義在于初九也。六五亦居復之尊位。爲復卦尊位之主。如此之例。非一卦也。所以然者。五居尊位。猶若天子總統萬機。與萬物爲主。故諸卦皆五居尊位。諸爻則偏主一事。猶若六卿春官主禮。秋官主刑之類。偏主一事。則其餘諸爻各主一事也。即六卿總歸於天子。諸卦之爻。皆以九五爲尊位也。若卦由五位。五又居尊正。爲一主也。若比之九五之類是也。今此訟卦二既爲主。五又爲主。皆有斷獄之德。其五與二爻。其義同然也。故俱以爲主也。案上彖辭剛來而得中。今九五象辭

卷二第三十葉後

云。訟元吉以中正。何知。彖辭剛來得中。非據九五也。輔嗣必以爲九二者。凡上下二象在於下象者則稱來。故賁卦云。柔來而文剛。是離下艮上。而稱柔來。今此云剛來而得中。故知九二也。且凡云來者。皆據異類而來。九二在二陰之中。故稱來。九五在外卦。又三爻俱陽。不得稱來。若於爻辭之中。亦有從下卦向上卦稱來也。故需上六有不速之客三人來。謂下卦三陽來。然需上六陰爻。陽來詣之。亦是往。非類而稱來也。以斷枉直者。枉曲也。凡二人來訟。必一曲一直。此九五聽訟能斷定曲直者故云以斷枉直。

上九或錫之鞶帶終朝三褫之。注云。處訟之極以剛居上訟而得勝者也。以訟受錫。榮何可保。故終朝之間。褫帶者三也。**象曰以訟受服亦不足敬也**。疏 正義曰。或錫之鞶帶者。上九以剛居上。是訟而得勝者也。若以謙讓

卷二第三十一葉前

榮錫則可長保有。若因訟而得勝。雖或錫與鞶帶不可長久。終一朝之間。三被褫脫。故云終朝三褫之。象曰以訟受服亦不足敬者。釋終朝三褫之義。以其因訟得勝受此錫服。非德而受。亦不足可敬故終朝之間三被褫脫也。凡言或者。或之言有也。言或有如此。故言或。則上云或從王事无成。及坤之六三。或從王事无成之類是也。鞶帶謂大帶也。故杜元凱桓二年傳鞶厲旒纓。注云。鞶大帶也。此訟一卦及爻辭並以人事明之。唯不利涉大川假外物之象以喻人事

上杉右京亮藤原憲忠寄進

周易注疏卷二第二

卷二第三十一葉後

端平改元冬十二月廿三日陸子遹三山寫易東牕標閱

周易注疏卷第三

國子祭酒上護軍曲阜縣開國子臣孔穎達奉
勑撰

☵☷ 坎下坤上 師貞丈人吉无咎 注云丈人嚴莊之稱也為師之正丈人乃吉也興役動衆无功罪也故吉乃无咎也 疏 正義曰師貞丈人吉无咎者師衆也貞正也丈人謂嚴莊尊重之人言為師之正唯得嚴莊丈人監臨主領乃得吉无咎若不得丈人監臨之衆不畏懼不能齊衆必有咎害 注丈人至乃无咎也 正義曰興役動衆无功罪者監臨師衆當以威嚴則有功勞乃得无咎若其不以威嚴師必无功而有其罪故云興役動衆无功罪也 彖曰師衆也

貞正也能以衆正可以王矣剛中而應行險而順以此毒天下而民從之吉又何咎矣 注云毒猶役也 疏 正義曰師衆也貞正也能以衆正可以王矣者此釋師卦之名并明用師有功之義但師訓旣多或訓為法或訓為長恐此師名取法之與長故特明之師訓為衆也貞為正也貞之為正其義已見於此復云貞正者欲見齊衆必須以正故訓貞為正也與下文為首引之勢故云能以衆正可以王矣剛中而應者剛中謂九二而應謂六五行險而順者行險謂下體坎也而順謂上體坤也若剛中而无應或有應而不剛中或行險而不柔順皆不可行師得吉也以此毒天下而民從之吉又何咎矣者毒猶役也若用此諸德使役天下之衆人必從之以得其吉又何无功而咎責乎自剛中以下釋丈人吉无

咎也言丈人能備此諸德也 象曰地中有水師君子以容民畜衆 疏 正義曰君子以容民畜衆者言君子法此師卦容納其民畜養其衆若為人除害使衆得寧此則容民畜衆也又為師之主雖尚威嚴當赦其小過不可純用威猛於軍師之中亦是容民畜衆之義所以象稱地中有水欲見地能包水水又衆大是容民畜衆之象若其不然或當云地在水上或云上地下水或云水上有地今云地中有水蓋取容畜之義也 初六師出以律否臧凶 注云為師之始齊師者也齊衆以律失律則散故師出以律律不可失失律而臧何異於否失令有功法所不赦故師出不以律否臧皆凶 象曰師出以律失律凶也 疏 正義曰初六師出以律者律法也初六為師之始是整齊師衆者也既齊整師衆使師出

之時當須以其法制整齊之故云師出以律也否臧凶者若其失律行師无問否之與臧皆為凶也否謂破敗臧謂有功然否為破敗即是凶也何須更云否臧凶者本意所明雖臧亦凶臧文旣單故以否配之欲盛言臧凶不可單言故云否之與臧皆為凶也象曰失律凶者釋師出以律之義言所以必須以律者以其失律則凶反經之文以明經義 注為師至皆凶 正義曰為師之始齊師者也者以師之初爻故云為師之始在師之首先唱發始是齊整師衆者也失律而臧何異於否者若棄失法律不奉法而行雖有功而臧何異於否也失令有功法所不赦者解何異於否之義令則法律也若失此法令雖有功勞軍法所不容赦故云何異於否然閫外之事將軍所裁臨事制宜不必皆依君命何得有功法所不赦者凡為師之體理非一端量事制宜隨時進退此則將軍所制隨時施

卷三第三葉前

行者苟順私情故違君命犯律觸去刑事不可赦耳 九二在師中吉无咎王三錫命 注云以剛居中而應於上在師而得其中者也承上之寵爲師之主任大役重无功則凶故吉乃无咎也行師得吉莫善懷邦邦懷衆服錫莫重焉故乃得成命 象曰在師中吉承天寵也王三錫命懷萬邦也 疏 正義曰在師中吉者以剛居中而應於五是在師中吉也无咎者承上之寵爲師之主任大役重无功則凶故吉乃无咎王三錫命者以其有功故王三加錫命象曰承天寵者釋在師中吉之義也正謂承受五之恩寵故中吉也懷萬邦也者以其有功能招懷萬邦故被王三錫命也注以剛至成命正義曰在師而得中者觀注之意以在師中爲句其吉字屬下觀象之文在師中吉承天寵者則似吉字屬上此吉之一字

一二七

卷三第三葉後

上下兼該故注文屬下象文屬上但象略其无咎之字故吉屬師中也故乃得成命者案曲禮云三賜不及車馬一命受爵再命受服三命受車馬三賜三命而尊之得成故乃得成命也 六三師或輿尸凶 注云以陰處陽以柔乘剛進則无應退无所守以此用師宜獲輿尸之凶 象曰師或輿尸大无功也 疏 正義曰師或輿尸凶者以陰處陽以柔乘剛進无所應退无所守以此用師或有輿尸之凶象曰大无功也者釋輿尸之義以其輿尸則大无功也注以陰至之凶正義曰退无所守者倒退而下乘二之剛已又以陰居陽是退无所守 六四師左次无咎 注云得位而无應无應不可以行得位則可以處故左次之而无咎也行師之法欲右背高故左次之 象曰左次无咎未失常也 注云雖不能有獲足以不

一二八

卷三第四葉前

失其常也 疏 正義曰師左次无咎者六四得位而无應无應不可以行得位則可以處故云師左次无咎故師在高險之左以次止則无凶咎也象曰未失常者釋无咎之義以其雖未有功未失常道注得位至次之正義曰行師之法欲右背高者此兵法也故漢書韓信云兵法欲右背山陵前左水澤 六五田有禽利執言无咎長子帥師弟子輿尸貞凶 注云處師之時柔得尊位陰不先唱柔不犯物犯而後應往必得直故田有禽也物先犯己故可以執言而无咎也柔非軍帥陰非剛武故不躬行必以授也授不得主則衆不從故長子帥師可也弟子之凶固其宜也 象曰長子帥師以中行也弟子輿尸使不當也 疏 正義曰田有禽利執言者柔得尊位陰不先唱柔不犯物犯而

一二九

卷三第四葉後

後應往必得直故往即有功猶如田中有禽而來犯苗若往獵之則无咎過也人之脩田非禽之所犯王者守國非叛者所亂禽之犯苗則可獵取叛人亂國則可誅之此假他象以喻人事故利執言无咎己不直則有咎己今得直故可以執此言往問之而无咎也長子帥師弟子輿尸貞凶者以己是柔不可爲軍帥己又是陰身非剛武不可以親行故須役任長子弟子之等若任役長子則可以帥師若任用弟子則軍必破敗而輿尸是爲正之凶莊氏云長子謂九二德長於人弟子謂六三德劣於物今案象辭云長子帥師以中行也是九二居中也弟子輿尸使不當也謂六三失位也注往必得直正義曰往必得直者見犯乃行欲往征之則於理正直故云往必得直 上六大君有命開國承家小人勿用 注云處師之極師之終也大君之命不失功也

一三〇

開國承家以寧邦也小人勿用非其道也象曰大君有命以正功也小人勿用必亂邦也疏正義曰大君有命者上六處師之極是師之終竟也大君謂天子也言天子爵命此上六若其功大使之開國爲諸侯若其功小使之承家爲卿大夫小人勿用者言開國承家須用君子勿用小人也象曰大君有命以正功也者正此上六之功也小人勿用必亂邦也者若用小人必亂邦國故不得用小人也

䷇ 坤下坎上 比吉原筮元永貞无咎不寧方來後夫凶疏正義曰比吉者謂能相親比而得其吉原筮元永貞无咎者欲相親比必能原窮其情筮決其意唯有元大永長貞正乃得无咎元永貞者謂兩相親比皆須永貞不寧方來者此是寧樂之

時若能與人親比則不寧之方皆悉歸來後夫凶者夫語辭也親比貴速若及早而來人皆親己故在先者吉若在後而至者人或疎己親比不成故後夫凶或以夫爲丈夫謂後來之人也彖曰比吉也比輔也下順從也原筮元永貞无咎以剛中也注云處比之時將原筮以求无咎其唯元永貞乎夫群黨相比而不以元永貞則凶邪之道也若不遇其主則雖永貞而猶未足免於咎也使永貞而无咎者其唯九五乎不寧方來上下應也注云上下无陽以分其民五獨處尊莫不歸之上下應之既親且安安則不安者託焉故不寧方所以來上下應故也夫无者求有有者不求所與危者求安安者不求所保火有其炎寒者附之故已苟安焉則不寧方來矣後夫凶其道窮也注云將合和親而獨在後

親成則誅是以凶也疏正義曰比吉也者釋親比爲善言相親比而得吉也比輔也者釋比所以得吉由比者人來相輔助也下順從者在下之人順從於上是相輔助也謂衆陰順從九五也自此已上釋比名爲吉之義原筮元永貞无咎以剛中者釋原筮元永貞无咎之義所以得如此者以九五剛而處中故使比者皆得原筮元永貞无咎也不寧方來上下應者釋不寧方來之義以九五處中故上下羣陰皆來應之於此之時陰往比陽羣陰未得其所皆未寧也後夫凶其道窮者釋後夫凶他悉親比已獨後來比道窮困无人與親故其凶也此謂上六也注處比至九五乎正義曰將原筮以求无咎其唯元永貞乎者原謂原窮比者根本筮謂筮決求比之情以求久長无咎其唯元永貞乎元大也永長也爲己有大長貞正乃能原筮相親比之情得久長而无咎謂彼此相親比也

若不遇其主則雖永貞而猶未足免於咎者若不逢遇明主則彼此相求比者雖各懷永貞而猶未足免離於咎雖有永貞而无明主照察不被上知相親涉於朋黨故不免咎也使永貞而无咎者其唯九五乎者使比者得免咎保永貞久而无咎其唯九五乎以九五爲比之主剛而處中能識比者之情意故使比者得保永貞无凶咎也注將合至以凶也正義曰親成則誅者彼此相比皆速來爲親親道已成己獨在後而來衆則嫌其離貳所以被誅而凶也象曰地上有水比先王以建萬國親諸侯注云萬國以比建諸侯以比親疏正義曰建萬國親諸侯非諸侯已下之所爲故特云先王也建萬國謂割土而封建之親諸侯謂爵賞恩澤而親友之萬國據其境域故曰建也諸侯謂其君身故云親也地上有水猶域中有萬國使之各相親比猶

卷三第七葉前

地上有水流通相潤及物故云地上有水比也初六有孚比之无咎有孚
盈缶終來有它吉注云處比之始爲比之首者也夫以不信爲比之首則禍莫大焉故
必有孚盈缶然後乃得免比之咎故曰有孚比之
无咎也處比之首應不在一心无私吝則莫不比
之著信立誠盈溢乎質素之器則物終來无衰竭
也親乎天下著信盈缶應者豈一道而來故必有
它吉也象曰比之初六有它吉也疏正義曰有孚比之无咎者處比
之始爲比之首若无誠信禍莫大焉必有誠信而
相親比終始如一爲之誠信乃得无咎有孚盈缶
終來有它吉者身處比之首應不在一心无私吝
莫不比之有此孚信盈溢質素之缶以此待物物
皆歸向從始至終尋常恒來非唯一人而已更有
它人並來而得吉故云終來有它吉也此假外象

一三五

卷三第七葉後

喻人事也注應不在一心无私吝正義曰應不
在一者初六无應是應不在一故心无私吝也者
心有偏應即私有愛吝也以應不在一故心无私吝也六二比之自內貞吉
注云處比之時居中得位而繫應在五不能來它故得其自內貞吉而已象曰比之自內
不自失也疏正義曰比之自內貞吉者居中得位係應在五不能使它悉來唯親比之
道自在其內獨與五應但貞吉而已不如初六有它吉也象曰不自失者釋比之自內之義不自失
其所應之偶故云比之自內不自失也六三比之匪人注云四自外比二爲五貞近不
相得遠則无應所與比者皆非己親故曰比之匪人象曰比之匪人不亦傷
乎疏正義曰比之匪人不亦傷乎者言六三所比皆非己親之人四自外比二爲五應近不相

一三六

卷三第八葉前

得遠又无應是所欲親比皆非其親是以悲傷也六四外比之貞吉注云外比於五
履得其位比不失賢處不失位故貞吉也象曰外比於賢以從上也疏
正義曰六四上比於五故外比也居得其位比不失賢所以貞吉凡下體爲內上體爲外六四比五
故云外比也象曰外比於賢以從上也者九五居中得位故稱賢也五在四上四往比之是以從上
也九五顯比王用三驅失前禽邑人不誠吉注云爲比之主
而有應在二顯比者也比而顯之則所親者狹矣夫无私於物唯賢是與則去之與來皆无失也夫
三驅之禮禽逆來趣己則舍之背己而走則射之愛於來而惡於去也故其所施常失前禽也以顯
比而居王位用三驅之道者也故曰王用三驅失前禽也用其中正征討有常伐不加邑動必討叛

一三七

卷三第八葉後

邑人无虞故不誠也雖不得乎大人之吉是顯比之吉也此可以爲上之使非爲上之道象曰
顯比之吉位正中也舍逆取順失前禽也邑人不
誠上使中也疏正義曰五應於二顯明比道不能普徧相親是比道狹也王用三驅
失前禽者此假田獵之道以喻顯比之事凡三驅之禮禽向己者則舍之背己者則射之是失於前
禽也顯比之道與己相應者則親之與己不相應者則踈之與三驅田獵愛來惡去相似故云王用
三驅失前禽也言顯比之道似於此也邑人不誠吉者雖不能廣普親比於自己相親之處不妄加
討罰所以己邑之人不須防誡而有吉也至于邑人不誠而爲吉非是大人弘闊之道不可爲大人
之身但可爲大人之使象曰顯比之吉位正中者所以顯比得吉者以所居之位正而且中故云顯

一三八

比之吉舍逆取順失前禽也者禽逆來向己者則
舍之而不害禽順去背己而走者則射而取之是
失前禽也邑人不誡上使中者釋邑人不誡之義
所以己邑之人不須防誡止由在上九五之使得
其中正之人伐不加邑動必討叛不横加死罪止
由在上使中也中謂九五也此九五雖不得爲王
者之身堪爲王者之使以居中位故云上使中也
注爲比至之道正義曰去之與來皆无失者若
比道弘闊不偏私於物唯賢是親則背己去者與
來向己者皆悉親附无所失也言去亦不失來亦
不失夫三驅之禮者先儒皆云三度驅禽而射之
也三度則已今亦從之去則射之褚氏諸儒皆以
爲三面著人驅禽必知三面者禽唯有背己向己
趣己故左右及於後皆有驅之愛於來而惡於去
者來則舍之是愛於來也去則射之是惡於去也
故其所施常失前禽者言獨比所應則所比爲失

如三驅所施愛來憎去則失在前禽也用其中正
征討有常伐不加邑動必討叛者此九五居中得
正故云用其中正也心既中正不妄喜怒故征伐
有常也所伐之事不加親己之邑興師動衆必欲
討其叛逆二以其顯比親者伐所不加也叛者必
欲征伐也云雖不得乎大人之吉是顯比之吉者
以象云顯比之吉其比狹也若大人之吉則比道
弘通也可以爲上之使非爲上之道者九五居上
之位若爲行如此身雖爲王止可爲上使
之人非是爲王之道故云非爲上之道上六比
之无首凶注云无首後也處卦之終是後夫也親道已成无所與終爲時所棄宜其凶也象
曰比之无首无所終也疏正義曰无首凶者謂无能爲頭首它人皆比己
獨在後是親比於人无能爲頭首也它人皆比親
道已成已獨在後衆人所棄宜其凶也象曰无所

終者釋比之无首既不能爲比之初
首被人所棄故无能與之共終也
䷈乾下巽上小畜亨注云不能畜大止健剛志故行是以亨密雲不雨自
我西郊疏正義曰小畜亨者但小有所畜唯畜九三而已初九九二猶剛健得行是以剛
志上得亨通故云小畜亨也若大畜乾在於下艮
在於上艮是陽卦又能止物能止此乾之剛健所
畜者大故稱大畜此卦則巽在於上乾在於下巽
是陰柔性又和順不能止畜在下之乾唯能畜止
九三所畜狹小故名小畜密雲不雨者若陽之上
外陰能畜止兩氣相薄則爲雨也今唯能畜止九
三其氣被畜但爲密雲初九九二猶自上通所以
不能爲雨也自我西郊者所聚密雲由在我之西
郊去我既遠潤澤不能
行也但聚在西郊而已彖曰小畜柔得位而上下

應之曰小畜注云謂六四也成卦之義在此爻也體无二陰以分其應故上下應之也既得
其位而上下應之三不能陵小畜之義也健而巽剛中而志行乃亨密
雲不雨尚往也自我西郊施未行也注云小畜之勢足作密雲乃自
我西郊未足以爲雨也何由知未能爲雨夫能爲
雨者陽上薄陰陰能固之然後烝而爲雨今不能
制初九之復道固九二之牽復九三更以不能復
爲劣也下方尚往施豈得行故密雲而不能爲雨
尚往故也何以明之夫陰能固之然後乃雨乎上
九獨能固九三之路故九三不可以進而輿說輻
也能固其路而安於上故得既雨既處若四三皆
能若上九之善畜則能雨明矣故舉一卦而論之
能爲小畜密雲而已陰苟不足以固陽則雖復至
盛密雲自我西郊故不能雨也雨之未下即施之

卷三第十一葉前

未行也彖全論一卦之體故曰密雲不雨象各言一爻之德故曰既雨既處也 疏 正義曰柔得位而上下應之曰小畜者柔得位謂六四也以陰居陰故稱得位此卦唯有一陰上下諸陽皆來應之故曰小畜此釋小畜卦名也言此卦之畜六四唯畜其下九三初九九二猶不能擁畜而云上下應之者若細別而言小畜之義唯當畜止在下三陽猶不能畜盡但畜九三而已若大判而言之上下五陽總應六四故云上下應之其四雖應何妨總不能畜止剛健也健而巽剛中而志行乃亨者內既剛健而外逢柔順剛發於中不被擁抑而志意得行以此言之故剛健之志乃得亨通此釋亨也密雲不雨尚往者所以密雲不雨者不能畜止諸陽初九九二猶得上進陰陽氣通所以不雨釋密雲不雨也自我西郊施未行者釋自我西郊之義所以密雲不雨從我西郊而積聚者猶所施潤澤

一四三

卷三第十一葉後

未得流行周徧故不覆國都但遠聚西郊也然雲在國都而不雨亦是施未行也必云在西郊者若在國都雨雖未落猶有覆蔭之施不得云施未行今言在西郊去施遠也 注小畜至既處 正義曰九三更以不能復爲劣者初九既得復道九二可牽以獲復皆得剛健上通則是陰不能固陽而九三劣弱又不能自復則是陽不薄陰是以皆不雨也且小畜之義貴於上往而九三不能自復更爲劣弱故言九三更不能復爲劣也能固其路而安於上者謂上九能閉固九三之道路不被九三所陵得安於上所以既雨既處也故舉一卦而論之能爲小畜密雲而已者此明卦之與爻其義別也但卦總二象明上體不能閉固下體所以密雲不能爲雨爻則止明一爻之事上九能固九三所以上九而有雨也所以卦與爻其義異也諸卦多然若比卦云比吉上六則云比之无首凶也復卦云

一四四

卷三第十二葉前

復亨上六云迷復凶也此皆卦之與爻義相違反也皆倣此 象曰風行天上小畜君子以懿文德 注云未能行其施者故可以懿文德而已 疏 正義曰君子以懿文德者懿美也以於其時施未得行喻君子之人但脩美文德待時而發風爲號令若風行天下則施附於物不得云施未行也今風在天上去物既遠无所施及故曰風行天上凡大象君子所取之義或取二卦之象而法之者若地中有水師君子以容民畜衆取卦象包容之義若履卦象云上天下澤履君子以辯上下取上下尊卑之義如此之類皆取二象君子法以爲行也或直取卦名因其卦義所有君子法之須合卦義行事者若訟卦云君子以作事謀始防其所訟之源不取天與水違行之象若小畜君子以懿文德不取風行天上之象餘皆倣此 初九復自道何其

一四五

卷三第十二葉後

咎吉 注云處乾之始以升巽初四爲己應不距己者也以陽升陰復自其道順而无違何所犯咎得義之吉 象曰復自道其義吉也 疏 正義曰處乾之始以升巽初四爲己應以陽升陰反復於上自用己道四則順而无違於己无咎故云復自道何其咎吉象曰其義吉者以陽升陰以剛應柔其義於理吉也 九二牽復吉 注云處乾之中以升巽五五非畜極非固己者也雖不能若陰之不違可牽以獲復是以吉也 象曰牽復在中亦不自失也 疏 正義曰牽復吉者牽謂牽連復謂反復二欲往五五非止畜之極不閉固於己可自牽連反復於上而得吉也象曰牽復在中亦不自失者既彊牽連而復在下卦之中以其得中不被閉固亦於己不自有失解牽復吉也 九三輿說輻夫妻反目 注云上爲畜盛不可

一四六

牽征以斯而進故必說輻也已為陽極上為陰長畜於陰長不能自復方之夫妻反目之義也象曰夫妻反目不能正室也疏正義曰九三欲復而進上九固而止之不可以行故車輿說其輻夫妻反目者上九體巽為長女之陰令九三之陽被長女閉固不能自復夫妻乖戾故反目相視象曰不能正室者釋夫妻反目之義以九三之夫不能正上九之室故反目也此假象以喻人事也六四有孚血去惕出无咎注云夫言血者陽犯陰也四乘於三近不相得三務於進而已隔之將懼侵克者也上亦惡三而能制焉志與上合共同斯誠三雖逼己而不能犯故得血去懼除保无咎也象曰有孚惕出上合志也疏正義曰有孚血去惕出无咎者六四居九三之上乘陵於三三既務進而已固之懼三害己故有血

也畏三侵陵故惕懼也但上九亦憎惡九三六四與上九同志共惡於三三不能害己故得其血去除其惕出散信能血去懼除乃得无咎象曰有孚惕出上合志者釋惕出之意所以惕出者由己與上九同合其志共惡於三也注夫言至无咎也正義曰夫言血者陽犯陰也者謂此卦言血陽犯陰也夫者發語之端非是總凡之辭故需六四云需於血注云凡稱血者陰陽相傷也則稱血者非唯陽犯陰也九五有孚攣如富以其鄰注云處得尊位不疑於二來而不距二牽已攣不為專固有孚攣如之謂也以陽居陽處實者也居盛處實而不專固富以其鄰者也象曰有孚攣如不獨富也疏正義曰有孚攣如者五居尊位不疑於二來而不距二既牽攣而來己又攀攣而迎接志意合同不有專固相逼是有信而相牽攣也如語辭

非義類富以其鄰者五是陽爻即必富實心不專固故能用富以與其鄰鄰謂二也象曰不獨富也者釋攣如之義所以攀攣於二者以其不獨自專固於富欲分與二也上九既雨既處尚德載婦貞厲月幾望君子征凶注云處小畜之極能畜者也陽不獲亨故既雨也剛不能侵故既處也體巽處上剛不敢犯尚德者也為陰之長能畜剛健德積載者也婦制其夫臣制其君雖貞近危故曰婦貞厲也陰之盈盛莫盛於此故曰月幾望也滿而又進必失其道陰疑於陽必見戰伐雖復君子以征必凶故曰君子征凶也象曰既雨既處德積載也君子征凶有所疑也注云夫處下可以征而无咎者唯泰也則然坤本體下又順而弱不能敵剛故可以全其類征而吉也自此以往則其進各有難矣夫巽

雖不能若艮之善畜猶不肯為坤之順從也故可得少進不可盡陵也是以初九九二其復則可至於九三則輿說輻也夫大畜者畜之極也畜而不已畜極則通是以其畜之盛在於四五至于上九道乃大行小畜積極而後乃能畜是以四五可以進而上九說征之輻疏正義曰既雨既處者九三欲進已能固之陰陽不通故已得其雨也既處者三不能侵不憂危害故已得其處也尚德載者體巽處上剛不敢犯為陰之長能畜止剛健慕尚此德之積聚而運載也故云尚德載也言慕尚此道德之積載也婦貞厲者上九制九三是婦制其夫臣制其君雖復貞正而近危厲也月幾望者婦人之制夫猶如月在望時盛極以敵日也幾辭也已從上釋故於此不復言也君子征凶者陰疑於陽必見戰伐雖復君子之行而亦凶也象曰既雨既處德積載者釋既雨既處之義言所以得既

卷三第十五葉前

雨既處者以上九道德積聚可以還載德人畜尚故云既雨既處也君子征凶有所疑者釋君子征凶之義言所以征凶者陰氣盛滿被陽有所疑忌必見戰伐故征凶也 注處小畜至征凶 正義曰處小畜之極能畜者也者已處小畜盛極是閉畜者也陽不獲亨故既雨也者陽若亨通則不雨也所以卦繇辭云小畜亨密雲不雨今九三之陽被上九所固不獲亨通故既雨也 注夫處至征之輻正義曰夫巽雖不能若艮之善畜者謂雖不能如大畜艮卦在上善畜下之乾也巽雖不能如艮之善畜故其畜小也猶不肯爲坤之順從者謂猶不肯如泰卦坤在於上順從乾也故可得少進者謂初九九二得前進也不可盡陵者九三欲陵上九被上九所固是不可得盡陵也畜而不已畜極則通是以其畜之盛在于四五至于上九道乃大行者此論太畜義也大畜畜而不已謂之大畜四

一五一

卷三第十五葉後

爻五爻是畜之盛極而不休已畜極則通四五畜道既極至於上九无可所畜故上九道乃大行无所畜也小畜積極而後乃能畜者小畜之道既微積其終極至於上九乃能畜也謂畜九三也是以四五可以進者四雖畜初五雖畜二畜道既弱故初二可以進上九說征之輻者上九畜之積極故能說此九三征行之輻案九三但有說輻无征之文而王氏言上九說征之輻者輿之有輻可以征行九三爻有征義今輿輻既說則是說征之輻因上九征凶之文征則行也文雖不言於義必有言輻者鄭注云謂輿下縛木與軸相連鉤心之木是也子夏傳云輻車𨍏也

䷉ 兌下乾上 履虎尾不咥人亨 疏 正義曰履虎尾不咥人亨者履卦之義以六三爲主六三以陰柔履踐九二之剛履危者也猶如履虎尾爲危之甚不咥人亨者以六三

一五二

卷三第十六葉前

在兌體兌爲和說而應乾剛雖履其危而不見害故得亨通猶若履虎尾不見咥齧于人此假物之象以喻人事 彖曰履柔履剛也說而應乎乾是以履虎尾不咥人亨 注云凡彖者言乎一卦之所以爲主也成卦之體在六三也履虎尾者言其危也三爲履主以柔履剛履危者也履虎尾而不見咥者以其說而應乎乾也乾剛正之德者也不以說行夫佞邪而以說應乎乾宜其履虎尾不見咥而亨 剛中正履帝位而不疚光明也 注云言五之德 疏 正義曰履柔履剛者言履卦之義是柔之履剛六三陰爻在九二陽爻之上故云柔履剛也履謂履踐也此釋履卦之義說而應乎乾是以履虎尾不咥人亨者釋不咥人亨之義六三在兌體兌爲和說應於上九上九在乾體兌自和說應乎乾剛以說應剛无所

一五三

卷三第十六葉後

見害是以履踐虎尾不咥害於人而得亨通也若以和說之行而應於陰柔則是邪佞之道由以說應於剛故得吉也剛中正履帝位者謂九五也以剛處中得其正位居五之尊是剛中正履帝位也而不疚光明者能以剛中而居帝位不有疚病由德之光明故也此二句贊明履卦德義之美於經无所釋也 象曰上天下澤履君子以辯上下定民志 疏 正義曰君子以辯上下定民志者天尊在上澤卑處下君子法此履卦之象以分辯上下尊卑以定正民之志意使尊卑有序也但此履卦名合二義若以爻言之則在上履踐於下六三履九二也若以二卦上下之象言之則履禮也在下以禮承事於上此象之所言取上下二卦卑承尊之義故云上天下澤履但易含萬象反覆取義不可定爲一體故也 初九素履往无咎 注云處履

一五四

之初爲履之始履道惡華故素乃无咎處履以素何往不從必獨行其願物无犯也象曰素履之往獨行願也疏正義曰初九素履往无咎者處履之始而用質素故往而无咎若不以質素則有咎也象曰獨行願者釋素履之往它人尚華己獨質素則何咎也故獨行所願則物无犯也九二履道坦坦幽人貞吉注云履道尚謙不憙處盈務在致誠惡夫外飾者也而二以陽處陰履於謙也居內履中隱顯同也履道之美於斯爲盛故履道坦坦无險厄也在幽而貞宜其吉象曰幽人貞吉中不自亂也疏正義曰履道坦坦者坦坦平易之貌九二以陽處陰履於謙退己能謙退故履道坦坦平易无險難也幽人貞吉者既无險難故在幽隱之人守正得吉象曰中不自亂者釋幽人貞吉以其居中不以危險而自

亂也既能謙退幽居何有危險自亂之事注履道至其吉正義曰履道尚謙者言履踐之道貴尚謙退然後乃能踐物履又爲禮故尚謙也居內履中隱顯同者履道尚謙不喜處盈然以陽處陰尚於謙德居內履中以信爲道不以居外爲榮處內爲屈若居在外亦能履中謙退隱之與顯在心齊等故曰隱顯同也在幽而貞宜其吉者以其在內卦之中故云在幽也謙而得中是貞正也在幽能行此正故曰宜其吉六三眇能視跛能履履虎尾咥人凶武人爲于大君注云居履之時以陽處陽猶曰不謙而況以陰居陽以柔乘剛者乎故以此爲明眇目者也以此爲行跛足者也以此履危見咥者也志在剛健不脩所履欲以陵武於人爲于大君行未能免於凶而志存于五頑之甚也象曰眇能視不足以有明也

跛能履不足以與行也咥人之凶位不當也武人爲于大君志剛也疏正義曰眇能視跛能履者居履之時當須謙退今六三以陰居陽而又失其位以此視物猶如眇目自爲能視不足爲明也以此履踐猶如跛足自爲能履不足與之行也履虎尾咥人凶者以此履虎尾咥齧於人所以凶也武人爲于大君者行此威武加陵於人欲自爲於大君以六三之微欲行九五之志頑愚之甚象曰不足以有明者釋眇能視物目既隆眇假使能視无多明也不足以與行者解跛能履足既蹇跛假使能履行不能遠故云不足以與行也位不當者釋咥人之凶所以被咥見凶者緣居位不當謂以陰處陽也志剛者釋武人爲于大君所以陵武加人欲爲大君以其志意剛猛以陰而處陽是志意剛也九四履虎尾

愬愬終吉注云逼近至尊以陽承陽處多懼之地故曰履虎尾愬愬也然以陽居陰以謙爲本雖處危懼終獲其志故終吉也象曰愬愬終吉志行也疏正義曰履虎尾愬愬者逼近五之尊位是履虎尾近其危也以陽承陽處嫌隙之地故愬愬危懼也終吉者以陽居陰意能謙退故終得其吉也象曰志行者釋愬愬終吉初雖愬愬終得其吉以謙志得行故終吉也九五夬履貞厲注云得位處尊以剛決正故曰夬履貞厲也履道惡盈而五處尊是以危象曰夬履貞厲位正當也疏正義曰夬履者夬決也得位處尊以剛決正履道行正故夬履也貞厲者厲危也履道惡盈而五以陽居尊故危厲也象曰位正當者釋夬履貞厲之義所以夬履貞厲者以其位正當處在九五之位不得不決斷其理不得不有其貞厲

地故也上九視履考祥其旋元吉生乎所履處履之極履道成矣故可視履而考祥也居極應說高而不危是其旋也履道大成故元吉也象曰元吉在上大有慶也【疏】正義曰視履考祥者祥謂徵祥上九處履之極履道已成故視其所履之行善惡得失考其禍福之徵祥其旋元吉者旋謂旋反也上九處履之極下應兌說高而不危是其不墜於禮而能旋反行之禮道大成故元吉也象曰大有慶者解元吉在上之義既以元吉而在上九是大有福慶也以有福慶故在上元吉也

䷊乾下坤上泰小往大來吉亨【疏】正義曰小往大來吉亨者陰去故小往陽長故大來以此吉而亨通此卦亨通之極而四德不具者物旣大通多失其節故不得以爲元

始而利貞也所以象云財成輔相故四德不具彖曰泰小往大來吉亨則是天地交而萬物通也上下交而其志同也內陽而外陰內健而外順內君子而外小人君子道長小人道消也【疏】正義曰泰小往大來吉亨則是天地交而萬物通者釋此卦小往大來吉亨名爲泰也所以得名爲泰者正由天地氣交而生養萬物物得大通故云泰也上下交而其志同者此以人事象天地之交上謂君也下謂臣也君臣交好故志意和同內陽而外陰內健而外順內健則內陽外順則外陰內陽外陰據其象內健外順明其性此說泰卦之德也陰陽言爻健順言卦此就卦爻釋小往大來吉亨也內君子而外小人君子道長小人道消者更就人事之中釋小

往大來吉亨也象曰天地交泰后以財成天地之道輔相天地之宜以左右民注云泰者物大通之時也上下大通則物失其節故財成而輔相以左右民也【疏】正義曰后以財成天地之道者由物皆通泰則上下失節后君也於此之時君當翦財成就天地之道輔相天地之宜者相助也當輔助天地所生之宜以左右民者左右助也以助養其人也天地之道者謂四時也冬寒夏暑春生秋殺之道若氣相交通則物失其節物失其節則冬溫夏寒秋生春殺君當財節成就使寒暑得其常生殺依其節此天地自然之氣故云天地之道也天地之宜者謂天地所生之物各有其宜若大司徒云其動物植物及職方云揚州其貢宜稻麥雍州其貢宜黍稷若天氣大同則所宜相反故人君輔助天地所宜之物各安其性得其宜據物

言之故稱宜也此卦言后者以不兼公卿大夫故不云君子也兼通諸侯故不得直言先王欲見天子諸侯俱是南面之君故特言后也初九拔茅茹以其彙征吉注云茅之爲物拔其根而相牽引者也茹相牽引之貌也三陽同志俱志在外初爲類首已舉則從若茅茹也上順而應不爲違距進皆得志故以其類征吉象曰拔茅征吉志在外也【疏】正義曰拔茅茹者初九欲往於上九二九三皆欲上行已去則從而似拔茅舉其根相牽茹也以其彙者彙類也以類相從征吉者征行也上坤而順下應於乾已去則納故征行而吉象曰志在外者釋拔茅征吉之義以其三陽志意皆在於外已行則從而似拔茅往行而得吉此假外物以明義也九二包荒用馮河不遐遺朋亡得尚于中行注云體健居中

而用乎泰能包含荒穢受納馮河者也用心弘大无所遐棄故曰不遐遺也无私无偏存乎光大故曰朋亡也如此乃可以得尚于中行尚猶配也中行謂五 象曰包荒得尚于中行以光大也 疏 正義曰包荒用馮河者體健居中而用乎泰能包含荒穢之物故云包荒也用馮河者无舟渡水馮陵于河是頑愚之人此九二能包含容受故曰用馮河也不遐遺者遐遠也遺棄也用心弘大无所踈遠棄遺於物朋亡者得中无偏所在皆納无私於朋黨之事亡无也故云朋亡也得尚於中行者中行謂六五也處中而行以九二所爲如此尚配也得配六五之中也象曰包荒得尚于中行以光大也者釋得尚中行之義所以包荒得配此六五之中者以无私无偏存乎光大之道故此包荒皆假外物以明義也 九三无平不陂无往不復

艱貞无咎勿恤其孚于食有福 注云乾本上也坤本下也而得泰者降與外也而三處天地之際將復其所處復其所處則上守其尊下守其卑是故无往而不復也无平而不陂也處天地之將閉平路之將陂時將大變世將大革而居不失其正動不失其應艱而能貞不失其義故无咎也信義誠著故不恤其孚而自明也故曰勿恤其孚于食有福也 象曰无往不復天地際也 注云天地將各分復之際 疏 正義曰无平不陂者九三處天地相交之際將各分復其所處乾體初雖在下今將復歸於上坤體初雖在上今欲復歸於下是初始平者必將有險陂也初始往者必將有反復也无有平而不陂无有往而不復者猶若无在下者而不在上无在上者而不歸下也艱貞无咎者已居變革之世應有危殆只爲己居得其正動有其

應艱難貞正乃得无咎勿恤其孚于食有福者恤憂也孚信也信義先以誠著故不須憂其孚信也信義自明故於食祿之道自有福慶也象曰天地際者釋无往不復之義而三處天地交際之處天體將上地體將下故往者將復平者將陂注乾本至有福也正義曰將復其所處者以泰卦乾體在下此九三將棄三而向四是將復其乾之上體所處也泰卦坤體在上此六四今將去四而歸向初復其坤體所處也處天地之將閉平路之將陂者天將處上地將處下閉而不通是天地之將閉也所以往前通泰路无險難自今已後時既否閉路有傾危是平路之將陂也此因三之向四是下欲上也則上六將歸於下是上欲下也故云復其所處也信義誠著者以九三居不失正動不失應是信義誠著也故不恤其孚而自明者解於食有福以信義自明故飲食有福 六四翩翩

不富以其鄰不戒以孚 注云乾樂上復坤樂下復四處坤首不固所居見命則退故曰翩翩也坤爻皆樂下已退則從故不待富而用其鄰也莫不與已同其志願故不待戒而自孚也 象曰翩翩不富皆失實也不戒以孚中心願也 疏 正義曰六四翩翩者四主坤首而欲下復見命則退故翩翩而下也不富以其鄰者以用也鄰謂五與上也今已下復衆陰悉皆從之故不待財富而用其鄰不戒以孚者鄰皆從已共同志願不待戒告而自孚信以從已也象曰皆失實者解翩翩不富之義猶衆陰皆失其本實所居之處今既見命翩翩樂動不待財富並悉從之故云皆失實也不戒以孚中心願者解不戒以孚之義所以不待六四之戒告而六五上六皆已孚信者由中心皆願下復故不待戒而自孚也 六五帝

卷三第二十三葉前

乙歸妹以祉元吉注云婦人謂嫁曰歸泰者陰陽交通之時也女處尊位履中居順降身應二感以相與用中行願不失其禮帝乙歸妹誠合斯義履順居中行願以祉盡夫陰陽交配之宜故元吉也象曰以祉元吉中以行願也疏正義曰帝乙歸妹者女處尊位履中居順降身應二感以相與用其中情行其志願不失於禮交備斯義者唯帝乙歸嫁于妹而能然也故作易者引此帝乙歸妹以明之也以祉元吉者履順居中得行志願以獲祉福盡夫陰陽交配之道故大吉也象曰中以行願者釋以祉元吉之義止由中順行其志願故得福而元吉也　注婦人謂嫁曰歸正義曰婦人謂嫁曰歸隱二年公羊傳文也上六城復于隍勿用師自邑告命貞吝注云居泰上極各反所應泰道將滅上下不交卑不

一六七

卷三第二十三葉後

上承尊不下施是故城復于隍卑道崩也勿用師不煩攻也自邑告命貞吝否道已成命不行也象曰城復于隍其命亂也疏正義曰城復于隍者居泰上極各反所應泰道將滅上下不交卑不上承尊不下施猶若城復于隍也子夏傳云隍是城下池也城之爲體由基土陪扶乃得爲城今下不陪扶城則損壞以此崩倒反復於隍猶君之爲體由臣之輔翼今上下不交臣不扶君君道傾危故云城復于隍此假外象以喻人事勿用師者謂君道已傾不煩用師也自邑告命貞吝者否道已成物不順從唯於自己之邑而施告命下既不從故貞吝象曰其命亂者釋城復于隍之義若教命不亂臣當輔君猶土當扶城由其命錯亂下不奉上猶土不陪城使復于隍故云其命亂也　注卑道崩也正義曰卑道向下不與上交故卑之道崩壞不承事於上也

一六八

卷三第二十四葉前

䷋坤下乾上否之匪人不利君子貞大往小來疏正義曰否之匪人者言否閉之世非是人道交通之時故云匪人不利君子貞者由小人道長君子道消故不利君子爲正也陽氣往而陰氣來故云大往小來陽主生息故稱大陰主消耗故稱小彖曰否之匪人不利君子貞大往小來則是天地不交而萬物不通也上下不交而天下无邦也內陰而外陽內柔而外剛內小人而外君子小人道長君子道消也疏正義曰上下不交而天下无邦者與泰卦反也泰卦云上下交而其志同此應云上下不交則其志不同也非但其志不同上下乖隔則邦國滅亡故變云天下无邦也

一六九

卷三第二十四葉後

內柔而外剛者欲取否塞之義故內至柔弱外禦剛彊所以否閉若欲取通泰之義則云內健外順各隨義爲文故此云剛柔不云健順象曰天地不交否君子以儉德辟難不可榮以祿疏正義曰君子以儉德辟難者言君子於此否塞之時以節儉爲德辟其危難不可榮華其身以居祿位此若據諸侯公卿言之辟其羣小之難不可重受官賞若據王者言之謂節儉爲德辟其陰陽厄運之難不可重自榮華而驕逸也初六拔茅茹以其彙貞吉亨注云居否之初處順之始爲類之首者也順非健也何可以征居否之時動則入邪三陰同道皆不可進故茅茹以類貞而不諂則吉亨象曰拔茅貞吉志在君也注云志在於君故不苟進疏正義曰拔茅茹者以居否之初處順之始未可以動

一七〇

動則入邪不敢前進三陰皆然猶若拔茅牽連其根相茹也已若不進餘皆從之故云拔茅茹也以其彚者以其同類共皆如此貞吉亨者守正而居志在於君乃得吉而亨通象曰志在君者釋拔茅貞吉之義所以居而守正者以其志意在君不敢懷諂苟進故得吉亨也此假外物以明人事

六二包承小人吉大人否亨注云居否之世而得其位用其至順包承於上小人路通內柔外剛大人否之其道乃亨

象曰大人否亨不亂羣也疏正義曰包承者居否之世而得其位用其至順包承於上小人吉者否閉之時小人路通故於小人為吉也大人否亨者若大人用此包承之德能否閉小人之吉其道乃亨象曰大人否亨不亂羣者此釋所以大人否亨之意良由否閉小人防之以得其道小人雖盛不亂羣故言不亂羣也

六三包羞注云俱用小道以承其上而位不當所以包羞也

象曰包羞位不當也疏正義曰包羞者言羣陰俱用小人之道包承於上以失位不當所以包承之事唯羞辱也

九四有命无咎疇離祉注云夫處否而不可以有命者以所應者小人也有命於小人則消君子之道者也今初志在君處乎窮下故可以有命无咎而疇麗福也疇謂初也

象曰有命无咎志行也疏正義曰有命无咎者九四處否之時其陰爻皆是小人若有命於小人則君子道消也今初六志在於君守正不進處于窮下今九四有命命之故无咎疇離祉者疇謂疇四謂初六也離麗也麗謂附著也言九四命初身既无咎初既被命附依祉福言初六得福也象曰有命无咎志行者釋有命无咎之義所以九四有命得无咎者由初六志意得行守正

而應於上故九四之命得无咎

九五休否大人吉其亡其亡繫于苞桑注云居尊當位能休否道者也施否於小人否之休也唯大人而後能然故曰大人吉也處君子道消之時已居尊位何可以安故心存將危乃得固也

象曰大人之吉位正當也疏正義曰休否者休美也謂能行休美之事於否塞之時能施此否閉之道遏絕小人則是否之休美者也故云休否大人吉者唯大人乃能如此而得吉也若其凡人則不能其亡其亡繫于苞桑者在道消之世居於尊位而遏小人必近危難須恒自戒慎其意常懼其危亡言丁寧戒慎如此也繫于苞桑者苞本也凡物繫于桑之苞本則牢固也若能其亡其亡以自戒慎則有繫于苞桑之固无傾危也象曰大人之吉位正當者釋大人吉之義言九五居尊得位正所以當遏絕

小人得其吉注居尊至得固也正義曰心存將危解其亡其亡之義身雖安靜心意常存將有危難恒念其亡其亡乃得固者即繫于苞桑也必云苞桑者取會韻之義又桑之為物其根衆也衆則牢固之義

上九傾否先否後喜注云先傾後通故後喜也始以傾為否後得通乃喜

象曰否終則傾何可長也疏正義曰傾否先否後喜者處否之極否道已終此上九能傾毀其否故云傾否也先否後喜者否道未傾之時是先否之道否道已傾之後其事得通故云後有喜也象曰否終則傾何可長者釋傾否之義否道已終通道將至故否之終極則傾損其否何得長久故云何可長也

䷌ 離下乾上 同人于野亨利涉大川利君子貞疏正義

卷三第二十七葉前

曰同人謂和同於人于野亨者野是廣遠之處借其野名喻其廣遠言和同於人必須寬廣无所不同用心无私處非近狹遠至于野乃得亨通故云同人于野亨與人同心足以涉難故曰利涉大川也與人和同義涉邪僻故利君子貞也此利涉大川假物象以明人事 彖曰同人柔得位得中而應乎乾曰同人 注云二爲同人之主 同人曰同人于野亨利涉大川乾行也 注云所以乃能同人于野亨利涉大川非二之所能也是乾之所行故特曰同人曰 文明以健中正而應君子正也 注云行健不以武而以文明用之相應不以邪而以中正應之君子正也故曰利君子貞 唯君子爲能通天下之志 注云君子以文明爲德 疏 正義曰同人柔得位得中而應乎乾曰同

卷三第二十七葉後

人者此釋所以能同於人之義柔得位得中者謂六二也上應九五是應於乾也同人曰同人于野亨利涉大川乾行者釋同人于野亨利涉大川之義所以能如此者由乾之所行也言乾能行此德非六二之所能也故特云同人曰乃云同人于野亨與諸卦別也文明以健中正而應君子正者此釋君子貞也此以二象明之故云文明以健中正而應謂六二九五皆居中得正而又相應是君子之正道也故云君子正也若以威武而爲健邪僻而相應則非君子之正也唯君子爲能通天下之志者此更贊明君子貞正之義唯君子之人於同人之時能以正道通達天下之志故利君子之貞 注所以乃能至同人曰正義曰故特曰同人曰者謂卦之彖辭發首即疊卦名以釋其義則以例言之此發首應云同人于野亨今此同人于野亨之上別云同人曰者是其義有異此同人卦名以

卷三第二十八葉前

六二爲主故同人卦名繫屬六二故稱同人曰猶言同人卦曰也同人于野亨利涉大川雖是同人卦下之辭不關六二之義故更疊同人于野亨之文乃是乾之所行也 注君子以文明爲德正義曰若非君子則用威武今卦之下體爲離故彖云文明又云唯君子能通天下之志是君子用文明爲德也謂文理通明也 象曰天與火同人 天體於上而火炎上同人之義也 君子以類族辨物 君子小人各得所同 疏 正義曰天體在上火又炎上取其性同故云天與火同人君子以類族辨物者族聚也言君子法此同人以類而聚也辨物謂分辨事物各同其黨使自相同不閒雜也 初九同人于門无咎 居同人之始爲同人之首者也无應於上心无係吝通夫大同出門皆同故曰同人于門也出門同人誰與爲咎 象曰

卷三第二十八葉後

出門同人又誰咎也 疏 正義曰同人于門者居同人之首无應於上心无係吝含弘光大和同於人在於門外出門皆同故云无咎也象曰又誰咎者釋出門同人无咎之義言既心无係吝出門逢人皆同則誰與爲過咎 六二同人于宗吝 應在乎五唯同於主過主則否用心褊狹鄙吝之道 象曰同人于宗吝道也 疏 正義曰同人于宗吝者係應在五而和同於人在於宗族不能弘闊是鄙吝之道故象云吝道也 九三伏戎于莽升其高陵三歲不興 居同人之際履下卦之極不能包弘上下通夫大同物黨相分欲乖其道貪於所比據上之應其敵剛健非力所當故伏戎于莽不敢顯亢也升其高陵望不敢進量斯勢也三歲不能興者也三歲不能興則五道亦以成矣安所行焉

象曰伏戎于莽敵剛也三歲不興安行也安辭也

疏正義曰伏戎于莽者九三處下卦之極不能包弘上下通夫大同欲下據六二上與九五相爭也但九五剛健九三力不能敵故伏潜兵戎於草莽之中升其高陵三歲不興者唯升高陵以望前敵量斯勢也縱令更經三歲亦不能興起也象曰伏戎于莽敵剛者釋伏戎于莽之義以其當敵九五之剛不敢顯亢故伏戎于莽三歲不興安行者釋三歲不興之義雖經三歲猶不能興起也安語辭也猶言何也既三歲不興五道亦已成矣何可行也故云安行也此假外物以明人事　注居同至所行焉正義曰不能包弘上下通夫大同者初九出門皆同无所係著是包弘上下通夫大同今九三欲下據六二奪上之應是不能包弘也物黨相分者謂同人之時物各有黨類而相分別也二則與

五相親與三相分別也欲乖其道貪於所比據上之應者言此九三欲乖其同人之道不以類相從不知二之從五直以苟貪與二之比近而欲取之據上九五之應也　九四乘其墉弗克攻吉注云處上攻下力能乘墉者也履非其位以與人爭二自五應三非犯己攻三求二尤而效之違義傷理衆所不與故雖乘墉而不克也不克則反反則得吉也不克乃反其所以得吉困而反則者也　象曰乘其墉義弗克也其吉則困而反則也

疏正義曰乘其墉者履非其位與人闘爭與三爭二欲攻於三既是上體力能顯亢故乘上高墉欲攻三也弗克攻吉者三欲求二其事已非四又效之以求其二違義傷理衆所不與雖復乘墉不能攻三也吉者既不能攻三能反自思愆以從法則故得吉也此爻亦假物象也象曰乘其墉義弗

克也者釋不克之義所以乘墉攻三不能克者以其違義衆所不從故云義不克也其吉則困而反則者釋其吉之義所以得其吉者九四則以不克困苦而反歸其法則故得吉也　九五同人先號咷而後笑大師克相遇注云彖曰柔得位得中而應乎乾曰同人然則體柔居中衆之所與執剛用直衆所未從故近隔乎二剛未獲厥志是以先號咷也居中處尊戰必克勝故後笑也不能使物自歸而用其強直故必須大師克之然後相遇也　象曰同人之先以中直也大師相遇言相克也

疏正義曰同人先號咷者五與二應用其剛直衆所未從故九五共二欲相和同九三九四與之競二也五未得二故志未和同於二故先號咷也而後笑者處得尊位戰必克勝故後笑也大師克相遇者不能使物自

歸己用其剛直必以大師與三四戰克乃得與二相遇此爻假物象以明人事象曰同人之先以中直者解先號咷之意以其用中正剛直之道物所未從故先號咷也但象略號咷之字故直云同人之先以中直也大師相遇言相克者釋相遇之義所以必用大師乃能相遇也以其用大師與三四相伐而得克勝乃與二相遇故言相克也　上九同人于郊无悔注云郊者外之極也處同人之時最在於外不獲同志而遠於内爭故雖无悔吝亦未得其志　象曰同人于郊志未得也注云凡處同人而不泰焉則必用師矣不能大通則各私其黨而求利焉楚人亡弓不能亡楚愛國愈甚益爲它災是以同人不弘剛健之爻皆至用師也

疏正義曰同人于郊者處同人之極最在於外雖欲同人人必踈己不獲所同其志未得然雖陽在于外遠於内之爭

卷三第三十一葉前

于郊之義同人在郊境遠處與人踈遠和同之志猶未得也 注郊者至其志 正義曰不獲同志者若彼此在內相同則獲其同志意也若己爲郊境之人而與相同人未親已是不獲同志也遠于內爭者以外而同不於室家之內是遠于內爭也以遠內爭故无悔吝以在外郊故未得志也 注凡處至用師也 正義曰凡處同人而不泰焉則必用師矣者王氏注意非止上九一爻乃總論同人一卦之義去初上而言二有同宗之吝三有伏戎之禍四有不克之困五有大師之患是處同人之世无大通之志則必用師矣楚人亡弓不能亡楚愛國愈甚益爲它災者案孔子家語弟子好生篇云楚昭王出游亡烏號之弓左右請求之王曰楚人亡弓楚得之又何求焉孔子聞之曰惜乎其志不大也不曰人亡之人得之何必楚也昭王名軫哀

一八三

卷三第三十一葉後

六年吳伐陳楚救陳在城父卒此愛國而致它災也引此者證同人不弘皆至用師矣

周易注疏卷第三 卄四日子遹標閱于三山寓易東牕

正於右京亮藤原憲忠寄進

一八四

卷四第一葉前

周易注疏卷第四

國子祭酒上護軍曲阜縣開國子臣孔穎達奉

勑撰

☲☰ 乾下離上 大有元亨 注云不大通何由得大有乎大有則必元亨矣 疏 正義曰大有元亨者柔處尊位群陽並應大能所有故稱大有既能大有則其物大得亨通故云大有元亨

彖曰大有柔得尊位大中而上下應之曰大有 注云處尊以柔居中以大體无二陰以分其應上下應之靡所不納大有之義也 其德剛健而文明應乎天而時行是以元亨 注云德應於天則行不失時矣剛健

一八五

卷四第一葉後

不滯文明不犯應天則大時行无違是以元亨 疏 正義曰大有柔得尊位大中而上下應之曰大有者釋此卦稱大有之義大中者謂六五處大以中柔處尊位是其大也居上卦之內是其中也其德剛健而文明應乎天而時行是以元亨者釋元亨之義剛健謂乾也文明謂離也應乎天而時行者褚氏莊氏云六五應九二九二在乾體故云應乎天也德應於天則行不失時以時而行則萬物大得亨通故云是以元亨 注德應至元亨 正義曰剛健不滯者剛健則物不擁滯也文明不犯者文理明察則不犯於物也應天則大者能應於天則盛大也時行无違者以時而行物无違也以有此諸事故大通而元亨也

象曰火在天上大有君子以遏惡揚善順天休命 注云大有包容之象也故遏惡揚善成物之美順夫天德休物之命

一八六

卷四第二葉前

疏 正義曰君子以遏惡揚善者大有包容之義故君子象之亦當包含遏匿其惡褒揚其善順奉天德休美物之性命皆取含容之義也不云天在火下而云火在天上者天體高明火又在上火是照耀之物而在於天上是光明之甚无所不照亦是包含之義又為揚善之理也 初九无交害匪咎艱則无咎 注云以夫剛健為大有之始不能履中滿而不溢術斯之往後害必至其欲匪咎艱則无咎也 象曰大有初九无交害也 疏 正義曰以夫剛健為大有之始不能履中謙退雖无交切之害久必有凶其欲匪咎能自艱難其志則得无咎故云无交害匪咎艱則无咎也注以夫至无咎也正義曰不能履中滿而不溢者以不在二位是不能履中在大有之初是盈滿身行剛健是溢也故云不能履中滿而不溢 九二大

一八七

卷四第二葉後

車以載 注云任重而不危 有攸往无咎 注云健不違中為五所任任重不危致遠不泥故可以往而无咎也 象曰大車以載積中不敗也 疏 正義曰大車以載者體是剛健而又居中身被委任其任重也能堪受其任不有傾危猶若大車以載物也此假外象以喻人事有攸往无咎者堪當重任故有所往无咎者以居失其位嫌有凶咎故云无咎也象曰積中不敗者釋大車以載之義物既積聚身有中和堪受所積之物聚在身上不至於敗也注任重而不危正義曰釋大車以載之意大車謂牛車也載物既多故云任重車材彊壯故不有傾危也 九三公用亨于天子小人弗克 注云處大有之時居下體之極乘剛健之上而履得其位與五同功威權之盛莫此過焉公用斯位乃得通乎天子之道也小人不克害

一八八

卷四第三葉前

可待也 象曰公用亨于天子小人害也 疏 正義曰公用亨于天子者九三處大有之時居下體之極乘剛健之上履得其位與五同功五為王位三既與之同功則威權之盛莫盛於此乃得通乎天子之道故云公用亨于天子小人弗克者小人德劣不能勝其位必致禍害故云小人不克也注處大至可待也正義曰與五同功者繫辭云三與五同功此云與五同功謂五為王位三既能與五之同功則威權與五相似故云威權之盛莫此過焉 九四匪其彭无咎 注云既失其位而上近至尊之威下比分權之臣其為懼也可謂危矣唯夫有聖知者乃能免斯咎也三雖至盛五不可舍能辯斯數專心承五常匪其旁則无咎矣旁謂三也 象曰匪其彭无咎明辯晢也 注云明猶才也 疏 正義曰匪其彭无咎

一八九

卷四第三葉後

者匪非也彭旁也謂九三在九四之旁九四若能專心承五非取其旁言不用三也如此乃得无咎也既失其位上近至尊之威下比分權之臣可謂危矣能棄三歸五故得无咎也象曰明辯晢也者釋匪其彭无咎之義明猶才也九四所以能去其旁之九三者由九四才性辯而晢知能斟酌事宜故云明辯晢也 六五厥孚交如威如吉 注云居尊以柔處大以中无私於物上下應之信以發志故其孚交如也夫不私於物物亦公焉不疑於物物亦誠焉既公且信何難何備不言而教行何為而不威如為大有之主而不以此道吉可得乎 象曰厥孚交如信以發志也威如之吉易而无備也 疏 正義曰六五厥孚交如者厥其也孚信也交謂交接也如語辭也六五居尊以柔處大以中无私於物上下應之故

一九〇

卷四第四葉前

其誠信物來交故云厥乎交如也威如吉者威畏也既誠且信不言而教行所為之處人皆畏敬故云威如以用此道故得吉也象曰信以發志者釋厥乎交如之義由己誠信發起其志故上下應之與之交接也威如之吉易而无備者釋威如之吉之義所以威如得吉者以己不私於物唯行簡易无所防備物自畏之故云易而无備也**上九自天祐之吉无不利**注云大有豐富之世也處大有之上而不累於位志尚乎賢者也餘爻皆乘剛而己獨乘柔順也五為信德而己履焉履信之謂也雖不能體柔而以剛乘柔思順之義也居豐有之世而不以物累其心高尚其志尚賢者也爻有三德盡夫助道故繫辭具焉**象曰大有上吉自天祐也**疏正義曰釋所以大有上九而得吉者以有三德從天已下悉皆祐之故云自天祐之注

一九

卷四第四葉後

大有至具焉正義曰不累於位志尚乎賢者既居豐富之時應須以富有為累也既居无位之地不以富有縈心是不繫累於位既能清靜高絜是慕尚賢之行也爻有三德者五為信德而已履焉履信之謂是一也以剛乘柔思順之義是二也不以物累於心高尚其志尚賢者是三也爻有三德盡夫助道者天尚祐之則无物不祐故云盡夫助道也

䷎ 艮下坤上 **謙亨君子有終** 疏正義曰謙者屈躬下物先人後己以此待物則所在皆通故曰亨也小人行謙則不能長久唯君子有終也然案謙卦之象謙為諸行之善是善之最極而不言元與利貞及吉者元是物首也利貞是幹正也於人既為謙退何可為之首也以謙下人何以幹正於物故不云元與利貞也謙必獲吉其吉可知故不言之凡易經之體有吉

一九二

卷四第五葉前

理可知而不言吉者即此謙卦之繇及乾之九五利見大人是吉理分明故不云吉也諸卦言吉者其義有嫌者爻兼善惡也若行事有善則吉乃隨之若行事有惡則不得其吉諸稱吉者嫌其不吉故稱吉也若坤之六五及泰之六五並以陰居尊位若不行此事則无吉若行此事則得其吉故並稱元吉其餘皆言吉事亦倣此亦有大人為吉於小人為凶若否之九五云休否大人吉是也或有於小人為吉大人為凶若屯之九五小貞吉大貞凶及否之六二包承小人吉之類是也亦有其吉灼然而稱吉者若大有上九自天祐之吉无不利之類是也但易之為體不可以一為例今各隨文解之義具諸卦之下今謙卦之繇其吉可知也既不云吉何故初六六二及九三並云吉者謙卦是總諸六爻其善既大故不須云吉也六爻各明其義其義有優劣其德既小嫌其不吉故須吉以明

一九三

卷四第五葉後

之也**彖曰謙亨天道下濟而光明地道卑而上行天道虧盈而益謙地道變盈而流謙鬼神害盈而福謙人道惡盈而好謙謙尊而光卑而不可踰君子之終也**疏正義曰謙亨天道下濟而光明地道卑而上行者此釋亨義也欲明天地上下交通坤體在上故言地道卑而上行也其地道既上行天地相對則天道下濟也且艮為陽卦又為山天之高明今在下體亦是天道下濟之義也下濟者謂降下濟生萬物也而光明者謂三光垂耀而顯明也地道卑而上行者地體卑柔而氣上行交通於天以生萬物也天道虧盈而益謙者從此已下廣說謙德之美以結君子能終之義也虧謂減損減損盈滿而增益謙退若日中則昃月

一九四

盈則食是虧減其盈盈者虧減則謙者受益也地道變盈而流謙者丘陵川谷之屬高者漸下下者益高是改變盈者流布謙者也鬼神害盈而福謙者驕盈者被害謙退者受福是害盈而福謙也人道惡盈而好謙者盈溢驕慢皆以惡之謙退恭巽悉皆好之謙尊而光卑而不可踰者尊者有謙而更光明盛大卑謙而不可踰越是君子之所終也言君子能終其謙之善事又獲謙之終福故云君子之終也 象曰地中有山謙君子以裒多益寡稱物平施 注云多者用謙以為裒少者用謙以為益隨物而與施不失平也 疏 正義曰裒多者君子若能用此謙道則裒益其多言多者得謙物更裒聚彌益多也故云裒多即謙尊而光也是尊者得謙而光大也益寡者謂寡者得謙而更進益即卑而不可踰也是卑者得謙而更增益不可踰越也

稱物平施者稱此物之多少均平而施物之先多者而得其施也物之先寡者而亦得其施也故云稱物平施也此謙卦之象以山為主是於山為謙於地為不謙應言山在地中今乃云地中有山者意取多之與少皆得其益似地中有山以包取其物以與於人故變其文也 注多者至不失平正義曰多者用謙以為裒者爾雅釋詁云裒聚也於先多者其物雖多未得積聚以謙故益其物更多而積聚故云多者用謙以為裒也少者用謙以為益者其物先少今既用謙而更增益故云用謙以為益也隨物而與者多少俱與隨多隨少而皆與也施不失平者多者亦得施恩少者亦得施恩是施不失平也言君子於下若有謙者官之先高則增之榮秩位之先卑亦加以爵祿隨其官之高下考其謙之多少皆因其多少而施與之也 初六謙謙君子用涉大川吉

注云處謙之下謙之謙者也能體謙謙其唯君子用涉大難物无害也 象曰謙謙君子卑以自牧也 注云牧養也 疏 正義曰謙謙君子者能體謙謙唯君子者能之以此涉難其吉宜也用涉大川假象言也象曰卑以自牧者牧養也解謙謙君子之義恒以謙卑自養其德也 六二鳴謙貞吉 注云鳴者聲名聞之謂也得位居中謙而正焉 象曰鳴謙貞吉中心得也 疏 正義曰鳴謙者謂聲名也二處正得中行謙廣遠故曰鳴謙正而得吉也象曰中心得者鳴聲中吉以中和為心而得其所故鳴謙得中吉也 九三勞謙君子有終吉 注云處下體之極履得其位上下无陽以分其民衆陰所宗尊莫先焉居謙之世何可安尊上承下綏勞謙匪解是以吉也 象曰勞謙君子萬民服

也 疏 正義曰勞謙君子者處下體之極履得其位上下无陽以分其民上承下接勞倦於謙也唯君子能終而得吉也象曰萬民服者釋所以勞謙之義以上下群陰象萬民皆來歸服事須引接故疲勞也 六四无不利撝謙 注云處三之上而用謙焉則是自上下下之義也承五而用謙順則是上行之道也盡乎奉上下下之道故无不利指撝皆謙不違則也 象曰无不利撝謙不違則也 疏 正義曰无不利者處三之上而用謙焉則是自上下下之義承五而用謙順則是上行之道盡乎奉上下下之道故无所不利也象曰指撝皆謙不違則者釋无不利撝謙之義所以指撝皆謙者以不違法則動合於理故无所不利也 六五不富以其鄰利用侵伐无不利 注云居於尊位用謙與順故能不富而用其鄰

卷四第八葉前

也以謙順而侵伐所伐皆驕逆也象曰利用侵伐征不服也疏正義曰不富以其鄰者以用也凡人必將財物周贍鄰里乃能用之六五居於尊位用謙與順鄰自歸之故不待豐富能用其鄰也利用侵伐无不利者居謙履順必不濫罰无罪若有驕逆不服則須伐之以謙得衆故利用侵伐无不利者也上六鳴謙利用行師征邑國最處於外不與內政故有名而已志功未得也處外而履謙順可以征邑國而已象曰鳴謙志未得也可用行師征邑國也夫吉凶悔吝生乎動者也動之所起興於利者也故飲食必有訟訟必有衆起未有居衆人之所惡而爲動者所害處不競之地而爲爭者所奪是以六爻雖有失位无應乘剛而皆无凶咎悔吝者以謙爲主也謙尊而光卑而不可踰信矣哉疏

一九九

卷四第八葉後

正義曰鳴謙者上六最處於外不與內政不能於實事而謙但有虛名聲聞之謙故云鳴謙志欲立功未能遂事其志未得既在外而行謙順唯利用行師征伐外旁國邑而已不能立功在內也象曰志未得者釋鳴謙之義也所以但有聲鳴之謙不能實事立功者以其居在於外其內立功之志猶未得也可用行師征邑國者釋行師征邑國之意經言利用象改利爲可者言內志雖未得猶可在外興行軍師征國邑也注夫吉凶至信矣哉正義曰動之所起興於利者凡人若不見利則心无所動今動之所以起者見利乃動故云興於利也飲食必有訟訟必有衆起者欲明爲利乃有動動而致訟訟則起兵故序卦需爲飲食飲食必有訟故需卦之後次訟卦也爭訟必興兵故訟卦之後次師卦也

二〇〇

卷四第九葉前

䷏ 坤下震上豫利建侯行師疏正義曰謂之豫者取逸豫之義以和順而動動不違衆衆皆說豫故謂之豫也動而衆說故可利建侯也以順而動不加无罪故可以行師也无四德者以逸豫之事不可以常行時有所爲也縱恣寬暇之事下可長行以經邦訓俗故无元亨也逸豫非幹正之道故不云利貞也莊氏云建侯即元亨也行師即利貞也案屯卦元亨利貞之後別云利建侯則建侯非元亨也恐莊氏說非也彖曰豫剛應而志行順以動豫豫順以動故天地如之而況建侯行師乎天地以順動故日月不過而四時不忒聖人以順動則刑罰清而民服豫之時義大矣哉疏正義曰豫剛應

二〇一

卷四第九葉後

而志行順以動豫者剛謂九四也應謂初六也既陰陽相應故志行也此就爻明豫義順以動坤在下是順也震在上是動也以順而動故豫也此以上下二象明豫義也自此已上釋豫卦之理也豫順以動故天地如之而況建侯行師乎者此釋利建侯行師也若聖人和順而動合天地之德故天地亦如聖人而爲之也天地尊大而遠神之難者猶尚如之況於封建諸侯行師征伐乎難者既從易者可知若建侯能順動則人從之行師能順動則衆從之天地以順動故日月不過而四時不忒自此已下廣明天地聖人順動之功也若天地以順而動則日月不有過差依其晷度四時不有忒變寒暑以時聖人以順動則刑罰清而民服者聖人能以理順而動則不赦有罪不濫无辜故刑罰清也刑罰當理故人服也豫之時義大矣哉者歎美爲豫之善言於逸豫之時其義大矣此歎卦也

二〇二

凡言不盡意者不可煩文具說故歎之以示情使後生思其餘蘊得意而忘言也然歎卦有三體一直歎時如大過之時大矣哉之例是也二歎時并用如險之時用大矣哉之例是也三歎時并義豫之時義大矣哉之例是也夫立卦之體各象其時時有屯夷事非一揆故爻來適時有凶有吉人之生世亦復如斯或逢治世或遇亂時出處存身此道豈小故曰大矣哉也然時運雖多大體不出四種者一者治時頤養之世是也二者亂時大過之世是也三者離散之時解緩之世是也四者改易之時革變之世是也故舉此四卦之時為歎餘皆可知言用者謂適時之用也雖知居時之難此事不小而未知以何而用之耳故坎睽蹇之時宜用君子小人勿用用險取濟不可為常斟酌得宜是用時之大略舉險難等三卦餘從可知矣又言義者姤卦注云凡言義者不盡於所見中有意謂者

卷四第十葉後

也是其時皆有義也略明佚樂之世相隨相遇之日隱遯羈旅之時凡五卦其義不小則餘卦亦可知也今所歎者十二卦足以發明大義恢弘妙理者也凡于彖之末歎云大哉者凡一十二卦若豫旅遯姤凡四卦皆云時義案姤卦注云凡言義者不盡於所見中有意謂以此言之則四卦卦各未盡其理其中更有餘意不可盡申故總云義也隨之一卦亦言義但與四卦其文稍別四卦皆云時義隨卦則隨時之義者非但其中別有義意又取隨逐其時故變云隨時之義大矣哉睽蹇坎此三卦皆云時用案睽卦注云睽離之時非小人之所能用蹇卦亦云非小人之所能用此二卦言大矣哉者則是大人能用故云大矣哉其中更无餘義唯大人能用故云用不云義也坎卦時用則與睽蹇稍別故注云非用之常用有時也謂坎險之事時之須用利益乃大與睽蹇時用文同而義異也

二〇四

卷四第十一葉前

解之時革之時頤之時大過之時此四卦直云時不云義與用也案解卦注難解之時非治難時故不言用體盡於解之名无有幽隱故不曰義以此注言之直云時尋卦之名則其意具盡中間更无餘義故不言義其卦名之事事已行了不須別有所用故解革及頤事已行了不須言用唯大過稱時注云君子有為之時與解革頤其理稍別大過是有用之時亦直稱時者取大過之名其意即盡更无餘意故直稱時不云義又略不云用也

象曰雷出地奮豫先王以作樂崇德殷薦之上帝以配祖考

疏 正義曰案諸卦之象或云雲上于天或云風行天上以類言之今此應云雷出地上乃云雷出地奮豫者雷是陽氣之聲奮是震動之狀雷既出地震動萬物被陽氣而生各皆逸豫故云雷出地奮豫也先王以作樂崇德

二〇五

卷四第十一葉後

者雷是鼓動故先王法此鼓動而作樂崇盛德業樂以發揚盛德故也殷薦之上帝者用此殷盛之樂薦祭上帝也象雷出地而向天也以配祖考者謂以祖考配上帝用祖用考若周夏正郊天配靈威仰以祖后稷配也配祀明堂五方之帝以考文王也故云以配祖考也

初六鳴豫凶

注云處豫之初而特得志於上樂過則淫志窮則凶豫何可鳴

象曰初六鳴豫志窮凶也

疏 正義曰鳴豫者處豫之初而獨得應於四逸豫之甚是聲鳴于豫但逸樂之極過則淫荒獨得於樂所以凶也象曰初六鳴豫志窮凶者釋鳴豫之義而初時鳴豫後則樂志窮盡故為凶也

六二介于石不終日貞吉

注云處豫之時得位履中安夫貞正不求苟豫者也順不苟從豫不違中是以上交不諂下交不瀆明禍福之所生故不苟說辯必然之理故

不改其操介如石焉不終日明矣 象曰不終日貞吉以中正也 疏 正義曰介于石者得位履中安夫貞正不苟求逸豫上交不諂下交不瀆知幾事之初始明禍福之所生不苟求逸豫守志耿介似於石然見幾之速不待終竟一日去惡修善恒守正得吉也象曰不終日貞吉以中正者釋貞吉之義所以見其惡事即能離去不待終日守正吉者以此六二居中守正順不苟從豫不違中故不須待其一日終守貞吉也 六三盱豫悔遲有悔 注云居下體之極處兩卦之際履非其位承動豫之主若其睢盱而豫悔亦生焉遲而不從豫之所疾位非所據而以從豫進退離悔宜其然矣 象曰盱豫有悔位不當也 疏 正義曰盱豫悔者六三履非其位上承動豫之主盱謂睢盱睢盱者喜說之貌若睢盱之求豫則悔

吝也遲䖏於豫悔者居豫之時若遲停不求於豫亦有悔也象曰盱豫有悔位不當者解其盱豫有悔之義以六三居不當位進退不得其所故盱豫有悔但象載經文多從省略經有盱豫有悔遲有悔兩文具載象唯云盱豫有悔不言遲者略其文也故直云盱豫舉其欲進略云有悔舉其遲也 九四由豫大有得勿疑朋盍簪 注云處豫之時居動之始獨體陽爻衆陰所從莫不由之以得其豫故曰由豫大有得也夫不信於物物亦疑焉故勿疑則朋合疾也盍合也簪疾也 象曰由豫大有得志大行也 疏 正義曰由豫大有得者處豫之時居動之始獨體陽爻爲衆陰之所從莫不由之以得其豫故云由豫也大有得者衆陰皆歸是大有所得勿疑朋盍簪者盍合也簪疾也若能不疑於物以信待之則衆陰群朋合聚而疾來也

象曰由豫大有得志大行者釋由豫大得之意衆陰既由之而豫大有所得是志意大行也 六五貞疾恒不死 注云四以剛動爲豫之主專權執制非己所乘故不敢與四爭權而又居中處尊未可得亡是以必常至于貞疾恒不死而已 象曰六五貞疾乘剛也恒不死中未亡也 疏 正義曰貞疾恒不死者四以剛動爲豫之主專權執制非己所乘故不敢與四爭權而又居中處尊未可得亡滅之是以必常至於貞疾恒得不死而已象曰六五貞疾乘剛者解貞疾之義以乘九四之剛故正得其疾恒不死也中未亡者以其居中處尊未可亡滅之也 上六冥豫成有渝无咎 注云處動豫之極極豫盡樂故至于冥豫成也過豫不已何可長乎故必渝變然後无咎 象曰冥豫在上何可

長也 疏 正義曰處動豫之極極豫盡樂乃至於冥昧之豫而成就也如俾晝作夜不能休已滅亡在近有渝无咎者渝變也若能自思改變不爲冥豫乃得无咎也

䷐ 震下兌上 隨元亨利貞无咎 疏 正義曰元亨者於相隨之世必大得亨通若其不大亨通則无以相隨逆於時也利貞者相隨之體須利在得正隨而不正則邪僻之道必須利貞也无咎者有此四德乃无咎以苟相從涉於朋黨故必須四德乃无咎也凡卦有四德者或其卦當時之義即有四德如乾坤屯臨无妄此五卦之時即能四德備具其隨卦以惡相隨則不可也有此四德乃无咎无此四德則有咎也與前五卦其義稍别其革卦已日乃孚有四德若不已日乃孚則无四德與乾坤屯臨无妄隨其義又别若當卦之時其卦雖美未有四德若行此義

卷四第十四葉前

方得在後始致四德者於卦則不言其德也若謙泰及復之等德義既美行之不已久必致此四德但當初之時其德未具故卦不顯四德也其諸卦之三德已下其義大略亦然也　彖曰隨剛來而下柔動而說隨大亨貞无咎而天下隨時隨時之義大矣哉　注云震剛而兌柔也以剛下柔動而之說乃得隨也爲隨而不大通逆於時也相隨而不爲利正災之道也故大通利貞乃得无咎也爲隨而令大通利貞得於時也得時則天下隨之矣隨之所施唯在於時也時異而不隨否之道也故隨時之義大矣哉　疏　正義曰隨剛來而下柔動而說隨者此釋隨卦之義所以致此隨者由剛來而下柔動而說謂震也柔謂兌也震處兌下是剛來下柔震動而兌說既能下人動則喜說所以物皆隨從也大亨貞无咎而天

卷四第十四葉後

下隨時者以有大亨貞正无有咎害而天下隨之以正道相隨故隨之者廣若不以大亨貞无咎而以邪僻相隨則天下不從也隨時之義大矣哉若以元亨利貞則天下隨從即隨之義意廣大矣哉謂隨之初始其道未弘終久義意而美大也特云隨時者謂隨其時節之義謂此時宜行元亨利貞故云隨時也　注云震剛至矣哉　正義曰爲隨而不大通逆於時也物既相隨之時若王者不以廣大開通使物閉塞是違逆於隨從之時也相隨而不爲利正災之道者凡物之相隨多曲相朋附不能利益於物守其正直此則小人之道長災禍及之故云災之道也隨之所施唯在於時者隨時之義言隨時施設唯在於得時若能大通利貞是得時也若不能大通利貞是失時也時異而不隨否之道者凡所遇之時體无恒定或值不動之時或值相隨之時舊來恒往今須隨從時既殊異於前

卷四第十五葉前

而不使物相隨則是否塞之道當須可隨則隨逐時而用所利則大故云隨時之義大矣哉　象曰澤中有雷隨君子以嚮晦入宴息　注云澤中有雷動說之象也物皆說隨可以无爲不勞明鑒故君子嚮晦入宴息也　疏　正義曰說卦云動萬物者莫疾乎雷說萬物者莫說乎澤故注云澤中有雷動說之象也君子以嚮晦入宴息者明物皆說豫相隨不勞明鑒故君子象之鄭玄云晦冥也猶人君既夕之後入於宴寢而止息　初九官有渝貞吉出門交有功　注云居隨之始上无其應无所偏係動能隨時意无所主者也隨不以欲以欲隨宜者故官有渝變不失正也出門无違何所失哉　象曰官有渝從正吉也出門交有功不失也　疏　正義曰官有渝者官謂執掌之職人

卷四第十五葉後

心執掌與官同稱故人心所主謂之官渝變也此初九既无其應无所偏係可隨則隨是所執之志有能渝變也唯正是從故貞吉也出門交有功者所隨不以私欲故見善則往隨之以此出門交獲其功象曰官有渝從正吉者釋官有渝之義所執官守正能隨時渝變以見貞正則往隨從故云從正吉出門交有功不失者釋交有功之義以所隨之處不失正道故出門即有功也　注云居隨至失哉　正義曰言隨不以欲以欲隨宜者若有其應則有私欲以无偏應是所隨之事不以私欲有正則從是以欲隨其所宜　六二係小子失丈夫　注云陰之爲物以處隨世不能獨立必有係也居隨之時體於柔弱而以乘夫剛動豈能秉志違於所近隨此失彼弗能兼與五處己上初處己下故曰係小子失丈夫也　象曰係小子弗兼與也　疏　正義

卷四第十六葉前

曰小子謂初九也丈夫謂九五也初九處卑故稱
小子五居尊位故稱丈夫六二既是陰柔不能獨
立所處必近係屬初九故云係小子既屬初九則
不得往應於五故云失丈夫也象曰係小子弗兼
與者釋係小子之意既隨此初九則失彼九
五丈夫是不能兩處兼有故云弗兼與也 六三
係丈夫失小子隨有求得利居貞 注云陰之為物以處隨世不能獨立
必有係也雖體下卦二已據初將何所附故舍初
係四志在丈夫四俱无應亦欲於己隨之則得其
所求矣故曰隨有求得也應非其正以係於人何
可以妄故利居貞也初處已下四處已上故曰係
丈夫失小子也 象曰係丈夫志舍下也 注云下謂初也 疏 正義曰六三陰
柔近於九四是係於丈夫也初九既被六二之所
據六三不可復往從之是失小子也隨有求得者

二一五

卷四第十六葉後

三欲往隨於四四亦更无他應己往隨於四四不
能逆己是三之所隨有求而皆得也利居貞者己
非其正以係於人不可妄動唯利在居處守正故
云利居貞也象曰係丈夫志舍下者釋係丈夫之
義六三既係九四之丈夫志意則舍下之初九也 注
云陰之至小子也 正義曰四俱无應者三既无應四
亦无應是四與三俱无應也此六二六三因
陰陽之象假丈夫小子以明人事餘无義也 九四
隨有獲貞凶有孚在道以明何咎 注云處說之初下據二陰三求係己不
距則獲故曰隨有獲也居於臣地履非其位以
擅其民失於臣道違正者也故曰貞凶體剛居說
而得民心能幹其事而成其功者也雖違常義志
在濟物心存公誠著信在道以明其功何咎之有
象曰隨有獲其義凶也有孚在道明功也 疏 正義

二一六

卷四第十七葉前

曰隨有獲者處說之初下據二陰三求係己不距
則獲故曰隨有獲也貞凶者居於臣地履非其位
以擅其民失於臣道違其正理故貞凶也有孚在
道以明何咎者體剛居說而得民心雖違常義志
在濟物心存公誠著信在於正道有功以明更有
何咎故云有孚在道以明何咎也象曰隨有獲其
義凶者釋隨有獲貞凶之意九四既有六三六二
獲得九五之民為臣而擅君之民失於臣義是以
宜其凶也有孚在道明功者釋以明何咎之義 九
既能著信在于正道是明立其功故无咎也
五孚于嘉吉 注云履正居中而處隨世盡隨時之宜得物之誠故嘉吉也 象曰孚
于嘉吉位正中也 疏 正義曰孚于嘉吉者嘉善也履中居正而處隨世盡
隨時之義得物之誠信故獲美善之吉也 上六拘係之乃從維之王用

二一七

卷四第十七葉後

亨于西山 注云隨之為體陰順陽者也最處上極不從者也隨道已成而特不從故拘係之乃
從也率土之濱莫非王臣而為不從王之所討也
故維之王用亨于西山也兑為西方山者塗之險
隔也處西方而為不從故王用通于西山 象曰拘係之上窮也 注云處于上極故窮也
疏 正義曰最處上極是不隨從者也隨道已成而特不從故須拘係之乃始從也維之王用亨于西山
者若欲維係此上六王者必須用兵通于西山險之處乃得拘係也山謂險阻兑處西方故謂西山令
有不從必須維係此乃王者必須用兵通於險阻之道非是意在好刑故曰王用亨于西山象曰拘係者
上窮者釋拘係之義所以須拘係者以其在上而窮極不肯隨從故也
䷑ 巽下艮上 蠱元亨利涉大川先甲三日後甲三日 疏

二一八

正義曰蠱者事也有事營爲則大得亨通有爲之時利在拯難故利涉大川也先甲三日後甲三日者甲者創制之令既在有爲之時不可因仍舊令今用創制之令以治於人人若犯者未可即加刑罰以民未習故先此宣令之前三日殷勤而語之又於此宣令之後三日更丁寧而語之其人不從乃加刑罰也其褚氏何氏周氏等並同鄭義以爲甲者造作新令之日甲前三日取改過自新故用辛也後三日取丁寧之義故用丁也今案輔嗣注甲者創制之令不云創制之日又巽卦九五先庚三日後庚三日輔嗣注申命令謂之庚輔嗣又云甲庚皆申命之謂則輔嗣不以甲爲創制之日而諸儒不顧輔嗣注旨妄作異端非也

彖曰蠱剛上而柔下 注云上剛可以斷制下柔可以施令 巽而止蠱 注云既巽又止不競爭也有事而无競爭之患故可以有爲也 蠱元亨而天下治也 注云有爲

而大亨非天下治而何也 利涉大川往有事也先甲三日後甲三日終則有始天行也 注云蠱者有事而待能之時也可以有爲其在此時矣物已說隨則待夫作制以定其事也進德脩業往則亨矣故元亨利涉大川也甲者創制之令也創制不可責之以舊故先之三日後之三日使令洽而後乃誅也因事申令終則復始若天之行用四時也 疏 正義曰剛上而柔下巽而止蠱者此釋蠱卦之名并明稱蠱之義也以上剛能制斷下柔能施令巽順止靜故可以有爲也褚氏云蠱者惑也物既惑亂終致損壞當須有事也有爲治理也故序卦云蠱者事也謂物蠱必有事非謂訓蠱爲事義當然也蠱元亨而天下治者釋元亨之義以有爲而得元亨是天下治理也利涉大川往有事也者釋利涉大川也蠱者有爲之時拔拯危難往當有事故利涉大川此則假外象以喻危難也先甲三日後甲三日終則有始天行

者釋先甲三日後甲三日之義也民之犯令告之已終更復從始告之殷勤不已若天之行四時既終更復從春爲始象天之行故云天行也 注蠱者至四時也 正義曰蠱者有事待能之時者物既蠱壞須有事營爲所作之事非賢能不可故經云幹父之蠱幹則能也甲者創制之令者甲爲十日之首創造之令爲在後諸令之首故以創造之令謂之爲甲故漢時謂令之重者謂之甲令則此義也創制不可責之以舊者以人有犯令而致罪者不可責之舊法有犯則刑故須先後三日殷勤語之使曉知新令而後乃誅誅謂兼通責讓之罪非專謂誅殺也

象曰山下有風蠱君子以振民育德 注云蠱者有事而待能之時也故君子以濟民養德也 疏 正義曰必云山下有風者風能摇動散布潤澤今山下有風取君子能以恩澤下振於民育養已德振民象山下有風育德象山在上也

初六幹父之蠱有子考

无咎厲終吉 注云處事之首始見任者也以柔巽之質幹父之事能承先軌堪其任者也故曰有子也任爲事首能堪其事考乃无咎也故曰有子考无咎也當事之首是以危也能堪其事故終吉

象曰幹父之蠱意承考也 注云幹事之首時有損益不可盡承故意承而已 疏 正義曰幹父之蠱者處事之首以柔巽之質幹父之事堪其任也有子考无咎者有子既能堪任父事考乃无咎也以其處事之初若不堪父事則考有咎也厲終吉者厲危也既爲事初所以危也能堪其事所以終吉也象曰幹父之蠱意承考者釋幹父之蠱義凡堪幹父事不可小大損益一依父命當量事制宜以意承考而已對文父没稱考若散而言之生亦稱考若康誥云大傷厥考心是父在稱考此避幹父之文故變云考也

九二幹母之蠱不可貞 注云居於内中宜幹母之事故曰幹母之蠱也婦人之性難可全正宜屈已剛既

幹且順故曰不可貞也幹不失中得中道也象曰幹母之蠱得中道也疏
正義曰居內處中是幹母事也不可貞者婦人之性難
可全正宜屈己剛不可固守貞正故云不可貞也象曰
得中道者釋幹母之蠱義雖不能全
正猶不失在中之道故云得中道也九三幹父之蠱小有
悔无大咎注云以剛幹事而无其應故有悔也履得其位以正幹父雖小有悔終无大咎象曰
幹父之蠱終无咎也疏正義曰幹父之蠱小有悔者以剛幹事而无其應故小有悔也
无大咎者履得其位故終无大咎也六四裕父之蠱往見吝注云體柔當位幹不以剛
而以柔和能裕先事者也然无其應往必不合故曰往見吝象曰裕父之蠱往未得
也疏正義曰裕父之蠱者體柔當位幹不以剛而以柔和能容裕父之事也往見吝者以其无應所往之

處見其鄙吝故往未得也六五幹父之蠱用譽注云以柔處尊用中而應承先
以斯用譽之道也象曰幹父用譽承以德也注云以柔處中不任威力
也疏正義曰幹父之蠱用譽者以柔處尊用中而應以此承父用有聲譽象曰幹父用譽
承以德者釋幹父用譽之義奉承父事唯以中和之德不以威力故云承以德也上九不
事王侯高尚其事注云最處事上而不累於位不事王侯高尚其事也象曰
不事王侯志可則也疏正義曰不事王侯高尚其事者最處事上不復
以世事爲心不係累於職位故不承事王侯但自尊高慕尚其清虛之事故云高尚其事也象曰不
事王侯志可則者釋不事王侯之義身既不事王侯志則清虛高尚可法則也

䷒兌下坤上臨元亨利貞至于八月有凶疏正義曰案序卦
云臨大也以陽之浸長其德壯大可以監臨於下故曰臨也剛既浸長說而且順又以剛居中有應
於外大得亨通而利正也故曰元亨利貞也至于八月有凶者以物盛必衰陰長陽退臨爲建丑之
月從建丑至于八月建申之時三陰既盛三陽方退小人道長君子道消故八月有凶也以盛不可
終保聖人作易以戒之也彖曰臨剛浸而長說而順剛中而應
大亨以正天之道也注云陽轉進長陰道日消君子日長小人日憂大亨以正
之義至于八月有凶消不久也注云八月陽衰而陰長小人道長君子道
消也故曰有凶疏正義曰臨剛浸而長說而順者此釋臨義也據諸卦之例說而順之下應

以臨字結之此无臨字者以其剛中而應亦是臨義故不得於剛中之上而加臨也剛中而應大亨
以正天之道者天道以剛居中而下與地相應使物大得亨通而利正故乾卦元亨利貞今此臨卦
其義亦然故云天之道也至于八月有凶消不久也者證有凶之義以其陽道既消不可常久故有
凶也但復卦一陽始復剛性尚微又不得其中故未有元亨利貞泰卦三陽之時三陽在下而成乾
體乾下坤上象天降下地升上上下通泰物通則失正故不具四德唯此卦二陽浸長陽浸壯大特
得稱臨所以四德具也然陽長之卦每卦皆應八月有凶但此卦名臨是盛大之義故於此卦特戒之
耳若以類言之則陽長之卦至其終末皆有凶也注八月至有凶　正義曰云八月者何氏云從建
子陽生至建未爲八月褚氏云自建寅至建酉爲八月今案此注云小人道長君子道消宜據否卦

之時故以臨卦建丑而至否卦建申爲八月也象曰澤上有地臨君子以教思无窮容保民无疆注云相臨之道莫若說順也不恃威制得物之誠故物无違也是以君子教思无窮容保民无疆也疏正義曰澤上有地者欲見地臨於澤在上臨下之義故云澤上有地也君子以教思无窮者君子於此臨卦之時其下莫不喜說和順在上但須教化思念无窮已也欲使教恒不絕也容保民无疆者容謂容受也保安其民无有疆境象地之闊遠故云无疆也初九咸臨貞吉注云咸感也感應也有應於四感以臨者也四履正位而已應爲志行正者也以剛感順志行其正以斯臨物正而獲吉也象曰咸臨貞吉志行正也疏正義曰咸臨貞吉者咸感也有應於四感之而臨志行得

正故貞吉也象曰咸臨貞吉志行正者釋咸臨貞吉之義四既履得正位已往與之相應是己之志意行而歸正也九二咸臨吉无不利注云有應在五感以臨者也剛勝則柔危而五體柔非能同斯志者也若順於五則剛德不長何由得吉无不利乎全與相違則失於感應其得咸臨吉无不利必未順命也象曰咸臨吉无不利未順命也疏正義曰咸臨吉者咸感也有應於五是感以臨而得其吉也无不利者二雖與五相應二體是剛五體是柔兩雖相感其志不同若純用剛往則五所不從若純用柔往又損己剛性必須商量事宜有從有否乃得无不利也象曰未順命者釋无不利之義未可盡順五命須斟酌事宜有從有否故得无不利也則君臣上下獻可替否之義也六三甘臨无攸利既憂之无

咎注云甘者佞邪說媚不正之名也履非其位居剛長之前而以邪說臨物宜其无攸利也若能盡憂其危改脩其道剛不害正故咎不長象曰甘臨位不當也既憂之咎不長也疏正義曰甘臨者謂甘美諂佞也履非其位居剛長之世而以邪說臨物故无攸利也既憂之无咎者既能盡憂其危則剛不害正故无咎也象曰既憂之咎不長者能盡憂其事改過自脩其咎則止不復長久故无咎也六四至臨无咎注云處順應陽不忌剛長而乃應之履得其位盡其至者也剛勝則柔危柔不失正則得无咎也象曰至臨无咎位當也疏正義曰至臨无咎者履順應陽不畏剛長而已應之履得其位能盡其至極之善而爲臨故云至臨以柔不失正故无咎也象曰至臨无咎位當者

釋无咎之義以六四以陰所居得正柔不爲邪位當其處故无咎也六五知臨大君之宜吉注云處於尊位履得其中能納剛以禮用建其正不忌剛長而能任之委物以能而不犯焉則聰明者竭其視聽知力者盡其謀能不爲而成不行而至矣大君之宜如此而已故曰知臨大君之宜吉象曰大君之宜行中之謂也疏正義曰知臨大君之宜吉者處於尊位履得其中能納剛以禮用建其正不忌剛長而能任之故聰明者竭其視聽知力者盡其謀能是知爲臨之道大君之所宜以吉也象曰大君之宜行中之謂者釋大君之宜所以得宜者止由六五處中行此中和之行致得大君之宜故言行中之謂也上六敦臨吉无咎注云處坤之極以敦而臨者也志在助賢以敦爲德雖在剛長剛不害厚故无咎也

卷四第二十四葉前

象曰敦臨之吉志在内也 疏 正義曰敦臨吉无咎者敦厚也上六處坤之上敦厚而爲臨志在助賢以敦爲德故云敦臨吉雖在剛長而志行敦厚剛所以不害故无咎也象曰敦臨之吉志在内者釋敦臨吉之義雖在上卦之極志意恒在於内之二陽意在助賢故得吉也

䷓ 坤下巽上 觀盥而不薦有孚顒若 注云王道之可觀者莫盛乎宗廟宗廟之可觀者莫盛於盥也至薦簡略不足復觀故觀盥而不觀薦也孔子曰禘自既灌而往者吾不欲觀之矣盡夫觀盛則下觀而化矣故觀至盥則有孚顒若也 疏 正義曰觀者王者道德之美而可觀也故謂之觀觀盥而不薦者可觀之事莫過宗廟之祭盥其禮盛也薦者謂既灌之

卷四第二十四葉後

後陳薦籩豆之事其禮卑也今所觀宗廟之祭但觀其盥禮不觀在後籩豆之事故云觀盥而不薦也有孚顒若者孚信也但下觀此盛禮莫不肅化悉有孚信而顒然故云有孚顒若 注王道至顒若也 正義曰盡夫觀盛則下觀而化者觀盛謂觀盥禮盛則休而止是觀其大不觀其細此是下之效上因觀而皆化之矣故觀至盥則有孚顒若者顒是嚴正之貌若爲語辭言下觀而化皆孚信容貌儼然也 彖曰大觀在上 注云下賤而上貴也 順而巽中正以觀天下觀盥而不薦有孚顒若下觀而化也觀天之神道而四時不忒聖人以神道設教而天下服矣 注云統說觀之爲道不以刑制使物而以觀感化物者也神則无形者也不見天之使四時而四時

卷四第二十五葉前

不忒不見聖人使百姓而百姓自服也 疏 正義曰大觀在上者謂大爲在下所觀唯在於上由在上既貴故在下大觀今大觀在於上又順而和巽居中得正以觀於天下謂之觀也此釋觀卦之名觀盥而不薦有孚顒若下觀而化者釋有孚顒若之義本由在下觀效在上而變化故有孚顒若也觀天之神道而四時不忒者此盛明觀卦之美言觀盥與天之神道相合觀此天之神道而四時不有忒變神道者微妙无方理不可知目不可見不知所以然而然謂之神道而四時之節氣見矣豈見天之所爲不知從何而來唯見四時流行不有差忒故云觀天之神道而四時不忒也聖人以神道設教而天下服矣者此明聖人用此天之神道以觀設教而天下服矣天既不言而行不爲而成聖人法則天之神道唯身自行善垂化於人不假言語教戒不須威刑恐逼在下自然觀化

卷四第二十五葉後

服從故云天下服矣 象曰風行地上觀先王以省方觀民設教 疏 正義曰風行地上者風主號令行於地上猶如先王設教在於民上故云風行地上觀也先王以省方觀民設教者以省視萬方觀看民之風俗以設於教非諸侯以下之所爲故云先王也 初六童觀小人无咎君子吝 注云處於觀時而最遠朝美體於陰柔不能自進无所鑒見故曰童觀趣順而已无所能爲小人之道也故曰小人无咎君子處大觀之時而爲童觀不亦鄙乎 象曰初六童觀小人道也 疏 正義曰童觀者處於觀時而最遠朝廷之美體是柔弱不能自進无所鑒見唯如童稚之子而觀望也小人无咎君子吝者爲此觀看趣在順從而已无所能爲於小人行之纔得无咎若君子行之則鄙吝也 六

二闚觀利女貞 注云處在於内寡所鑒見體於柔弱從順而已猶有應焉不爲全蒙所見者狹故曰闚觀居内得位柔順寡見故曰利女貞婦人之道也處大觀之時居中得位不能大觀廣鑒闚觀而已誠可醜也 象曰闚觀女貞亦可醜也 疏 正義曰闚觀利女貞者既是陰爻又處在卦内性又柔弱唯闚竊而觀如此之事唯利女之所貞非丈夫所爲之事也 注處在至可醜也 正義曰猶有應焉不爲全蒙者六二雖柔弱在内猶有九五剛陽與之爲應則微有開發不爲全是童蒙如初六也故能闚而外觀此童觀闚觀皆讀爲去聲也 六三觀我生進退 注云居下體之極處二卦之際近不比尊遠不童觀觀風者也居此時也可以觀我生進退也 象曰觀我生進退未失道也 注云處進退之時以

觀進退之幾未失道也 疏 正義曰觀我生進退者我生我身所動出三居下體之極是有可進之時又居上體之下復是可退之地遠則不爲童觀近則未爲觀國居在進退之處可以自觀我之動出也故時可則進時不可則退觀風相幾未失其道故曰觀我生進退也道得名生者道是開通生利萬物故繫辭云生生之謂易是道爲生也 六四觀國之光利用賓于王 注云居觀之時最近至尊觀國之光者也居近得位明習國儀者也故曰利用賓于王也 象曰觀國之光尚賓也 疏 正義曰觀國之光利用賓于王者最近至尊是觀國之光利用賓于王者居在親近而得其位明習國之禮儀故宜利用賓于王庭也象曰觀國之光尚賓者釋觀國之光義以居近至尊之道志意慕尚爲王賓也 九五觀我生

君子无咎 注云居於尊位爲觀之主宣弘大化光于四表觀之極者也上之化下猶風之靡草故觀民之俗以察己道百姓有罪在余一人君子風著己乃无咎上爲化主將欲自觀乃觀民也 象曰觀我生觀民也 疏 正義曰九五居尊爲觀之主四海之内由我而化我教化善則天下有君子之風教化不善則天下著小人之俗故觀民以察我道有君子之風著則无咎也故曰觀我生君子无咎也象曰觀我生觀民者謂觀民以觀我故觀我即觀民也 上九觀其生君子无咎 注云觀我生自觀其道者也觀其生爲民所觀者也不在於位最處上極高尚其志爲天下所觀者也處天下所觀之地可不慎乎故君子德見乃得无咎生猶動出也 象曰觀其生志未平也 注云特處異地爲衆所觀不爲平易

和光流通志未平也 疏 正義曰觀其生者最處上極高尚其志生亦道也爲天下觀其己之道故云觀其生也君子无咎者既居天下可觀之地可不慎乎故君子謹慎乃得无咎也象曰觀其生志未平者釋觀其生之義以特處異地爲所觀不爲平易和光流通志未與世俗均平世无危懼之憂我有符同之慮故曰志未平也 注觀我至動出也 正義曰生猶動出者或動或出是生長之義故云生猶動出六三九五皆云觀我生上九云觀其生此等云生皆爲動出故於卦末注總明之也

䷔ 震下離上 噬嗑亨利用獄 注云噬齧也嗑合也凡物之不親由有閒也物之不齊由有過也有閒與過齧而合之所以通也刑克以通獄之利也 疏 正義曰噬嗑亨者噬齧也嗑合也物在於口則隔其上下若齧去其物上下乃合而得亨也此卦之名假借口象以爲義

卷四第二十八葉前

以喻刑法也凡上下之間有物間隔當須用刑法去之乃得亨通故云噬嗑亨也利用獄者以刑除間隔之物故利用獄也 彖曰頤中有物曰噬嗑 注云頤中有物齧而合之噬嗑之義也 噬嗑而亨 注云有物有間不齧不合无由亨也 剛柔分動而明雷電合而章 注云剛柔分動不溷乃明雷電並合不亂乃章皆利用獄之義 柔得中而上行雖不當位利用獄也 注云謂五也能爲齧合而通必有其主五則是也上行謂所之在進也凡言上行皆所之在貴也雖不當位不害用獄也 疏 正義曰頤中有物曰噬嗑者此釋噬嗑名也案諸卦之彖先標卦名乃復言曰某卦曰同人曰大有曰小畜之類是也此發首不疊卦名者若義幽隱者先出卦名後更以卦名結之若其義顯露則不先出

卷四第二十八葉後

卦名則此頤中有物曰噬嗑之類其事可知故不先出卦名此乃夫子因義理文勢隨義而發不爲例也噬嗑而亨者釋亨義由噬嗑而得亨也剛柔分動而明雷電合而章者釋利用獄之義剛柔既分不相溷雜故動而顯明也雷電既合而不錯亂故事得彰著明而且著可以斷獄剛柔分謂震剛在下離柔在上剛柔云分雷電云合者欲見明之與動各是一事故剛柔云分也明動雖各一事相須而用故雷電云合但易之爲體取象既多若取分義則云震下離上若取合義則云離震合體共成一卦也此釋二象利用獄之義也柔得中而上行雖不當位利用獄者此釋爻有利用獄之義陰居五位是柔得中也而上行者既居上卦意在向進故云上行其德若此雖不當位者所居陰位猶利用獄也 注剛柔至之義正義曰雷電並合不亂乃章者彖文唯云雷電合注云不亂乃章者不亂之文

卷四第二十九葉前

以其上云剛柔分剛柔分則是不亂故云雷電並合不亂乃章也 注謂五至用獄也正義曰凡言上行皆所之在貴者輔嗣此注恐畏之適五位則是上行故於此明之凡言上行但所之在進皆曰上行不是唯向五位乃稱上行也故謙卦彖云地道卑而上行坤體在上故總云上行不止五也又損卦彖云損下益上曰上行是減三而益上卦謂之上行是亦不據五也然則此云上行及晉卦彖云上行既在五位而又稱上行則似若王者雖見在尊位猶意在欲進仰慕三皇五帝可貴之道故稱上行者也 象曰雷電噬嗑先王以明罰勑法 疏 正義曰雷電噬嗑者但噬嗑之象其象在口雷電非噬嗑之體但噬嗑象外物既有雷電之體則雷電欲取明罰勑法可畏之義故連云雷電也 初九屨校滅趾无咎 注云居无位之

卷四第二十九葉後

地以處刑初受刑而非治刑者也凡過之所始必始於微而後至於著罰之所始必始於薄而後至於誅過輕戮薄故屨校滅趾桎其行也足懲而已故不重也過而不改乃謂之過小懲大誡乃得其福故无咎也校者以木絞校者也即械也校者取其通名也 象曰屨校滅趾不行也 注云過止於此 疏 正義曰屨校滅趾者屨謂著而履踐也校謂所施之械也處刑之初居无位之地是受刑之人非治刑之主凡過之所始必始於微積而不已遂至於著罰之所始必始於薄刑薄刑之不已遂至於誅在刑之初過輕戮薄必校之在足足爲懲誡故不復重犯故校之在足已沒其趾桎其小過誡其大惡過而能改乃是其福雖復滅趾可謂无咎故言屨校滅趾无咎也 象曰屨校滅趾不行者釋屨校滅趾之義猶著校滅沒其趾也小懲大誡故罪過止息不行也

六二噬膚滅鼻无咎注云噬齧也齧者刑克之謂也處中得位所刑者當故曰噬膚也乘剛而刑未盡順道噬過其分故滅鼻也刑得所疾故雖滅鼻而无咎也膚者柔脆之物也

象曰噬膚滅鼻乘剛也疏正義曰噬膚滅鼻者六二處中得位是用刑者所刑中當故曰噬膚膚是柔脆之物以喻服罪受刑之人也乘剛而刑未盡順道噬過其分故至滅鼻言用刑大深也无咎者用刑得其所疾謂刑中其理故无咎也象曰乘剛者釋噬膚滅鼻之義以其乘剛故用刑深也

六三噬腊肉遇毒小吝无咎注云處下體之極而履非其位以斯食物其物必堅豈唯堅乎將遇其毒噬以喻刑人腊以喻不服毒以喻怨生然承於四而不乘剛雖失其正刑不侵順故雖遇毒小吝无咎

象曰遇毒位不當

也疏正義曰噬腊肉者腊是堅剛之肉也毒者苦惡之物也三處下體之上失正刑人刑人不服若齧其腊肉非但難齧亦更生怨咎猶噬腊而難入復遇其毒味然也三以柔不乘剛刑不侵順道雖有遇毒之吝於德亦无大咎故曰噬腊肉遇毒小吝无咎象曰位不當者謂處位不當也

九四噬乾胏得金矢利艱貞吉注云雖體陽爻為陰之主履不獲中而居非其位以斯噬物物亦不服故曰噬乾胏也金剛也矢直也噬乾胏而得剛直可以利於艱貞之吉未足以盡通理之道也

象曰利艱貞吉未光也疏正義曰噬乾胏者乾胏是臠肉之乾者履不獲中居非其位以斯治物物亦不服猶如噬乾胏然也得金矢者金剛也矢直也雖刑不能服物而能得其剛直也利艱貞吉者既得剛直利益艱難守貞正之吉猶

未能光大通理之道故象云未光也

六五噬乾肉得黄金貞厲无咎注云乾肉堅也黄中也金剛也以陰處陽以柔乘剛以噬於物物亦不服故曰噬乾肉也然處得尊位以柔乘剛而居於中能行其戮者也履不正而能行其戮剛勝者也噬雖不服得中而勝故曰噬乾肉得黄金也已雖不正而刑戮得當故雖貞厲而无咎也

象曰貞厲无咎得當也疏正義曰噬乾肉者乾肉堅也以陰處陽以柔乘剛以此治罪於人人亦不服如似噬乾肉也得黄金者黄中也金剛也以居於中是黄也以柔乘剛是金也既中而行剛能行其戮剛勝者也故曰得黄金也貞厲无咎者已雖不正刑戮得當故雖貞正自危而无咎害位雖不當而用刑得當故象云得當也

上九何校滅耳凶注云處罰之極惡積不改者也罪非

所懲故刑及其首至于滅耳及首非誡滅耳非懲凶莫甚焉

象曰何校滅耳聰不明也注云聰不明故不慮惡積至于不可解也疏正義曰何校滅耳凶者何謂擔何處罰之極惡積不改故罪及其首何擔枷械滅没於耳以至誅殺以其聰之不明積惡致此故象云聰不明也

注處罰至甚焉正義曰罪非所懲者言其惡積既深尋當刑罪非能懲誡故云罪非所懲也及首非誡滅耳非懲者若罪未及首猶可誡懼歸善也罪已及首性命將盡非復可誡故云及首非誡也校既滅耳將欲刑殺非可懲改故云滅耳非懲也

䷕ 離下艮上 賁亨小利有攸往疏正義曰賁飾也以剛柔二象交相文飾也賁亨者以柔來文剛而得亨通故曰賁亨也小利有攸往者以剛上文柔不得中正故不

卷四第三十二葉前

能大有所往故云小利有攸往也。彖曰賁亨柔來而文剛故亨分剛上而文柔故小利有攸往注云剛柔不分文何由生故坤之上六來居二位柔來文剛之義也柔來文剛居位得中是以亨乾之九二分居上位分剛上而文柔之義也剛上文柔不得中位不若柔來文剛故小利有攸往天文也注云剛柔交錯而成文焉天之文也文明以止人文也注云止物不以威武而以文明人之文也觀乎天文以察時變觀乎人文以化成天下注云解天之文則時變可知也解人之文則化成可為也疏正義曰賁亨柔來而文剛故亨者此釋賁亨之義不直言賁連云賁亨者由賁而致亨事義相連也若大哉乾元以元連乾者也柔來而文剛故亨柔來文剛以文

卷四第三十二葉後

相飾是賁義也相飾即有為亨故云賁亨亨之下不重以賁字結之者以亨之與賁相連而釋所以亨下不得重結賁字分剛上而文柔故小利有攸往者釋小利有攸往義乾體在下今分乾之九二上向文飾坤之上六是分剛上而文柔也棄此九二之中往居无位之地棄善從惡往无大利故小利有攸往也天文也者天之為體二象剛柔剛柔交錯成文是天文也文明以止人文者文明離也以止艮也用此文明之道裁止於人是人之文德之教此賁卦之象既有天文人文欲廣美天文人文之義聖人用之以治於物也觀乎天文以察時變者言聖人當觀視天文剛柔交錯相飾成文以察四時變化若四月純陽用事陰在其中靡草死也十月純陰用事陽在其中薺麥生也是觀剛柔而察時變也觀乎人文以化成天下者言聖人觀察人文則詩書禮樂之謂當法此教而化成天下

卷四第三十三葉前

也注坤之上六至之義也正義曰坤之上六何以來居二位不居於初三乾之九二何以分居上位不居於五者乾性剛亢故以己九二上居坤極坤性柔順不為物首故以己上六下居乾之二位也且若柔不分居乾二剛不分居坤極則不得文明以止故也又陽本在上陰本在下應分剛而下分柔而上何因分剛向上分柔向下者今謂此本泰卦故也若天地交泰則剛柔得交若乾上坤下則是天地否閉剛柔不得交故分剛而上分柔而下也象曰山下有火賁君子以明庶政无敢折獄注云處賁之時止物以文明不可以威刑故君子以明庶政而无敢折獄疏正義曰山下有火賁者欲見火上照山有光明文飾也又取山含火之光明象君子內含文明以理庶政故云山下有火賁也以明庶政者用此文章明達以治理庶政

卷四第三十三葉後

也无敢折獄者勿得直用果敢折斷訟獄初九賁其趾舍車而徒注云在賁之始以剛處下居於无位棄於不義安夫徒步以從其志者也故飾其趾舍車而徒義弗乘之謂也象曰舍車而徒義弗乘也疏正義曰賁其趾舍車而徒者在賁之始以剛處下居於无位之地乃棄於不義之車而從有義之徒步故云舍車而徒以其志行高絜不苟就輿乘是以義不肯乘故象云義弗乘也六二賁其須注云得其位而无應三亦无應俱无應而比焉近而相得者也須之為物上附者也循其所履以附於上故曰賁其須也象曰賁其須與上興也疏正義曰賁其須者須是上附於面六二當上附於三若似賁飾其須也循其所履以附於上與上同為興起故象云與上興也九三賁如

濡如永貞吉注云處下體之極居得其位與二相比俱履其正和合相潤以成其文者也既得其飾又得其潤故曰賁如濡如也永保其貞物莫之陵故曰永貞吉也象曰永貞之吉終莫之陵也疏正義曰賁如濡如者賁如華飾之貌濡如潤澤之理居得其位與二相比和合文飾而有潤澤故曰賁如濡如其美如此長保貞吉物莫之陵故象云永貞之吉終莫之陵也六四賁如皤如白馬翰如匪寇婚媾注云有應在初而閡於三爲己寇難二志相感不獲通亨欲靜則欽初之應欲進則懼三之難故或飾或素內懷疑懼也鮮絜其馬翰如以待雖履正位未敢果其志也三爲剛猛未可輕犯匪寇乃婚終无尤也象曰六四當位疑也匪寇婚媾終无尤也

正義曰賁如皤如者皤是素白之色六四有應在初欲往從之三爲己難故己猶豫或以文飾故賁如也或守質素故皤如也白馬翰如者但鮮絜其馬其色翰如徘徊待之未敢輒進也匪寇婚媾者若非九三爲己寇害乃得與初爲婚媾也象曰六四當位疑者以其當位得與初爲應但礙於三故遲疑也若不當位則與初非應何須欲往而致遲疑也匪寇婚媾終无尤者釋匪寇婚媾之義若待匪有寇難乃爲婚媾則終无尤過若犯寇難而爲婚媾則終有尤也六五賁于丘園束帛戔戔吝終吉注云處得尊位爲飾之主飾之盛者也施飾於物其道害也施飾丘園盛莫大焉故賁于束帛丘園乃落賁于丘束帛乃戔戔用莫過儉泰而能約故必吝焉乃得終吉象曰六五之吉有喜也疏正義曰賁于丘園者丘園是質

素之處六五處得尊位爲飾之主若能施飾在於質素之處不華侈費用則所束之帛戔戔衆多也吝終吉者初時儉約故是其吝也必儉約之吝乃得終吉而有喜也故象云六五之吉有喜也注處得至終吉也正義曰爲飾之主飾之盛者若宮室輿服之屬五爲飾主若施設華飾在於輿服宮館之物則大道損害也施飾丘園盛莫大焉者丘謂丘墟園謂園圃唯草木所生是質素之處非華美之所若能施飾每事質素與丘園相似盛莫大焉故賁于束帛丘園乃落者束帛財物也舉束帛言之則金銀珠玉之等皆是也若賁飾於此束帛珍寶則質素之道乃隕落故云丘園乃落也賁于丘園帛乃戔戔者設飾在於丘園質素之所則不靡費財物束帛乃戔戔衆多也諸儒以爲若賁飾束帛不用聘士則丘園之士乃落也若賁飾丘園之士與之故束帛乃戔戔也諸家注易多爲此解

但今案輔嗣之注全无聘賢之意且爻之與象亦无待士之文輔嗣云用莫過儉泰而能約故必吝焉乃得終吉此則普論爲國之道不尚華侈而貴儉約也若從先師唯用束帛招聘丘園以儉約待賢豈其義也所以漢聘隱士或乃用羔鴈玄纁蒲輪駟馬豈止束帛之間而云儉約之事今觀注意故爲此解耳上九白賁无咎注云處飾之終飾終反素故任其質素不勞文飾而无咎也以白爲飾而无患憂得志者也象曰白賁无咎上得志也疏正義曰白賁无咎者處飾之終飾終則反素故任其質素不勞文飾故曰白賁无咎也守志任眞得其本性故象云上得志也言居上得志也

䷖坤下艮上剝不利有攸往疏正義曰剝者剝落也今陰長變剛剛

卷四第三十六葉前

陽剥落故稱剥也小人
既長故不利有攸往也 彖曰剥剥也柔變剛也不
利有攸往小人長也順而止之觀象也君子尚消
息盈虛天行也 注云坤順而艮止也所以順而止
之不敢以剛止者以觀其形象也
強亢激拂觸忤以隕身身既傾 疏 正義曰剥剥
焉功又不就非君子之所尚也 也者釋剥卦
名爲剥不知何以稱剥故釋云剥者解剥之義是
陰長解剥於陽也柔變剛者釋所以此卦名剥之
意也不利有攸往小人道長者此釋不利有攸往
之義以小人道長世既闇亂何由可進往則遇災
故不利有攸往也順而止之觀象者明在剥之時
世既无道君子行之不敢顯其剛直但以柔順止
約其上唯望君上形象量其顏色而止也君子
尚消息盈虛天行者解所以在剥之時順而止之

二五五

卷四第三十六葉後

觀其顏色形象者須量時制變隨物而動君子通
達物理貴尚消息盈虛道消之時行消道也道息
之時行息道也在盈之時行盈道也在虛之時行
虛道也若值消虛之時存身避害危行言遜也若
值盈息之時極言正諫建事立功也天行謂逆時
消息盈虛乃天道之所行也春夏始生之時則天
氣盛大秋冬嚴殺之時天氣消滅故云天行也
注坤順至所尚也 正義曰非君子之所尚者不逆
時消息盈虛於无道之時剛亢激拂觸忤以
隕身身既傾隕功又不就非君子之所尚也 象曰
山附於地剥上以厚下安宅 注云厚下者牀不見
剥也安宅者物不失
處也厚下安宅 疏 正義曰山附於地剥者山本高
治剥之道也 峻今附於地即是剥落之象故
云山附於地剥也上以厚下安宅者剥之爲義從
下而起故在上之人當須豐厚於下安物之居以

二五六

卷四第三十七葉前

防於
剥也 初六剥牀以足蔑貞凶 注云牀者人之所以
安也剥牀以足猶云
剥牀之足也蔑猶削也剥牀之足滅下之道
也下道始滅剛隕柔長則正削而凶來也 象曰
剥牀以足以滅下也 疏 正義曰剥牀以足者牀
者人之所以安處也在
剥之初剥道從下而起剥牀之足言牀足已剥也
下道始滅也蔑貞凶者蔑削也貞正也下道既滅
則以侵削其貞正所以凶也 象曰剥牀以足以滅
下者釋剥牀以足之義牀在人下足又在牀下今
剥牀之足是
盡滅於下也 六二剥牀以辨蔑貞凶 注云蔑猶甚
極之辭也辨
者足之上也剥道浸長故剥其辨也稍近於牀轉
欲滅物之所處長柔而削正以斯爲德物所棄也
象曰剥牀以辨未有與也 疏 正義曰剥牀以辨
者辨謂牀身之下

二五七

卷四第三十七葉後

牀足之上足與牀身分辨之處也今剥落侵上乃
至於辨是漸近人身故云剥牀以辨也蔑貞凶者
蔑削也削除中正之道故凶也初六蔑貞但小削
而已六二蔑貞是削之甚極故更云蔑貞凶也長
此陰柔削其正道以此爲德則物之所棄故象云
未有與也言无人與助之也 注蔑猶至所棄也
正義曰蔑猶甚極之辭者初既稱蔑二又稱蔑蔑
上復蔑此蔑甚極故云蔑猶甚極之辭也蔑謂微
蔑物之見削則微蔑也故以蔑爲削稍近於牀轉
欲滅物之所處者物之所處謂牀也今剥道既至
於辨在牀體下畔之間是將欲 六三剥之无咎 注
滅牀故云轉欲滅物之所處也 云
與上爲應群陰剥陽我獨
協焉雖處於剥可以无咎 象曰剥之无咎失上下
也 注云三上下各有二陰而 疏 正義曰六三與
三獨應於陽則失上下也 上九爲應雖在

二五八

卷四第三十八葉前

剝陽之時獨能與陽相應雖失位處剝而无咎也象曰剝之无咎失上下者釋所以无咎之義上下羣陰皆悉剝陽也已獨能違失上下之情而往應之所以无咎也

六四剝牀以膚凶 注云初二剝牀民所以安未剝其身也至四剝道浸長牀既剝盡以及人身小人遂盛物將失身豈唯削正靡所不凶

象曰剝牀以膚切近災也 疏 正義曰剝牀以膚者四道浸長剝牀已盡乃至人之膚體物皆失身所以凶也象曰切近災者其災已至故云切近災也

六五貫魚以宮人寵无不利 注云處剝之時居得尊位爲剝之主者也剝之爲害小人得寵以消君子者也若能施寵小人於宮人而已不害於正則所寵雖衆終无尤也貫魚謂此衆陰也駢頭相次似貫魚也

象曰以宮人寵終无尤也

二五九

卷四第三十八葉後

疏 正義曰貫魚以宮人寵者處得尊位爲剝之主剝之爲害小人得寵以消君子貫魚者謂衆陰也駢頭相次似若貫穿之魚此六五若能處待衆陰但以宮人之寵相似宮人被寵不害正事則終无尤過无所不利故云无不利故象云終无尤也

上九碩果不食君子得輿小人剝廬 注云處卦之終獨全不落故果至于碩而不見食也君子居之則爲民覆蔭小人用之則剝下所庇也

象曰君子得輿民所載也小人剝廬終不可用也 疏 正義曰碩果不食者處卦之終獨得完全不被剝落猶如碩大之果不爲人食也君子得輿者若君子而居此位能覆蔭於下使得全安是君子居之則得車輿也若小人居之下无庇蔭在下之人被剝徹廬舍也象曰君子得輿民所載者釋得輿之義

二六〇

卷四第三十九葉前

若君子居處此位養育其民民所仰載也小人剝廬終不可用者言小人處此位爲君剝徹民之廬舍此小人終不可用爲君也

上杉右京亮藤原憲忠寄進

周易注疏卷第四 甲午歲未盡五日子還東窓摽閲

二六一

卷四第三十九葉後

二六二

卷五第一葉前

周易注疏卷第五

國子祭酒上護軍曲阜縣開國子臣孔穎達奉

勑撰

䷗ 震下坤上 復亨出入无疾朋來无咎反復其道七日來復利有攸往【疏】正義曰復亨者陽氣反復而得亨通故云復亨也出入无疾者出則剛長入則陽反理會其時故无疾病也朋來无咎者朋謂陽也反復衆陽朋聚而來則无咎也若非陽衆來則有咎以其衆陽之來故无咎也反復其道七日來復者欲使反之與復而得其道不可過遠唯七日則來復乃合於道也利有攸往者以陽氣方長往則小人道消故利有攸往也

二六三

卷五第一葉後

彖曰復亨剛反動而以順行是以出入无疾注云入則爲反出則剛長故无疾疾猶病也朋來无咎注云朋謂陽也反復其道七日來復注云陽氣始剝盡至來復時凡七日天行也注云以天之行反覆不過七日復之不可遠也利有攸往剛長也注云往則小人道消也復其見天地之心乎注云復者反本之謂也天地以本爲心者也凡動息則靜靜非對動者也語息則默默非對語者也然則天地雖大富有萬物雷動風行運化萬變寂然至无是其本矣故動息地中乃天地之心見也若其以有爲心則異類未獲具存矣【疏】正義曰復亨者以陽復則亨故以亨連復而釋之也剛反動而以順行者既上釋復亨之義又下釋出入无疾朋來无咎之理故云是以

二六四

卷五第二葉前

出入无疾朋來无咎也反復其道七日來復天行者以天行釋反復其道七日來復之義言反之與復得合其道唯七日而來復不可久遠也此是天之所行也天之陽氣絶滅之後不過七日陽氣復生此乃天之自然之理故曰天行也利有攸往剛長者以剛長釋利有攸往之義也復其見天地之心乎者此贊明復卦之義天地養萬物以靜爲心不爲而物自爲不生而物自生寂然不動此天地之心也此復卦之象動息地中雷在地下息而不動靜寂之義與天地之心相似觀此復象乃見天地之心也天地非有主宰何得有心以人事之心託天地以示法爾 注陽氣至凡七日 正義曰陽氣始剝盡謂陽氣始於剝盡之後至陽氣來復時凡經七日觀注之意陽氣從剝盡之後至於反復凡經七日其注分明如褚氏莊氏並云五月一陰生至十一月一陽生凡七月而云七日不云月者

二六五

卷五第二葉後

欲見陽長須速故變月言日今輔嗣云剝盡至來復是從盡至來復經七日也若從五月言之何得云始盡也又臨卦亦是陽長而言八月今復卦亦是陽長何以獨變月而稱七日觀注之意必謂不然亦用易緯六日七分之義同鄭康成之說但於文省略不復具言案易緯稽覽圖云卦氣起中孚故離坎震兌各主其一方其餘六十卦卦有六爻爻別主一日凡主三百六十日餘有五日四分日之一者每日分爲八十分五日分爲四百分四分日之一又爲二十分是四百二十分六十卦分之六七四十二卦別各得七分是每卦得六日七分也剝卦陽氣之盡在於九月之末十月當純坤用事坤卦有六日七分坤卦之盡則復卦陽來是從剝盡至陽氣來復隔坤之一卦六日七分舉成數言之故輔嗣言凡七日也反復者則出入之義反謂入而倒反復謂既反之後復而向上也 注復

二六六

者至具存矣正義曰復者反本之謂也者往前離本處而去今更反於本處是反本之謂也天地以本爲心者本謂靜也言天地寂然不動是以本爲心者也凡動息則靜靜非對動者也天地之動靜爲其本動爲其末言靜時多也動時少也若暫時而動止息則歸靜是靜非對動言靜之爲本自然而有非對動而生靜故曰靜非對動者也語息則默默非對語者語則聲之動默則口之靜是不語之時恒常默也非是對語有默以動靜語默而无別體故云非對也云天地雖大冨有萬物雷動風行運化萬變者此言天地之動也言寂然至无是其本矣者凡有二義一者萬物雖運動於外而天地寂然至无於其内也外是其末内是其本言天地无心也二者雖雷動風行千化萬變若其雷風止息運化停住之後亦寂然至无也若其以有爲心則異類未獲具存者凡以无爲心則物我齊致

親疎一等則不害異類彼此獲寧若其以有爲心則我之自我不能普及於物物之自物不能普賴於我物則被害故未獲具存

象曰雷在地中復先王以至日閉關商旅不行后不省方 注云方事也冬至陰之復也夏至陽之復也故爲復則至於寂然大静先王則天地而行者也動復則靜行復則止事復則无事也 疏 正義曰雷在地中復者雷是動物復卦以動息爲主故曰雷在地中先王以至日閉關者先王象此復卦以二至之日閉塞其關也商旅不行於道路也后不省方者方事也后不省視其方事也以地掩閉於雷故關門掩閉商旅不行君后掩閉於事皆取動息之義 注方事至无事也正義曰方事者恐方是四方域故以方爲事也言至日不但不可出行亦不可省視事也冬至陰之復夏至陽之復者復謂反

本靜爲動本冬至一陽生是陽動用而陰復於靜也夏至一陰生是陰動用而陽復於靜也動復則靜行復則止事復則无事者動而反復則歸靜行而反復則歸止事而反復則歸于无事也

初九不遠復无祇悔元吉 注云最處復初始復者也復之不速遂至迷凶不遠而復幾悔而反以此脩身患難遠矣錯之於事其殆庶幾乎故元吉也

象曰不遠之復以脩身也 疏 正義曰不遠復者最處復初是始復者也既在陽復即能從而復之是迷而不遠即能復也无祇悔元吉者韓氏云祇大也既能速復是无大悔所以大吉象曰不遠之復以脩身者釋不遠之復也所以不遠速復者以能脩正其身有過則改故也

六二休復吉 注云得位處中最比於初上无陽爻以疑其親陽爲仁行在初之上而附順之下仁之謂也既

處中位親仁善鄰復之休也

象曰休復之吉以下仁也 疏 正義曰休復吉者得位處中最比於初陽爲仁行已在其上附而順之是降下於仁是休美之復故云休復吉也以其下仁所以吉也故象云休復之吉以下仁也

六三頻復厲无咎 注云頻頻蹙之貌也處下體之終雖愈於上六之迷已失復遠矣是以蹙也蹙而求復未至於迷故雖危无咎也復道宜速蹙而乃復義雖无咎它來難保

象曰頻復之厲義无咎也 疏 正義曰頻復者頻謂頻蹙六三處下體之上去復稍遠雖勝於上六迷復猶頻蹙而復復道宜速謂蹙而求復也去復猶近雖有危厲於義无咎故象云義无咎也 注頻頻至難保正義曰義雖无咎它來難保者去復未甚大遠於義雖復无咎謂以道自守得无咎也若自守之外更有它事而

卷五第五葉前

來則難可保此爲各之吉也所以象云義无咎守常之義得无咎也六四中行獨復
注云四上下各有二陰而處厭中履得其位而應於初獨得所復順道而反物莫之犯故曰中行獨
復也象曰中行獨復以從道也疏正義曰中行獨復者處於上卦之下
上下各有二陰己獨應初居在衆陰之中故云中行獨自應初故云獨復從道而歸故象云以從道
也六五敦復无悔注云居厚而履中居厚則无怨履中則可以自考雖不足以及
休復之吉守厚以復悔可免也象曰敦復无悔中以自考也疏正義
曰敦復无悔者處坤之中是敦厚於復故云敦復既能履中又能自考成其行既居敦厚物无所怨
雖不及六二之休復猶得免於悔吝故云无悔也象曰敦復无悔中以自考者釋无悔之義以其處

二七一

卷五第五葉後

中能自考成其身故无悔也上六迷復凶有災眚用行師終有
大敗以其國君凶至于十年不克征注云最處復後是迷者也
以迷求復故曰迷復也用之行師難用有克也終必大敗用之於國則反乎君道也大敗乃復量斯
勢也雖復十年脩之猶未能征也象曰迷復之凶反君道也疏正義
曰迷復凶者最處復後是迷闇於復以迷求復所以凶也有災眚者闇於復道必无福慶唯有災眚
也用行師終有大敗者所爲既凶故用之行師必无克勝惟終有大敗也以其國君凶者以用也用
此迷復於其國內則反違君道所以凶也至于十年不克征者師敗國凶量斯形勢雖至十年猶不
能征伐以其迷闇不復而反違於君道故象云迷復之凶反君道也

二七二

卷五第六葉前

☰☳震下乾上无妄元亨利貞其匪正有眚不利有攸
往疏正義曰无妄者以剛爲內主動而能健以此臨下物皆无敢詐僞虛妄俱行實理所以大
得亨通利於貞正故曰元亨利貞也其匪正有眚不利有攸往者物既无妄當以正道行之若其匪
依正道則有眚災不利有所往也彖曰无妄剛自外來而爲主於
內注云謂震也動而健注云震動而乾健也剛中而應注云謂五也大
亨以正天之命也注云剛自外來而爲主於內動而愈健剛中而應威剛方正私
欲不行何可以妄使有妄之道滅无妄之道成非大亨利貞而何剛自外來而爲主於內則柔邪之
道消矣動而愈健則剛直之道通矣剛中而應則齊明之德著矣故大亨以正也天之教命何可犯

二七三

卷五第六葉後

乎何可妄乎是以匪正則有眚而不利有攸往也其匪正有眚不利有攸
往无妄之往何之矣天命不祐行矣哉注云匪正有眚不求
改以從正而欲有所往居不可以妄之時而欲以不正有所往將欲何之天命之所不祐竟矣哉
疏正義曰剛自外來而爲主於內動而健者以此卦象釋能致无妄之義以震之剛從外而來爲
主於內震動而乾健故能使物无妄也剛中而應者明爻義能致无妄九五以剛處中六二應之是
剛中而應剛中則能制斷虛實有應則物所順從不敢虛妄也大亨以正天之命者釋元亨利貞之
義威剛方正私欲不行何可以妄此天之教命也以天道純陽剛而能健是乾德相似故云天之命
也既是天命豈可犯乎其匪正有眚不利有攸往无妄之往何之矣者此釋匪正有眚不利有攸往

二七四

之義也无妄之往何之矣上之是踰僭下之是適
也身既非正在无妄之世欲有所往何所之適矣
故云无妄之往何之矣天命不祐行矣哉者身既
非正欲有所往犯違天命則天命不祐助也必竟
行矣哉言終竟行此不祐之事也　注剛自至攸
往也　正義曰云使有妄之道滅无妄之道成者妄
謂虛妄矯詐不循正理若无剛中之主柔弱邪僻
則物皆詐妄是有妄之道興也今遇剛中之主威
嚴剛正在下畏威不敢詐妄是有妄之道滅无妄
之道成　注匪正至竟矣哉　正義曰竟矣哉者竟
謂終竟言天所不祐終竟行矣哉

象曰天下雷行物與无妄　注云與辭也猶皆也天下雷行物皆不可以妄也

先王以茂對時育萬物　注云茂盛也物皆不敢妄然後萬物乃得各全其性對時育物莫盛於斯也

疏　正義曰天下雷行者雷是

威恐之聲今天下雷行震動萬物物皆驚肅无敢
虛妄故云天下雷行物皆无妄也先王以茂對時
育萬物者茂盛也對當也言先王以此无妄盛事
當其无妄之時育養萬物也此唯王者其德乃耳
非諸侯已下所能故不云君子而言先王也案諸
卦之象直言兩象即以卦名結之若雷在地中復
今无妄應云天下雷行无妄今云物與无妄者欲
見萬物皆无妄故加物與二字也其餘諸卦未必
萬物皆與卦名同義故直顯象以卦結之至如復
卦唯陽氣復非是萬物皆復舉復一卦餘可知矣

初九无妄往吉　注云體剛處下以貴下賤行不犯妄故往得其志

象曰无妄之往得志也

疏　正義曰无妄往吉者體剛居下以貴下賤所行教化不爲妄動故往吉而得志也

六二不耕穫不菑畬則利有攸往　注云不耕

而穫不菑而畬代終已成而不造也不擅其美乃盡臣道故利有攸往

象曰不耕穫未富也

疏　正義曰不耕穫不菑畬者六二處中得位盡於臣道不敢創首唯守其終猶若田農不敢發首而耕唯在後穫刈而已不敢菑發新田唯治其畬熟之地皆是不爲其初而成其末猶若爲臣之道不爲事始而代君有終也則利有攸往者爲臣如此則利有攸往若不如此則往而无利也象曰不耕穫未富也者釋不耕而穫之義不敢前耕但守後穫者未敢以耕耕之與穫俱爲己事唯爲後穫不敢先耕事既闕初不擅其美故云未富也

六三无妄之災或繫之牛行人之得邑人之災　注云以陰居陽行違謙順是无妄之所以爲災也牛者稼穡之資也二以不耕而穫利有攸往而三爲不順之行故或繫之牛是有司之所以

爲獲彼人之所以爲災也故曰行人之得邑人之災也

象曰行人得牛邑人災也

疏　正義曰无妄之災或繫之牛行人之得邑人之災者无妄之世邪道不行六三陰居陽位失其正道行違謙順而乘臣範故无妄之所以爲災矣牛者稼穡之資六三僭爲耕事行唱始之道而爲不順王事之行故有司或繫其牛制之使不妄造故曰或繫之牛也行人者有司之義也有司繫得其牛是行人制之得功故曰行人之得彼居三者是處邑之人僭爲耕事受其災罰故曰行人之得邑人之災也象曰行人得牛邑人災也者釋行人之得義也以行人所得謂得牛也此則得牛彼則爲災故云邑人災也

九四可貞无咎　注云處无妄之時以陽居陰以剛乘柔履於謙順比近至尊故可以任正固有所守而无咎也

象曰可貞无咎固有

卷五第九葉前

之也疏正義……履於謙順上近至尊可以任正固有所守而无咎故曰可貞无咎也象曰可貞无咎固有之也者釋可貞无咎之義所以可執貞正言堅固有所執守故曰无咎也**九五无妄之疾勿藥有喜**注云居得尊位為无妄之主者也下皆无妄害非所致而取藥焉疾之甚也非妄之災勿治自復非妄而藥之則凶故曰勿藥有喜**象曰无妄之藥不可試也**注云藥攻有妄者也而反攻无妄故不可試也疏正義曰无妄之疾者凡禍疾所起由有妄而來今九五居得尊位為无妄之主下皆无妄而偶然有此疾害故云无妄之疾也勿藥有喜者若疾自己招或寒暑飲食所致當須治療若其自然之疾非己所致疾當自損勿須藥療而有喜也此假病象以喻人事猶若人主而剛正自脩身无

二七九

卷五第九葉後

虛妄下亦无虛妄而遇逢凶禍若堯湯之厄災非己招但順時脩德勿須治理必欲除去不勞煩天下是有喜也然堯遭洪水使鯀禹治之者雖知災未可息必須順民之心鯀之不成以災未息也禹能治救災欲盡也是亦自然之災勿藥有喜之義也象曰无妄之藥不可試也者解勿藥有喜之義若有妄致疾其藥可用若身既无妄自然致疾其藥不可試也若其試之恐更益疾也言非妄有災不可治也若必欲治之則勞煩於下害更甚也此非直施於人主至於凡人之事亦皆然也若己之无罪忽逢禍患此乃自然之理不須憂勞救護亦恐反傷其性**上九无妄行有眚无攸利**注云處不可妄之極唯宜靜保其身而已故不可以行也**象曰无妄之行窮之災也**疏正義曰處不可妄之極唯宜靜保其身若動行必有災眚无所利也

二八〇

卷五第十葉前

位處窮極動則致災故象云无妄之行窮之災也

☰乾下艮上**大畜利貞不家食吉利涉大川**疏正義曰謂之大畜者乾剛上進艮止在上止而畜之能畜止剛健故曰大畜彖云能止健大正也是能止健故為大畜也小畜則巽在乾上以其巽順不能畜止乾之剛故云小畜也此則艮能止之故為大畜也利貞者人能止健非正不可故利貞也不家食吉者已有大畜之資當須養贍賢人不使賢人在家自食如此乃吉也利涉大川者豐財養賢應於天道不憂險難故利涉大川**彖曰大畜剛健篤實煇光日新其德**注云凡物既厭而退者弱也既榮而隕者薄也夫能煇光日新其德者唯剛健篤實也**剛上而尚賢**注云謂上九也處上而大通剛

二八一

卷五第十葉後

來而不距尚賢之謂也**能止健大正也**注云健莫過乾而能止之非夫大正未之能也**不家食吉養賢也利涉大川應乎天也**注云有大畜之實以之養賢令賢者不家食乃吉也尚賢制健大正應天不憂險難故利涉大川也疏正義曰言大畜剛健篤實者此釋大畜之義剛健謂乾也乾體剛性健故言剛健也篤實謂艮也艮體靜止故稱篤實也煇光日新其德者以其剛健篤實之故故能煇煇光榮日日增新其德若无剛健則劣弱也必既厭而退若无篤實則虛薄也必既榮而隕何能久有煇光日新其德乎剛上而尚賢者剛上謂上九也乾剛向上上九不距是貴尚賢也能止健大正也者釋利貞義所以艮能止乾之健者德能大正故能止健也不家食吉養賢者釋不家食吉所以不使賢者在家自食而獲吉也以在上有

二八二

大畜之實養此賢人故不使賢者在家自食也利涉大川應乎天者以貴尚賢人大正應天可踰越險難故利涉大川也　注凡物至篤實也正義曰凡物既厭而退者弱也者釋經剛健也若不剛健則見厭被退能剛健則所為日進不被厭退也既榮而隕者薄也者釋經篤實也凡物暫時榮華而即隕落者由體質虛薄也若能篤厚充實則恒保榮美不有隕落也　注謂上至之謂也正義曰謂上九也者言上九之德見乾之上進而不距逆是貴尚賢也處上而大通者釋上九何天之衢亨是處上通也既處於上下應於天有大通之德也剛來而不距者以有大通既見乾來而不距逆是尚賢之義也　注有大畜至大川也正義曰尚賢制健者謂上九剛來不距尚賢之謂也艮能畜剛制健之謂也故上經云剛上而尚賢王注云謂上九也又云能止健大正也王注云健莫過乾而能止

之非夫大正未之能也則是全論艮體明知尚賢謂上九也制健謂艮體也只正應天者謂艮也故前文云能止健大正也止健是艮也應天者上體之艮應下體之乾故稱應天也此取上卦下卦而相應非謂一陰一陽而相應也

象曰天在山中大畜君子以多識前言往行以畜其德　注云物之可畜於懷令德不散盡於此也　疏　正義曰天在山中者欲取德積於身中故云天在山中也君子以多識前言往行以畜其德者君子則此大畜物既大畜德亦大畜故多記識前代之言往賢之行使多聞多見以畜積己德故云以畜其德也　注物之至於此也正義曰物之可畜於懷令其道德不有棄散者唯貯藏前言往行於懷可以令德不散也唯此而已故云盡於此也

初九有厲利已　注云四乃畜已未可犯也故進

則有厲已則利也

象曰有厲利已不犯災也　注云處健之始未果其健者故能利已　疏　正義曰有厲利已者初九雖有應於四四乃抑畜於己己今若往則有危厲唯利休已不須前進則不犯禍凶也故象云不犯災也

九二輿說輹　注云五處畜盛未可犯也遇斯而進故輿說輹也居得其中能以其中不為馮河死而死悔遇難能止故无尤也

象曰輿說輹中无尤也　疏　正義曰九二雖與六五相應五處畜盛未可犯也若遇斯而進則輿說其輻車破敗也以其居中能遇難而止則无尤過故象云中无尤也以其居中能自止息故无尤也此輿說輻亦假象以明人事也

九三良馬逐利艱貞曰閑輿衛利有攸往　注云凡物極則反故畜極則通初二之進值於畜盛故不可以

升至於九三升于上九而上九處天衢之亨塗徑大通進无違距可以馳騁故曰良馬逐也履當其位進得其時之乎通路不憂險厄故利艱貞也閑閑也衛護也進得其時雖涉艱難而无患也輿雖遇閑而故衛也與上合志故利有攸往也

象曰利有攸往上合志也　疏　正義曰九三良馬逐者初二之進值於畜盛不可以升至於九三升于上九而上九處天衢之亨塗徑大通進无違距故九三可以良馬馳逐也利艱貞者履當其位進得其時在乎通路不憂險厄故宜利艱難而貞正也若不值此時雖平易守正而尚不可況艱難而欲行正乎曰閑輿衛者進得其時涉難无患雖曰有人欲閑閡車輿乃是防衛見護也故云曰閑輿衛也利有攸往者與上合志利有所往故象曰上合志也

六四童牛之牿元吉　注云處艮之始履得其位能止

健初距不以能柔以止剛剛不敢犯抑鋭之始以息強爭豈唯獨利乃將有喜也象曰六四元吉有喜也疏正義曰童牛之牿者處艮之始履得其位能抑止剛健之初距此初九不須用角故用童牛牿止其初也元吉者柔以止剛剛不敢犯以息彊爭所以大吉而有喜也故象云元吉有喜也六五豶豕之牙吉注云豕牙橫猾剛暴難制之物謂二也五處得尊位為畜之主二剛而進能豶其牙柔能制健禁暴抑盛豈唯能固其位乃將有慶也象曰六五之吉有慶也疏正義曰豶豕之牙者豕牙謂九二也二既剛陽似豕牙之橫猾九二欲進此六五處得尊位能豶損其牙故云豶豕之牙柔能制剛禁暴抑盛所以吉也非唯獨吉乃終久有慶故象云六五之吉有慶也注豕牙至有慶也正義曰能豶其牙者豶

注意則豶是禁制損去之名褚氏云豶除也除其牙也然豶之為除爾雅无訓案爾雅云豶大防則豶是隄防之義此豶其牙謂防止其牙古字假借雖豕傍土邊之異其義亦通豶其牙謂止其牙也上九何天之衢亨注云處畜之極畜極則通大畜以至於大亨之時何辭也猶云何畜乃天之衢亨也象曰何天之衢道大行也疏正義曰何天之衢亨者何謂語辭猶云何畜也處畜極之時更何所畜乃天之衢亨无所不通也故象云何天之衢道大行也何氏云天衢既通道乃大亨

䷚震下艮上頤貞吉觀頤自求口實疏正義曰頤貞吉者於頤養之世養此貞正則得吉也觀頤者頤養也觀此聖人所養物也自求口實者觀其自養求其口中之

實也彖曰頤貞吉養正則吉也觀頤觀其所養也自求口實觀其自養也天地養萬物聖人養賢以及萬民頤之時大矣哉疏正義曰頤貞吉養正則吉者釋頤貞吉之義頤養也貞正也所養得正則有吉也其養正之言乃兼二義一者養此賢人是其養正故下云聖人養賢以及萬民二者謂養身得正故象云慎言語節飲食以此言之則養正之文兼養賢及自養之義也觀頤觀其所養也者釋觀頤之義也言在下觀視在上頤養所養何人故云觀頤觀其所養也自求口實觀其自養者釋自求口實之義也謂在下之人觀此在上自求口中之實是觀其自養則是在下觀上乃有二義若所養是賢及自養有節則是其德盛也若所養非賢及自養乖度則其德惡也此

卦之意欲使所養得也不欲所養失也天地養萬物者自此已下廣言頤卦所養事大故云天地養萬物也聖人養賢以及萬民者先須養賢乃得養民故云養賢以及萬民也聖人但養賢人使治衆衆皆獲安有如虞舜六人周武十人漢帝張良齊君管仲此皆養得賢人以為輔佐政治世康兆庶咸說此則聖人養賢以及萬民之義也頤之時大矣哉者以彖釋頤義於理既盡更无餘意故不云義所以直言頤之時大矣哉以所養得廣故云大矣哉象曰山下有雷頤君子以慎言語節飲食注云言語飲食猶慎而節之而況其餘乎疏正義曰山止於上雷動於下頤之為用下動上止故曰山下有雷頤人之開發言語咀嚼飲食皆動頤之事故君子觀此頤象以謹慎言語裁節飲食先儒云禍從口出患從口入故於頤養而慎節也初九

舍爾靈龜觀我朶頤凶注云朶頤者嚼也以陽處下而為動始不能令物由己養動而求養者也夫安身莫若自保守道則福至求祿則辱來居養賢之世不能貞其所履以全其德而舍其靈龜之明兆羡我朶頤而躁求離其致養之至道闚我寵祿而競進凶莫甚焉

象曰觀我朶頤亦不足貴也疏正義曰舍爾靈龜觀我朶頤凶者靈龜謂神靈明鑒之龜兆以喻己之明德也朶頤謂朶動之頤以嚼物喻貪惏以求食也初九以陽處下而為動始不能使物賴己而養而更自動求養是舍其靈龜之明兆觀我朶頤而躁求是損己廉靜之德行其貪竊之情所以凶也不足可貴故象云亦不足貴也注朶頤至甚焉正義曰朶頤者嚼也者朶是動義如手之捉物謂之朶也今動其頤故知嚼也不能令物由己養者若道

德弘大則己能養物是物由己養今身處无位之地又居震動之始是動而自求養也離其致養之至道闚我寵祿而競進者若能自守廉靜保其明德則能致君上所養今不能守廉靜是離其致養之至道反以求其寵祿而競進也

六二顛頤拂經于丘頤征凶注云養下曰顛頤拂違也經猶義也丘所履之常也處下體之中无應於上反而養初居下不奉上而反養下故曰顛頤拂經于丘也以此而養未見其福也以此而行未見有與故曰頤征凶

象曰六二征凶行失類也注云類皆上養而二處下養初疏正義曰顛倒也拂違也經義也丘所履之常處也六二處下體之中无應於上反倒下養初故曰顛頤下當奉上是義之常處也今不奉於上而反養於下是違此經義於常之處故云拂經於丘也頤征凶者征行也若以此而

養所行皆凶故曰頤征凶也象曰六二征凶行失類也者頤養之體類皆養上也今此獨養下是所行失類也

六三拂頤貞凶十年勿用无攸利注云履夫不正以養於上納上以諂者也拂養正之義故曰拂頤貞凶也處頤而為此行十年見棄者也立行於斯无施而利

象曰十年勿用道大悖也疏正義曰拂頤貞凶者拂違也履夫不正以養上九是自納於上以諂媚者也違養正之義故曰拂頤貞而有凶也為行如此雖至十年猶勿用而見棄也故曰十年勿用立行於此故无所利也象曰十年勿用道大悖者釋十年勿用之義以其養上以諂媚則於正道大悖亂解十年勿用見棄也

六四顛頤吉虎視眈眈其欲逐逐无咎注云體屬上體居得其位而應於初以上養下得頤之義故曰

顛頤吉也下交不可以瀆故虎視眈眈威而不猛不惡而嚴養德施賢何可有利故其欲逐逐尚敦實也脩此二者然後乃得全其吉而无咎觀其自養則履正察其所養則養陽頤爻之貴斯為盛矣

象曰顛頤之吉上施光也疏正義曰顛頤吉者體屬上體居得其位而應於初以上養下得養之宜所以吉也虎視眈眈者以上養下不可褻瀆恒如虎視眈眈然威而不猛也其欲逐逐者既養於下不可有求其情之所欲逐逐然尚於敦實也无咎者若能虎視眈眈其欲逐逐雖復顛頤養下則得吉而无咎也象曰顛頤之吉上施光者釋顛頤吉之義上謂四也下養於初是上施也能威而不猛如虎視眈眈又寡欲少求其欲逐逐能為此二者是上之所施有光明也然六二顛頤則為凶六四顛頤得為吉者六二身處下體而又下養所以凶也六四身處上體又

卷五第十七葉前

應於初陰而應陽又能威嚴寡欲所以吉也注
體屬至爲盛矣正義曰觀其自養則履正者以陰
處陰四自處其身是觀其自養則能履正道也察
其所養則養陽者六四下養於初是觀其所養初
是陽爻則能養陽也六五拂經居貞吉不可涉大川注云以陰居陽
拂頤之義也行則失類故宜居貞也无應於下而
比於上故可守貞從上得頤之吉雖得居貞之吉
處頤違謙難未可涉也象曰居貞之吉順以從上也疏正義曰拂
違也經義也以陰居陽不有謙退乖違於頤養之
義故言拂經也居貞吉者行則失類居貞吉也不
可涉大川者處頤違謙患難未解故不可涉大川
故居貞吉也象曰順以從上者釋居貞之義以五
近上九以陰順陽親從於上故得居貞吉也上九由頤厲吉利涉大川

二九五

卷五第十七葉後

注云以陽處上而履四陰陰不能獨爲主必宗於
陽也故莫不由之以得其養故曰由頤爲衆陰之
主不可瀆也故厲乃吉有似家人悔厲之義貴而
无位是以厲也高而有民是以吉也爲養之主物
莫之違故利涉大川也象曰由頤厲吉大有慶也疏正義曰由頤者
以陽處上而履四陰陰不能獨爲其主必宗事於
陽也衆陰莫不由之以得其養故曰由頤也厲吉
者爲衆陰之主不可褻瀆嚴厲乃吉故云厲吉也
利涉大川者爲養之主无所不爲故利涉大川而
有慶也故象云大有慶也
䷛巽下兌上大過注云音相過之過棟橈利有攸往亨疏正義
曰過謂過越之過非經過之過此衰難之世唯陽
爻乃大能過越常理以拯患難也故曰大過以人

二九六

卷五第十八葉前

事言之猶若聖人過越常理以拯患難也棟橈者
謂屋棟也本之與末俱橈弱以言衰亂之世始終
皆弱也利有攸往亨者既遭衰難聖人利有所往
以拯患難乃得亨通故云利有攸往亨也注音
相過之過正義曰相過者謂相過越之甚也非謂
相過從之過故象云澤滅木是過越之甚也四陽
在中二陰在外以陽之過越之甚也彖曰大過大者過也注云大者乃能過也
棟橈本末弱也注云初爲本而上爲末也剛過而中注云謂二也居陰過
也處二中也拯弱興衰不失其中也巽而說行注云巽而說行以比救難難乃濟利
有攸往乃亨注云危而弗持則將安用故往乃亨大過之時大矣哉
注云是君子有爲之時也疏正義曰大過大者過也者釋大過
之義也大者過謂盛大者乃能過

二九七

卷五第十八葉後

其分理以拯難也故於二爻陽處陰位乃能拯難
也亦是過甚之義棟橈本末弱也者釋棟橈義以
大過本末俱弱故屋棟橈弱也似若衰難之時始
終弱也剛過而中巽而說行利有攸往乃亨者此
釋利有攸往乃亨義剛過而中謂二也以陽處陰
是剛之過極之甚則陽來拯此陰難是過極之甚
也巽而說行者既以巽順和說而行難乃得濟故
利有攸往得亨也故云乃亨大過之時大矣哉此
廣說大過之美言當此大過之時唯君子有爲拯難其功甚大故曰大矣哉也象曰澤滅
木大過君子以獨立不懼遯世无悶注云此所以爲大過非凡
所及也疏正義曰澤滅木者澤體處下木體處上澤
无滅木之理今云澤滅木者乃是澤之甚
極而至滅木是極大過越之義其大過之卦有二
義也一者物之自然大相過越常分即此澤滅木

二九八

是也二者大人大過越常分以拯患難則九二枯楊生稊老夫得其女妻是也君子以獨立不懼遯世无悶者明君子於衰難之時卓爾獨立不有畏懼隱遯於世而无憂悶欲有遯難之心其操不改凡人遇此則不能然唯君子獨能如此是其過越之義

初六藉用白茅无咎 注云以柔處下過而可以无咎其唯慎乎 象曰藉用白茅柔在下也 疏 正義曰藉用白茅者以柔處下心能謹慎薦藉於物用絜白之茅言以絜素之道奉事於上也无咎者既能謹慎如此雖遇大過之難而无咎也以柔道在下所以免害故象云柔在下也

九二枯楊生稊老夫得其女妻无不利 注云稊者楊之秀也以陽處陰能過其本而救其弱者也上无其應心无特吝處過以此无衰不濟也故能令枯楊更生稊老夫更得少

妻拯弱興衰莫盛斯交故无不利也老過則枯少過則稚以老分少則稚者長以稚分老則枯者榮過以相與之謂也大過至衰而已至壯以至壯輔至衰應斯義也 象曰老夫女妻過以相與也 疏 正義曰枯楊稊者枯謂枯槁稊謂楊之秀者九二以陽處陰能過其本分而救其衰弱上无其應心无特吝處大過之時能行此道无有衰者不被拯濟故衰者更盛猶若枯槁之楊更生少壯之稊枯老之夫得其少女爲妻也无不利者謂拯弱興衰莫盛於此以斯而行无有不利也 象曰老夫女妻過以相與者釋老夫女妻之義若老夫而有老妻是依分相對今老夫而得女妻是過分相與也老夫得女妻是女妻以少而與老夫老夫得少而更壯是女妻過分而與夫也女妻而得少夫是依分相對今女妻得老夫是老夫減老而與少女妻既得其老則益長

是老夫過分而與妻也故云過以相與象直云老夫女妻不云枯楊生稊者枯楊則是老夫也生稊則女妻也其意相似故象略而不言 注稊者至斯義也 正義曰稊者楊柳之穗故云楊之秀也以陽處陰能過其本而救其弱者若以陽處陽是依其本分今以陽處陰是過越本分拯救弱陰也老過則枯少過則稚者老之太過則枯槁少之大過則幼稚也以老分少則稚者長也謂老夫減老而與女妻女妻得之而更益長故云以老分少則稚者長也以稚分老則枯者榮也者謂女妻減少而與老夫老夫得之似若枯者而更得生稊故云則枯者榮也云大過至衰而已至壯以至壯輔至衰應斯義者此大過之卦本明至壯輔至衰不論至衰減至壯故輔嗣此注特云以至壯輔至衰也象曰過以相與者因至壯而輔至衰似女妻而助老夫遂因云老夫減老而與少猶若至衰減衰而與壯

也其實不然也

九三棟橈凶 注云居大過之時處下體之極不能救危拯弱以隆其棟而以陽處陽自守所居又應於上係心在一宜其淹溺而凶衰也 象曰棟橈之凶不可以有輔也 疏 正義曰棟橈凶者居大過之時處下體之極以陽居陽不能救危拯弱唯自守而已獨應於上係心在一所以凶也心既褊狹不可以輔救衰難故象云不可以有輔也

九四棟隆吉有它吝 注云體屬上體以陽處陰能拯其弱不爲下所橈者也故棟隆吉也而應在初用心不弘故有它吝也 象曰棟隆之吉不橈乎下也 疏 正義曰棟隆吉者體居上體以陽處陰能拯救其弱不爲下所橈故得棟隆起而獲吉也有它吝者以有應在初心不弘闊故有它吝也象曰棟隆之吉不橈乎下也者釋棟隆之吉以

卷五第二十一葉前

其能拯於難不被橈乎在下故得棟隆吉九四應初行又謙順能拯於難然唯只拯初初謂下也下得其拯猶若所居屋棟隆起下必不橈何得之不被橈乎在下但經文云棟橈彖釋棟橈者本末弱也以屋棟橈弱而偏則屋下榱柱亦先弱柱爲本榱爲末觀此彖辭是足見其義故子産云棟折榱崩僑將壓焉以屋棟橈折則榱柱亦同崩此則義也

九五枯楊生華老婦得其士夫无咎无譽 注云處得尊位而以陽處陽未能拯危處得尊位亦未有橈故能生華不能生稊能得夫不能得妻處棟橈之世而爲无咎无譽何可長哉故生華不可久士夫誠可醜也

象曰枯楊生華何可久也老婦士夫亦可醜也

【疏】正義曰枯楊生華者處得尊位而以陽居陽未能拯危不如九二枯楊生稊但以處

二〇三

卷五第二十一葉後

在尊位唯得枯楊生華而已言其衰老雖被拯救其益少也又似年老之婦得其彊壯士夫婦已衰老夫又彊大亦是其益少也所拯難處少纔得无咎而已何有聲譽之美故无咎无譽也 象曰枯楊生華何可久者枯槁之楊被拯纔得生華何可長久尋當衰落也老婦士夫亦可醜也者婦當少稚於夫今年老之婦而得彊壯士夫亦可醜辱也此言九五不能廣拯衰難但使枯楊生華而已但使老婦得其士夫而已拯難狹劣故不得長久誠可醜辱言不如九二也 注處得至可醜也 正義曰處得尊位亦未有橈者以九三不得尊位故有棟橈今九五雖與九三同以陽居陽但九五處得尊位功雖未廣亦未有橈弱若其橈弱不能拯難不能使枯楊生華也以在尊位微有拯難但其功狹少但使枯楊生華而已不能使之生稊也能得夫不能得妻者若拯難功闊則老夫得其女妻是得

二〇四

卷五第二十二葉前

少之甚也今既拯難功狹但能使老婦得士夫而已不能得女妻言老婦所得利益薄少皆爲拯難功薄故所益少也

上六過涉滅頂凶无咎 注云處大過之極過之甚也涉難過甚故至于滅頂凶志在救時故不可咎也

象曰過涉之凶不可咎也 注云雖凶无咎不害義也

【疏】正義曰過涉滅頂凶者處大過之極是過越之甚也以此涉危難乃至於滅頂言涉難深也既滅其頂所以凶也无咎者所以涉難滅頂至於凶亡本欲濟時拯難意善功惡无可咎責此猶龍逢比干憂時危亂不懼諫殺直言深諫以忤无道之主遂至滅亡其意則善而功不成復有何咎責此亦過涉滅頂凶无咎之象故象云不可咎言不可害於義理也

☵☵ 坎下坎上 習坎 注云坎險陷之名也習謂便習之 有孚維心亨 注云

二〇五

卷五第二十二葉後

剛正在內有孚者也陽不外發而在乎內心亨者也 行有尚 注云內亨外闇內剛外順以此行險行有尚也

【疏】正義曰習坎者坎是險陷之名習者便習之義險難之事非經便習不可以行故須便習於坎事乃得用故云習坎也有孚者孚信也由剛正在內故有信也維心亨者陽不外發而在於內是維心亨言心得通也行有尚者內亨外闇內剛外柔以此行險事可尊尚故云行有尚也案諸卦之名皆於卦上不加其字此坎卦之名特加習者以坎爲險難故特加習名習有二義一者習重也謂上下俱坎是重疊有險險之重疊乃成險之用也二者人之行險先須便習其事乃可得通故云習也 注剛正至亨者也 正義曰剛正在內者謂陽在中也內心剛正則能有誠信故云剛正在內有孚者也陽不外發而在乎內心亨者也者若外陽內陰則內心柔弱故不得亨通今以

二〇六

陽在於內陽能開通故維其在心之亨也注內
亨至有尚也正義曰內亨外闇者內陽故內亨外
陰故外闇以亨通之性而往詣陰
闇之所能通於險故行可貴尚也彖曰習坎重險
也注云坎以險爲用故特名曰重險言習坎者習乎重險也水流而不盈行險
而不失其信注云險陗之極故水流而不能盈也處至險而不失剛中行險而不失其
信者習險之謂也維心亨乃以剛中也行有尚往有功也
注云便習於坎而之坎地盡坎之宜故往必有功也天險不可升也注云不可得升
故得保其威尊地險山川丘陵也注云有山川丘陵故物得以保全也王公
設險以守其國注云國之爲衛恃於險也言自天地以下莫不須險也險之

時用大矣哉注云非用之常用有時也疏正義曰習坎重險者釋習坎之義言習坎
者習行重險險難也若險難不重不爲至險不須
便習亦可濟也今險難既重是險之甚者若不便
習不可濟也故注云習坎者習重險也水流而不
盈行險而不失其信者此釋重險習坎之義水流
而不盈謂險陷既極坑穽特深水雖流注不能盈
滿言險之甚也此釋重險之義也行險而不失其
信謂行此至險能守其剛中不失其信也此釋習
坎及有孚之義也以能便習於險故守剛中不失
其信也維心亨乃以剛中也者釋維心亨義也以
剛在於中故維得心亨也行有尚往有功者此釋
行有尚也既便習於坎而往之險地必有其功故
云行有尚往有功也天險不可升者已下廣明險
之用也言天之爲險懸邈高遠不可升上此天之
險也若其可升不得保其威尊故以不可升爲險

也地險山川丘陵也者言地以山川丘陵而爲險
也故地之所載之物保守其全若无山川丘陵則
地之所載之物失其性也故地以山川丘陵而爲
險也王公設險以守其國者言王公法象天地固
其城池嚴其法令以保守其國也險之時用大矣
哉者言天地已下莫不須險險難有時而用故其
功盛大矣哉注言習至重險也正義曰言習坎
者習乎重險也者言人便習於坎止是便習重險
便習之語以釋習名兩坎相重謂之重險又當習
義是一習之名有此兩義注險陗至之謂也正
義曰險陗之極故水流而不能盈者若淺岸平谷
則水流有可盈滿若其崖岸險峻澗谷泄漏是水
流不可盈滿是險難之極也注非用至有時也
正義曰非用之常用有時者若天險地險不可暫
无此謂人之設險用有時也若化洽平治內外輯
睦非用險也若家國有虞須設險防難是用有時

也象曰水洊至習坎注云重險懸絕故水洊至也不以坎爲隔絕相仍而至習
乎坎也君子以常德行習教事注云至險未夷教不可廢故以常德行而
習教事也習於坎然後乃能不以險難爲困而德
行不失常也故則夫習坎以常德行而習教事也
疏正義曰水洊至習坎者重險懸絕其水不以險
之懸絕水亦相仍而至故謂爲習坎也以人之
便習于坎猶若水之洊至水不以險爲難也君
以常德行習教事者言君子當法此便習於坎不
以險難爲困常守德行而習其政教之
事若能習其教事則可便習於險也初六習坎
入于坎窞凶注云習坎者習爲險難之事也最處
坎底入坎窞者也處重險而復入坎
底其道凶也行險而不能自濟習坎而入坎窞失
道而窮在坎底上无應援可以自濟是以凶也

卷五第二十五葉前

象曰習坎入坎失道凶也疏[illegible]窞凶者既處坎底上无應援是習為險難之事无人應援故入於坎窞而至凶也以其失道不能自濟故象云失道凶也

九二坎有險求小得注云履失其位故曰坎上无應援故曰有險坎而有險未能出險之中也處中而與初三相得故可以求小得也初三未足以為援故曰小得也

象曰求小得未出中也疏正義曰坎有險者履失其位故曰坎也上无應援故曰有險既在坎難而又遇險未能出險之中故象云未出中也求小得者以陽處中初三來附故可以求小得也初三柔弱未足以為大援故云求小得也

六三來之坎坎險且枕入于坎窞勿用注云既履非其位而又處兩坎之間出則之坎居則亦坎故曰來之

卷五第二十五葉後

坎坎也枕者枝而不安之謂也出則无之處則无安故曰險且枕也來之皆坎无所用之徒勞而已

象曰來之坎坎終无功也疏正義曰來之坎坎者履非其位而處兩坎之間出之與居皆在於坎故云來之坎坎也險且枕者枕枝而不安之謂也出則无應所以險處則不安故且枕也入于坎窞者出入皆難故入於坎窞也勿用者不可出行若其出行終必无功徒勞而已故象云終无功也

六四樽酒簋貳用缶納約自牖終无咎注云處重險而履正以柔居柔履得其位以承於五五亦得位剛柔各得其所不相犯位皆无餘應以相承比明信顯著不存外飾處坎以斯雖復一樽之酒二簋之食瓦缶之器納此至約自進於牖乃可羞之於王公薦之於宗廟故終无咎也

象曰樽酒簋貳剛柔際

卷五第二十六葉前

也注[illegible]相親焉際之謂也疏[illegible]險而履得其位以承於五五亦得位剛柔各得其所皆无餘應以相承比明信顯著不假外飾處坎以此雖復一樽之酒二簋之食故云樽酒簋貳也用缶者既有樽酒簋貳又用瓦缶之器故云用缶也納約自牖終无咎者納此儉約之物從牖而薦之可羞於王公可薦於宗廟故云終无咎也象曰樽酒簋貳剛柔際者釋樽酒簋貳義所以一樽之酒貳簋之食得進獻者以六四之柔與九五之剛兩相交際而相親故得以此儉約而為禮也

九五坎不盈祇既平无咎注云為坎之主而无應輔可以自佐未能盈坎者也坎之不盈則險不盡矣祇辭也為坎之主盡平乃无咎故曰祇既平无咎也說既平乃无咎明九五未免於咎也

象曰坎不盈中未大也疏正義

卷五第二十六葉後

曰坎不盈者為坎之主而无應輔可以自佐險難未能盈坎猶險難未盡也故云坎不盈也祇既平无咎者祇辭也謂險難既得盈滿而平乃得无咎若坎未盈平仍有咎也象曰坎不盈中未大者釋坎不盈之義雖復居中而无其應未得光大所以坎不盈滿也

上六係用徽纆寘于叢棘三歲不得凶注云險陗之極不可升也嚴法峻整難可犯也宜其囚執寘于思過之地三歲險道之夷也險終乃反故三歲不得自脩三歲乃可以求復故曰三歲不得凶也

象曰上六失道凶三歲也疏正義曰係用徽纆寘於叢棘者險陗之極不可升上嚴法峻整難可犯觸上六居此險陗之處犯其峻整之威所以被繫用其徽纆之繩置於叢棘謂囚執之處以棘叢而禁之也三歲不得凶者謂險道未終三歲已來不得其吉而有凶

也險終乃反若能自脩三歲後可以求復自新故象云上六失道凶三歲也言失道之凶唯三歲之後可以免也

☲☲離下離上離利貞亨注云離之爲卦以柔爲正故必貞而後乃亨故曰利貞亨也

畜牝牛吉注云柔處于內而履正中牝之善也外強而內順牛之善也離之爲體以柔順爲主者也故不可以畜剛猛之物而吉於畜牝牛也疏正義曰離利貞亨者離麗也麗謂附著也言萬物各得其所附著處故謂之離也利貞亨者離卦之體陰柔爲主柔則近於不正不正則不亨通故利在行正乃得亨通以此故亨在利貞之下故云利貞亨畜牝牛吉者柔處於內而履正中是牝之善者外強內順是牛之善者也離之爲體以柔順爲主故畜養牝牛乃得其吉若畜養剛

健則不可也此云畜牝牛假象以明人事也言離之爲德須內順外強而行此德則得吉也若內剛外順則反離之道也注離之至貞亨也正義曰離之爲卦以柔爲正者二與五俱是陰爻處於上下兩卦之中是以柔爲正注柔處至牝牛也正義曰柔處於內而履正中牝之善也者若柔不處於內似婦人而預外事若柔而不履正中則邪僻之行皆非牝之善也若柔能處中行能履正是爲牝之善也云外強而內順牛之善者明若內外俱強則失於猛害若外內俱順則失於劣弱唯外強內順於用爲善故云外強內順牛之善也離之爲體以柔順爲主故不可以畜剛猛之物者既以柔順爲主若畜剛猛之物則反其德故不可畜剛猛而畜牝牛也彖曰離麗也注云麗猶著也各得所著之宜日月麗乎天百穀草木麗乎土重明以

麗乎正乃化成天下柔麗乎中正故亨是以畜牝牛吉也注云柔著于中正乃得通也柔通之吉極於畜牝牛不能及剛猛也疏正義曰離麗者釋離卦之名麗謂附著也以陰柔之質附著中正之位得所著之宜故云麗也日月麗乎天百穀草木麗乎土者此廣明附著之義以柔附著中正是附得宜故廣言所附得宜之事也重明以麗乎正乃化成天下者此以卦象說離之功德也并明利貞之義也重明謂上下俱離麗乎正也者謂兩陰在內既有重明之德又附於正道所以化成天下也然陰居二位可謂爲正若陰居五位非其正位而云重明麗乎正者以五處於中正又居尊位雖非陰陽之正乃是事理之正故總云麗於正也柔麗乎中正故亨是以畜牝牛吉者釋經亨義也又總釋畜牝牛吉也柔麗於中正謂六

五六二之柔皆麗於中中則不偏故云中正以中正爲德故萬事亨以中正得通故畜養牝牛而得吉也以牝牛有中正故也案諸卦之彖釋卦名之下乃釋卦下之義於後乃歎而美之此彖既釋卦名即廣歎爲卦之美乃釋卦下之義與諸卦不例者此乃夫子隨義則言因文之便也此既釋離名麗因廣說日月草木所麗之事然後却明卦下之義更无義例象曰明兩作離大人以繼明照于四方注云繼謂不絕也明照相繼不絕曠也疏正義曰明兩作離者離爲日日爲明今有上下二離故云明兩作離也案八純之卦論象不同各因卦體事義隨文而發乾坤不論上下之體直總云天行健地勢坤以天地之大故總稱上下二體也雷是連續之至水爲流注不已義皆取連續相因故震云洊雷坎云洊至也風是搖動相隨之物故云隨風巽

卷五第二十九葉前 三一九

也山澤各自爲體非相入之物故云兼山艮麗澤兊是兩物各行也今明之爲體前後各照故云明兩作離是積聚兩明乃作於離若一明暫絕其離未乆必取兩明前後相續乃得作離卦之美故云大人以繼明照於四方是繼續其明乃得照於四方若明不繼續則不得乆爲照臨所以特云明兩作離取不絕之義也**初九履錯然敬之无咎**注云錯然者警愼之貌也處離之始將進而盛未在既濟故宜愼其所履以敬爲務辟其咎也**象曰履錯之敬以辟咎也**疏正義曰履錯然者身處離初將欲前進其道未濟故其所履踐恒錯然敬愼不敢自寧故云履錯然敬之无咎若能如此恭敬則得避其禍而无咎故象云履錯之敬以避咎也注錯然至其咎也正義曰錯然者警愼之貌者錯是警懼之狀其心未寧故錯然也言處離之始將

卷五第二十九葉後 三二〇

進而盛未在既濟者將進而盛謂將欲前進而向盛也若位在於三則得既濟今位在於初是未在既濟謂功業未大故宜愼其所履恒須錯然避咎也**六二黃離元吉**注云居中得位以柔處柔履文明之盛而得其中故曰黃離元吉也**象曰黃離元吉得中道也**疏正義曰黃者中色離者文明居中得位而處於文明故元吉也故象云得中道以其得中央黃色之道也**九三日昃之離不鼓缶而歌則大耋之嗟凶**注云嗟憂歎之辭也處下離之終明在將沒故曰日昃之離也明在將終若不委之於人養志无爲則至于耋老有嗟凶矣故曰不鼓缶而歌則大耋之嗟凶也**象曰日昃之離何可乆也**疏正義曰日昃之離者處下離之終其明將没故云日昃之離也不鼓缶而

卷五第三十葉前 三二一

歌則大耋之嗟凶者時既老耄當須委事任人自取逸樂若不委之於人則是不鼓擊其缶而爲歌則至於大耋老耄而咨嗟何可乆長所以凶也故象云日昃之離何可乆也**九四突如其來如焚如死如棄如**注云處於明道始變之際昬而始曉没而始出故曰突如其來如其明始進其炎始盛故曰焚如逼近至尊履非其位欲進其盛以炎其上命必不終故曰死如違離之義无應无承衆所不容故曰棄如也**象曰突如其來如无所容也**疏正義曰突如其來如者四處始變之際三爲始昬四爲始曉三爲已没四爲始出突然而至忽然而來故曰突如其來如也焚如者逼近至尊履非其位欲進其盛以焚炎其上故云焚如也死如者既焚其上命必不全故云死如也棄如者違於離道无應无承衆所不容故云棄如是

卷五第三十葉後 三二二

以象云无所容也**六五出涕沱若戚嗟若吉**注云履非其位不勝所履以柔乘剛不能制下下剛而進將來害己憂傷之深至于沱嗟也然所麗在尊四爲逆首憂傷至深衆之所助故乃沱嗟而獲吉也**象曰六五之吉離王公也**疏正義曰出涕沱若者履非其位不勝其任以柔乘剛不能制下下剛而進將來害己憂傷之深所以出涕滂沱憂戚而咨嗟也若是語辭也吉者以所居在尊位四爲逆首已能憂傷悲嗟衆之所助所以吉也象曰六五之吉離王公者此釋六五吉義也所以終得吉者以其所居在五離附於王公之位被衆所助故得吉也五爲王位而言公者此連王而言公取其便文以會韻也**上九王用出征有嘉折首獲匪其醜无咎**注云離麗也各得安其所麗謂之離處離

之極離道已成則除其非類以去民害王用出征之時也故必有嘉折首獲匪其醜乃得无咎也

象曰王用出征以正邦也 疏 正義曰王用出征者處離之極離道既成物皆親附當除去其非類以去民害故王用出征也有嘉折首獲匪其醜者以出征罪人事必剋獲故有嘉美之功折斷罪人之首獲得匪其醜類乃得无咎也若不出征除害居在終極之地則有咎也象曰王用出征以正邦也者釋出征之義言所出征者除去民害以正邦國故也

周易注疏卷第五 甲午十二月癸巳子遹三山東窗閱標

正於右京亮藤原憲忠寫進

卷五第三十一葉前

卷五第三十一葉後

卷六第一葉前

周易注疏卷第六

國子祭酒上護軍曲阜縣開國子臣孔穎達奉

勅撰

☶☱ 艮下兌上 咸亨利貞取女吉 疏 正義曰先儒以易之舊題分自此已上三十卦為上經已下三十四卦為下經序卦至此又別起端首先儒皆以上經明天道下經明人事然韓康伯注序卦破此義云夫易六畫成卦三才必備錯綜天人以效變化豈有天道人事偏於上下哉案上經之內明飲食必有訟訟必有衆起是兼於人事不專天道既不專天道則下經不專人事理則然矣但孔子序卦不以咸繫離繫辭云二篇之策則是六十四卦舊分上下乾坤象

卷六第一葉後

天地咸相明夫婦乾坤乃造化之本夫婦實人倫之原因而擬之何為不可天地各卦夫婦共卦者周氏云尊天地之道略於人事猶如三才天地為二人止為一也此必不然竊謂乾坤明天地初闢至屯乃剛柔始交故以純陽象天純陰象地則咸以明人事人物既生共相感應若二氣不交則不成於相感自然天地各一夫婦共卦此不言可悉豈宜妄為異端咸亨利貞取女吉者咸感也此卦明人倫之始夫婦之義必須男女共相感應方成夫婦既相感應乃得亨通若以邪道相通則凶害斯及故利在貞正既感通以正即是婚媾之善故云咸亨利貞取女吉也 彖曰咸感也柔上而剛下二氣感應以相與 注云是以亨也 止而說 注云故利 男下女 注云取 是以亨利貞取女吉也天地

卷六第二葉前

感而萬物化生 注云二氣相與乃化生也 聖人感人心而天下和平觀其所感而天地萬物之情可見矣 注云天地萬物之情見於所感也凡感之爲道不能感非類者也故引取女以明同類之義也同類而不相感應以其各亢所處也故女雖應男之物必下之而後取女乃吉也 疏 正義曰柔上而剛下二氣感應以相與者此因上下二體釋咸亨之義也艮剛而兌柔若剛自在上柔自在下則不相交感无由得通今兌柔在上而艮剛在下是二氣感應以相授與所以爲咸亨也止而說者此因二卦之義釋利貞也艮止而兌說也能自靜止則不隨動欲以止行說則不爲邪諂不失其正所以利貞也男下女者此因二卦之象釋取女吉之義艮爲少男而居於下兌爲少女而處於上是男下於女也婚

卷六第二葉後

姻之義男先求女親迎之禮御輪三周皆是男先下於女然後女應於男所以取女得吉者也是以亨利貞取女吉者次第釋詮總舉繇辭以結之天地感而萬物化生者以下廣明感之義也天地二氣若不感應相與則萬物无由得變化而生聖人感人心而天下和平者聖人設教感動人心使變惡從善然後天下和平觀其所感而天地萬物之情可見矣者結歎咸道之廣大則包天地小則該萬物感物而動謂之情也天地萬物皆以氣類共相感應故觀其所感而天地萬物之情可見矣也

象曰山上有澤咸君子以虛受人 注云以虛受人物乃感應 疏 正義曰山上有澤咸澤性下流能潤於下山體上承能受其潤以山感澤所以爲咸君子以虛受人者君子法此咸卦下山上澤故能空虛其懷不自有實受納於物无所棄遺以此感人莫不皆應

卷六第三葉前

初六咸其拇 注云處咸之初爲感之始所感在末故有志而已如其本實未至傷靜 象曰咸其拇志在外也 注云四屬外卦 疏 正義曰咸其拇者拇是足大指也體之最末初應在四俱處卦始爲感淺末取譬一身在於足指而已故曰咸其拇也象曰志在外者外謂四也與四相應所感在外處於感初有志而已故云志在外也注如其本實未至傷靜正義曰六二咸道轉進所感在腓腓體動躁則成往而行今初六所感淺末則譬於拇指指雖小動未移其足以喻人心初感始有其志志雖小動未甚躁求凡吉凶悔吝生乎動者也以其本實未傷於靜故无吉凶悔吝之辭 六二咸其腓凶居吉 注云咸道轉進離拇升腓腓體動躁者也感物以躁凶之道也由躁故凶居則吉矣處不乘剛故可以居而獲吉 象曰雖

卷六第三葉後

凶居吉順不害也 注云陰而爲居順之道也不躁而居順不害也 疏 正義曰咸其腓凶居吉者腓足之腓腸也六二應在九五咸道轉進離拇升腓腓體動躁躁以相感凶之道也由躁故凶靜居則吉故曰咸其腓凶居吉以不乘剛故可以居而獲吉象曰雖凶居吉順不害者雖者與奪之辭若旣以凶矣何由得居而獲吉良由陰性本靜今能不躁而居順其本性則不有災害免凶而獲吉也 注腓體動躁者也 正義曰王廙云動於腓腸斯則行矣故言腓體動躁也 九三咸其股執其隨往吝 注云股之爲物隨足者也進不能制動退不能靜處所感在股志在隨人者也志在隨人所執亦以賤矣用斯以往吝其宜也 象曰咸其股亦不處也志在隨人所執下也 疏 正義曰咸其股執其隨往

吝者九三處二之上轉高至股股之爲體動靜隨足進不能制足之動退不能靜守其處股是可動之物足動則隨不能自處常執其隨足之志故云咸其股執其隨施之於人自无操持志在隨人所執卑下以斯而往鄙吝之道故言往吝象曰咸其股亦不處也者非但進不能制動退亦不能靜處也所執下者旣志在隨人是其志意所執下賤也

九四貞吉悔亡憧憧往來朋從爾思 注云處上卦之初應下卦之始居體之中在股之上二體始相交感以通其志心神始感者也凡物始感而不以之於正則至於害故必貞然後乃吉吉然後乃得亡其悔也始在於感未盡感極不能至於无思以得其黨故有憧憧往來然後朋從其思也 象曰貞吉悔亡未感害也 注云未感於害故可正之得悔亡也 憧憧往來未

光大也 疏 正義曰貞吉悔亡者九四居上卦之初應下卦之始居體之中在股之上二體始相交感以通其志心神始感者也凡物始感而不以之於正則害之將及矣故必貞然後乃吉吉然後乃得亡其悔也故曰貞吉悔亡也憧憧往來朋從爾思者始在於感未盡感極惟欲思運動以求相應未能忘懷息照任夫自然故有憧憧往來然後朋從爾之所思也象曰未感害者心神始感未至於害故不可不正正而故得悔亡也未光大者非感之極不能无思无欲故未光大也

九五咸其脢无悔 注云脢者心之上口之下進不能大感退亦不爲无志其志淺末故无悔而已 象曰咸其脢志末也 疏 正義曰咸其脢无悔者脢者心之上口之下也四已居體之中爲心神所感五進在於四上故所感在脢脢已過心故進不能大感

由在心上退亦不能无志志在淺末故无悔而已故曰咸其脢无悔也象曰志末也者末猶淺也感以心爲深過心則謂之淺末矣 注脢者至而已 正義曰脢者心之上口之下者子夏易傳曰在脊曰脢馬融云脢背也鄭玄云脢脊肉也王肅云脢在背而夾脊說文云脢背肉也雖諸說不同大體皆在心上輔嗣以四爲心神上爲輔頰五在上四之間故直云心之上口之下也明其淺於心神厚於言語

上六咸其輔頰舌 注云咸道轉末故在口舌言語而已 象曰咸其輔頰舌騰口說也 注云輔頰舌者所以爲語之具也咸其輔頰舌則騰口說也憧憧往來猶未光大況在騰口薄可知也 疏 正義曰咸其輔頰舌者馬融云輔上頷也輔頰舌者言語之具咸道轉末在於口舌言語而已故云咸其輔頰舌也象曰騰口說也者舊說字作騰

徒登反騰競與也所競者口无復心實故云騰口說也鄭玄又作媵媵送也咸道極薄徒送口舌言語相感而已不復有志於其間王注義得兩通未知誰同其旨也

䷟ 巽下震上 恒亨无咎利貞 注云恒而亨以濟三事也恒之爲道亨乃无咎也恒通无咎乃利正也 利有攸往 注云各得所恒修其常道終則有始往而无違故利有攸往也 疏 正義曰恒亨无咎利貞者恒久也恒久之道所貴變通必須變通隨時方可長久能久能通乃无咎也恒通无咎然後利以行正故曰恒亨无咎利貞也利有攸往者得其常道何往不利故曰利有攸往也 注恒而亨以濟三事也 正義曰褚氏云三事謂无咎利貞利有攸往莊氏云三事者无咎一也利二也貞三也周氏云三事者一亨也二无咎也三利貞也注不明數故先

卷六第六葉前

儒各以意説竊謂注云恒而亨以濟三事者明用此恒亨濟彼三事无疑亨字在三事之中而此注云恒之爲道亨乃无咎恒通无咎乃利正也又注彖曰道得所久則常通无咎而利正也此解皆以利正相將爲一事分以爲二恐非注旨驗此注云恒之爲道亨乃无咎此以恒亨濟无咎也又云恒通无咎乃利正也此以恒亨濟利貞也下注利有攸往云各得所恒脩其常道終則有始往而无違故利有攸往此以恒亨濟利有攸往也觀文驗注褚氏爲長

彖曰恒久也剛上而柔下 注云剛尊柔卑得其序也 雷風相與 注云長陽長陰能相成也 巽而動 注云動无違也 剛柔皆應 注云不孤媲也 恒 注云皆可久之道 恒亨无咎利貞久於其道也 注云道得所久則常通无咎而利正也 天地之道

卷六第六葉後

恒久而不已也 注云得其所久故不已也 利有攸往終則有始也 注云得其常道故終則復始往无窮極 日月得天而能久照四時變化而能久成聖人久於其道而天下化成 注云言各得其所恒故皆能長久 觀其所恒而天地萬物之情可見矣 注云天地萬物之情見於所恒也 疏 正義曰恒久也者訓釋卦名也恒之爲名以長久爲義剛上而柔下者既訓恒爲久因明此卦得其恒名所以釋可久之意此就二體以釋恒也震剛而巽柔震則剛尊在上巽則柔卑在下得其順序所以爲恒也雷風相與者此就二象釋恒也雷之與風陰陽交感二氣相與更互而相成故得恒久也巽而動者此就二卦之義因釋恒名震動而巽順

卷六第七葉前

无有違逆所以可恒此剛柔皆應者此就六爻釋恒此卦六爻剛柔皆相應和无孤媲者故可長久此恒者歷就四義釋恒名訖故更舉卦名以結之也明上四事皆可久之道故名此卦爲恒恒亨无咎利貞久於其道者此就名釋卦之德言所以得亨无咎利貞者更无別義正以得其恒久之道故言久於其道也天地之道恒久而不已也者將釋利有攸往先舉天地以爲證喻言天地得其恒久之道故久而不已也利有攸往終則有始者舉經以結成也人用恒久之道會於變通故終則復始往无窮極同於天地之不已所以爲利也日月得天而能久照者以下廣明恒義上言天地之道恒久而不已也故日月得天所以亦能久照四時變化而能久成者四時更代寒暑相變所以能久生成萬物聖人久於其道而天下化成者聖人應變隨時得其長久之道所以能光宅天下使萬物從

卷六第七葉後

化而成也觀其所恒而天地萬物之情可見矣總結恒義也 注剛尊柔卑得其序也 正義曰咸明咸應故柔上而剛下取二氣相交也恒明長久故剛上而柔下取尊卑得序也 注長陽長陰能相成也 正義曰震爲長男故曰長陽巽爲長女故曰長陰彖曰雷風相與雷之與風共相助成之義故褚氏云雷資風而益遠風假雷而增威是也今言長陽長陰能相成者因震爲長男巽爲長女遂以長陽長陰而名之作文之體也又此卦明夫婦可久之道故以二長相成如雷風之義也 注不孤媲也 正義曰媲配也

象曰雷風恒 注云長陽長陰合而相與可久之道也 君子以立不易方 注云得其所久故不易也 疏 正義曰雷風相與爲恒已如彖釋君子以立不易方者君子立身得其恒久之道故不改易其方方猶道也

初六浚恒

卷六第八葉前

貞凶无攸利注云處恒之初最處卦底始求深者也求深窮底令物无餘緼漸以至此
物猶不堪而況始求深者乎以此爲恒凶正害德无施而利也象曰浚恒之凶始
求深也疏正義曰浚深也最處卦底故曰深也深恒者以深爲恒是也施之於仁義
即不厭深施之於正即求物之情過深是凶正害德无施而利故曰浚恒貞凶无攸利也注始求
深者乎正義曰處卦之初故言始也最在於下故言深也所以致凶謂在於始而求深者也九
二悔亡注云雖失其位恒位於中可以消悔也象曰九二悔亡能久
中也疏正義曰失位故稱悔居中故悔亡也象曰能久中者處恒故能久位在於中所
以消悔也九三不恒其德或承之羞貞吝注云處三陽之中居下體

卷六第八葉後

之上處上體之下上不全尊下不全卑中不在體體在乎恒而分无所定无恒者也德行无恒自相
違錯不可致詰故或承之羞也施德於斯物莫之納鄙賤甚矣故曰貞吝也象曰不恒
其德无所容也疏正義曰不恒其德或承之羞貞吝者九三居下體之上處
上體之下雖處三陽之中又在不中之位上不全尊下不全卑執心不定德行无恒故曰不恒其德
既无恒自相違錯則爲羞辱承之所羞非一故曰或承之羞也處久如斯正之所賤故曰貞吝也象
曰无所容者謂不恒之人所往之處皆不納之故无所容也注中不在體至不可致詰正義曰雖
在三陽之中非一體之中也不可致詰者詰問也違錯處多不足問其事理所以明其羞辱之深如
論語云於予與何誅九四田无禽注云恒於非位雖勞无獲也象曰久非

卷六第九葉前

其位安得禽也疏正義曰田者田獵也以譬有事也无禽者田獵不獲以喻
有事无功也恒於非位故勞而无功也象曰久非其位安得禽者在恒而失位是久非其位田獵而
无所獲是安得禽也六五恒其德貞婦人吉夫子凶注云居得尊位
爲恒之主不能制義而係應在二用心專貞從唱而已婦人之吉夫子之凶也象曰婦人
貞吉從一而終也夫子制義從婦凶也疏正義曰恒
其德貞者六五係應在二不能傍及他人是恒常貞一其德故曰恒其德貞也婦人吉者用心專
貞從唱而已是婦人之吉也夫子凶者夫子須制斷事宜不可專貞從唱故曰夫子凶也象曰從一
而終者謂用心貞一從其貞一而自終也從婦凶者五與二相應五居尊位在震爲夫二[illegible]下體

卷六第九葉後

巽爲婦五係於二故曰從婦凶也上六振恒凶注云夫靜爲躁君安爲動主故安者
上之所處也靜者可久之道也處卦之上居動之極以此爲恒无施而得也象曰振恒
在上大无功也疏正義曰振恒凶者振動也凡處於上者當守靜以制動今
上六居恒之上處動之極以振爲恒所以凶也象曰大无功者居上而以振動爲恒无施而得故曰
大无功也

䷠艮下乾上遯亨小利貞疏正義曰遯亨者遯者隱退逃避之名陰長
之卦小人方用君子日消君子當此之時若不隱遯避世即受其害須遯而後得通故曰遯亨小利
貞者陰道初始浸長正道亦未全滅故曰小利貞象曰遯亨遯而亨也注云

卷六第十葉前

遯之爲義遯乃通也剛當位而應與時行也注云謂五也以剛當位而應非否亢也遯不否亢能與時行也小利貞浸而長也注云陰道欲浸而長正道亦未全滅故小利貞也遯之時義大矣哉【疏】正義曰遯而亨者此釋遯之所以得亨通之義小人之道方長君子非遯不通故曰遯而亨也剛當位而應與時行者舉九五之爻釋所以能遯而致亨之由良由九五以剛而當其位有應於二非爲否亢遯不否亢即是相時而動所以遯而得亨故云剛當位而應與時行也小利貞浸而長者釋小利貞之義浸者漸進之名若陰德暴進即消正道良由二陰漸長而正道亦未即全滅故云小利貞也遯之時義大矣哉歎美遯德相時度宜避世而遯自非大人照幾不能如此其義甚大故云大矣哉象曰天下有

卷六第十葉後

山遯注云天下有山陰長之象君子以遠小人不惡而嚴【疏】正義曰天下有山遯者山者陰類進在天下即是山勢欲上逼於天天性高遠不受於逼是遯避之象故曰天下有山遯君子以遠小人不惡而嚴者君子當此遯避之時小人進長理須遠避力不能討故不可爲惡復不可與之褻瀆故曰不惡而嚴注天下有山陰長之象正義曰積陽爲天積陰爲地山者地之高峻今上逼於天是陰長之象初六遯尾厲勿用有攸往注云遯之爲義辟內而之外者也尾之爲物最在體後者也處遯之時不往何災而爲遯尾禍所及也危至而後求行難可免乎厲則勿用有攸往也象曰遯尾之厲不往何災也【疏】正義曰遯尾厲者爲遯之尾最在後遯者也小人長於內應出外以避之而最

卷六第十一葉前

在卦內是遯之爲後也逃遯之世宜遠遠而居先而爲遯尾禍所及也故曰遯尾厲也勿用有攸往者危厲既至則當固窮危行言遜勿用更有所往故曰勿用有攸往象曰不往何災者象釋當遯之時宜須出避而勿用有攸往者既爲遯尾出必見執不如不往不往即无災害何災者猶言无災也與何傷何咎之義同也六二執之用黃牛之革莫之勝說注云居內處中爲遯之主物皆遯已何以固之若能執乎理中厚順之道以固之也則莫之勝解象曰執用黃牛固志也【疏】正義曰執之用黃牛之革莫之勝說者逃遯之世避內出外二既處中居內即非遯之人也既非遯之人便爲所遯之主物皆棄已而遯何以執固留之惟有中和厚順之道可以固而安之也能用此道則无能勝已解脫而去也黃中之色以譬中

卷六第十一葉後

和牛性順從皮體堅厚牛革以譬厚順也六二居中得位亦是能用中和厚順之道故曰執之用黃牛之革莫之勝說也象曰固志者堅固遯者之志使不去已也九三係遯有疾厲畜臣妾吉注云在內近二以陽附陰宜遯而繫故曰繫遯遯之爲義宜遠小人以陽附陰繫於所在不能遠害亦已憊矣宜其屈辱而危厲也繫於所在畜臣妾可也施於大事凶之道也象曰係遯之厲有疾憊也畜臣妾吉不可大事也【疏】正義曰係遯者九三无應於上與二相比以陽附陰係意在二處遯之世而意有所係故曰係遯有疾厲者遯之爲義宜遠小人既係於陰即是有疾憊而致危厲故曰有疾厲也畜臣妾吉者親於所近係在於下施之於人畜養臣妾則可矣大事則凶故曰畜臣妾吉象曰不可大事者釋

卷六第十二葉前

此係遯之人以畜臣妾吉明其不可為大事也九四好遯君子吉小人否注云處於外而有應於內君子好遯故能舍之小人繫戀是以否也象曰君子好遯小人否也注云音臧否之否疏正義曰九四處在於外而有應於內處外即意欲遠遯應內則未能棄捨若好遯君子超然不顧所以得吉小人有所係戀即不能遯故曰小人否也　注音臧否之否正義曰嫌讀為圮故音之也九五嘉遯貞吉注云遯而得正反制於內小人應命率正其志不惡而嚴得正之吉遯之嘉也象曰嘉遯貞吉以正志也疏正義曰嘉遯貞吉者嘉美也五居於外得位居中是遯而得正二為已應不敢違拒從五之命率正其志遯而得正反制於內不惡而嚴得正之吉為遯之美故曰嘉遯貞吉

三四七

卷六第十二葉後

也象曰以正志者小人應命不敢為邪是五能正二之志故成遯之美也上九肥遯无不利注云最處外極无應於內超然絕志心无疑顧憂患不能累矰繳不能及是以肥遯无不利也象曰肥遯无不利无所疑也疏正義曰子夏傳曰肥饒裕也四五雖在於外皆在內有應猶有反顧之心惟上九最在外極无應於內心无疑顧是遯之最優故曰肥遯遯而得肥无所不利故云无不利也　注矰繳不能及正義曰矰矢名也鄭注周禮結繳於矢謂之矰繳字林及說文云繳生絲縷也

䷡ 乾下震上大壯利貞疏正義曰大壯卦名也壯者強盛之名以陽稱大陽長既多是大者盛壯故曰大壯利貞者卦德也群陽盛長小道將滅大者獲正故曰利貞也彖

三四八

卷六第十三葉前

曰大壯大者壯也注云大者謂陽爻小道將滅大者獲正故利貞也剛以動故壯大壯利貞大者正也正大而天地之情可見矣注云天地之情正大而已矣弘正極大則天地之情可見矣疏正義曰大者壯也者就爻釋卦名陽爻浸長已至於四是大者盛壯故曰大者壯也剛以動故壯者就二體釋卦名乾剛而震動柔弱而動即有退溺剛強以動所以成壯大壯利貞大者正也者就爻釋卦德大者獲正故得利貞正大而天地之情可見矣者因大獲正遂廣美正大之義天地之道弘正極大故正大即見天地之情不言萬物者壯大之名義歸天地故不與咸恒同也　注大者獲正故利貞也正義曰釋名之下剩解利貞成大者之義也象曰雷在天上大壯注云剛以動也

三四九

卷六第十三葉後

君子以非禮弗履注云壯而違禮則凶凶則失壯也故君子以大壯而順禮也疏正義曰雷在天上大壯者震雷為威動乾天主剛健雷在天上是剛以動所以為大壯君子以非禮弗履者盛極之時好生驕溢故於大壯誡以非禮勿履也初九壯于趾征凶有孚注云夫得大壯者必能自終成也未有陵犯於物而得終其壯者在下而壯故曰壯于趾也居下而用剛壯以斯而進窮凶可必也故曰征凶有孚象曰壯于趾其孚窮也注云言其信窮疏正義曰壯于趾征凶有孚者趾足也初在體下有如趾足之象故曰壯于趾也施之於人即是在下而用壯也任下用壯陵犯於物以斯而行凶其信矣故曰征凶有孚象曰其孚窮者釋壯於趾者其人信有窮凶也九二貞吉注云居得中位以陽居陰

三五〇

卷六第十四葉前

履謙不亢是以貞吉象曰九二貞吉以中也疏正義曰以其居中履謙行不違禮故得正而吉也九三小人用壯君子用罔貞厲羝羊觸藩羸其角注云處健之極以陽處陽用其壯者也故小人用之以爲壯君子用之以爲羅已者也貞厲以壯雖復羝羊以之觸藩能无羸乎象曰小人用壯君子罔也疏正義曰罔羅罔也羝羊羖羊也藩藩籬也羸拘纍纏繞也九三處乾之上是健之極也又以陽居陽是健而不謙也健而不謙必用其壯也小人當此不知恐懼即用以爲壯盛故曰小人用壯君子當此即慮危難用之爲羅罔於已故曰君子用罔以壯爲正其正必危故云貞厲也以此爲正狀似羝羊觸藩也必拘羸其角矣象曰小人用壯君子罔者言小人用以爲

卷六第十四葉後

壯者即是君子所以爲羅罔也九四貞吉悔亡藩決不羸壯于大輿之輹注云下剛而進將有憂虞而以陽處陰行不違謙不失其壯故得貞吉而悔亡也已得其壯而上陰不罔已路故藩決不羸也壯于大輿之輹无有能説其輹者可以往也象曰藩決不羸尚往也疏正義曰大輿者大車也下剛而進將有憂虞而九四以陽處陰行不違謙居謙即不失其壯故得正吉而悔亡也故云貞吉悔亡九三以壯健不謙即被羸其角九四以謙而進謂之上行陰交不罔已路故藩決不羸也壯于大輿之輹者言四乘車而進其輹壯大无有能脱之者故曰藩決不羸壯于大輿之輹也象曰尚往者尚庶幾也言己亦失其壯庶幾可以往也六五喪羊于易无悔注云居於大壯以陽處陽猶不免咎而況

卷六第十五葉前

以陰處陽以柔乘剛者乎羊壯也必喪其羊失其所居也能喪壯于易不于險難故得无悔二履貞吉能幹其任而已委焉則得无悔委之則難不至居之則敵寇來故曰喪羊于易象曰喪羊于易位不當也疏正義曰喪羊于易无悔者羊壯也居大壯之時以陽處陽猶不免咎而況以陰處陽以柔乘剛者乎違謙越禮必喪其壯群陽方進勢不可止若於平易之時逆捨其壯委身任二不爲違拒亦剛所不害不害即无悔矣故曰喪羊于易无悔也象曰位不當者正由處不當位故須捨其壯也注羊壯也至无悔正義曰羊剛很之物故以譬壯云必喪其羊失其所居者言違謙越禮理勢必然云能喪壯於易不於險難者言難應己剛長則侵陵爲己寇難必喪其壯當在於平易寇難未來之時勿於險難敵寇既來之日良由居之有必喪之理故戒其

卷六第十五葉後

預防而莊氏云經止一言喪羊而注爲兩處分冊初云必喪其羊失其所居是自然應失後云能喪壯於易不於險難故得无咎自能喪其羊二理自爲矛楯竊謂莊氏此言全不識注意上六羝羊觸藩不能退不能遂无攸利艱則吉注云有應於三故不能退懼於剛長故不能遂持疑猶豫志无所定以斯決事未見所利雖處剛長剛不害正苟定其分固志在一以斯自處則憂患消亡故曰艱則吉也象曰不能退不能遂不詳也艱則吉咎不長也疏正義曰退謂退避遂謂進往有應於三欲之不已故不能退避然懼於剛長故不能遂往故云羝羊觸藩不能退不能遂也无攸利者持疑猶豫不能自決以此處事未見其利故曰无攸利也艱則吉者雖處剛長剛不害正但艱固其志

不捨於三即得吉故曰艱則吉也象曰不祥也者祥者善也進退不定非爲善也故云不祥也咎不長也者能艱固其志即憂患消亡其咎不長釋所以得吉也

☷坤下☲離上 晉康侯用錫馬蕃庶晝日三接 疏 正義曰晉者卦名也晉之爲義進長之名此卦明臣之昇進故謂之晉康者美之名也侯謂昇進之臣也臣既柔進天子美之賜以車馬蕃多而衆庶故曰康侯用錫馬蕃庶也晝日三接者言非惟蒙賜蕃多又被親寵頻數一晝之間三度接見也 彖曰晉進也明出地上順而麗乎大明柔進而上行 注云凡言上行者所之在貴也 是以康侯用錫馬蕃庶晝日三接也 注云康美之名也順以著明臣之道也柔進而

上行物所與也故得錫馬而蕃庶以訟受服則終朝三褫柔進受寵則一晝三接也 疏 正義曰晉進也者以今釋古古之晉字即以進長爲義恐後世不曉故以進釋之明出地上者此就二釋得晉名離上坤下故言明出地上明既出地就進長所以爲晉順而麗乎大明柔進而上行者此就二體之義及六五之爻釋康侯用錫馬已下也坤順也離麗也又爲明坤能順從而麗著於大明六五以柔而進上行貴位順而著明臣之美道也柔進而上行君上所與也故得厚賜而被親寵也是以康侯用錫馬蕃庶晝日三接者釋訖舉經以結君寵之意也 注以訟至三接也 正義曰舉此對釋者蓋訟言終朝晉言一晝俱不盡一日明黜陟之速所以示懲勸也 象曰明出地上晉君子以自昭明德 注云以順著明自顯之道 疏 正義曰自

昭明德者昭亦明也謂自顯明其德也周氏等爲照以爲自照己身老子曰自知者明用明以自照爲明德案王注此云以順著明自顯之道又此卦與明夷正反明夷象云君子以莅衆用晦而明王注彼云莅衆顯明蔽僞百姓藏明於內乃得明也準此二注明王之注意以此爲自顯明德昭字宜爲昭之遥反周氏等爲照之少反非注旨也 初六晉如摧如貞吉罔孚裕无咎 注云處順之初應明之始明順之德於斯將隆進明退順不失其正故曰晉如摧如貞吉也處卦之始功業未著物未之信故曰罔孚方踐卦始未至履位以此爲足自喪其長者也故必裕之然後无咎 象曰晉如摧如獨行正也裕无咎未受命也 注云未得履位未受命也 疏 正義曰晉如摧如貞吉者何氏云摧退也裕寬也如辭也初六

處順之初應明之始明順之德於斯將隆進則之明退則居順進之與退不失其正故曰晉如摧如貞吉也罔孚者處卦之始功業未著未爲人所信服故曰罔孚裕无咎者裕寬也方踐卦始未至履位不可自以爲足也若以此爲足是自喪其長也故必宜寬裕其德使功業弘廣然後无咎故曰裕无咎也 象曰獨行正者獨猶專也言進與退專行其正也 裕无咎未受命者處進之初未得履位未受錫命故宜寬裕進德乃得无咎 六二晉如愁如貞吉受茲介福于其王母 注云進而无應其德不昭故曰晉如愁如居中得位履順而正不以无應而回其志處晦能致其誠者也脩德以斯聞乎幽昧得正之吉也故曰貞吉母者處內而成德者也鳴鶴在陰則其子和之立誠於闇闇亦應之故其初愁如履貞不回則乃受茲大福于其王母也

卷六第十八葉前

曰受茲介福以中正也 疏 正義曰晉如愁如者六二進而无應於上其德不見昭明故曰進如愁如憂其不昭也貞吉者然履順居於中正不以无應而不脩其德正而獲吉故曰貞吉也受茲介福于其王母者介者大也母者處內而成德者也初雖愁如但守正不改終能受此大福於其所脩故曰受茲介福於其王母 注鳴鶴在陰則其子和之正義曰此王用中孚九二爻辭也 六三衆允悔亡 注云處非其位悔也志在上行與衆同信順而麗明故得悔亡也 象曰衆允之志上行也 疏 正義曰六三處非其位有悔也志在上行與衆同信順而麗明故得悔亡象曰衆允之志上行也者居晉之時衆皆欲進己應於上志在上行故能與衆同信也 九四晉如鼫鼠貞厲 注云履非其位上承

三五九

卷六第十八葉後

於五下據三陰履非其位又負且乘无業可安志无所據以斯爲進正之危也進如鼫鼠无所守也 象曰鼫鼠貞厲位不當也 疏 正義曰晉如鼫鼠者鼫鼠有五能而不成伎之蟲也九四履非其位上承於五下據三陰上不許其承下不許其據以斯爲進无業可安无據可守事同鼫鼠无所成功也以斯爲進正之危也故曰晉如鼫鼠貞厲也 注進如鼫鼠无所守也正義曰蔡邕勸學篇云鼫鼠五能不成一伎術注曰能飛不能過屋能緣不能窮木能游不能渡谷能穴不能掩身能走不能免人本草經云螻蛄一名鼫鼠謂此也鄭引詩云碩鼠碩鼠无食我黍謂大鼠也陸機以爲雀鼠案王以爲无所守蓋五伎者當之 六五悔亡失得勿恤往吉无不利 注云柔得尊位陰爲明主能不用察不代下任也故雖不當位能消

三六〇

卷六第十九葉前

其悔失得勿恤各有其司術斯以往无不利 象曰失得勿恤往有慶也 疏 正義曰悔亡失得勿恤往吉无不利者居不當位悔也柔得尊位陰爲明主能不自用其明以事委任於下故得悔亡既以事任下委物責成失之與得不須憂恤故曰失得勿恤也能用此道所往皆吉而无不利故曰往吉无不利也象曰有慶者委任得人非惟自得无憂亦將人所慶說故曰有慶也 上九晉其角維用伐邑厲吉无咎貞吝 注云處進之極過明之中明將夷焉已在乎角而猶進之非亢如何失夫道化无爲之事必須攻伐然後服邑危乃得吉吉乃无咎用斯爲正亦以賤矣 象曰維用伐邑道未光也 疏 正義曰晉其角者西南隅也上九處進之極過明之中其猶日過於中已在於角而猶進之故曰進

三六一

卷六第十九葉後

其角也維用伐邑者在角猶進過亢不已不能端拱无爲使物自服必須攻伐其邑然後服之故云維用伐邑也厲吉无咎貞吝者兵者凶器伐而服之是危乃得吉吉乃无咎故曰厲吉无咎以此爲正亦以賤矣故曰貞吝也象曰道未光也者用伐乃服雖得之其道未光大也

䷣ 離下坤上 明夷利艱貞 疏 正義曰明夷卦名夷者傷也此卦日入地中明夷之象施之於人事闇主在上明臣在下不敢顯其明智亦明夷之義也時雖至闇不可隨世傾邪宜艱難堅固守其貞正之德故明夷之世利在艱貞 彖曰明入地中明夷內文明而外柔順以蒙大難文王以之利艱貞晦其明也內難而能正其志箕子以之 疏 正義曰明

三六二

卷六第二十葉前

入地中明夷者此就二象以釋卦名故此及晉卦皆彖象同辭也内文明而外柔順以蒙大難文王以之者既釋明夷之義又須出能用明夷之人内懷文明之德撫教六州外執柔順之能三分事紂以此蒙犯大難身得保全惟文王能用之故云文王以之利艱貞晦其明也者此又就二體釋卦之德明在地中是晦其明也既處明夷之世外晦其明恐陷於邪道故利在艱固其貞不失其正言所以利艱貞者用晦其明也内難而能正其志箕子以之者既釋艱貞之義又須出能用艱貞之人内有險難殆祚將傾而能自正其志不爲邪諂惟箕子能用之故云箕子以之 象曰明入地中明夷君子以莅衆 注云莅衆顯明蔽僞百姓者也故以蒙養正以明夷莅衆 用晦而明 注云藏明於内乃得明也顯明於外巧所辟也 疏 正義曰莅衆顯

卷六第二十葉後

明蔽僞百姓者也所以君子能用此明夷之道以臨於衆冕旒垂目黈纊塞耳无爲清靜民化不欺若運其聰明顯其智慧民即逃其密網姦詐愈生豈非藏明用晦反得其明也故曰君子以莅衆用晦而明也 初九明夷于飛垂其翼君子于行三日不食有攸往主人有言 注云明夷之主在於上六上六爲至闇者也初處卦之始最遠於難也遠難過甚明夷遠遯絶跡匿形不由軌路故曰明夷于飛懷懼而行行不敢顯故曰垂其翼也尚義而行故曰君子于行也志急於行飢不遑食故曰三日不食也殊類過甚以斯適人人必疑之故曰有攸往主人有言 象曰君子于行義不食也 疏 正義曰明夷于飛者明夷是至闇之卦上六既居上極爲明夷之主云飛者借飛鳥爲喻如鳥飛翔也初九處

卷六第二十一葉前

於卦始去上六最遠是最遠於難遠難過甚明夷遠遯絶跡匿形不由軌路高飛而去故曰明夷于飛也垂其翼者飛不敢顯故曰垂其翼也君子于行三日不食者尚義而行故云君子于行志急於行饑不遑食故曰三日不食有攸往主人有言者殊類過甚以此適人人必疑怪而有言故曰有攸往主人有言象曰義不食也者君子逃難惟速故義不求食也 六二明夷夷于左股用拯馬壯吉 注云夷于左股示行不能壯也以柔居中用夷其明進不殊類退不近難不見疑憚順以則也故可用拯馬而壯吉也不垂其翼然後乃免也 象曰六二之吉順以則也 注云順之以則故不見疑 疏 正義曰明夷夷于左股者左股被傷行不能壯六二以柔居中用夷其明不行剛壯之事者也故曰明夷夷于左股莊氏云言左者取其

卷六第二十一葉後

傷小則比夷右未爲切也夷于左股明避難不壯不爲闇主所疑猶得處位不至懷懼而行然後徐徐用馬以自拯濟而獲其壯吉也故曰用拯馬壯吉也象曰順以則也者言順闇主之則不同初九殊類過甚故不爲闇主所疑故得拯馬之吉也 九三明夷于南狩得其大首不可疾貞 注云處下體之上居文明之極上爲至晦入地之物也故夷其明以獲南狩得大首也南狩者發其明也既誅其主將正其民民之迷也其日固已久矣化宜以漸不可速正故曰不可疾貞 象曰南狩之志乃大得也 注云去闇主也 疏 正義曰南方文明之所狩者征伐之類大首謂闇君明夷于南狩得其大首者初藏明而往託狩而行至南方而發其明也九三應於上六是明夷之臣發明以征闇君而得其大首故曰明夷于南狩得其

卷六第二十二葉前

大首也不可疾貞者既誅其主將正其民民迷日
久不可卒正宜化之以漸故曰不可疾貞象曰南
狩之志乃大得者志欲除闇乃得大首是其志大得也 六四入于左腹獲明
夷之心于出門庭 注云左者取其順也入于左腹得其心意故雖近不危雖時辟難門庭而已能不逆忤也 象曰入于左腹獲心意也 疏 正義曰入
于左腹獲明夷之心者凡右爲用事也從其左不
從其右是卑順不逆也腹者懷情之地六四體柔
處坤與上六相近是能執卑順入于左腹獲明夷
之心意也于出門庭者既得其意雖近不危隨時
避難門庭而已故曰于出門庭象曰獲心意者
心有所存既不逆忤能順其旨故曰獲心意也 六
五箕子之明夷利貞 注云最近於晦與難爲比險莫如茲而在斯中猶闇不能

三六七

卷六第二十二葉後

沒明不可息正不憂危故利貞也 象曰箕子之貞明不可息也 疏
正義曰箕子之明夷者六五最比闇君似箕子之
近殷紂故曰箕子之明夷也利貞者箕子執志不
回闇不能沒明不可息正不憂危故曰利貞象曰
明不可息也息滅也象稱明不可滅者明箕子能
保其貞卒以全身爲武王師也 上六不明晦初登于天後入于地
注云處明夷之極是至晦者也本其初也在乎光照轉至於晦遂入于地 象曰初登于
天照四國也後入于地失則也 疏 正義曰不明晦者上六居
明夷之極是至闇之主故曰不明而晦本其初也
其意在於光照四國其後由乎不明遂入於地謂
見誅滅也象曰失則者由失法則故誅滅也

三六八

卷六第二十三葉前

䷤ 離下巽上 家人利女貞 注云家人之義各自脩一家之道不能知家外他人之事也統而論之非元亨利君子之貞故利女貞其正在家內而已 疏 正義曰家人者卦名
也明家內之道正一家之人故謂之家人利女貞者既修家內之道不能知家外他人之事統而論
之非君子丈夫之正故但言利女貞 彖曰家人女正位乎內 注云謂二也
男正位乎外 注云謂五也家人之義以內爲本故先說女也 男女正天地
之大義也家人有嚴君焉父母之謂也父父子子
兄兄弟弟夫夫婦婦而家道正正家而天下定矣
疏 正義曰女正位乎內男正謂乎外者此因二五得正以釋家人之義并明女貞之旨家人

三六九

卷六第二十三葉後

之道必須女主於內男主於外然後家道乃立今此卦六二柔而得位是女正位乎內也九五剛而
得位是男正位乎外也家人以內爲本故先說女也男女正天地之大義也者因正位之言廣明家
人之義乃道均二儀非惟人事而已家人即女正於內男正於外二儀則天尊在上地卑在下同於
男女正位故曰天地之大義也家人有嚴君焉父母之謂者上明義均天地此又言道齊邦國父母
一家之主家人尊事同於國有嚴君焉父母之謂也父父子子兄兄弟弟夫夫婦婦而家道正正家
而天下定矣者此歎美正家之功可以定於天下申成道齊邦國既家有嚴君即父不失父道乃至
婦不失婦道尊卑有序上下不失而後爲家道之正各正其家无家不正即天下之治定矣 象
曰風自火出家人 注云由內以相成熾也 君子以言有物而

三七〇

行有恒注云家人之道脩於近小而不妄也故君子以言必有物而口无擇言行必有恒而身无擇行疏正義曰風自火出家人者巽在離外是風從火出火出之初因風方熾火既炎盛還復生風內外相成有似家人之義故曰風自火出家人也君子以言有物而行有恒者物事也言必有事即口无擇言行必有常即身无擇行正家之義修於近小言之與行君子樞機出身加人發邇化遠故舉言行以爲之誠言既稱物而行稱恒者發言立行皆須合於可常之事互而相足也初九閑有家悔亡注云凡教在初而法在始家瀆而後嚴之志變而後治之則悔矣處家人之初爲家人之始故宜必以閑有家然後悔亡也象曰閑有家志未變也疏正義曰閑有家悔亡者治家之道在初即須嚴正立法防閑若黷亂之後方始

治之即有悔矣初九處家人之初能防閑有家乃得悔亡故曰閑有家悔亡也象曰志未變也者釋在初防閑之義所以在初防閑其家者家人志未變黷也六二无攸遂在中饋貞吉注云居內處中履得其位以陰應陽盡婦人之正義无所必遂職乎中饋巽順而已是以貞吉也象曰六二之吉順以巽也疏正義曰无攸遂在中饋貞吉者六二履中居位以陰應陽盡婦人之義也婦人之道巽順爲常无所必遂其所職主在於家中饋食供祭而已得婦人之正吉故曰无攸遂在中饋貞吉也象曰六二之吉順以巽者舉爻位也言吉者明其以柔居中而得正位故能順以巽而獲吉也九三家人嗃嗃悔厲吉婦子嘻嘻終吝注云以陽處陽剛嚴者也處下體之極爲一家之長者也行與

其慢寧過乎恭家與其瀆寧過乎嚴是以家人雖嗃嗃悔厲猶得其道婦子嘻嘻乃失其節也象曰家人嗃嗃未失也婦子嘻嘻失家節也疏正義曰家人嗃嗃悔厲吉婦子嘻嘻終吝者嗃嗃嚴酷之意也嘻嘻喜笑之貌也九三處下體之上爲一家之主以陽處陽行剛嚴之政故家人嗃嗃雖復嗃嗃傷猛悔其酷厲猶保其吉故曰悔厲吉若縱其婦子慢黷嘻嘻喜笑而无節則終有恨辱故曰婦子嘻嘻終吝也象曰未失也者初雖悔厲似失於猛終无慢黷故曰未失也失家節者若縱其嘻嘻初雖歡樂終失家節也六四富家大吉注云能以其富順而處位故大吉也若但能富其家何足爲大吉體柔居巽履得其位明於家道以近至尊能富其家也象曰富家大吉順在位也疏正義曰富

家大吉者富謂祿位昌盛也六四體柔處巽得位承五能富其家者也由其體巽承尊長保祿位吉之大者也故曰富家大吉象曰順在位者所以致大吉由順承於君而在臣位故不見黜奪也九五王假有家勿恤吉注云假至也履正而應處尊體巽王至斯道以有其家者也居於尊位而明於家道則下莫不化矣父父子子兄兄弟弟夫夫婦婦六親和睦交相愛樂而家道正正家而天下定矣故王假有家則勿恤而吉象曰王假有家交相愛也疏正義曰王假有家者假至也九五履正而應處尊體巽是能以尊貴巽接於物王至此道以有其家故曰王假有家也勿恤吉者居於尊位而明於家道則在下莫不化之矣不須憂恤而得吉也故曰勿恤吉也象曰交相愛也者王既明於家道天下化之六親和睦交相愛樂也上九

卷六第二十六葉前

有孚威如終吉注云處家人之終居家道之成刑于寡妻以著于外者也故曰有孚凡物以猛爲本者則患在寡恩以愛爲本者則患在寡威故家人之道尚威嚴也家道可終唯信與威身得威敬人亦如之反之於身則知施於人也象曰威如之吉反身之謂也疏正義曰有孚威如終吉者上九處家人之終家道大成刑于寡妻以著於外信行天下故曰有孚也威被海內故曰威如威信並立乃得終於家道而吉從之故曰有孚威如終吉也象曰反身之謂者身得人敬則敬於人明知身敬於人人亦敬己反之於身則知施之於人故曰反身之謂也

䷥兌下離上睽小事吉疏正義曰睽者乖異之名物情乖異不可大事大

三七五

卷六第二十六葉後

事謂興役動衆必須大同之世方可爲之小事謂飲食衣服不待衆力雖乖而可故曰小事吉也彖曰睽火動而上澤動而下二女同居其志不同行說而麗乎明柔進而上行得中而應乎剛是以小事吉注云事皆相違害之道也何由得小事吉以有此三德也天地睽而其事同也男女睽而其志通也萬物睽而其事類也睽之時用大矣哉注云睽離之時非小人之所能用也疏正義曰睽火動而上澤動而下二女同居其志不同行者此就二體釋卦名爲睽之義同而異者也水火二物共成烹飪理應相濟今火在上而炎上澤居下而潤下无相成之道所以爲乖中少二女共居一家理應

三七六

卷六第二十七葉前

同志各自出適志不同行所以爲異也說而麗乎明柔進而上行得中而應乎剛是以小事吉者此就二體及六五有應釋所以小事得吉說而麗乎明不爲邪僻柔進而上行所之在貴得中而應乎剛非爲全弱雖在乖違之時卦爻有此三德故可以行小事而獲吉也天地睽而其事同此以下歷就天地男女萬物廣明睽義體乖而用合也天高地卑其體懸隔是天地睽也而生成品物其事則同也男女睽而其志通者男外女內分位有別是男女睽也而成家理事其志即通也萬物殊形各自爲象是萬物睽也而均於生長其事即類故曰天地睽而其事同也男女睽而其志通也萬物睽而其事類也睽之時用大矣哉既明睽理合同之大又歎能用睽之人其德不小睽離之時能建其用使合其通理非大德之人則不可也故曰睽之時用大矣哉也象曰上火下澤

三七七

卷六第二十七葉後

睽君子以同而異注云同於通理異於職事疏正義曰上火下澤睽者動而相背所以爲睽也君子以同而異者佐主治民其意則同各有司存職掌則異故曰君子以同而異也初九悔亡喪馬勿逐自復見惡人无咎注云處睽之初居下體之下无應獨立悔也與四合志故得悔亡馬者必顯之物處物之始乖而喪其馬物莫能同其私必相顯也故勿逐而自復也時方乖離而位乎窮下上无應可援下无權可恃顯德自異爲惡所害故見惡人乃得免咎也象曰見惡人以辟咎也疏正義曰悔亡者初九處睽離之初居下體之下无應獨立所以悔也四亦處下无應獨立不乖於已與已合志故得悔亡喪馬勿逐自復者時方睽離觸目乖阻馬之爲物難可隱藏時或失之不相容隱不須尋求勢

三七八

必自復故曰喪馬勿逐自復也見惡人无咎者處於窮下上无其應无應則无以爲援窮下則无權可恃若摽顯自異不能和光同塵則必爲惡人所害故曰見惡人无咎謂遜接之也象曰以辟咎也者惡人不應與之相見而遜接之者以避咎也**九二遇主于巷无咎** 注云處睽失位將无所安然五亦失位俱求其黨出門同趣不期而遇故曰遇主于巷也處睽得援雖失其位未失道也 **象曰遇主于巷未失道也** 疏 正義曰遇主於巷无咎者九二處睽之時而失其位將无所安五亦失位與己同黨同趣相求不假遠涉而自相遇適在於巷言遇之不遠故曰遇主於巷主謂五也處睽得援咎悔可亡故无咎也象曰未失道者既遇其主雖失其位亦未失道也 **六三見輿曳其牛掣其人天且劓无初有**

終 注云凡物近而不相得則凶處睽之時履非其位以陰居陽以柔乘剛志在於上而不和於四二應於五則近而不相比故見輿曳輿曳者履非其位失所載也其牛掣者滯隔所在不獲進也其人天且劓者四從上取二從下取而應在上九執志不回初雖受困終獲剛助 **象曰見輿曳位不當也无初有終遇剛也** 疏 正義曰見輿曳其牛掣者處睽之時履非其位以陰居陽以柔乘剛志在上九不與四合二自應五又與己乖欲載其輿被曳失己所載也欲進其牛被牽滯隔所在不能得進也故曰見輿曳其牛掣也其人天且劓无初有終者剠額爲天截鼻爲劓既處二四之間皆不相得其爲人也四從上刑之故剠其額二從下刑之又截其鼻故曰其人天且劓而應在上九執志不回初雖受困終獲剛助故曰无初有終象曰位不當

者由位不當故輿被曳遇剛者由遇上九之剛所以有終也 **九四睽孤遇元夫交孚厲无咎** 注云无應獨處五自應二三與己睽故曰睽孤也初亦无應特立處睽之時俱在獨立同處體下同志者也而己失位比於三五皆與己乖處无所安故求其疇類而自託焉故曰遇元夫也同志相得而无疑焉故曰交孚也雖在乖隔志故得行故雖危无咎 **象曰交孚无咎志行也** 疏 正義曰元夫謂初九也處於卦始故云元也初四俱陽而言夫者蓋是丈夫之夫非夫婦之夫也 **六五悔亡厥宗噬膚往何咎** 注云非位悔也有應故亡厥宗謂二也噬膚者齧柔也三雖比二二之所噬非妨己應者也以斯而往何咎之有往必合也 **象曰厥宗噬膚往有慶也** 疏 正義曰悔

亡者失位悔也有應故悔亡也厥宗噬膚往何咎者宗主也謂二也噬膚謂噬三也三雖隔二二之所噬故曰厥宗噬膚也三是陰爻故以膚爲譬言柔脆也二既噬三即五可以往而无咎矣故曰往无咎象曰往有慶也者有慶之言善功被物爲物所賴也五雖居尊而不當位與二合德乃爲物所賴故曰往有慶也 **上九睽孤見豕負塗載鬼一車先張之弧後說之弧匪寇婚媾往遇雨則吉** 注云處睽之極睽道未通故曰睽孤已居炎極三處澤盛睽之極也以文明之極而觀至穢之物睽之甚也豕而負塗穢莫過焉至睽將合至殊將通恢詭譎怪道將爲一未至於洽先見殊怪故見豕負塗甚可穢也見鬼盈車吁可怪也先張之弧將攻害也後說之弧睽怪通也四剠其應故爲寇也睽志將通匪寇婚媾往不

失時睽疑亡也貴於遇雨和陰陽也陰陽既和群疑亡也象曰遇雨之吉群疑亡也疏正義曰睽孤者處睽之極睽道未通故曰睽孤也見豕負塗者火動而上澤動而下已居炎極三處澤盛睽之極也離為文明澤是卑穢以文明之極而觀至穢之物事同豕而負塗泥穢莫斯甚矣故曰見豕負塗載鬼一車先張之弧後說之弧者鬼魅盈車怪異之甚也至睽將合至殊將通未至於洽先見殊怪故又見載鬼一車載鬼不言見者為豕上有見字也見怪若斯懼來害己故先張之弧將攻害也物極則反睽極則通故後說之弧不復攻也匪寇婚媾者四剠其應故謂四為寇睽志既通匪能為寇乃得與三為婚媾矣故曰匪寇婚媾也往遇雨則吉者雨者陰陽交和之道也衆異併消无復疑阻往得和合則吉從之故曰往遇雨則吉象曰群疑亡也者往與三合如雨之和向之見豕見鬼張弧之疑併消釋矣故曰群疑亡也　注恢詭譎怪道將為一　正義曰莊子內篇齊物論曰无物不然无物不可故為舉莛與楹厲與西施恢詭譎怪道通為一郭象注云夫莛橫而楹縱厲醜而西施好所謂齊者豈必齊形狀同規矩哉舉縱橫好醜恢詭譎怪各然其所然各可其所可即形雖萬殊而性本得同故曰道通為一也莊子所言以明齊物故舉恢詭譎怪至異之物道通為一得性則同王輔嗣用此文而改通為將字者明物極則反睽極則通有似引詩斷章不必與本義同也

䷦ 艮下坎上 蹇利西南不利東北注云西南地也東北山也以難之平則難解以難之山則道窮利見大人注云往則濟也貞吉注云爻皆當位各履其正居難履正正邪之道也正道未否難由正濟故貞吉也遇難失正吉可得乎疏正義曰蹇難也有險在前畏而不進故稱為蹇利西南不利東北者西南地位平易之方東北險位阻礙之所世道多難率物以適平易則蹇難可解若入於險阻則彌加擁塞去就之宜理須如此故曰蹇利西南不利東北也利見大人者能濟衆難惟有大德之人故曰利見大人貞吉者居難之時若不守正而行其邪道雖見大人亦不得吉故曰貞吉也彖曰蹇難也險在前也見險而能止知矣哉蹇利西南往得中也不利東北其道窮也利見大人往有功也當位貞吉以正邦也蹇之時用大矣哉注云蹇難之時非小人之所能用也疏正義曰蹇難也險在前也見險而能止知矣哉者釋卦名也蹇者有難而不進能止而不犯故就二體有險有止以釋蹇名坎在其外是險在前也有險在前所以為難若冒險而行或罹其害艮居其內止而不往相時而動非知不能故曰見險而能止知矣哉也蹇利西南往得中也者之於平易救難之理故云往得中也不利東北其道窮者之於險阻更益其難其道彌窮故曰其道窮也利見大人往有功也者往見大人必能除難故曰往有功也當位貞吉以正邦也者二三四五爻皆當位所以得正而吉故曰當位貞吉也以正邦也者居難守正正邦之道故曰以正邦也蹇之時用大矣哉者能於蹇難之時建立其功用以濟世者非小人之所能故曰蹇之時用大矣哉也象曰山上有水蹇注云山上有水蹇難之象君子以反身脩德注云除難莫若反身脩德疏

正義曰山上有水蹇者山者是巖險水是阻難水積山上彌益危難故曰山上有水蹇君子以反身脩德者蹇難之時未可以進惟宜反求諸身自修其德道成德立方能濟險故曰君子以反身修德也陸績曰水在山上失流通之性故曰蹇通水流下今在山上不得下流蹇之象陸績又曰水本應山下今在山上終應反下故曰反身處難之世不可以行只可反自省察修己德用乃除難君子通達道暢之時並濟天下處窮之時則獨善其身也

初六往蹇來譽注云處難之始居止之初獨見前識覩險而止以待其時知矣哉故往則遇蹇來則得譽象曰往蹇來譽宜待也疏正義曰往蹇來譽者初六處蹇之初往則遇難來則得譽初居艮始是能見險而止見險不往則是來而得譽故曰往蹇來譽象曰宜待者既往則遇蹇宜止以待時也

六二王臣蹇蹇匪躬之故注云處難窮時履當其位居不失中以應於五不以五在難中私身遠害執心不回志匡王室者也故曰王臣蹇蹇匪躬之故履中行義以存其上處蹇以此未見其尤也象曰王臣蹇蹇終无尤也疏正義曰王臣蹇蹇匪躬之故者王謂五也臣謂二也九五居於王位而在難中六二是五之臣往應於五履正居中志匡王室能涉蹇難而往濟蹇故曰王臣蹇蹇也盡忠於君匪以私身之故而不往濟君故曰匪躬之故象曰終无尤者處難以斯豈有過尤也

九三往蹇來反注云進則入險來則得位故曰往蹇來反爲下卦之主是內之所恃也象曰往蹇來反內喜之也疏正義曰往蹇來反者九三與坎爲鄰進則入險故曰往蹇來則得位故曰來反

象曰內喜之者內卦三爻惟九三一陽居二陰之上是內之所恃故云內喜之也

六四往蹇來連注云往則无應來則乘剛往來皆難故曰往蹇來連得位履正當其本實雖遇於難非妄所招也象曰往蹇來連當位實也疏正義曰馬云連亦難也鄭云遲久之意六四往則无應來則乘剛往來皆難故曰往蹇來連也象曰當位實者明六四得位履正當其本實而往來遇難者乃數之所招非邪妄之所致也故曰當位實也

九五大蹇朋來注云處難之時獨在險中難之大者也故曰大蹇然居不失正履不失中執德之長不改其節如此則同志者集而至矣故曰朋來也象曰大蹇朋來以中節也疏正義曰九五處難之時獨在險中難之大者也故曰大蹇然得位履中不改其節如此則

同志者自遠而來故曰朋來象曰以中節者得位居中不易其節故致朋來故云以中節也注同志者集而至矣正義曰此以同志釋朋來之義鄭注論語云同門曰朋同志曰友此對文也通而言之同志亦是朋黨也

上六往蹇來碩吉利見大人注云往則長難來則難終難終則衆難皆濟志大得矣故曰往蹇來碩吉險夷難解大道可興故曰利見大人也象曰往蹇來碩志在內也注云有應在內往之則失來則志獲志在內也利見大人以從貴也疏正義曰碩大也上六難終之地不宜更有所往往則長難故曰往蹇也來則難終難終則衆難皆濟志大得矣故曰來碩吉也險夷難解大道可興宜見大人以弘道化故曰利見大人也象曰志在內也者有應在三是志在內也應既在內往則失之來則得

卷六第二十四葉前

之所以往則有蹇來則碩吉也以從貴者貴謂陽也以陰從陽故云以從貴也

䷧坎下震上 解利西南 注云西南衆也解難濟險利施於衆也亦不困于東北故不言不利東北也 无所往其來復吉有攸往夙吉 注云未有善於解難而迷於處安也解之爲義解難而濟厄者也无難可往以解來復則不失中有難而往則以速爲吉也无難則能復其中有難則能濟其厄也 疏 正義曰解者卦名也然解有兩音一音古買反一音胡買反解謂解難之初解謂既解之後彖稱動而免乎險明非救難之時故先儒皆讀爲解序卦云物不可以終難故受之以解解者緩也然則解者險難解釋物情舒緩故爲解也解利西南者西南坤位坤是衆也施解於衆則所濟者弘故曰解利西南也无所往者上言解難濟險利施於衆此下

卷六第二十四葉後

明救難之時誡其可否若无難可往則以來復爲吉若有難可往則以速赴爲善故云无所往其來復吉有攸往夙吉設此誡者褚氏云世有无事求功故誡以无難宜靜亦有待敗乃救故誡以有難須速也 彖曰解險以動動而免乎險解 注云動乎險外故謂之免免險則解故謂之解 解利西南往得衆也其來復吉乃得中也有攸往夙吉往有功也天地解而雷雨作雷雨作而百果草木皆甲坼 注云天地否結則雷雨不作交通感散雷雨乃作也雷雨之作則險厄者亨否結者散故百果草木皆甲坼也 解之時大矣哉 注云无所而不釋也難解之時非治難時故不言用體盡於解之名无有幽隱故不曰義 疏 正義曰解

卷六第二十五葉前

險以動動而免乎險解者此就二體以釋卦名遇險不動无由解難動在險中亦未能免咎今動於險外即見免說於險所以爲解也解利西南往得衆者解之爲義兼濟爲美往之西南得施解於衆所以爲利也其來復吉乃得中也者无難可解退守靜默得理之中故云乃得中也有攸往夙吉往有功也者解難能速則不失其幾故往有功也天地解而雷雨作雷雨作而百果草木皆甲坼者此因震坎有雷雨之象以廣明解義天地解緩雷雨乃作雷雨既作百果草木皆孚甲開坼莫不解散也解之時大矣哉者結歎解之大也自天地至於草木无不有解豈非大哉 象曰雷雨作解君子以赦過宥罪 疏 正義曰赦謂放免過謂誤失宥謂寬宥罪謂故犯過輕則赦罪重則宥皆解緩之義也 初六无咎 注云解者解也屯難盤結於是

卷六第二十五葉後

乎解也處蹇難始解之初在剛柔始散之際將赦罪厄以夷其險處此之時不煩於位而无咎也 疏 象曰剛柔之際義无咎也 注云或有過咎非其理也義猶理也 正義曰夫險難未夷則賊弱者受害然則蹇難未解之時柔弱者不能无咎否結既釋之後剛強者不復陵暴初六處蹇難始解之初在剛柔始散之際雖以柔弱處无位之地逢此之時不慮有咎故曰初六无咎也象曰義无咎者義猶理也剛柔既散理必无咎或有過咎非理之常也故曰義无咎也注或有過咎非其理也正義曰或本无此八字 九二田獲三狐得黃矢貞吉 注云狐者隱伏之物也剛中而應爲五所任處於險中知險之情以斯解物能獲隱伏也故曰田獲三狐也黃理中之稱也矢直也田而獲三狐得乎理中之道不失枉直之實能全其正者

也故曰田獲三狐得黄矢貞吉也 象曰九二貞吉得中道也 疏 正義曰田獲三狐者狐是隱伏之物三爲成數舉三言之搜獲備盡九二以剛居中而應於五爲五所任處於險中知險之情以斯解險无險不濟能獲隱伏如似田獵而獲窟中之狐故曰田獲三狐得黄矢貞吉者黄中之稱矢直也田而獲三狐得乎理中之道不失枉直之實能全其正者也故曰得黄矢貞吉也象曰得中道也者明九二位既不當所以得貞吉者由處於中得乎理中之道故也 六三負且乘致寇至貞吝 注云處非其位履非其正以附於四用夫柔邪以自媚者也乘二負四以容其身寇之來也自已所致雖幸而免正之所賤也 象曰負且乘亦可醜也自我致戎又誰咎也 疏 正義曰負且乘致寇至者六三

失正无應下乘於二上附於四即是用夫邪佞以自說媚者也乘者君子之器也負者小人之事也施之於人即在車騎之上而負於物也故寇盜知其非已所有於是競欲奪之故曰負且乘致寇至也貞吝者負乘之人正其所鄙故曰貞吝也象曰亦可醜也者天下之醜多矣此是其一故曰亦可醜也自我致戎又誰咎也者言此寇難由已之招非是他人致此過咎故云又誰咎也 九四解而拇朋至斯孚 注云失位不正而比於三故三得附之爲其拇也三爲之拇則失初之應故解其拇然後朋至而信矣 象曰解而拇未當位也 疏 正義曰解而拇朋至斯孚者而汝也拇足大指也履於不正與三相比三從下來附之如指之附足四有應在初若三爲之拇則失初之應故必解其拇然後朋至而信故曰解而拇朋至斯孚 象曰未當位者四若當位履正即三爲邪媚之身

不得附之也既三不得附四則无所解今須解拇由不當位也 六五君子維有解吉有孚于小人 注云居尊履中而應乎剛可以有解而獲吉矣以君子之道解難釋險小人雖闇猶知服之而无怨矣故曰有孚于小人也 象曰君子有解小人退也 疏 正義曰君子維有解吉者六五居尊履中而應於剛是有君子之德君子當此之時可以解於險難維辭也有解於難所以獲吉故曰君子維有解吉也有孚于小人者以君子之道解難則小人皆信服之故曰有孚于小人也象曰君子有解小人退者小人謂作難者信君子之德故退而畏服之 上六公用射隼于高墉之上獲之无不利 注云初爲四應二爲五應三不應上失位負乘處下體之上故曰高墉墉非隼之所處高非三

之所履上六居動之上爲解之極將解荒悖而除穢亂者也故用射之極而後動成而後舉故必獲之而无不利也 象曰公用射隼以解悖也 疏 正義曰隼者貪殘之鳥鸇鷂之屬墉牆也六三失位負乘不應於上即是罪釁之人故以譬於隼此借飛鳥爲喻而居下體之上其猶隼處高墉隼之爲鳥宜在山林集於人家高墉必爲人所繳射以譬六三處於高位必當被人所誅討上六居動之上爲解之極將解之荒悖而除穢亂故用射之也極而後動成而後舉故必獲之而无不利故曰公用射隼于高墉之上獲之无不利也公者臣之極上六以陰居上故謂之公也象曰解悖也者悖逆也六三失位負乘不應於上是悖逆之人也上六居動之上能除解六三之荒悖故云以解悖也

卷六第三十八葉前

卷六第三十八葉後

四〇

周易注疏卷第六 端平甲午歲除日三山東陸子遹標

卷七第一葉前

周易注疏卷第七

國子祭酒上護軍曲阜縣開國子臣孔穎達奉

勑撰

䷨ 兌下艮上 損有孚元吉无咎可貞利有攸往曷之用二簋可用享 疏 正義曰損者減損之名此卦明損下益上故謂之損損之為義損下益上損剛益柔損下益上非補不足者也損剛益柔非長君子之道者也若不以誠信則涉諂諛而有過咎故必有孚然後大吉无咎可正而利有攸往矣故曰損有孚元吉无咎可貞利有攸往也先儒皆以无咎可貞各自為義言旣吉而无咎則可以為正准下王注彖辭云損下而不為邪益

四〇一

卷七第一葉後

上而不為諂則何咎而可正然則王意以无咎可貞共成一義故莊氏云若行損有咎則須補過以正其失今行損用信則是无過可正故云无咎可貞竊謂莊氏之言得王旨矣曷之用二簋可用享者明行損之禮貴夫誠信不在於豐既行損以信何用豐為二簋至約可用享祭矣故曰曷之用二簋可用享也

彖曰損損下益上其道上行 注云艮為陽兌為陰凡陰順於陽者也陽止於上陰說而順損下益上上行之義也

損而有孚元吉无咎可貞利有攸往 注云損之為道損下益上損剛益柔也損下益上非補不足也損剛益柔非長君子之道也為損而可以獲吉其唯有孚乎損而有孚則元吉无咎而可正利有攸往矣損剛益柔不以消剛損下益上不以盈上損剛而不為邪益上而不為諂則何咎而可正雖不能拯

四〇二

者大難以斯有往物无距也曷之用注云曷辭也曷之用言何用豐為也二簋可用享注云二簋質薄之器也行損以信雖二簋而可用享二簋應有時注云至約之道不可常也損剛益柔有時注云下不敢剛貴於上行損剛益柔之謂也剛為德長損之不可以為常也損益盈虛與時偕行注云自然之質各定其分短者不為不足長者不為有餘損益將何加焉非道之常故必與時偕行也疏正義曰損損下益上其道上行者此就二體釋卦名之義艮陽卦為止兊陰卦為說陽止於上陰說而順之是下自減損以奉於上上行之謂也損而有孚元吉无咎可貞利有攸往者卦有元吉已下等事由於有孚故加一而字則其義可見矣曷之用二簋可用享者舉經明之皆為損而有孚故得如此二簋應有時者

四〇三

卷七第二葉後

申明二簋之禮不可為常二簋至約惟在損時應時行之非時不可也損剛益柔有時者明損下益上之道亦不可為常損之所以能損下益上者以下不敢剛亢貴於奉上則是損於剛亢而益柔順也損剛者謂損兊之陽爻也益柔者謂益艮之陰爻也人之為德須備剛柔就剛柔之中剛為德長既為德長不可恒減故損之有時損益盈虛與時偕行者盈虛者鳧足短而任性鶴脛長而自然此又云與時偕行者上既言損剛益柔不可常用此又汎明損益之事體非恒理自然之質各定其分鳧足非短鶴脛非長何須損我以益人虛此以盈彼但有時宜用故應時而行故曰損益盈虛與時偕行也象曰山下有澤損注云山下有澤損之象也君子以懲忿窒欲注云可損之善莫善忿欲也疏正義曰山下有澤損君子以懲忿窒欲者澤在山下

四〇四

卷七第三葉前

澤卑山高似澤之自損以崇山之象也君子以法此損道以懲止忿怒窒塞情欲夫人之情也感物而動境有順逆故情有忿欲懲者息其既往窒者閉其將來忿欲皆有往來懲窒互文而相足也初九已事遄往无咎酌損之注云損之為道損下益上損剛益柔以應其時者也居於下極損剛奉柔則不可以逸處損之始則不可以盈事已則往不敢宴安乃獲无咎也剛以奉柔雖免乎咎猶未親也故既獲无咎復自酌損乃得合志也遄速也象曰已事遄往尚合志也注云尚合於志故遄往也疏正義曰已事遄往无咎者已竟也遄速也損之為道損下益上如人臣欲自損已奉上然各有職掌若廢事而往咎莫大焉若事已不往則為傲慢竟事速往乃得无咎故曰已事遄往无咎也酌損之者剛勝則柔危以剛奉柔初未見親

四〇五

也故須酌而減損之乃得合志故曰酌損之象曰尚合志者尚庶幾也所以竟事速往庶幾與上合志也九二利貞征凶弗損益之注云柔不可全益剛不可全削下不可以无正初九已損剛以順柔九二履中而復損已以益柔則剝道成焉故不可遄往而利貞也進之乎柔則凶矣故曰征凶也故九二不損而務益以中為志也象曰九二利貞中以為志也疏正義曰利貞征凶弗損益者柔不可以全益剛不可以全削下不可以无正初九已損剛以益柔為順六四為初六九二復損已以益六五為六二則成剝卦矣故九二利以居而守正進之於柔則凶故曰利貞征凶也既征凶故九二不損已而務益故曰不損益之也象曰中以為志者言九二所以能居而守貞不損益之良由居中以中為志故損益得其節適也六三

四〇六

卷七第四葉

三人行則損一人一人行則得其友 注云損之爲道損下益上其道上行三人謂自六三已上三陰也三陰竝行以承於上則上失其友內无其主名之曰益其實乃損故天地相應乃得化淳男女匹配乃得化生陰陽不對生可得乎故六三獨行乃得其友三陰俱行則必疑矣

象曰一人行三則疑也 疏 正義曰三人行則損一人一人行則得其友者六三處損之時居於下體損之爲義其道上行三人謂自六三已上三陰上一人謂上九也下一人謂六三也夫陰陽相應萬物化淳男女匹配故能生育六三應於上九上有二陰六四六五也損道上行有相從之義若與二陰并己俱行雖欲益上九一人更使上九懷疑疑則失其適匹之義也名之曰益即不是減損其實損之也故曰三人行則損一人若六三一人獨行則上九

四〇七

卷七第四葉後

納已无疑則得其友矣故曰一人行則得其友也象曰三則疑者言一人則可三人益加疑惑也

六四損其疾使遄有喜无咎 注云履得其位以柔納剛能損其疾也疾何可久故速乃有喜損疾以離其咎有喜乃无故使速乃有喜有喜乃无咎也

象曰損其疾亦可喜也 疏 正義曰損其疾使遄有喜无咎者疾者相思之疾也初九自損已遄往已以正道速納陰陽相會同志斯來无復企予之疾故曰損其疾疾何可久速乃有喜有喜乃无咎故曰使遄有喜无咎象曰亦可喜者詩曰亦旣見止我心則降不亦有喜乎 注速乃有喜有喜乃无咎也正義曰相感而久不相會則有勤望之憂故速乃有喜初九自損以益四四不速納則有失益之咎也故曰有喜乃无咎也

六五或益之十朋之龜弗克違

四〇八

卷七第五葉前

元吉 注云以柔居尊而爲損道江海處下百谷歸之履尊以損則或益之矣朋黨也龜者決疑之物也陰非先唱柔非自任尊以自居損以守之故人用其方事竭其功知者慮能明者慮策弗能違也則衆才之用盡矣獲益而得十朋之龜足以盡天人之助也

象曰六五元吉自上祐也 疏 正義曰或益之十朋之龜弗克違元吉者六五居尊以柔而在乎損而能自抑損者也居尊而能自抑損則天下莫不歸而益之故曰或益之也或者言有也言其不自益之有人來益之也朋者黨也龜者決疑之物也陰不先唱柔不自任尊以自居損以守之則人用其力事竭其功智者慮能明者慮策而不能違也朋至不違則羣才之用盡矣故曰十朋之龜弗克違也羣才畢用自尊委人天人竝助故曰元吉象曰自上祐者上謂天也故與自天祐之吉无不利義同

四〇九

卷七第五葉後

也 注朋黨也正義曰馬鄭皆案爾雅云十朋之龜者一曰神龜二曰靈龜三曰攝龜四曰寶龜五曰文龜六曰筮龜七曰山龜八曰澤龜九曰水龜十曰火龜

上九弗損益之无咎貞吉利有攸往得臣无家 注云處損之終上无所奉損終反益剛德不損乃反益之而不憂於咎用正而吉不制於柔剛德遂長故曰弗損益之无咎貞吉利有攸往也居上乘柔處損之極尚夫剛德爲物所歸故曰得臣得臣則天下爲一故无家也

象曰弗損益之大得志也 疏 正義曰弗損益之无咎貞吉者損之爲義損下益上上九處損之極上无所奉損終反益故曰弗損益之也旣剛德不損乃反益之則不憂於咎用正而吉故曰无咎貞吉也利有攸往者下制於柔不使三陰俱進不疑其志剛德遂長故曰利有攸往也又能自守

四一〇

剛陽不爲柔之所制豈惟无咎貞吉而已所往亦无不利故曰利有攸往義兩存也得臣无家者居上乘柔處損之極尊夫剛德爲物所歸故曰得臣得臣則以天下爲一故曰无家无家者光宅天下无適一家也象曰大得志者剛德不損爲物所歸故大得志也

䷩ 震下巽上 益利有攸往利涉大川 疏 正義曰益者增足之名損上益下故謂之益下已有矣而上更益之明聖人利物之无已也損卦則損下益上益卦則損上益下得名皆就下而不據上者向秀云明王之道志在惠下故取下謂之損與下謂之益既上行惠下之道利益萬物動而无違何往不利故曰利有攸往以益涉難理絶險阻故曰利涉大川 彖曰益損上益下民說无疆 注云震陽也巽陰也巽非違震者也處上而巽不違

於下損上益下之謂也 自上下下其道大光利有攸往中正有慶 注云五處中正自上下下故有慶也以中正有慶之德有攸往也何適而不利哉 利涉大川木道乃行 注云木者以涉大川爲常而不溺者也以益涉難同乎木也 益動而巽日進无疆天施地生其益无方 注云損上益下 凡益之道與時偕行 注云益之爲用施未足也滿而益之害之道也故凡益之道與時偕行也 疏 正義曰益損上益下民說无疆者此就二體釋卦名之義柔巽在上剛動在下上巽不違於下損上益下之義也既居上者能自損以益下則下民歡說无復疆限益卦所以名益者正以損上益下民說无疆者也自上下下其道大光利有攸往中正有慶者此就九五之爻釋利

有攸往中正有慶也五處中正能自上下下則其道光大爲天下之所慶賴也以中正有慶之德故所往无不利焉益之所以利有攸往者正謂中正有慶故也利涉大川木道乃行者此取譬以釋利涉大川也木體輕浮以涉大川爲常而不溺也以益涉難如木道之涉川涉川无害方見益之爲利故云利涉大川木道乃行也益動而巽日進无疆者自此已下廣明益義前則就二體明損上益下以釋卦名以下有動求上能巽接是損上益下之義今就二體更明得益之方也若動而驕盈則被損无已若動而卑巽則進益无疆故曰益動而巽日進无疆天施地生其益无方者此就天地廣明益之大義也天施氣於地地受氣而化生亦是損上益下義也其施化之益无有方所故曰天施地生其益无方凡益之道與時偕行者雖施益无方不可恒用當應時行之故舉凡益揔結之故曰凡

益之道與時偕行也 象曰風雷益君子以見善則遷有過則改 注云遷善改過益莫大焉 疏 正義曰風雷益君子以見善則遷有過則改者子夏傳云雷以動之風以散之萬物皆益孟僖亦與此同其意言必須雷動於前風散於後然後萬物皆益如二月啓蟄之後風以長物八月收聲之後風以殘物風之爲益其在雷後故曰風雷益也遷謂遷徙慕尚改謂改更懲止遷善改過益莫大焉故君子求益以見善則遷有過則改也六子之中並有益物獨取雷風者何晏云取其最長可久之義也 初九利用爲大作元吉无咎 注云處益之初居動之始體夫剛德以莅其事而之乎巽以斯大作必獲大功夫居下非厚事之地在卑非任重之處大作非小功所濟故元吉乃得无咎也 象曰元吉

无咎下不厚事也注云時可以大作而下不可以厚事得其時而无其處故元吉乃得无咎也疏正義曰利用爲大作元吉无咎者大作謂興作大事也初九處益之初居動之始有興作大事之端又體剛能幹應巽不違有堪建大功之德故曰利用爲大作也然有其才而无其位得其時而非其處雖有殊功人不與也時人不與則咎過生焉故必元吉乃得无咎故曰元吉无咎象曰下不厚事者厚事猶大事也六二或益之十朋之龜弗克違永貞吉王用享于帝吉注云以柔居中而得其位處內履中居益以沖益自外來不召自至不先不爲則朋龜獻策同於損卦六五之位位不當尊故吉在永貞也帝者生物之主興益之宗出震而齊巽者也六二居益之中體柔當位而應於巽享帝之美在此時也象

曰或益之自外來也疏正義曰或益之十朋之龜弗克違永貞吉王用享於帝吉者六二體柔居中當位應巽是居益而能用謙沖者也居益用謙則物自外來朋龜獻策弗能違也同於損卦六五之位故曰或益之十朋之龜弗克違也然位不當尊故永貞乃吉故曰永貞吉帝天也王用此時以享祭於帝明靈降福故曰王用享於帝吉也象曰自外來者明益之者從外自來不召而至也六三益之用凶事无咎有孚中行告公用圭注云以陰居陽求益者也故曰益之益不外來己自爲之物所不與故在謙則戮救凶則免以陰居陽處下卦之上壯之甚也用救衰危物所恃也故用凶事乃得无咎也若能益不爲私志在救難壯不至亢不失中行以此告公國主所任也用圭之禮備此道矣故曰有孚中行告公用圭也公

者臣之極也凡事足以施天下則稱王次天下之大者則稱公六三之才不足以告王足以告公而得用圭也故曰中行告公用圭也象曰益用凶事固有之也注云用施凶事乃得固有之也疏正義曰益之用凶事无咎有孚中行告公用圭者六三以陰居陽不能謙退是求益者也故曰益之益不外來己自爲之物所不與若以謙道責之則理合誅戮若以救凶原之則情在可恕然此六三以陰居陽處下卦之上壯之甚也用此以救衰危則物之所恃所以用凶事而得免咎故曰益之用凶事无咎若能求益不爲私己志在救難爲壯不至亢極能適於時是有信實而得中行故曰有孚中行也用此有孚中行之德執圭以告於公公必任之以救衰危之事故曰告公用圭象曰固有之者明非爲救凶則不可求益施之凶事乃得固有其功也注公者臣之極

至用圭也正義曰告王者宜以文德燮理使天下人寧不當恒以救凶用志褊狹也六四中行告公從利用爲依遷國注云居益之時處巽之始體柔當位在上應下卑不窮下高不處亢位雖不中用中行者也以斯告公何有不從以斯依遷誰有不納也象曰告公從以益志也注云志得益也疏正義曰中行告公從利用爲依遷國者六四居益之時處巽之始體柔當位在上應下卑不窮下高不處亢位雖不中用中行者也故曰中行也以此中行之德有事以告於公公必從之故曰告公從也用此道以依人而遷國者人无不納故曰利用爲依遷國也遷國國之大事明以中行雖有大事而无不利如周之東遷晉鄭焉依之義也象曰以益志者既爲公所從其志得益也九五有孚惠心勿問元吉有

卷七第十葉前

孚惠我德注云得位履尊爲益之主者也爲益之大莫大於信爲惠之大莫大於心因民所利而利之焉惠而不費惠心者也信以惠心盡物之願故不待問而元吉有孚惠我德也以誠惠物物亦應之故曰有孚惠我德也象曰有孚惠心勿問之矣惠我德大得志也疏正義曰有孚惠心勿問元吉有孚惠我德者九五得位處尊爲益之主秉弘德義以益物者也爲益之大莫大於信爲惠之大莫大於心因民所利而利之焉惠而不費惠心者也有惠有信盡物之願必獲元吉不待疑問故曰有孚惠心勿問元吉我既以信惠被於物物亦以信惠歸於我故曰有孚惠我德也象曰大得志者天下皆以信惠歸我則可以得志於天下故曰大得志也上九莫益之或擊之立心勿恒凶注云處益之極

四一九

卷七第十葉後

過盈者也求益无已心无恒者也无厭之求人弗與也獨唱莫和是偏辭也人道惡盈怨者非一故曰或擊之也象曰莫益之偏辭也或擊之自外來也疏正義曰上九處益之極益之過甚者也求益无厭怨者非一故曰莫益之或擊之也勿猶无也求益无已是立心无恒者也无恒之人必凶咎之所集故曰立心勿恒凶象曰偏辭者此有求而彼不應是偏辭也自外來者怨者非一不待召也故曰自外來也

☰☱乾下兑上夬揚于王庭孚號有厲告自邑不利即戎利有攸往注云夬與剥反者也剥以柔變剛至於剛幾盡夬以剛決柔如剥之消剛剛隕則君子道消柔消則小人道隕君子道消則剛正之德不可得直道而用刑罰之威不可得坦

四二〇

卷七第十一葉前

然而行揚于王庭其道公也疏正義曰夬決也此陰消陽息之卦也陽長至五五陽共決一陰故名爲夬也揚于王庭者明行決斷之法夬以剛決柔施之於人則是君子決小人也王庭是百官所在之處以君子決小人故可以顯然發揚決斷之事於王者之庭示公正而无私隱也故曰揚于王庭也孚號有厲者號號令也行決之法先須號令夬以剛決柔則是用明信之法而宣其號令如此即柔邪者危故曰孚號有厲也以剛制斷行令於邑可也若用剛即戎尚力取勝爲物所疾以此用師必有不利故曰告自邑不利即戎雖不利即戎然剛德不長則柔邪不消故陽爻宜有所往夬道乃成故曰利有攸往也彖曰夬決也剛決柔也健而說決而和注云健而說則決而和矣揚于王庭柔乘五剛也注云剛德齊長一柔

四二一

卷七第十一葉後

爲逆衆所同誅而无忌者也故可揚于王庭孚號有厲其危乃光也注云剛正明信以宣其令則柔邪者危故曰其危乃光也告自邑不利即戎所尚乃窮也注云以剛斷制告令可也告自邑謂行令於邑也用剛即戎尚力取勝也尚力取勝物所同疾也利有攸往剛長乃終也注云剛德愈長柔邪愈消故利有攸往道乃成也疏正義曰夬決也剛決柔者此就爻釋卦名也健而說決而和者此就二體之義明決而能和乾健而兑說健則能決說則能和故曰決而和也揚于王庭柔乘五剛者此因一陰而居五陽之上釋行決之法以剛德齊長一柔爲逆衆所同誅誅而无忌也故曰揚于王庭言所以得顯然揚于王庭者只謂柔乘五剛也孚號有厲其危乃光者以明信而宣號令即柔邪者危厲危之

四二二

卷七第十二葉前

之理分明可見故曰其危乃光也告自邑不利即戎所尚乃窮者剛克之道不可常行若專用威猛以此即戎則便爲尚力取勝即是決而不和其道窮矣行決所以惟告自邑不利即戎者只謂所尚乃窮故也利有攸往剛長乃終者終成也剛長柔消夬道乃成也象曰澤上於天夬君子以施祿及下居德則忌注云澤上於天夬之象也澤上於天必來下潤施祿及下之義也夬者明法而決斷之象也忌禁也法明斷嚴不可以慢故居德以明禁也施而能嚴嚴而能施健而能說決而能和美之道也【疏】正義曰澤上於天夬者澤性潤下雖復澤上於天決來下潤此事必然故是夬之象也君子以施祿及下居德則忌者忌禁也夬有二義象則澤來潤下彖則明法決斷所以君子法此夬義威惠兼施雖復施祿及下其在身居德復須明

卷七第十二葉後

四

其禁令合於健而能說決而能和故曰君子以施祿及下居德則忌也初九壯于前趾往不勝爲咎注云居健之初爲決之始宜審其策以行其事壯其前趾往而不勝宜其咎也象曰不勝而往咎也注云不勝之理在往前也【疏】正義曰初九居夬之初當須審其籌策然後乃往而體健處下徒欲果決壯健前進其趾以此而往必不克勝非夬之謀所以爲咎故曰初九壯于前趾往不勝爲咎也象曰不勝而往咎者經稱往不勝爲咎象云不勝而往咎翻其文者蓋暴虎馮河孔子所忌謬於用壯必无勝理孰知不勝果決而往所以致於咎過故注云不勝之理在往前也九二惕號莫夜有戎勿恤注云居健履中以斯決事能審已度而不疑者也故雖有惕懼號呼莫夜有戎不憂不惑故勿恤也象曰有戎

卷七第十三葉前

勿恤得中道也【疏】正義曰惕號莫夜有戎勿恤者九二體健居中能決其事而无疑惑者也雖復有人惕懼號呼語之云暮夜必有戎寇來害己能審己度不惑不憂故勿恤也象曰得中道者決事而得中道故不以有戎爲憂故云得中道也九三壯于頄有凶君子夬夬獨行遇雨若濡有慍无咎注云頄面權也謂上六也最處體上故曰權也剝之六三以應陽爲善夫剛長則君子道興陰盛則小人道長然則處陰長而助陽則善處剛長而助柔則凶矣夬爲剛長而三獨應上六助於小人是以凶也君子處之必能棄夫情累決之不疑故曰夬夬也若不與衆陽爲群而獨行殊志應於小人則受其困焉遇雨若濡有恨而无所咎也象曰君子夬夬終无咎也【疏】正義曰壯于頄有凶者頄

四二五

卷七第十三葉後

面權也謂上六也言九三處夬之時獨應上六助於小人是以凶也若剝之六三處陰長之時而應上是助陽爲善今九三處剛長之時獨助陰爲凶也君子夬夬者君子之人居於此時能棄其情累不受於應在於決斷而无滯是夬夬也獨行遇雨若濡有慍无咎者若不能決斷殊於衆陽應於小人則受濡濕其衣自爲怨恨无咎責於人故曰有慍无咎也象曰君子夬夬終无咎者衆陽決陰獨與上六相應是有咎也若能夬夬決之不疑則終无咎矣然則象云无咎自釋君子夬夬非經之无咎也九四臀无膚其行次且牽羊悔亡聞言不信注云下剛而進非已所據必見侵食失其所安故臀无膚其行次且也羊者牴很難移之物謂五也五爲夬主非下所侵若牽於五則可得悔亡而已剛亢不能納言自任所處聞言不信以斯而行凶可知

四二六

矣象曰其行次且位不當也聞言不信聰不明也注云同於噬嗑滅耳之凶疏正義曰臀无膚其行次且者九四據下三陽位又不正下剛而進必見侵傷侵傷則居不得安若臀无膚矣次且行不前進也臀之无膚居既失安行亦不進故曰臀无膚其行次且也牽羊悔亡聞言不信者羊者抵很難移之物謂五也居尊當位爲夬之主下不敢侵若牽於五則可得悔亡故曰牽羊悔亡然四亦是剛陽各亢所處雖復聞牽羊之言不肯信服事於五故曰聞言不信也象曰聰不明者聰聽也良由聽之不明故聞言不信也　注同於噬嗑滅耳之凶　正義曰四既聞言不信不肯牽係於五則必被侵克致凶而經无凶文象稱聰不明者與噬嗑上九辭同彼以不明釋凶知此亦爲凶也九五莧陸夬夬中行无咎注云

莧陸草之柔脆者也決之至易故曰夬夬也夬之爲義以剛決柔以君子除小人者也而五處尊位最比小人躬自決者也以至尊而敵至賤雖其克勝未足多也處中而行足以免咎而已未足光也象曰中行无咎中未光也疏正義曰莧陸夬夬中行无咎者莧陸草之柔脆者也夬之爲義以剛決柔以君子除小人者也五處尊位爲夬之主親決上六決之至易也如決莧草然故曰莧陸夬夬也但以至尊而敵於至賤雖其克勝不足貴也特以中行之故纔得无咎故曰中行无咎象曰中未光者雖復居中而行以其親決上六以尊敵卑未足以爲光大也　注莧陸草之柔脆者　正義曰子夏傳云莧陸木根草莖剛下柔上也馬融鄭玄王肅皆云莧陸一名商陸皆以莧陸爲一董遇云莧人莧也陸商陸也以莧陸爲二案注直云草之柔脆似亦以爲一同於子

夏等也上六无號終有凶注云處夬之極小人在上君子道長衆所共棄故非號咷所能延也象曰无號之凶終不可長也疏正義曰上六居夬之極以小人而居羣陽之上衆共棄也君子道長小人必凶非號咷所免故禁其號咷曰无號終有凶也象曰終不可長者長延也凶危若此非號咷所能延故曰終不可長也

䷫巽下乾上姤女壯勿用取女疏正義曰姤遇也此卦一柔而遇五剛故名爲姤施之於人則是一女而遇五男淫壯至甚故戒之曰此女壯甚勿用取此女也彖曰姤遇也柔遇剛也注云施之於人即女遇男也一女而遇五男爲壯至甚故不可取也勿用取女不可與長也天地相遇品物咸章也

注云匹乃功成也剛遇中正天下大行也注云化乃大行也姤之時義大矣哉注云凡言義者不盡於所見中有意謂者也疏正義曰姤遇也柔遇剛者此就爻釋卦名以初六一柔而上遇五剛所以名遇而用釋卦辭女壯勿用取女之義也勿用取女不可與長者女之爲體婉娩貞順方可期之偕老淫壯若此不可與之長久故勿用取女天地相遇品物咸章者已下廣明遇義卦得遇名本由一柔與五剛相遇故遇辭非美就卦而取遂言遇不可用是勿用取女也故孔子更就天地歎美遇之爲義不可廢也天地若各亢所處不相交遇則萬品庶物无由彰顯必須二氣相遇乃得化生故曰天地相遇品物咸章也剛遇中正天下大行者莊氏云一女而遇五男既不可取天地匹配則能成品物由是言之若剛遇中正之柔男得幽貞之

女則天下人倫之化乃得大行也姤之時義大矣
哉者上既博美此又結歎欲就卦而取義但是一
女而遇五男不足稱美博論天地相遇乃致品物
咸章然後姤之時義大矣哉　注凡言至意謂者
也正義曰注總爲稱義發例故曰凡言也就卦以
驗名義只是女遇於男博尋遇之深旨乃至道該
天地故云不盡於所
見中有意謂者也

象曰天下有風姤后以施命誥四方

疏 正義曰風行天下則无物不遇故爲遇
象后以施命誥四方者風行草偃天之
威令故人君法此以
施教命誥於四方也

初六繫于金柅貞吉有攸往見凶羸豕孚蹢躅

注云金者堅剛之物柅者制動
之主謂九四也初六處遇之始
以一柔而承五剛體夫躁質得遇而通散而无主
自縱者也柔之爲物不可以不牽臣妾之道不可
以不貞故必繫于正應乃得貞吉也若不牽于一
而有攸往行則唯凶是見矣羸豕謂牝豕也羣豕
之中豭強而牝弱故謂之羸豕也孚猶務躁也夫
陰質而躁恣者羸豕特甚焉言以不貞之陰失其
所牽其爲淫醜若羸
豕之孚務蹢躅也

象曰繫于金柅柔道牽也

疏 正義曰繫于金柅貞吉者金者堅剛之物柅者制
動之主謂九四也初六陰質若繫於正應以從於
四則貞而吉矣故曰繫於金柅貞吉也有攸往見
凶者若不牽於一而有所行往則惟凶是見矣故
曰有攸往見凶羸豕孚蹢躅者初六處遇之初以
一柔而承五剛是不繫金柅有所往者也不繫而
往則如羸豕之務躁而蹢躅然也故曰羸豕孚蹢
躅羸豕謂牝豕也羣豕之中豭強而牝弱也故謂
牝豕爲羸豕陰質而淫躁牝豕特甚焉故取以爲
喻象曰柔道牽者陰柔之道必須有所牽繫也

注柅者制動之主正義曰柅之爲物衆說不同王
肅之徒皆爲織績之器婦人所用惟馬云柅者在
車之下所以止輪令不動者也王
注云柅者制動之主蓋與馬同

九二包有魚无咎不利賓

注云初陰而窮下故稱魚不正之陰處
遇之始不能逆近者也初自樂來應己
之厨非爲犯奪故无咎也擅人之物
以爲己惠義所不爲故不利賓也

象曰包有魚義不及賓也

疏 正義曰庖有魚无咎者初六以陰
而處下故稱魚也以不正之陰處
遇之始不能逆於所近故捨九四之正應樂充九
二之庖厨故曰九二庖有魚初自樂來爲己之厨
非爲犯奪故得无咎也不利賓者夫擅人之物以
爲己惠義所不爲故不利賓也象曰義不及賓者
言有他人之物於
義不可及賓也

九三臀无膚其行次且厲无大咎

注云處下體之極而二據於初不爲己乘居下
獲安行无其應不能牽據以固所處故曰臀
膚其行次且也然履得其位非爲妄處不遇
其時故使危厲災非己招是以无大咎也

象曰其行次且行未牽也

疏 正義曰陽之所據者陰也
九三處下體之上爲內卦
之主以乘於二无陰可據居不獲安上又无應不
能牽據以固所處同於夬卦九四之失據故曰臀
无膚其行次且也然履得其位非爲妄處特以不
遇其時故致此危厲災非己招故无大咎故曰厲
无大咎象曰行未牽者未能牽
據故其行次且是行未牽也

九四包无魚起凶

注云二有其魚故失之也无
民而動失應而作是以凶也

象曰无魚之凶遠民也

疏 正義曰庖无魚者二擅其應故曰庖无魚也
庖之无魚則是无民之義也起凶者起動也

卷七第十八葉前

无民而動失應而作是以凶也象曰遠民者陰爲陽之民爲二所據故曰遠民也九五以杞包瓜含章有隕自天注云杞之爲物生於肥地者也包瓜爲物繫而不食者也九五履得尊位而不遇其應得地而不食含章而未發不遇其應命未流行然處得其所體剛居中志不舍命不可傾隕故曰有隕自天也

象曰九五含章中正也有隕自天志不舍命也疏正義曰以杞匏瓜者杞之爲物生於肥地匏瓜爲物繫而不食九五處得尊位而不遇其應是得地而不食故曰以杞匏瓜也含章有隕自天者不遇其應命未流行无物發起其美故曰含章然體剛居中雖復當位命未流行而能不改其操无能傾隕之者故曰有隕自天蓋言惟天能隕之耳象曰中正者中正故有美无應故含章而不發若非九五

四三五

卷七第十八葉後

中正則无美可含故舉爻位而言中正也志不舍命者雖命未流行而居尊當位志不舍命故曰不可傾隕也注杞之爲物生於肥地者也正義曰先儒說杞亦有不同馬云杞大木也左傳云杞梓皮革自楚往則爲杞梓之杞子夏傳曰作杞匏瓜薛虞記云杞杞柳也杞性柔刃宜屈橈似匏瓜又爲杞柳之杞案王氏云生於肥地蓋以杞爲今之枸杞也

上九姤其角吝无咎注云進之於極无所復遇遇角而已故曰姤其角也進而无遇獨恨而已不與物爭其道不害故无凶咎也

象曰姤其角上窮吝也疏正義曰姤其角者角者最處體上上九進之於極无所復遇遇角而已故曰姤其角也吝无咎者角非所安與无遇等故獨恨而鄙吝也然不與物爭其道不害故无凶咎故曰无咎也象曰上窮吝者處於上窮所以遇角而吝也

四三六

卷七第十九葉前

䷬坤下兌上萃亨注云聚乃通也王假有廟注云假至也王以聚至有廟也利見大人亨利貞注云聚得大人乃得通而利正也用大牲吉注云全夫聚道用大牲乃吉也聚道不全而用大牲神不福也利有攸往疏正義曰萃卦名也又萃聚也聚集之義也能招民聚物使物歸而聚己故名爲萃也亨者通也擁隔不通无由得聚聚之爲事其道必通故云萃亨王假有廟者假至也天下崩離則民怨神怒雖復享祀與无廟同王至大聚之時孝德乃洽始可謂之有廟矣故曰王假有廟利見大人亨利貞者聚而无主不散則亂惟有大德之人能弘正道乃得常通而利正故曰則見大人亨利貞也用大牲吉者大人爲主聚道乃全以此而用大牲神明降福故曰用大牲吉也利有攸往者人聚神祐何往不利故曰利有攸往

四三七

卷七第十九葉後

也

彖曰萃聚也順以說剛中而應故聚也注云但順而說則邪佞之道也剛而違於中應則強亢之德也何由得聚順說而以剛爲主主剛而履中履中以應故得聚也王假有廟致孝享也注云全聚乃得致孝之享也利見大人亨聚以正也注云大人體中正者也通聚以正聚乃得全也用大牲吉利有攸往順天命也注云順以說而不損剛順天命者也天德剛而不違中順天則說而以剛爲主也觀其所聚而天地萬物之情可見矣注云方以類聚物以羣分情同而後乃聚氣合而後乃羣疏正義曰萃聚者訓萃名也順以說剛中而應故聚者此就二體及九五之爻釋所以能聚也若全用順說則邪佞之道興全用剛陽而違

四三八

卷七第二十葉前

於中應則強亢之德著何由得聚今順以說而剛爲主則非邪佞也應不失中則非偏亢也如此方能聚物故曰順以說剛中而應故聚也王假有廟致孝享也者享獻也聚道既全可以至於有廟設祭祀而致孝享也利見大人亨聚以正也者釋聚所以利見大人乃得通而利正者良由大人有中正之德能以正道通而化之然後聚道得全故曰聚以正也用大牲吉利有攸往順天命者天之爲德剛不違中今順以說而以剛爲主是順天命也動順天命可以享於神明无往不利所以得用大牲吉利有攸往者只爲順天命也觀其所聚而天地萬物之情可見矣者此廣明萃義而歎美之也凡物所以得聚者由情同也情志若乖无由得聚故觀其所聚則天地萬物之情可見矣 象曰澤上於地萃君子以除戎器戒不虞 注云聚而无防則衆生心

四三九

卷七第二十葉後

疏 正義曰澤上於地則水潦聚故曰澤上於地萃也除者治也人既聚會不可无防備故君子於此之時脩治戎器以戒備不虞也 初六有孚不終乃亂乃萃若號一握爲笑勿恤往无咎 注云有應在四而三承之心懷嫌疑故有孚不終也不能守道以結至好迷務競爭故乃亂乃萃也一握者小之貌也爲笑者懦劣之貌也己爲正配三以近寵若安夫卑退謙以自牧則勿恤而往无咎也 象曰乃亂乃萃其志亂也 疏 正義曰有孚不終乃亂乃萃者初六有應在四而三承之萃聚之時貴於近合見三承四疑四與三始以正應相信末以他意相阻故曰有孚不終也既心懷嫌疑則情志迷亂奔馳而行萃不以禮故曰乃亂乃萃一握者小之貌也自比一握之閒言至小也爲笑者非嚴毅之容言懦劣也

四四〇

卷七第二十一葉前

己爲正配三以近寵若自號比於一握之小執其謙退之容不與物爭則不憂於三往必得合而无咎矣故曰若號一握爲笑勿恤往无咎也 象曰其志亂者只謂疑四與三故志意迷亂也 六二引吉无咎孚乃利用禴 注云居萃之時體柔當位處坤之中己獨處正與衆相殊異操而聚民之多僻獨正者危未能變體以遠於害故必見引然後乃吉而无咎也禴殷春祭名也四時祭之省者也居聚之時處於中正而行以忠信故可以省薄薦於鬼神也 象曰引吉无咎中未變也 疏 正義曰引吉无咎者萃之爲體貴相從就聚道乃成今六二以陰居陰復在坤體志於靜退則是守中未變不欲相就者也乖衆違時則致危害故須牽引乃得吉而无咎也故曰引吉无咎孚乃利用禴者禴殷春祭之名也四時之祭最薄者也雖乖於衆志須牽

四四一

卷七第二十一葉後

引然居中得正忠信而行故可以省薄薦於鬼神也故曰孚乃利用禴象曰中未變也者釋其所以須引乃吉良由居中未變 六三萃如嗟如无攸利往无咎小吝 注云履非其位以比於四四亦失位不正相聚相聚不正患所生也干人之應害所起也故萃如嗟如无攸利也上六亦无應而獨立處極而憂危思援而求朋巽以待物者也與其萃於不正不若之於同志故可以往而无咎也二陰相合猶不若一陰一陽之至故有小吝也 象曰往无咎上巽也 疏 正義曰居萃之時履非其位以比於四四亦失位不正相聚相聚不正患所生也干人之應害所起也故曰萃如嗟如无攸利也往无咎小吝者上六亦无應而獨立處極而憂危思援而求朋巽以待物者也與其萃於不正不若之於同志故可以往而无咎但以上六是陰已又是

四四二

陰以二陰相合猶不若一陰一陽之應故有小吝也象曰往无咎上巽也者以上體柔巽以求其朋故三可以往而无咎也 九四大吉无咎 注云履非其位而下據三陰得其所據失其所處處聚之時不正而據故必大吉立夫大功然後无咎也 象曰大吉无咎位不當也 疏 正義曰大吉无咎者以陽處陰明履非其位又下據三陰得其所據失其所處處聚之時不正而據是其凶也若以萃之時立夫大功獲其大吉乃得无咎故曰大吉无咎象曰位不當者謂以陽居陰也 九五萃有位无咎匪孚元永貞悔亡 注云處聚之時最得盛位故曰萃有位也四專而據己德不行自守而已故曰无咎匪孚夫脩仁守正久必悔消故曰元永貞悔亡 象曰萃有位志未光也 疏 正義曰萃有位

无咎匪孚元永貞悔亡者九五處聚之時最得盛位故曰萃有位也既得盛位所以无咎匪孚者良由四專而據己德化不行信不孚物自守而已故曰无咎匪孚若能修夫大德久行其正則其悔可消故曰元永貞悔亡象曰志未光也者雖有盛位信德未行久乃悔亡今時志意未光大也 上六齎咨涕洟无咎 注云處聚之時居於上極五非所乘內无應援處上獨立近遠无助危莫甚焉齎咨嗟歎之辭也若能知危之至懼禍之深憂病之甚至于涕洟不敢自安亦衆所不害故得无咎也 象曰齎咨涕洟未安上也 疏 正義曰齎咨者居萃之時最處上極五非所乘內又无應處上獨立无其援助危亡之甚居不獲安故齎咨而嗟歎也若能知有危亡懼害之深憂危之甚至於涕洟滂沲如此居不獲安方得衆所不害故无咎矣自目出

曰涕自鼻出曰洟象曰未安上者未敢安居其上所乘也

䷭ 巽下坤上 升元亨用見大人勿恤 注云巽順可以升陽爻不當尊位无嚴剛之正則未免於憂故用見大人乃勿恤也 南征吉 注云以柔之南則麗乎大明也 疏 正義曰升元亨者升卦名也升者登上之義也升而得大通故曰升元亨也用見大人勿恤者升者登也陽爻不當尊位无剛嚴之正則未免於憂故用見大德之人然後乃得无憂恤故曰用見大人勿恤南征吉者非直須見大德之人復宜適明陽之地若以陰之陰彌足其闇也南是明陽之方故云南征吉也 彖曰柔以時升 注云柔以其時乃得升也 巽而順剛中而應是以大亨 注云純柔則不能自升剛亢則物不從既以時升又巽而

順剛中而應以此而升故得大亨 用見大人勿恤有慶也南征吉志行也 注云巽順以升至于大明志行之謂也 疏 正義曰柔以時升者升之爲義自下升高故就六五居尊以釋名升之意六五以陰之質超升貴位若不得時則不能升耳故曰柔以時升也巽而順剛中而應是以大亨者此就二體及九二之爻釋元亨之德也純柔則不能自升剛亢則物所不從卦體既巽且順爻又剛中而應於五有此衆德故得元亨用見大人勿恤有慶者以大通之德用見大人不憂否塞必致慶善故曰有慶也南征吉志行者之於闇昧則非其本志今以柔順而升大明其志得行也 象曰地中生木升君子以順德積小以高大 疏 正義曰地中生木升者地中生木始於細微以至高大故爲升象也君子

卷七第二十四葉前

以順德積小以高大者地中生木始於毫末終至合抱君子象之以順行其德積其小善以成大名
故繫辭云善不積不足以成名是也**初六允升大吉**注云允當也巽卦三爻皆升者
也雖无其應處升之初與九二九三合志俱升當升之時升必大得是以大吉也**象曰允**
升大吉上合志也疏正義曰允升大吉者允當也巽卦三爻皆應升上而二三
有應於五六升之不疑惟初无應於上恐不得升當二三升時與之俱升必大得矣故曰允升大吉
也象曰上合志也者上謂二三也與之合志俱升乃得大吉也**九二孚乃利用禴**
无咎注云與五爲應往必見任體夫剛德進不求寵閑邪存誠志在大業故乃利用納約于神
明矣**象曰九二之孚有喜也**疏正義曰孚乃利用禴无咎者九二與五爲

四四七

卷七第二十四葉後

應往升於五必見信任故曰孚二體剛德而履乎中進不求寵志在大業用心如此乃可薦其省約
於神明而无咎也故曰孚乃利用禴无咎象曰有喜也者上升則爲君所任薦約則爲神所享斯之
爲喜不亦宜乎**九三升虛邑**注云履得其位以陽升陰以斯而舉莫之違距故若升虛
邑也**象曰升虛邑无所疑也**注云往必得也疏正義曰升虛邑者九三履
得其位升於上六上六體是陰柔不距於己若升空虛之邑也象曰无所疑者往必得邑何所疑乎
六四王用亨于岐山吉无咎注云處升之際下升而進可納而不可距
也距下之進攘來自專則殃咎至焉若能不距而納順物之情以通庶志則得吉而无咎矣岐山之
會順事之情无不納也**象曰王用亨于岐山順事也**疏正義曰王

四四八

卷七第二十五葉前

用亨於岐山者六四處升之際下體三爻皆來上升可納而不可距事同文王岐山之會故曰王用
亨於岐山也吉无咎者若能納而不距順物之情則得吉而无咎故曰吉无咎也象曰順事者順物
之情而立功立事故曰順事也**六五貞吉升階**注云升得尊位體柔而應納而不距
任而不專故得貞吉升階而尊也**象曰貞吉升階大得志也**疏正義
曰貞吉升階者六五以柔居尊位納於九二不自專權故得貞吉升階保其尊貴而踐阼矣故曰貞
吉升階也象曰大得志者居中而得其貞吉處尊而保其升階志大得矣故曰大得志也**上六**
冥升利于不息之貞注云處升之極進而不息者也進而不息故雖冥猶升也
故施於不息之正則可用於爲物之主則喪矣終於不息消之道也**象曰冥升在上**

四四九

卷七第二十五葉後

消不富也注云勞不可久也疏正義曰冥升者冥猶昧也處升之上進而不已則是
雖冥猶升也故曰冥升利于不息之貞者若冥升在上陵物爲主則喪亡斯及若潔己脩身施於爲
政則以不息爲美故曰利于不息之貞象曰消不富者雖爲政不息交免危咎然勞不可久終致消
衰故曰消不富也

䷮ 坎下兌上 **困亨**注云窮必通也處窮而不能自通者小人也**貞大人吉**
无咎注云處困而得无咎吉乃免也**有言不信**疏正義曰困者窮厄委頓之名道
窮力竭不能自濟故名爲困亨者卦德也小人遭困則窮斯濫矣君子遇之則不改其操君子處困
而不失其自通之道故曰困亨也貞大人吉无咎者處困而能自通必是履正體大之人能濟於困

四五〇

然後得吉而无咎故曰貞大人吉无咎也有言不信者處困求濟在於正身脩德若巧言飾辭人所不信則其道彌窮故誡之以有言不信也 **彖曰困剛揜也** 注云剛見揜於柔也 **險以說困而不失其所亨** 注云處險而不改其說困而不失其所亨也 **其唯君子乎貞大人吉以剛中也** 注云處困而用剛不失其中履正而能體大者也能正而不能大博未能濟困者也故曰貞大人吉也 **有言不信尚口乃窮也** 注云處困而言不見信之時也非行言之時而欲用言以免必窮者也其吉在於貞大人口何爲乎 疏 正義曰困剛揜者此就二體以釋卦名兑陰卦爲柔坎陽卦爲剛坎在兑下是剛見揜於柔也剛應升進今被柔揜施之於人其猶君子爲小人所蔽以爲困窮矣險以說困而不

失其所亨者此又就二體名訓以釋亨德也坎險而兑說所以困而能亨者良由君子遇困安其所遇雖居險困之世不失暢說之心故曰險以說困而不失其所亨也其惟君子乎者結歎處困能通非小人之事惟君子能然也貞大人吉以剛中者此就二五之爻釋貞大人之義剛則正直所以爲貞中而不偏所以能大若正而不大未能濟困處困能濟濟乃得吉而无咎也故曰貞大人吉以剛中也有言不信尚口乃窮者處困求通在於修德非用言以免困徒尚口說更致困窮故曰尚口乃窮也 **象曰澤无水困君子以致命遂志** 注云澤无水則水在澤下水在澤下困之象也處困而屈其志者小人也君子固窮道可忘乎 疏 正義曰澤无水困者謂水在澤下則澤上枯槁萬物皆困故曰澤无水困也君子以致命遂志者君子之人守道而死雖遭困

厄之世期於致命喪身必當遂其高志不屈撓而移改也故曰致命遂志也 **初六臀困于株木入于幽谷三歲不覿** 注云最處底下沈滯卑困居无所安故曰臀困于株木也欲之其應二隔其路居則困于株木進不獲拯必隱遯者也故曰入于幽谷也困之爲道不過數歲者也以困而藏困解乃出故曰三歲不覿也 **象曰入于幽谷幽不明也** 注云言幽者不明之辭也入于不明以自藏也 疏 正義曰臀困于株木者初六處困之時以陰爻最居窮下沈滯卑困居不獲安若臀之困于株木故曰臀困于株木也入于幽谷者有應在四而二隔之居則困株進不獲拯勢必隱遯者也故曰入于幽谷也三歲不覿者困之爲道不過數歲困解乃出故曰三歲不覿也象曰幽不明者象辭惟釋幽字言幽者正是不明之辭所以

入不明以自藏而避困也釋株者杌木謂之株也 **九二困于酒食朱紱方來利用享祀征凶无咎** 注云以陽居陰尚謙者也居困之時處得其中體夫剛質而用中履謙應不在一心无所私盛莫先焉夫謙以待物物之所歸剛以處險難之所濟履中則不失其宜无應則心无私恃以斯處困物莫不至不勝豐衍故曰困于酒食美之至矣坎北方之卦也朱紱南方之物也處困以斯能招異方者也故曰朱紱方來也豐衍盈盛故利用享祀盈而又進傾之道也以此而征凶誰咎乎故曰征凶无咎 **象曰困于酒食中有慶也** 疏 正義曰困于酒食者九二體剛居陰處中无應體剛則健能濟險也居陰則謙物所歸也處中則不失其宜无應則心无私黨處困以斯物莫不至不勝豐衍故曰困于酒食也朱紱方來利

卷七第二十八葉前

用享祀者紱祭服也坎北方之卦朱紱南方之物
處困用謙能招異方者也故曰朱紱方來也舉異
方者明物无不至酒食豐盈異方歸向祭則受福
故曰利用享祀征凶无咎者盈而又進傾敗之道
以征必凶故曰征凶自進致凶无所怨咎故曰无
咎也象曰中有慶者言二以中德被物物之所賴
故曰有慶也六三困于石據于蒺蔾入于其宮不見其
妻凶注云石之爲物堅而不納者也謂四也三以
陰居陽志武者也四自納初不受已者二非
所據剛非所乘上比困石下據蒺蔾无
應而入焉得配耦在困處斯凶其宜也象曰據于
蒺蔾乘剛也入于其宮不見其妻不祥也疏正義曰困
于石據于蒺蔾者石之爲物堅剛而不可入也蒺
蔾之草有刺而不可踐也六三以陰居陽志懷剛

四五五

卷七第二十八葉後

武已又无應欲上附於四四自納於初不受已者
也故曰困于石也下欲比二二又剛陽非已所據
故曰據于蒺蔾也入于其宮不見其妻凶者无應
而入難得配偶譬於入宮不見其妻處困以斯凶
其宜也故曰入于其宮不見其妻凶也象曰乘剛
者明二爲蒺蔾也不祥也者祥善也吉也不吉必
有凶也九四來徐徐困于金車吝有終注云金車謂二也二剛以
載者也故謂之金車徐徐者疑懼之辭也志在於
初而隔於二履不當位威命不行棄之則不能欲
往則畏二故曰來徐徐困于金車也有應而不能
濟之故曰吝也然以陽居陰履謙之道量力而處
不與二爭雖不當位物終與之故曰有終也象曰來徐徐志在下也注云
下謂初也雖不當位有與也疏正義曰九四來徐徐困
于金車吝有終者何氏

四五六

卷七第二十九葉前

云九二以剛德勝故曰金車也徐徐者疑懼之辭
九四有應於初而礙於九二故曰困于金車欲棄
之惜其配偶疑懼而行不敢疾速故來徐徐也有
應而不敢往可恥可恨故曰吝也以陽居陰不失
謙道爲物之所與故曰有終象曰有與者位雖不當執謙之故物所與也九五劓刖困
于赤紱乃徐有說利用祭祀注云以陽居陽任其壯者也不能以謙致
物物則不附忿物不附而用其壯猛行其威刑異
方愈乖遐邇愈叛刑之欲以得乃益所以失也故
曰劓刖困于赤紱也二以謙得之五以剛失之體
在中直能不遂迷困而後能用其道者也致物之
功不在於暴故曰徐也困而後乃徐徐則有說矣
故曰困于赤紱乃徐有說也祭祀所以受福也履
夫尊位困而能改不遂其迷以斯祭祀必得福焉故曰利用祭祀也象曰劓刖志未

四五七

卷七第二十九葉後

得也乃徐有說以中直也利用祭祀受福也疏正義
曰九五以陽居陽用其剛壯物不歸已見物不歸而用威
刑行其劓刖之事既行此威刑則異方愈乖遐邇愈叛兌
爲西方之卦赤紱南方之物故曰劓刖困於赤紱也此卦
九二爲以陽居陰用其謙退能招異方之物也此言九五
剛猛不能感異方之物也若但用其中正之德招致於物
不在速暴而徐徐則物歸之而有說矣故曰乃徐有說也
居得尊位困而能反不執其迷用其祭祀則受福也象曰
志未得也者由物不附己己志未得故曰志未得也乃徐
有說以中直也者居中得直不貪不暴終得其應乃寬緩
修其道德則得喜說故云乃徐有說以中直也利用祭祀
受福者若能不遂迷志用其中正則異方所歸祭則受福故曰利用祭祀受福也上六困于
葛藟于臲卼曰動悔有悔征吉注云居困之極而乘於剛下无其應行則

四五八

愈繞者也行則纏繞居不獲安故曰困于葛藟于臲卼也下句无困困於上也處困之極行无通路居无所安困之至也凡物窮則思變困則謀通處至困之地用謀之時也曰者思謀之辭也謀之所行有隙則獲言將何以通至困乎曰動悔令生有悔以征則濟矣故曰動悔有悔征吉也象曰困于葛藟未當也注云所處未當故致此困也動悔有悔吉行也疏正義曰葛藟引蔓纏繞之草臲卼動搖不安之貌上六處困之極極困者也而乘於剛下又无應行則纏繞居不得安故曰困於葛藟於臲卼也應亦言困於臲卼困因於上省文也凡物窮則思變困則謀通處至困之地是用謀策之時也以曰者思謀之辭也謀之所行有隙則獲言將何以通至困乎為之謀曰必須發動其可悔之事令其有悔可知然後處困求通可以行而獲吉故曰動

悔有悔征吉象曰未當也者處於困極而又乘剛所處不當故致此困也吉行者知悔而征行必獲吉也

䷯巽下坎上井改邑不改井注云井以不變為德者也无喪无得注云德有常也往來井井注云不渝變也汔至亦未繘井注云已來至而未出井也羸其瓶凶注云井道以已出為功也幾至而覆與未汲同也疏正義曰井者物象之名也古者穿地取水以瓶引汲謂之為井此卦明君子脩德養民有常不變終始無改養物不窮莫過乎井故以脩德之卦取譬名之井焉改邑不改井者以下明井有常德此明井體有常邑雖遷移而井體无改故云改邑不改井也无喪无得者此明井用有常德終日引汲未嘗言損終

日泉注未嘗言益故曰无喪无得也往來井井者此明性常井井絜靜之貌也往者來者皆使絜靜不以人有往來改其洗濯之性故曰往來井井也汔至亦未繘井羸其瓶凶者此下明井誠言井功難成也汔幾也幾近也繘綆也雖汲水以至井上然綆出猶未離井口而鉤羸其瓶而覆之也棄其方成之功雖有出井之勞而與未汲不異喻今人行常德須善始令終若有初无終則必致凶咎故曰汔至亦未繘井羸其瓶凶言亦者不必之辭言不必有如此不克終者計覆一瓶之水何足言凶以喻人之修德不成又云但取喻人之德行不恒不能慎終如始故就人言凶也彖曰巽乎水而上水井注云音舉上之上井養而不窮也改邑不改井乃以剛中也注云以剛處中故能定居其所而不變也汔至亦未

繘井未有功也注云井以已成為功羸其瓶是以凶也疏正義曰巽乎水而上水井者此就二體釋井之名義此卦坎為水在上巽為木在下又巽為入以木入於水而又上水井之象也井養而不窮者歎美井德愈汲愈生給養於人无有窮已也改邑不改井乃以剛中也者此釋井體有常由於二五也二五以剛居中故能定居其所而不改變也不釋往來二德者无喪无得往來井井皆由以剛居中更无他義故不具舉經文也汔至亦未繘井未有功也者水未及用則井功未成其猶人德未被物亦是功德未就也羸其瓶是以凶也者汲水未出而覆喻脩德未成而止所以致凶也注音舉上之上正義曰嫌讀為去聲故音之也象曰木上有水井君子以勞民勸相注云木上有水井之象也上水以養養而不窮

卷七第三十二葉前

者也相猶助也可以勞民勸助莫若養而不窮也【疏】正義曰木上有水則是上水之象所以爲井君子以勞民勸相者勞謂勞賚相猶助也井之爲義汲養而不窮君子以勞來之恩勤恤民德勸助百姓使有功成則此養而不窮也

初六井泥不食舊井无禽注云最在井底上又无應沈滯滓穢故曰井泥不食也井泥而不可食則是乆井不見渫治者也乆井不見渫治禽所不嚮而況人乎一時所共棄舍也井者不變之物居德之地恒德至賤物无取也

象曰井泥不食下也舊井无禽時舍也【疏】正義曰井泥不食舊井无禽者初六最處井底上又无應沈滯滓穢即是井之下泥污不堪食也故曰井泥不食也井泥而不可食即是乆井不見渫治禽所不嚮而況人乎故曰舊井无禽也象曰下也者以其最在井下故爲

四六三

卷七第三十二葉後

井泥也時舍也者人既非食禽又不向即是一時共棄舍也注井者不變之物居德之地正義曰繇辭稱改邑不改井故曰井者不變之物居德者繫辭又云井德之地故曰居德之地也注言此者明井既有不變即是有恒既居德地即是用德也今居窮下即是恒德至賤故物无取也禽之與人皆共棄舍也

九二井谷射鮒甕敝漏注云谿谷出水從上注下水常射焉井之爲道以下給上者也而无應於上反下與初故曰井谷射鮒鮒謂初也失井之道水不上出而反下注故曰甕敝漏也夫處上宜下處下宜上井已下矣而復下注其道不交則莫之與也

象曰井谷射鮒无與也【疏】正義曰井谷射鮒者井之爲德以下汲上九二上无其應反下比初施之於事正似谷中之水下注敝鮒井而似谷故曰井谷射鮒也鮒謂初也子夏傳

四六四

卷七第三十三葉前

云井中蝦蟆呼爲鮒魚也甕敝漏者井而下注失井之道有似甕敝漏水水漏下流故曰甕敝漏也象曰无與也者井既處下宜應汲上今反養下則不與上交物莫之與故曰无與也

九三井渫不食爲我心惻可用汲王明並受其福注云渫不停污之謂也處下卦之上履得其位而應於上得井之義也當井之義而不見食脩已全絜而不見用故爲我心惻也爲猶使也不下注而應上故可用汲也王明則見照明既嘉其行又欽其用故曰王明並受其福也

象曰井渫不食行惻也注云行感於誠故曰惻也

求王明受福也【疏】正義曰井渫不食者渫治去穢污之名也井被渫治則清絜可食九三處下卦之上異初六井泥之時得位而有應於上非射鮒之象但井以上出爲用猶在下體未有成功

四六五

卷七第三十三葉後

功既未成井雖渫治未食也故曰井渫不食也爲我心惻者爲猶使也井渫而不見食猶人修己全絜而不見用使我心中惻愴故曰爲我心惻也可用汲王明並受其福者不同九二下注而不可汲也有應於上是可汲也井之可汲猶人可用若不遇明王則滯其才用若遭遇贒主則申其行能贒主既嘉其行又欽其用故曰可用汲王明並受其福也

六四井甃无咎注云得位而无應自守而不能給上可以脩井之壞補過而已

象曰井甃无咎脩井也【疏】正義曰案子夏傳云甃亦治也以塼壘井脩井之壞謂之爲甃六四得位而无應自守而已不能給上可以脩井崩壞施之於人可以脩德補過故曰井甃无咎也象曰脩井者但可脩井之壞未可上給養人也

九五井洌寒泉食注云洌絜也居中得位體剛不撓不食不

四六六

義中正高潔故井洌寒泉然後乃食也 象曰寒泉之食中正也 疏 正義曰井洌寒泉食者餘爻不當貴位但脩德以待用九五爲卦之主擇人而用之洌絜也九五居中得正而體剛直既體剛直則不食汚穢必須井絜而寒泉然後乃食以言剛正之主不納非賢必須行絜才高而後乃用故曰井洌寒泉食也象曰以中正者若非居中得正則任用非賢不能要待寒泉然後乃食也必言寒泉者清而冷者水之本性遇物然後濁而溫故言寒泉以表絜也 上六井收勿幕有孚元吉 注云處井上極水已出井井功大成在此爻矣故曰井收也羣下仰之以濟淵泉由之以通者也幕猶覆也不擅其有不私其利則物歸之往无窮矣故曰勿幕有孚元吉也 象曰元吉在上大成也 疏 正義曰收式[illegible]反凡物可收成者

則謂之收如五穀之有收也上六處井之極水已出井井功大成者也故曰井收也勿幕有孚元吉者幕覆也井功已成若能不擅其美不專其利不自掩覆與衆共之則爲物所歸信能致其大功而獲元吉故曰勿幕有孚元吉也象曰元吉在上大成者上六所以能獲元吉者只爲居井之上井功大成者也

䷰ 離下兑上 革已日乃孚元亨利貞悔亡 注云夫民可與習常難與適變可與樂成難與慮始故革之爲道即日不孚已日乃孚也孚然後乃得元亨利貞悔亡也已日而不孚革不當也悔吝之所生主乎變動者也革而當其悔乃亡也 疏 正義曰革者改變之名也此卦明改制革命故名革也已日乃孚者夫民情可與習常難與適變可與樂成難與慮始故

革命之初人未信服所以即日不孚已日乃孚也元亨利貞悔亡者爲革而民信之然後乃得大通而利正也悔吝之所生生乎變動革之爲義變動者也革若不當則悔吝交及如能大通利貞則革道當矣爲革而當乃得亡其悔吝故曰元亨利貞悔亡 彖曰革水火相息二女同居其志不相得曰革 注云凡不合而後乃變生變之所生生於不合者也故取不合之象以爲革也息者生變之謂也火欲上而澤欲下水火相戰而後生變者也二女同居而有水火之性近而不相得也 已日乃孚革而信之文明以說大亨以正革而當其悔乃亡 注云夫所以得革而信者文明以說也文明以說履正而行以斯爲革應天順民大亨以正者也革而大亨以正非當如何 天地革

而四時成湯武革命順乎天而應乎人革之時大矣哉 疏 正義曰革水火相息二女同居其志不相得曰革者此就二體釋卦名也水火相息先就二象明革息生也火本乾燥澤本潤濕燥濕殊性不可共處若其共處必相侵剋既相侵剋其變乃生變生則本性改矣水熱而成湯火滅而氣冷是謂革也二女同居者此就人事明革也中少二女而成一卦此雖形同而志革也一男一女乃相感應二女雖復同居其志終不相得志不相得則變必生矣所以爲革已日乃孚革而信者釋革之爲義革初未孚已日乃信也文明以說者此舉二體上釋革而信下釋四德也能用文明之德以說於人所以革命而爲民所信也大亨以正者民既說文明之德而從之所以大通而利正也革而當其悔乃亡者爲革若合於大通而利正可謂當

爻革而當理其悔乃亡消也天地革而四時成者以下廣明革義此先明天地革者天地之道陰陽升降溫暑涼寒迭相變革然後四時之序皆有成也湯武革命順乎天而應乎人者次明人革也夏桀殷紂凶狂无度天既震怒人亦叛亡殷湯周武聰明睿智上順天命下應人心放桀鳴條誅紂牧野革其王命改其惡俗故曰湯武革命順乎天而應乎人計王者相承改正易服皆有變革而獨舉湯武者蓋舜禹禪讓猶或因循湯武干戈極其損益故取相變甚者以明人革也革之時大矣哉者備論革道之廣訖總結歎其大故曰大矣哉也

象曰澤中有火革君子以治歷明時 注云歷數時會存乎變也 疏 正義曰澤中有火革者火在澤中二性相違必相改變故為革象也君子以治歷明時者天時變改故須歷數所以君子觀茲革象脩治歷數以明

天時也

初九鞏用黃牛之革 注云在革之始革道未成固夫常中未能應變者也此可以守成不可以有為也鞏固也黃中也牛之革堅仞不可變也固之所用常中堅仞不肯變也

象曰鞏用黃牛不可以有為也 疏 正義曰鞏固也黃中也牛革牛皮也革之為義變改之名而名皮為革者以禽獸之皮皆可從革故以喻焉皮雖從革之物然牛皮堅仞難變初九在革之始革道未成守夫常中未能應變施之於事有似用牛皮以自固未肯造次以從變者也故曰鞏用黃牛之革也象曰不可以有為者有為謂適時之變有所云為也既堅仞自固可以守常不可以有為也

六二巳日乃革之征吉无咎 注云陰之為物不能先唱順從者也不能自革革巳乃能從之故曰巳日乃革之也二與五雖有水火殊

體之異同處厥中陰陽相應往必合志不憂咎也是以征吉而无咎

象曰巳日革之行有嘉也 疏 正義曰巳日乃革之者陰道柔弱每事順從不能自革革巳日乃能從之故曰巳日乃革之征吉无咎者與五相應同處厥中陰陽相應往必合志不憂咎也故曰征吉无咎二五雖是相應而水火殊體嫌有相剋之過故曰无咎象曰行有嘉者往應見納故行有嘉慶也

九三征凶貞厲革言三就有孚 注云巳處火極上卦三爻雖體水性皆從革者也自四至上從命而變不敢有違故曰革言三就其言實誠故曰有孚革言三就有孚而猶征之凶其宜也

象曰革言三就又何之矣 疏 正義曰征凶貞厲革言三就有孚者九三陽爻剛壯又居火極火性炎上處革之時欲征之使革征之非道則正之危也故曰征凶

貞厲所以征凶致危者正以水火相息之物既處於火極上之三爻水在火上皆從革者也自四至上從命而變不敢有違則從革之言三爻並成就不虛故曰革言三就其言實誠故曰有孚也既革言三就有孚從革巳矣而猶征之則凶所以征凶而貞厲象曰又何之矣者征之本為不從既革言三就更又何往征伐矣

九四悔亡有孚改命吉 注云初九處下卦之下九四處上卦之下故能變也无應悔也與水火相比能變者也是以悔亡處水火之際居會變之始能不固吝不疑於下信志改命不失時願是以吉也有孚則見信矣見信以改命則物安而无違故曰悔亡有孚改命吉也處上體之下始宣命也

象曰改命之吉信志也 注云信志而行 疏 正義曰悔亡有孚改命吉者九四與初同處卦下初九處下卦之下革道未成故未

能變九四處上卦之下所以能變也无應悔也能變故悔亡也處水火之際居會變之始能不固吝不疑於下信彼改命之志而能從之合於時願所以得吉故曰有孚改命吉也象曰信志者信下之志而行其命也

九五大人虎變未占有孚 注云未占而孚合時心也

象曰大人虎變其文炳也

疏 正義曰大人虎變未占有孚者九五居中處尊以大人之德爲革之主損益前王創制立法有文章之美煥然可觀有似虎變其文彪炳則是湯武革命順天應人不勞占決信德自著故曰大人虎變未占有孚也象曰其文炳者義取文章炳著也

上六君子豹變小人革面 注云居變之終變道已成君子處之能成其文小人樂成則變面以順上也

征凶居貞吉 注云改命創制變道已成功成則事損事

損則无爲故居則得正而吉征則躁擾而凶也

象曰君子豹變其文蔚也小人革面順以從君也

疏 正義曰君子豹變小人革面者上六居革之終變道已成君子處之雖不能同九五革命創制如虎文之彪炳然亦潤色鴻業如豹文之蔚縟故曰君子豹變也小人革面者小人處之但能變其顔面容色順上而已故曰小人革面也征凶居貞吉者革道已成宜安静守正更有所征則凶居而守正則吉故曰征凶居貞吉也象曰其文蔚者明其不能大變故文細而相暎蔚也順以從君者明其不能潤色立制但順而從君也

周易注疏卷第七　乙未天基節三山東窻子遹謹標閲

上杉右京亮藤原憲忠寄進

周易注疏卷第八

國子祭酒上護軍曲阜縣開國子臣孔　穎達奉

勑撰

䷱ 巽下離上 鼎元吉亨 注云革去故而鼎取新取新而當其人易故而法制齊明吉然後乃亨故先元吉而後亨也鼎者成變之卦也革既變矣則制器立法以成之焉變而无制亂可待也法制應時然後乃吉賢愚有別尊卑有序然後乃亨故先元吉而後乃亨

疏 正義曰鼎者器之名也自火化後鑄金而爲此器以供亨飪之用謂之爲鼎亨飪成新能成新法然則鼎之爲器且有二義一有亨飪之用二有物象之法故彖曰鼎象也明其有法象也雜卦曰革去故而鼎取

新明其亨飪有成新之用此卦明聖人革命示物法象惟新其制有鼎之義以木巽火有鼎之象故名爲鼎焉變故成新必須當理故先元吉而後乃亨故曰鼎元吉亨

彖曰鼎象也 注云法象也

以木巽火亨飪也 注云亨飪鼎之用也

聖人亨以享上帝而大亨以養聖賢 注云亨者鼎之所爲也革去故而鼎成新故爲亨飪調和之器也去故取新聖賢不可失也飪孰也天下莫不用之而聖人用之乃上以享上帝而下以大亨養聖賢也

巽而耳目聰明 注云聖賢獲養則已不爲而成矣故巽而耳目聰明也

柔進而上行得中而應乎剛是以元亨 注云謂五也有斯二德故能成新獲大亨也

疏 正義曰鼎象也者明鼎有亨飪成新之法象也以木巽火亨飪

也者此明上下二象有亨飪之用此就用釋卦名
也聖人亨以享上帝而大亨以養聖賢者此明鼎
用之美亨飪所須不出二種一供祭祀二當賓客
若祭祀則天神爲大賓客則聖賢爲重故舉其重
大則輕小可知享帝直言亨養人則言大亨者享
帝尚質特牲而已故直言亨聖賢既多養須飽飫
故亨上加大字也巽而耳目聰明者此明鼎用之
益言聖人既能謙巽大養聖賢聖賢獲養則憂其
事而助於己明目達聰不勞己之聰明則不爲而
成矣柔進而上行得中而應乎剛是以元亨者此
就六五釋元吉亨以柔進上行體已獲通得中
應剛所通者大故能制法成新而獲大亨也 象
曰木上有火鼎君子以正位凝命 注云凝者嚴整之貌也鼎者取
新成變者也[illegible]新正位者明 正
尊卑之序也[illegible]凝命之嚴也 疏 義

曰木上有火即是以木巽火有亨飪之象所以爲
鼎也君子以正位凝命者凝嚴整之貌也鼎既
成新即須制法制法之美莫若上下有序正尊卑
之位輕而難犯布嚴凝之命故君子象此以正位
凝命也 初六鼎顛趾利出否得妾以其子无咎 注云凡陽
爲實而陰爲虛鼎之爲物下實而上虛而今陰在
下則是爲覆鼎也鼎覆則趾倒矣否謂不善之物
也取妾以爲室主亦顛趾之義也處鼎之初將
在納新施顛以出穢得妾以爲子故无咎也 象
曰鼎顛趾未悖也 注云倒以寫否故未悖也 利出否以從貴也
注云棄穢以納新也 疏 正義曰鼎顛趾趾足也凡陽爲實而陰爲虛鼎之爲物下實而上虛
初六居鼎之始以陰處下則是下虛下虛而鼎足
倒矣故曰鼎顛趾也利出否者否者不善之物鼎

之倒趾失其所利鼎覆而不失其利在於寫出否
穢之物也故曰利出否也得妾以其子无咎者妾
者側媵非正室也施之於人正室雖亡妾猶不得
爲室主妾爲室主亦猶鼎之顛趾而有咎過妾若
有賢子則母以子貴以之繼室則得无咎故曰得
妾以其子无咎也象曰未悖也者倒趾以出否未
爲悖逆也以從貴者舊穢也新貴也棄穢納新所
以從貴也然則去妾之賤名而爲室主亦從子貴
也 九二鼎有實我仇有疾不我能即吉 注云以陽之質處鼎
之中有實者也有實之物不可復加益之則溢反
傷其實我仇謂五也困於乘剛之疾不能就我則
我不溢得全其吉也 象曰鼎有實慎所之也 注云有實之鼎不可復有所取
才任已極不可復有所取 我仇有疾終无尤也 疏 正義曰鼎有實我仇

有疾不我能即吉者實謂陽也仇是匹也即就也
九二以陽之質居鼎之中有實者也故曰鼎有實
也有實之物不可復加也加之則溢而傷其實矣
六五我之仇匹欲來應我困於乘剛之疾不能就
我則我不溢而全其吉也故曰我仇有疾不我能
即吉也象曰慎所之者之往也自此已往所宜慎
之也終无尤也者五旣有乘剛
之疾不能加我則我終无尤也 九三鼎耳革其行
塞雉膏不食方雨虧悔終吉 注云鼎之爲義虛中以待物者也而三處
下體之上以陽居陽守實无應无所納受耳宜空
以待鉉而反全其實塞故曰鼎耳革其行塞雖有
雉膏而終不能食也雨者陰陽交和不偏亢者也
雖體陽爻而統屬陰卦若不全任剛亢務在和通
方雨則悔虧終則吉也 象曰鼎耳革失其義也 疏 正義曰鼎耳革

其行塞者鼎之爲義下實上虛是空以待物者也鼎耳之用亦宜空以待鉉今九三處下體之上當此鼎之耳宜居空之地而以陽居陽是以實處實者也既實而不虛則變革鼎耳之常義也常所納物受鉉之處今則塞矣故曰鼎耳革其行塞也雉膏不食者非直體實不受又上九不應於己亦无所納雖有其器而无所用雖有雉膏而不能見食也故曰雉膏不食方雨虧悔終吉者雨者陰陽交和不偏亢者也雖體陽爻而統屬陰卦若不全任剛亢務在和通方欲爲此和通則悔虧而終獲吉故曰方雨虧悔終吉也象曰失其義也者失其虛中納受之義也 九四鼎折足覆公餗其形渥凶 注云處上體之下而又應初既承且施非己所堪故曰鼎折足也初已出否至四所盛則已絜矣故曰覆公餗也渥沾濡之貌也既覆公餗體爲渥沾知小謀大不堪其

任受其至辱災及其身故曰其形渥凶也 象曰覆公餗信如何也 注云不量其力果致凶災信如之何 疏 正義曰鼎折足覆公餗者餗糝也八珍之膳鼎之實也初以出否至四所盛故當馨絜矣故以餗言之初處下體之下九四處上體之下上有所承而又應初下有所施既承且施非己所堪故曰鼎折足鼎足既折則覆公餗也渥霑濡之貌也既覆公餗體則渥霑也施之於人知小而謀大力薄而任重如此必受其至辱災及其身也故曰其形渥凶象曰信如何也者言不能治之於未亂既敗之後乃責之云不量其力果致凶災災既及矣信如之何也言信有此不可如何之事也 六五鼎黃耳金鉉利貞 注云居中以柔能以通理納乎剛正故曰黃耳金鉉利貞也耳黃則能納剛正以自舉也 象曰鼎黃耳中以爲

實也 注云以中爲實所受不妄也 疏 正義曰鼎黃耳金鉉利貞者黃中也金剛也鉉所以貫鼎而舉之也五爲中位故曰黃耳應在九二以柔納剛故曰金鉉所納剛正故曰利貞也象曰中爲實也者言六五以中爲實所受不妄也 上九鼎玉鉉大吉无不利 注云處鼎之終鼎道之成也居鼎之成體剛履柔用勁施鉉以斯處上高不誠亢得夫剛柔之節能舉其任者也應不在一則靡所不舉故曰大吉无不利也 象曰玉鉉在上剛柔節也 疏 正義曰鼎玉鉉者玉者堅剛而有潤者也上九居鼎之終鼎道之成體剛處柔則是用玉鉉以自舉者也故曰鼎玉鉉也大吉无不利者應不在一即靡所不舉故得大吉而无不利象曰剛柔節者以陽居柔雖復在上不爲乾之亢貴故曰剛柔節也

☳☳ 震下震上 震亨 注云懼以成則是以亨 震來虩虩笑言啞啞 注云震之爲義威至而後乃懼也故曰震來虩虩恐懼之貌也震者驚駭怠惰以肅解慢者也故曰震來虩虩恐致福也笑言啞啞後有則也 震驚百里不喪匕鬯 注云威震驚乎百里則足可以不喪匕鬯矣匕所以載鼎實鬯香酒奉宗廟之盛也 疏 正義曰震亨者震動也此象雷之卦天之威動故以震爲名震既威動莫不驚懼驚懼以威則物皆整齊由懼而獲通所以震有亨德故曰震亨也震來虩虩笑言啞啞者虩虩恐懼之貌也啞啞笑語之聲也震之爲用天之威怒所以肅整怠慢故迅雷風烈君子爲之變容施之於人事則是威嚴之教行於天下也故震之來也莫不恐懼故曰震來虩虩也物既恐懼不敢爲非保安其福遂至笑語之盛故曰笑言啞啞

也震驚百里不喪匕鬯者匕所以載鼎實鬯香酒也奉宗廟之盛者也震卦施之於人又爲長子長子則正體於上將所傳重出則撫軍守則監國威震驚於百里可以奉承宗廟彝器粢盛守而不失也故曰震驚百里不喪匕鬯　注威震至廟之盛也正義曰先儒皆云雷之發聲聞乎百里故古帝王制國公侯地方百里故以象焉竊謂天之震雷不應止聞百里蓋以古之啓土百里爲極文王作繇在殷時明長子威震於一國故以百里言之也匕所以載鼎實鬯香酒者陸績云匕者棘匕橈鼎之器先儒皆云匕形似畢但不兩岐耳以棘木爲之長三尺刊柄與末詩云有捄棘匕是也用棘者取其赤心之義祭祀之禮先烹牢於鑊旣納諸鼎而加冪焉將薦乃舉冪而以匕出之升于俎上故曰匕所以載鼎實也鬯者鄭玄之義則爲秬黍之酒其氣調暢故謂之鬯詩傳則爲鬯是香草案王

度記云天子鬯諸侯薰大夫蘭以例而言之則鬯是草明矣今特言匕鬯者鄭玄云人君於祭祀之禮尚牲薦鬯而已其餘不足觀也　彖曰震亨震來虩虩恐致福也笑言啞啞後有則也震驚百里驚遠而懼邇也　注云威震驚乎百里則惰者懼於近矣　出可以守宗廟社稷以爲祭主也　注云明所以堪長子之義也不喪匕鬯則已出可以守宗廟　疏　正義曰震亨者卦之名德但舉經而不釋名德所由者正明由懼得通故曰震亨更无他義或本无此二字震來虩虩恐致福也者威震之來初雖恐懼能因懼自修所以致福也笑言啞啞後有則也者因前恐懼自修未敢寬逸致福之後方有笑言以曾經戒懼不敢失則必時然後言樂然後笑故曰笑言啞啞後有則

也震驚百里驚遠而懼邇者言威震驚於百里之遠則惰者恐懼於近也出可以守宗廟社稷以爲祭主者釋不喪匕鬯之義也出謂君出巡狩等事也君出則長子留守宗廟社稷攝祭主之禮事也　注己出　正義曰己出謂君也　象曰洊雷震君子以恐懼脩省　疏　正義曰洊者重也因仍也雷相因仍乃爲威震也此是重震之卦故曰洊雷震也君子以恐懼脩省者君子恒自戰戰兢兢不敢懈惰今見天之怒畏雷之威彌自脩身省察己過故曰君子以恐懼脩省也　初九震來虩虩後笑言啞啞吉　注云體夫剛德爲卦之先能以恐懼脩其德也　象曰震來虩虩恐致福也笑言啞啞後有則也　疏　正義曰初九剛陽之德爲一卦之先剛則不闇於幾先則能有前識故處震驚

之始能以恐懼自脩而獲其吉故曰震來虩虩後笑言啞啞吉此爻辭兩句旣與卦同象辭釋之又與彖不異者蓋卦舉威震之功令物恐懼致福爻論遇震而懼脩省致福之人卦則自震言人爻則據人威震所說雖殊其事一也所以爻卦二辭本末俱等其猶屯卦初九與卦俱稱利建侯然卦則汎舉屯時宜其有所封建爻則以貴下賤則是堪建之人此震之初九亦其類也　六二震來厲億喪貝躋于九陵勿逐七日得　注云震之爲義威駭怠解肅整惰慢者也初幹其任而二乘之震來則危喪其資貨亡其所處矣故曰震來厲億喪貝億辭也貝資貨糧用之屬也犯逆受戮无應而行行无所舍威嚴大行物莫之納无糧而走雖復超越陵險必困于窮匱不過七日故曰勿逐七日得也　象曰震來厲乘剛也　疏

正義曰震來厲億喪貝者億辭也貝資貨糧用之屬震之爲用本威惰慢者也初九以剛處下聞震而懼恐而致福即是有德之人六二以陰賤之體不能敬於剛陽尊其有德而反乘之是慠尊陵貴爲天所誅震來則有危亡喪其資貨故曰震來厲億喪貝也躋于九陵勿逐七日得者躋升也犯逆受戮无應而行行无所舍威嚴大行物莫之納既喪資貨无糧而走雖復超越陵險必困於窮匱不過七日爲有司所獲矣故曰躋於九陵勿逐七日得象曰乘剛也者只爲乘於剛陽所以犯逆受戮也

六三震蘇蘇震行无眚　注云不當其位位非所處故懼蘇蘇也而无乘剛之逆故可以懼行而无眚也

象曰震蘇蘇位不當也　疏　正義曰震蘇蘇震行无[illegible]蘇[illegible]懼不安之貌六三居不當位故震[illegible]不當位而无乘剛之

逆故可以懼行而无災眚也故曰震蘇蘇震行无眚也象曰位不當者其猶竊位者遇威嚴之世不能自安也　注位非所處故懼蘇蘇又云懼行而无眚正義曰驗注以訓震爲懼蓋懼不自爲懼由震故懼也自下爻辭皆以震言懼也

九四震遂泥　注云處四陰之中居恐懼之時爲衆陰之主宜勇其身以安於衆若其震也遂困難矣履夫不正不能除恐使物安已德未光也

象曰震遂泥未光也　疏　正義曰震遂泥者九四處四陰之中爲衆陰之主當恐懼之時宜勇其身以安於衆若其自懷震懼則遂滯溺而困難矣故曰震遂泥也然四失位違中則是有罪自懼遂沈泥者也象曰未光也者身既不正不能除恐使物安已是道德未能光大也

六五震往來厲億无喪有事　注云往則无應來則乘剛恐而往來不免

於危夫處震之時而得尊位斯乃有事之機也而懼往來將喪其事故曰億无喪有事也

象曰震往來厲危行也其事在中大无喪也　注云大則无喪往來乃危也　疏　正義曰震往來厲者六五往則无應來則乘剛恐而往來不免於咎故曰震往來厲也億无喪有事者夫處震之時而得尊位斯乃有事之機而懼以往來將喪其事故戒之曰億无喪有事也象曰危行也者懷懼往來是致危之行其事在中大无喪也者六五居尊當其有事在於中位得建大功若守中建大則无喪有事若恐懼往來則致危无功也

上六震索索視矍矍征凶震不于其躬于其鄰无咎婚媾有言　注云處震之極極震者也居震之極求中未得故懼而索索視而矍矍无所安親也已處動極

而復征焉凶其宜也若恐非已造彼動故懼懼鄰而戒合於備豫故无咎也極懼相疑故雖婚媾而有言也

象曰震索索中未得也雖凶无咎畏鄰戒也　疏　正義曰震索索視矍矍者索索心不安之貌矍矍視不專之容上六處震之極極震者也既居震位欲求中理以自安而未能得故懼而索索視而矍矍无所安親征凶者夫處動懼之極而復征焉凶其宜也故曰征凶也震不于其躬于其鄰无咎者若恐非已造彼動故懼懼鄰而戒合於備豫則得无咎故曰震不于其躬于其鄰无咎也婚媾有言者居極懼之地雖復婚媾相結亦不能无相疑之言故曰婚媾有言也象曰中未得也者猶言未得中也畏鄰戒也者畏鄰之動懼而自戒乃得无咎

卷八第十葉前

☶☶艮下艮上 艮其背 注云目无患也 不獲其身 注云所止在後故不得其身也 行其庭不見其人 注云相背故也 无咎 注云凡物對面而不相通否之道也艮者止而不相交通之卦也各止而不相與何得无咎唯不相見乃可也施止於背不隔物欲得其所止也背者无見之物也无見則自然靜止靜止而无見則不獲其身矣相背者雖近而不相見故行其庭不見其人也夫施止不於无見令物自然而止而強止之則姦邪並興近而不相得則凶其得无咎艮其背不獲其身行其庭不見其人故也 疏 正義曰艮其背不獲其身行其庭不見其人无咎者艮止也靜止之義此是象山之卦故以艮為名施之於人則是止物之情防其動欲故謂之[illegible]背者[illegible]明施止之所也施止得所則其[illegible]不有其所則其功難成故

四九一

卷八第十葉後

老子曰不見可欲使心不亂也背者无見之物也夫无見則自然靜止夫欲防止之法宜防其未兆既兆而止則傷物情故施止於无見之所則不隔物欲得其所止也若施止於面則對面而不相通強止其情則姦邪並興而有凶咎止而无見則所止在後不與面相對言有物對面而來則情欲有私於己既止在後則是施止无見所止无見何及其身故不獲其身既不獲其身則相背矣相背者雖近而不相見故行其庭不見其人如此乃得无咎故曰艮其背不獲其身行其庭不見其人无咎也又若能止於未兆則是治之於未萌若對面不相交通則是否之道也但止其背可得无咎也 注目无患也 正義曰目者能見之物施止於面則抑割所見強隔其欲是目見之所患今施止於背則目无患也 彖曰艮止也時止則止時行則行動靜不

四

卷八第十一葉前

失其時其道光明 注云止道不可常用必施於不可以行適於其時道乃光明也 艮其止止其所也 注云易背曰止以明背即止也施止不可於面施背乃可也施止於止不施止於行得其所矣故曰艮其止止其所也 上下敵應不相與也是以不獲其身行其庭不見其人无咎也 疏 正義曰艮止也者訓其名也時止則止時行則行動靜不失其時其道光明者將釋施止有所光明施止有時凡物之動息自各有時運用止之法不可為常必須應時行止然後其道乃得光明也艮其止止其所也此釋施止之所也艮其止者疊經文艮其[illegible]也易背曰止以明背者无見之物即是可止之[illegible]既時止[illegible]宜止時行則行所以施止須得所艮[illegible]今言艮其止是止其所止也故曰艮其止止其所也上下敵應不相與也者此就六

四九[illegible]

卷八第十一葉後

爻皆不相應釋艮卦之名又釋不獲其身以下之義凡應者一陰一陽二體不敵今上下之位雖復相當而爻皆峙敵不相交與故曰上下敵應不相與也然八純之卦皆六爻不應何獨於此言之者謂此卦既止而不交爻又峙而不應與止義相協故兼取以明之也是以不獲其身行其庭不見其人无咎也者此舉經文以結之明相與而止之則有咎也 象曰兼山艮君子以思不出其位 注云各止其所不侵官也 疏 正義曰兼山艮者兩山兼重謂之兼山也直置一山已能鎮止今兩山重疊止義彌大故曰兼山艮也君子以思不出其位者止之為義各止其所故君子於此之時思慮所及不出其已位也 初六艮其趾无咎利永貞 注云處止之初行无所之故止其趾乃得无咎至靜而定故利永貞 象曰艮其趾未失正也 疏 正義曰艮

四九八

其趾无咎者趾足也初處體下故謂之足居止之初行无所適止其足而不行乃得无咎故曰艮其趾无咎也利永貞者靜止之初不可以躁動故利在永貞也象曰未失正也者行則有咎止則不失其正釋所以在永貞**六二艮其腓不拯其隨其心不快**注云隨謂趾也止其腓故其趾不拯也腓體躁而處止而不得拯其隨又不能退聽安靜故其心不快也**象曰不拯其隨未退聽也**疏正義曰艮其腓不拯其隨者腓腸也在足之上腓體或屈或伸躁動之物腓動則足隨之故謂足爲隨拯舉也今既施止於腓腓不得動則足无由舉故曰艮其腓不拯其隨也其心不快者腓是躁動之物[illegible]之[illegible]進而不得動則情與質乖也故曰其[illegible]明施止不得其所也象曰未退聽也者聽從也既不能拯動又不能靜退

聽從其見止之命所以其心不快矣**九三艮其限列其夤厲薰心**注云限身之中也三當兩象之中故曰艮其限夤當中脊之肉也止加其身中體而分故列其夤而憂危薰心也艮之爲義各止於其所上下不相與至中則列矣列加其夤危莫甚焉危亡之憂乃薰灼其心也施止體中其體分焉體分兩主大器喪矣**象曰艮其限危薰心也**疏正義曰艮其限列其夤厲薰心者限身之中人繫帶之處言三當兩象之中故謂之限施止於限故曰艮其限也夤當中脊之肉也薰燒灼也既止加其身之中則上下不通之義也是分列其夤夤既分列身將喪亡故憂危之切薰灼其心矣然則君臣共治大體若身大體不通則君臣不接君臣不接則上下離心列夤則身亡離心則國喪故曰列其夤厲薰心注體分兩主大器喪矣正義曰大器謂

國與身也此爻亦明施止不得其所也**六四艮其身无咎**注云中上稱身履得其位止求諸身得其所處故不陷於咎也**象曰艮其身止諸躬也**注云自止其躬不分全體疏正義曰艮其身无咎者中上稱身六四居止之時已入上體履得其位止求諸身不陷於咎故曰艮其身无咎也求責也諸之也象曰止諸躬也者躬猶身也明能靜止其身不爲躁動也注自止其躬不分全體正義曰艮卦總其兩體以爲一身兩體不分乃謂之全全乃謂之身以九三居兩體之際在於身中未入上體則是止於下體不與上交所以體分夤列六四已入上體則非上下不接故能總止其身不分全體然則身是總名而言中上稱身者何也蓋至中則體分而身喪入上則不分而身全九三施止於分體故謂之限[illegible]四施止於全體故謂之身非中上

獨是其身而中下非身也**六五艮其輔言有序悔亡**注云施止於輔以處於中故口无擇言能亡其悔也**象曰艮其輔以中正也**注云能用中正故言有序也疏正義曰艮其輔言有序悔亡者輔頰車也能止於輔頰也以處其中故口无擇言也言有倫序能亡其悔故曰艮其輔言有序悔亡也象曰以中正者位雖不正以居得其中故不失其正故言有序也**上九敦艮吉**注云居止之極極止者也敦重在上不陷非妄宜其吉也**象曰敦艮之吉以厚終也**疏正義曰敦艮吉者敦厚也上九居艮之極極止者也在上能用敦厚以自止不陷非妄宜其吉也故曰敦艮吉也象曰以厚終者言上九能以敦厚自終所以獲吉也

䷴艮下巽上 漸女歸吉利貞 注云漸者漸進之卦也止而巽以斯適進漸進者也以止巽爲進故女歸吉也進而用正故利貞也 疏 正義曰漸者不速之名也凡物有變移徐而不速謂之漸也女歸吉者歸嫁也女人生有外成之義以夫爲家故謂嫁曰歸也婦人之嫁備禮乃動故漸之所施吉在女嫁故曰女歸吉也利貞者女歸有漸得禮之正故曰利貞也 彖曰漸之進也 注云之於進也 女歸吉也進得位往有功也進以正可以正邦也其位剛得中也 注云以漸進得位也 止而巽動不窮也 疏 正義曰漸之進也者釋卦名也漸是徐動之名不當進退但卦所名漸是之於進也女歸吉也者漸漸而進之施於人事是女歸之吉也進得位往有功也進

以正可以正邦也者此就九五得位剛中釋利貞也言進而得於貴位是往而有功也以六二適九五是進而以正身既得正可以正邦也其位剛得中者此卦爻皆得位上言進得位嫌是兼二三四等故特言剛得中以明得位之言惟是九五也止而巽動不窮也者此就二體廣明漸進之美也止不爲暴巽能用謙以斯適進物无違拒故能漸而動進不有困窮也 象曰山上有木漸君子以居賢德善俗 注云賢德以止巽則居風俗以止巽乃善 疏 正義曰山上有木漸者木生山上因山而高非是從下忽高故是漸義也君子以居賢德善俗者夫止而巽者漸之美也君子求賢德使居位化風俗使清善皆須文德謙下漸以進之若以卒暴威刑物不從矣 初六鴻漸于干小子厲有言无咎 注云鴻水鳥也適進之義

始於下而升者也故以鴻爲諭六爻皆以進而履之爲義焉始進而位乎窮下又无其應若履于干危不可以安也始進而未得其位則困於小子窮於謗言故曰小子厲有言也困於小子讒諛之言未傷君子之義故曰无咎也 象曰小子之厲義无咎也 疏 正義曰鴻漸于干者鴻水鳥也干水涯也漸進之道自下升高故取譬鴻飛自下而上也初之始進未得祿位上无應援體又窮下若鴻之進於河之干不得安寧也故曰鴻漸于干也小子厲有言无咎者始進未得顯位易致陵辱則是危於小子而被毁於謗言故曰小子厲有言小人之言未傷君子之義故曰无咎象曰義无咎者備如經釋 六二鴻漸于磐飲食衎衎吉 注云磐山石之安者也進而得位居中而應本无祿養進而得之其爲歡樂願莫先焉 象曰

飲食衎衎不素飽也 疏 正義曰鴻漸于磐飲食衎衎吉者磐山石之安者也衎衎樂也六二進而得位居中而應得可安之地故曰鴻漸于磐既得可安之地所以飲食衎衎然樂而獲吉福也故曰鴻漸于磐飲食衎衎吉也象曰不素飽者素故也故无祿養今日得之故願莫先焉 注磐山石之安也正義曰馬季長云山中石磐紆故稱磐也鴻是水鳥非是集於山石陵陸之禽而爻辭以此言鴻漸者蓋漸之爲義漸漸之於高故取山石陵陸以應漸高之義不復係水鳥也 九三鴻漸于陸夫征不復婦孕不育凶利禦寇 注云陸高之頂也進而之陸與四相得不能復反者也夫征不復樂於邪配則婦亦不能執貞矣非夫而孕故不育也三本艮體而棄乎群醜與四相得遂乃不反至使婦孕不育見利忘義貪進

忘舊凶之道也異體合好順而相保物莫能閒故利禦寇也　象曰夫征不復離群醜也婦孕不育失其道也利用禦寇順相保也　疏正義曰鴻漸于陸夫征不復婦孕不育凶者陸高之頂也九三居下體之上是進而得高之象故曰鴻于陸也進而之陸无應於上與四相比四亦无應近而相得三本是艮體與初二相同一家棄其群類而與四合好即是夫征而不反復也夫既樂於邪配妻亦不能保其貞非夫而孕故不育也見利忘義貪進忘舊凶之道也故曰夫征不復婦孕不育凶也利禦寇者異體合好恐有寇難離閒之者然和比相順共相保安物莫能閒故曰利用禦寇也象曰離群醜者醜類也言三與初二雖有陰陽之殊同體艮卦故謂之群醜也失其道也者非夫而孕孕而不育失道故也順相保也

者謂四以陰乘陽嫌其非順然好合相得和比相安故曰順相保也　注陸高之頂也　正義曰爾雅云高平曰陸故曰高之頂也　六四鴻漸于木或得其桷无咎　注云鳥而之木得其宜也或得其桷遇安棲也雖乘于剛志相得也　象曰或得其桷順以巽也　疏正義曰鴻漸于木者鳥而之木得其宜也六四進而得位故曰鴻漸于木也或得其桷无咎者桷榱也之木而遇堪為桷之枝取其易直可安也六四與三相得順而相保故曰或得其桷既與相得无乘剛之咎故曰无咎象曰順以巽也者言四雖乘三體巽而下附三雖被乘上順而相保所以六四得其安栖由順以巽也　九五鴻漸于陵婦三歲不孕終莫之勝吉　注云陵次陸者也進得中位而隔乎三四不得與其應合故婦

三歲不孕也各履正而居中三四不能久塞其塗者也不過三歲必得所願矣進以正邦三年有成成則道濟故不過三歲也　象曰終莫之勝吉得所願也　疏正義曰鴻漸于陵者陵次陸者也九五進得中位處於尊高故曰鴻漸于陵婦三歲不孕者有應在二而隔乎三四不得與其應合是二五情意徒相感說而隔礙不交故曰婦三歲不孕也終莫之勝吉者然二與五合各履正而居中三四不能久塞其路終得遂其所懷故曰終莫之勝吉也象曰得所願也者所願在於與二合好既各履中正无能勝之故終得其所願也　注進以正邦三年有成　正義曰九五居尊得位故曰進以邦也三歲有成則三四不敢塞其路故曰不過三歲也　上九鴻漸于陸其羽可用為儀吉　注云進處高絜不累於位无物可以屈其心而

亂其志峨峨清遠儀可貴也故曰其羽可用為儀吉　象曰其羽可用儀吉不可亂也　疏正義曰鴻漸于陸者上九與三皆處卦上故並稱陸上九最居上極是進處高絜故曰鴻漸于陸也其羽可用為儀吉者然居无位之地是不累於位者也處高而能不以位自累則其羽可用為物之儀表可貴可法也故曰其羽可用為儀吉也必言羽者既以鴻明漸故用羽表儀也象曰不可亂也者進處高絜不累於位无物可以亂其志也

䷵兌下震上　歸妹征凶无攸利　注云妹者少女之稱也兌為少陰震為長陽少陰而承長陽說以動嫁妹之象也　疏正義曰歸妹者卦名也婦人謂嫁曰歸歸妹猶言嫁妹也然易論歸妹得名不同泰卦六五云帝乙歸妹彼據兄嫁妹謂之歸妹此卦名歸妹以妹

卷八第十八葉前

從姊而嫁謂之歸妹故初九爻辭云歸妹以娣是也匕咸卦明二少相感恒卦明二長相承今此卦以少承長非是匹敵明是妹從姊嫁故謂之歸妹爲古者諸侯一取九女嫡夫人及左右媵皆以姪娣從故以此卦當之矣不言歸姪者女娣是兄弟之行亦舉尊以包之也征凶无攸利者歸妹之戒也征謂進有所往也妹從姊嫁本非正匹惟須自守卑退以事元妃若妾進求寵則有並后凶咎之敗故曰征凶无攸利 **彖曰歸妹天地之大義也天地不交而萬物不興歸妹人之終始也** 注云陰陽既合長少又交天地之大義人倫之終始 **說以動所歸妹也** 注云少女而與長男交少女所不樂也而今說以動所歸必妹也雖與長男交嫁而係姊是以說也 **征凶位不當也** 注云履於不正說動

卷八第十八葉後

以進妖邪之道也 **无攸利柔乘剛也** 注云以征則有不正之凶以處則有乘剛之逆 疏 正義曰歸妹天地之大義也天地不交而萬物不興者此舉天地交合然後萬物蕃興證美歸妹之義所以未及釋卦名先引證者以歸妹之義非人情所欲且違於匹對之理蓋以聖人制禮令姪娣從其姑姊而充妾媵者所以廣其繼嗣以象天地以少陰少陽長陰長陽之氣共相交接所以蕃興萬物也歸妹人之終始也者上既引天地交合爲證此又舉人事歸妹結合其義也天地以陰陽相合而得生物不已人倫以長少相交而得繼嗣不絕歸妹豈非天地之大義人倫之終始也說以動所歸妹也者此就二體釋歸妹之義少女而與長男交少女所不樂也而今說以動所歸必妹也雖與長男交嫁而係於姊是以說也係姊所以說者既係姊爲媵不得別適若其不以備

卷八第十九葉前

數更有勤望之憂故係姊而行合禮說以動也征凶位不當也者此因二三四五皆不當位釋征凶之義位既不當明非正嫡因說動而更求進妖邪之道也所戒其征凶也无攸利柔乘剛也者此因六二六五乘剛釋无攸利之義夫陽貴而陰賤以妾媵之賤進求殊寵即是以賤陵貴故无施而利也 注以征至之逆 正義曰彖以失位釋征凶乘剛釋无攸利而注連引言之者略例云去初上而論位分則三五各在一卦之上何得不謂之陽二四各在一卦之下何得不謂之陰然則二四陰位也三五陽位也陽應在上陰應在下今二三四五並皆失位其勢自然柔皆乘剛其猶妾媵求寵其勢自然以賤陵貴以明柔之乘剛緣於失正而進也 **象曰澤上有雷歸妹君子以永終知敝** 注云歸妹相終始之道也故以永終知敝 疏 正義曰澤上有

卷八第十九葉後

雷說以動也故曰歸妹君子以永終知敝者歸妹相終始之道也故君子象此以永長其終知應有不終之敝故也 **初九歸妹以娣跛能履征吉** 注云少女而與長男爲耦非敵之謂是娣從之義也妹少女之稱也少女之行善莫若娣夫承嗣以君之子雖幼而不妄行少女以娣雖跛能履斯乃恒久之義吉而相承之道也以斯而進占其宜也 **象曰歸妹以娣以恒也跛能履吉相承也** 疏 正義曰歸妹以娣者少女謂之妹從姊而行謂之歸初九以兊適震非夫婦匹敵是從姊之義也故曰歸妹以娣也跛能履者妹而繼姊爲娣雖非正配不失常道譬猶跛人之足然雖不正不廢能履故曰跛能履也征吉者少長非偶爲妻而行則凶焉爲娣而行則吉故曰征吉也象曰以恒也者妹而爲娣恒久之道也吉相承也者行得其

宜是相承之吉也　注夫承嗣以君之子雖幼而不妄行正義曰此爲少女作此例也言君之子宜爲嗣承以類妃之妹應爲娣也立嗣宜取長然君之子雖幼而立之不爲妄也以言行嫁宜匹敵然妃之妹雖至少而爲娣則可行也　九二眇能視利幽人之貞　注雖失其位而居內處中眇猶能視足以保常也在內履中而能守其常故利幽人之貞也　象曰利幽人之貞未變常也　疏正義曰九二不云歸妹者既在歸妹之卦歸妹可知故略不言也然九二雖失其位不廢居內處中以言歸妹雖非正配不失交合之道猶如眇目之人視雖不正不廢能視耳故曰眇能視也利幽人之貞者居內處中能守其常施之於人是處幽而不失其貞正也故曰利幽人之貞也象曰未變常也者貞正者人之常也九二失位嫌其變

常不貞也能以履中不偏故云未變常也　六三歸妹以須反歸以娣　注云室主猶存而求進焉進未值時故有須也不可以進故反歸待時以娣乃行也　象曰歸妹以須未當也　疏正義曰歸妹以須者六三在歸妹之時處下體之上有欲求爲室主之象而居不當位則是室主猶存室主既存而欲求進爲未值其時也未當其時則宜有待故曰歸妹以須也反歸以娣者既而有須不可以進宜反歸待時以娣乃行故曰反歸以娣象曰未當也者未當其時故宜有待也　九四歸妹愆期遲歸有時　注云夫以不正无應而適人也必須彼道窮盡无所與交然後乃可以往故愆期遲歸以待時也　象曰愆期之志有待而行也　疏正義曰歸妹愆期遲歸有時者九四居不得位

又无其應以斯適人必待彼道窮盡无所與交然後乃可以往故曰愆期遲歸有時也象曰愆期之志有待而行者嫁宜及時今乃過期而遲歸者此嫁者之志正欲有所待而後乃行也　六五帝乙歸妹其君之袂不如其娣之袂良月幾望吉　注云歸妹之中獨處貴位故謂之帝乙歸妹也袂衣袖所以爲禮容者也其君之袂謂帝乙所寵也即五也爲帝乙所崇飾故謂之其君之袂也配在九二兊少震長以長從少不若以少從長之爲美也故曰不若其娣之袂良也位在乎中以貴而行極陰之盛以斯適配雖不若少往亦必合故曰月幾望吉也　象曰帝乙歸妹不如其娣之袂良也其位在中以貴行也　疏正義曰帝乙歸妹者六五居歸妹之中獨處貴位是帝王之所

嫁妹也故曰帝乙歸妹其君之袂不如其娣之袂良者六五雖處貴位卦是長陽之卦若以爻爲人即是婦人之道故爲帝乙之妹既居長卦乃是長女之象其君即五也袂衣袖也所舉斂以爲禮容帝王嫁妹爲之崇飾故曰其君之袂也配在九二兊少震長以長從少者也以長從少雖有其君崇飾之袂猶不若以少從長之爲美故曰不如其娣之袂良也月幾望吉者陰而貴盛如月之近望以斯適配雖不如以少從長然以貴而行往必合志故得吉也故曰月幾望吉也象曰帝乙歸妹不如其娣之袂良者釋其六五雖所居位然長不如少也言不如少女而從於長男也其位在中以貴行也者釋月幾望吉也既以長適少非歸妹之美而得吉者其位在五之中以貴盛而行所往必得合而獲吉　上六女承筐无實士刲羊无血无攸利　注云羊謂

三也處卦之窮仰无所承下又无應爲女而承命則筐虛而莫之與爲士而下命則刲羊而无血刲羊而无血不應所命也進退莫與故曰无攸利也 象曰上六无實承虛筐也 疏 正義曰女承筐无實士刲羊无血无攸利者女之爲行以上有承順爲美士之爲功以下有應命爲貴上六處卦之窮仰則无所承受故爲女承筐則虛而无實又下无其應下命則无應之者故爲士刲羊則乾而无血故曰女承筐无實士刲羊无血則進退莫與故无所利象曰承虛筐者筐本盛幣以幣爲實今之无實正是承捧虛筐空无所有也

䷶ 離下震上 豐亨王假之 注云大而亨者王之所至 勿憂宜日中 注云豐之爲義闡弘微細通夫隱滯者也爲天下之主而令微隱者不亨憂未已也故至豐亨乃得

勿憂也用夫豐亨不憂之德宜處天中以徧照者也故曰宜日中也 疏 正義曰豐亨者豐卦名也彖及序卦皆以大訓豐也然則豐者多大之名盈足之義財多德大故謂之爲豐德大則无所不容財多則无所不濟无所擁礙謂之爲亨故曰豐亨王假之者假至也豐亨之道王之所尚非有王者之德不能至之故曰王假之也勿憂宜日中者勿无也王能至於豐亨乃得无復憂慮故曰勿憂也用夫豐亨无憂之德然後可以君臨萬國徧照四方如日中之時徧照天下故曰宜日中也

彖曰豐大也 注云音闡大之大也 明以動故豐王假之尚大也 注云大者王之所尚故至之也 勿憂宜日中宜照天下也 注云以勿憂之德故宜照天下也 日中則昃月盈則食天地盈虛與時

消息而況於人乎況於鬼神乎 注云豐之爲用困於昃食者也施於未足則尚豐施於已盈則方溢不可以爲常故具陳消息之道者也 疏 正義曰豐大也者釋卦名正是弘大之義也明以動故豐者此就二體釋卦得名爲豐之意動而不明未能光大資明以動乃能致豐故曰明以動故豐也王假之尚大也者豐大之道王所崇尚所以王能至之以能尚大故也勿憂宜日中宜照天下也者日中之時徧照天下王无憂慮德乃光被同於日中之盛故曰勿憂宜日中宜照天下也日中則昃月盈則食天地盈虛與時消息而況於人乎況於鬼神乎者此孔子因豐設戒以上言王者以豐大之德照臨天下同於日中然盛必有衰自然常理日中至盛過中則昃月滿則盈過盈則食天之寒暑往來地之陵谷遷貿盈則與時而息虛則與時而消天地日月

尚不能久況於人與鬼神而能長保其盈盛乎勉令及時脩德仍戒居存慮亡也此辭先陳天地後言人鬼神者欲以輕譬重亦先尊後卑也而日月先天地者承上宜日中之下遂言其昃食因舉日月以對之然後并陳天地作文之體也 注音闡大之大也 正義曰闡者弘廣之言凡物之大其有二種一者自然之大二者由人之闡弘使大豐之爲義既闡弘微細則豐之稱大乃闡大之大非自然之大故音之也

象曰雷電皆至豐君子以折獄致刑 注云文明以動不失情理也 疏 正義曰雷電皆至豐者雷者天之威動電者天之光耀雷電俱至則威明備足以爲豐也君子以折獄致刑者君子法象天威而用刑罰亦當文明以動折獄斷決也斷決獄訟須得虛實之情致用刑罰必得輕重之中若動而不明則淫濫斯及故君子象於此卦而折

獄致刑

初九遇其配主雖旬无咎往有尚 注云處豐之初其配在四以陽適陽以明之動能相光大者也旬均也雖均无咎往有尚也初四俱陽爻故曰均也

象曰雖旬无咎過旬災也 注云過均則爭交斯叛也

疏 正義曰遇其配主者豐者文明以動尚乎光大者也初配在四俱是陽爻以陽適陽以明之動能相光大者也故曰過其配主也雖旬无咎往有尚者旬均也俱是陽爻謂之為均非是陰陽相應嫌其有咎以其能相光大故雖均可以无咎而往有嘉尚也故曰雖均无咎往有尚也象曰過旬災也者言勢若不均則相傾奪既相傾奪則爭競乃興而相違背災咎生焉故曰過旬災也 注過均則爭交斯叛也 正義曰初四應配謂之為交勢若不均則初四之相交於斯乖叛矣

六二豐其蔀日中

見斗往得疑疾有孚發若吉 注云蔀覆曖鄣光明之物也處明動之時不能自豐以光大之德既處乎內而又以陰居陰豐在蔀幽而无覩者也故曰豐其所蔀日中見斗也日中者明之盛也斗見者闇之極也處盛明而豐其蔀故曰日中見斗不能自發故往得疑疾然履中當位處闇不邪有孚者也若辭也乎可以發其志不困於闇故獲吉也

象曰有孚發若信以發志也

疏 正義曰豐其蔀者二以陰居陰又處於內幽闇无所覩見所豐在於覆蔽故曰豐其蔀也蔀者覆曖障光明之物也日中見斗者二居離卦之中如日正中則至極盛者也處日中盛明之時而斗星顯見是二之至闇使斗星見明者也處光大之世而為極闇之行譬日中而斗星見故曰日中見斗也二五俱陰二已見斗之闇不能自發以自求於五往

則得見疑之疾故曰往得疑疾也然居中履正處闇不邪是有信者也有信以自發其志不困於闇故獲吉也故曰有孚發若吉也象曰信以發志者雖處幽闇而不為邪是有信以發其豐大之志故得吉也

九三豐其沛日中見沬折其右肱无咎 注云沛幡幔所以禦盛光也沬微昧之明也應在上六志在乎陰雖愈乎以陰處陰亦未足以免於闇也所豐在沛日中見沬之謂也施明則見沬而已施用則折其右肱故可以自守而已未足用也

象曰豐其沛不可大事也 注云明不足也

折其右肱終不可用也 注云雖有左在不足用也

疏 正義曰豐其沛日中見沬者沛幡幔所以禦盛光也沬微昧之明也以九三應在上六志在乎陰雖愈於六二以陰處陰亦未見免於闇也是所以豐在沛日

中見沬也處光大之時而豐沛見沬雖愈於豐蔀見斗然施於大事終不可用假如折其右肱自守而已乃得无咎故曰折其右肱无咎象曰不可大事者當光大之時可為大事而明不足故不可為大事也終不可用者凡用事在右肱右肱既折雖有左在終不可用也

九四豐其蔀日中見斗遇其夷主吉 注云以陽居陰豐其蔀也得初以發夷主吉也

象曰豐其蔀位不當也日中見斗幽不明也遇其夷主吉行也

疏 正義曰豐其蔀者九四以陽居陰闇同於六二故曰豐其蔀也日中見斗遇其夷主吉者夷平也四應在初而同是陽爻能相顯發而得其吉故曰遇其夷主吉也言四之與初交相為主者若賓主之義也若據初適四則以四為主故曰遇其配主自四之初則以初為

卷八第二十六葉前

主故曰遇其夷主也二陽體敵兩主均平故初謂
四爲旬而四謂初爲夷也象曰位不當者止謂以
陽居陰而位不當所以豐蔀而闇者也幽不明也
者日中盛明而反見斗以譬當光大而居陰是應
明而幽闇不明也吉行也者處於陰位爲闇已甚
更應於陰无由獲吉猶與陽相遇故得吉行也
六五來章有慶譽吉 注云以陰之質來適尊陽之位能自光大章顯其德
獲慶譽也 象曰六五之吉有慶也 疏 正義曰六五處豐大之世以陰
柔之質來適尊陽之位能自光大章顯其德而獲
慶善也故曰來章有慶譽吉也象曰有慶也者言
六五以柔處尊履得其中故致慶譽也 上六豐其屋蔀其家闚其
戶闃其无人三歲不覿凶 注云屋藏蔭之物以陰處極而最在外不履於

五二七

卷八第二十六葉後

位深自幽隱絕跡深藏者也既豐其屋又蔀其家
屋厚家覆闇之甚也雖闚其戶闃其无人弃其所
處而自深藏也處於明動尚大之時而深自幽隱
以高其行大道既濟而猶不見隱不爲賢更爲反
道凶其宜也三年豐道之盛治道未
濟隱猶可也既濟而隱以治爲亂也 象曰豐其屋
天際翔也 注云翳光最甚者也 闚其戶闃其无人自藏也 注云
可以出而不出自藏之謂也非有爲而藏
不出戶庭失時致凶況自藏乎凶其宜也 疏 正義
曰屋者藏蔭隱蔽之物也上六以陰處陰極以處
外不履於位是深自幽隱絕跡深藏也事同豐厚
於屋者也既豐厚其屋而又覆蔀其家屋厚家闇
蔽鄣之甚也雖闚視其戶而闃寂无人棄其所處
而自深藏也處於豐大之世隱不爲賢治道未濟
隱猶可也三年豐道已成而猶不見所以爲凶故

五二八

卷八第二十七葉前

曰豐其屋蔀其家闚其戶闃其无人三歲不覿凶
象曰天際翔也者如鳥之飛翔於天際言隱翳之
深也自藏也者言非有爲而當自藏
可以出而不出兆事自爲隱藏也

上杉右京亮藤原憲忠寄進

周易注疏卷第八乙未閏歲五日予遣丑山東櫛標閲

五二九

卷八第二十七葉後

五三〇

卷九第一葉前

周易注疏卷第九

國子祭酒上護軍曲阜縣開國子臣孔頴達奉

勑撰

☶☲ 艮下離上 旅小亨旅貞吉 注不足全夫貞吉之道唯足以爲旅之貞吉故特重曰旅貞吉也 疏 正義曰旅者客寄之名羈旅之稱失其本居而寄他方謂之爲旅既爲羈旅苟求僅存雖得自通非甚光大故旅之爲義小亨而已故曰旅小亨羈旅而獲小亨是旅之正吉故曰旅貞吉也 彖曰旅小亨柔得中乎外而順乎剛止而麗乎明是以小亨旅貞吉也 注云夫物失其主則散柔乘於剛則

五三一

卷九第一葉後

乖既乖且散物皆羈旅何由得小亨而貞吉乎夫陽爲物長而陰皆順陽唯六五乘剛而復得中乎外以承于上陰各順陽不爲乖逆止而麗明動不履妄雖不及剛得尊位恢弘大通足以小亨令附旅者不失其正得其所安也 旅之時義大矣哉 注云旅者大散物皆失其所居之時也咸失其居物願所附豈非知者有爲之時 疏 正義曰旅小亨者舉經文也柔得中乎外而順乎剛止而麗乎明是以小亨旅貞吉者此就六五及二體釋旅得亨貞之義柔處於外弱而爲客之象若所託不得其主得主而不能順從則乖逆而離散何由得自通而貞吉乎今柔雖處外而得中順陽則是得其所託而順從於主又止而麗明動不履妄故能於寄旅之時得通而正不失所安也旅之時義大矣哉者此歎美寄旅之時物皆失其所居若能與物爲附使旅者獲安非小

五三二

卷九第二葉前

才可濟惟大智能然故曰旅之時義大矣哉 象曰山上有火旅君子以明慎用刑而不留獄 注云止以明之刑戮詳也 疏 正義曰山上有火旅君子以明慎用刑而不留獄者火在山上逐草而行勢不久留故爲旅象又上下二體艮止離明故君子象此以靜止明察審慎用刑而不稽留獄訟 初六旅瑣瑣斯其所取災 注云最處下極寄旅不得所安而爲斯賤之役所取致災志窮且困 象曰旅瑣瑣志窮災也 疏 正義曰旅瑣瑣斯其所取災者瑣瑣者細小卑賤之貌也初六當旅之時最處下極是寄旅不得所安而爲斯卑賤之役然則爲斯卑賤勞役由其處於窮下故致此災故曰旅瑣瑣斯其所取災也象曰志窮災者志意窮困自取此災也 六二旅即次懷

五三三

卷九第二葉後

其資得童僕貞 注云次者可以安行旅之地也懷來也得位居中體柔奉上以此寄旅必獲次舍懷來資貨得童僕之所正也旅不可以處盛故其美盡於童僕之正也過斯以往則見害矣童僕之正義足而已 象曰得童僕貞終无尤也 疏 正義曰旅即次懷其資得童僕貞者得位居中體柔承上以此而爲寄旅必爲主君所安故得次舍懷來資貨又得童僕之正不同初六賤役故曰旅即次懷其資得童僕貞象曰終无尤者旅不可以處盛盛則爲物所害今惟正於童僕則終保无尤也 九三旅焚其次喪其童僕貞厲 注云居下體之上與二相得以寄旅之身而爲施下之道與萌侵權主之所疑也故次焚僕喪而身危也 象曰旅焚其次亦以傷矣以旅與下其義喪

五三四

卷九第三葉前

也疏正義曰旅焚其次喪其童僕貞厲者九三居下體之山下據於二上无其應與二相得是欲自尊而惠施於下也以羈旅之身而爲惠下之道是與萌侵權爲主君之所疑也爲君主所疑則被黜而見害故焚其次舍喪其童僕之正而身危也象曰亦以傷矣者言失其所安亦可悲傷也其義喪者言以旅與下理是喪亡也　注與萌侵權正義曰言與得政事之萌漸侵奪主君之權勢者齊之田氏故爲主所疑也九四旅于處得其資斧我心不快注云斧所以斫除荆棘以安其舍者也雖處上體之下不先於物然而不得其位不獲平坦之地客于所處不得其次而得其資斧之地故其心不快也象曰旅于處未得位也得其資斧心未快也疏正義曰旅于處得其資斧我心不快者九四處

五二五

卷九第三葉後

上體之下不同九三之自尊然不得其位猶寄旅之人求其次舍不獲平坦之所而得用斧之地言用斧除荆棘然後乃處故曰旅于處得其資斧也求安處而得資斧之地所以其心不快也六五射雉一矢亡終以譽命注云射雉以一矢而復亡之明雖有雉終不可得矣寄旅而進雖處于文明之中居于貴位此位終不可有也以其能知禍福之萌不安其處以乘其下而上承於上故終以譽而見命也象曰終以譽命上逮也疏正義曰射雉一矢亡終以譽命者羈旅不可以處盛位六五以羈旅之身進居貴位其位終不可保譬之射雉惟有一矢射之而復亡失其矢其雉終不可得故曰射雉一矢亡也然處文明之內能照禍福之幾不乘下以侵權而承上以自保故得終以美譽而見爵命故曰終以譽命也象曰上逮者

五二六

卷九第四葉前

逮及也以能承及於上故得終以譽命也上九鳥焚其巢旅人先笑後號咷喪牛于易凶注云居高危而以爲宅巢之謂也客而得上位故先笑也以旅而處于上極衆之所嫉也以不親之身而當嫉害之地必凶之道也故曰後號咷牛者稼穡之資以旅處上衆所同嫉故喪牛於易不在於難物莫之與危而不扶喪牛于易故莫之聞莫之聞則傷之者至矣象曰以旅在上其義焚也喪牛于易終莫之聞也疏正義曰鳥焚其巢旅人先笑後號咷喪牛于易凶者最居於上如鳥之巢以旅處上必見傾奪如鳥巢之被焚故曰鳥焚其巢也客得上位所以先笑凶害必至故後號咷衆所同嫉喪其稼穡之資理在不難故曰喪牛于易物莫之與則傷之者至矣故曰凶也象曰終莫之聞也者衆

五二七

卷九第四葉後

所同嫉危而不扶至于喪牛于易終无以一言告之使聞而悟也

䷸巽下巽上巽小亨注云全以巽爲德是以小亨也上下皆巽不違其令命乃行也故申命行事之時上下不可以不巽也利有攸往利見大人注云大人用之道愈隆疏正義曰巽小亨利有攸往利見大人者巽者卑順之名說卦云巽入也蓋以巽是象風之卦風行无所不入故以入爲訓若施之於人事能自卑巽者亦无所不容然巽之爲義以卑順爲體以容入爲用故受巽名矣上下皆巽不爲違逆君唱臣和教令乃行故於重巽之卦以明申命之理雖上下皆巽命令可行然全用卑巽則所通非大故曰小亨巽悌以行物无違距故曰利有攸往但能用巽者皆无往不利然大人用巽其道愈隆故曰利見大人

五二八

卷九第五葉前

明上下皆須用巽也 彖曰重巽以申命 注云命乃行也未有不巽而命行也 剛巽乎中正而志行 注云以剛而能用巽處于中正物所與也 柔皆順乎剛 注云明无違逆故得小亨 是以小亨利有攸往利見大人 疏 正義曰重巽以申命者此卦以卑巽為名以申命為義故就二體上下皆巽以明可以申命也上巽能接於下下巽能奉於上上下皆巽命乃得行故曰重巽以申命也剛巽乎中正而志行者雖上下皆巽若命不可從則物所不與也故又因二五之爻剛而能巽不失其中所以志意得行申其命令也柔皆順乎剛者剛雖巽為中正柔若不順乎剛何所申其命乎故又就初四各處卦下柔皆順剛无有違逆所以教命得申成小亨以下之義也是以小亨以下舉經結也 注明无違逆

五三九

卷九第五葉後

故得小亨 正義曰案彖併舉小亨利有攸往利見大人以結之明柔皆順剛之意不專釋小亨二字而注獨言明无違逆故得小亨者褚氏云夫獻可替否其道乃弘柔皆順剛非大通之道所以文王繫小亨之辭孔子致皆順之釋案王注上下卦之體皆以巽言之柔不違剛正是巽義故知皆順之言通釋諸辭也 象曰隨風巽君子以申命行事 疏 正義曰隨風巽者兩風相隨故曰隨風風既相隨物无不順故曰隨風巽君子以申命行事者風之隨至非是令初故君子則之以申命行事也 初六進退利武人之貞 注云處令之初未能服令者也故進退也成命齊邪莫善武人故利武人之貞以整之 象曰進退志疑也 注云巽順之志進退疑懼 利武人之貞志治也 疏 正義曰進

五四〇

卷九第六葉前

退利武人之貞者初六處令之初法未宣著體於柔巽不能自決心懷進退未能從令者也成命齊邪莫善威武既未能從令則宜用武人之正以整齊之故曰進退利武人之貞也象曰志疑者欲從之則未明其令欲不從則懼罪及己志意懷疑所以進退也志治也者武非行令所宜而言利武人者志在使人從治故曰利武人其猶蒙卦初六象曰利用刑人以正法也 九二巽在牀下用史巫紛若吉无咎 注云處巽之中既在下位而復以陽居陰卑巽之甚故曰巽在牀下也卑甚失正則入于咎過矣能以居中而施至卑於神祇而不用之於威勢則乃至于紛若之吉而亡其過矣故曰用史巫紛若吉无咎也 象曰紛若之吉得中也 疏 正義曰巽在牀下者九二處巽下體而復以陽居陰卑巽之甚故曰巽在牀下用史巫紛若吉

五四一

卷九第六葉後

无咎者史謂祝史巫謂巫覡並是接事鬼神之人也紛若者盛多之貌卑甚失正則入於過咎人有威勢易為行恭神道无形多生怠慢若能用居中之德行至卑之道用之於神祇不行之於威勢則能致之於盛多之吉而无咎過故曰用史巫紛若吉无咎也象曰得中者用卑巽於神祇是行得其中故能致紛若之吉也 九三頻巽吝 注云頻頻蹙不樂而窮不得巳之謂也以其剛正而為四所乘志窮而巽是以吝也 象曰頻巽之吝志窮也 疏 正義曰頻巽吝者頻者頻蹙憂戚之容也九三體剛居正為四所乘是志意窮屈不得申遂也既處巽時只得受其屈辱也頻蹙而巽鄙吝之道故曰頻巽吝也象曰志窮者志意窮屈所以為吝也 六四悔亡田獲三品 注云乘剛悔也然得位承五卑得所奉雖以柔御剛而依尊履正以斯行

五四二

卷九第七葉前

命必能獲強暴遠不仁者也獲而有益莫善三品故曰悔亡田獲三品一曰乾豆二曰賓客三曰充君之包象曰田獲三品有功也疏正義曰悔亡田獲三品者六四有乘剛之悔然得位承尊得其所奉雖以柔乘剛而依尊履正以斯行命必能有功取譬田獵能獲而有益莫善三品所以得悔亡故曰悔亡田獲三品也三品者一曰乾豆二曰賓客三曰充君之包廚也象曰有功者田獵有獲以喻行命有功也九五貞吉悔亡无不利无初有終先庚三日後庚三日吉注云以陽居陽損於謙巽然秉乎中正以宜其令物莫之違故曰貞吉悔亡无不利也化不以漸卒以剛直用加於物故初皆不說也終於中正邪道以消故有終也申命令謂之庚夫以正齊物不可卒也民迷固久直不可肆也故先申三日

五四三

卷九第七葉後

令著之後復申三日然後誅而无咎怨矣甲庚皆申命之謂也象曰九五之吉位正中也疏正義曰九五以陽居陽違於謙巽是悔也然執乎中正以宜其令物莫之違是由貞正獲吉故得悔亡而无不利故曰貞吉悔亡无不利也无初有終者若卒用剛直化不以漸物皆不說故曰无初也終於中正物服其化故曰有終也先庚三日後庚三日吉者申命令謂之庚民迷固久申不可卒故先申之三日令著之後復申之三日然後誅之民服其罪无怨而獲吉矣故曰先庚三日後庚三日吉也象曰位正中者若不以九居五位則不能以中正齊物物之不齊无由致吉致吉是由九居五位故舉爻位言之上九巽在牀下喪其資斧貞凶注云處巽之極極巽過甚故曰巽在牀下也斧所以斷者也過巽失正喪所以斷故曰喪

五四四

卷九第八葉前

其資斧貞凶也象曰巽在牀下上窮也喪其資斧正乎凶也疏正義曰巽在牀下者上九處巽之極巽之過甚故曰巽在牀下喪其資斧者斧能斬決以喻威斷也巽過則不能行威命命之不行是喪其所用之斧故曰喪其資斧也貞凶者失其威斷是正之凶故曰貞凶也象曰上窮者處上窮巽故過在牀下也正乎凶者正理須當威斷而喪之是正乎凶也

䷹

兌下兌上兌亨利貞疏正義曰兌說也說卦曰說萬物者莫說乎澤以兌是象澤之卦故以兌爲名澤以潤生萬物所以萬物皆說施於人事猶人君以恩惠養民民无不說也惠施民說所以爲亨以說說物恐陷諂邪其利在於貞正故曰兌亨利貞彖曰兌說

五四五

卷九第八葉後

也剛中而柔外說以利貞注云說而違剛則諂剛而違說則暴剛中而柔外所以說以利貞也剛中故利貞柔外故說亨是以順乎天而應乎人注云天剛而不失說者也說以先民民忘其勞說以犯難民忘其死說之大民勸矣哉疏正義曰兌說也者訓卦名也剛中而柔外說以利貞者此就二五以剛居中上六六三以柔處外釋兌亨利貞之義也外雖柔說而內德剛正則不畏邪諂內雖剛正而外迹柔說則不憂侵暴只爲剛中而柔外中外相濟故得說亨而利貞也是以順乎天而應乎人者廣明說義合於天人天爲剛德而有柔克是剛而不失其說也今說以利貞是上順乎天也人心說於惠澤能以惠澤說人是下應乎人也說以先民民忘其勞以下歎美說之所

五四六

卷九第九葉前

致亦申明應人之法先以說豫撫民然後使之從事則民皆竭力忘其從事之勞故曰說以先民民忘其勞也說以犯難民忘其死者先以說豫勞民然後使之犯難則民皆授命忘其犯難之死故曰說以犯難民忘其死也施說於人所致如此豈非說義之大能使民勸勉矣哉故曰說之大民勸矣哉

象曰麗澤兊君子以朋友講習 注云麗猶連也施說之盛莫盛於此 疏 正義曰麗澤兊者麗猶連也兩澤相連潤說之盛故曰麗澤兊也君子以朋友講習者同門曰朋同志曰友朋友聚居講習道義相說之盛莫過於此也故君子象之以朋友講習也

初九和兊吉 注云居兊之初應不在一无所黨係和兊之謂也說不在諂履斯而行未見有疑之者吉其宜矣

象曰和兊之吉行未疑也 疏 正義曰和

五四

卷九第九葉後

兊吉者初九居兊之初應不在一无所私說說和也說物以和何往不吉故曰和兊吉也象曰未疑者說不爲諂履斯而行未見疑之者也所以得吉也

九二孚兊吉悔亡

說不失中有孚者也失位而說孚吉乃悔亡也

象曰孚兊之吉信志也

其志信也 疏 正義曰孚兊吉悔亡者九二說不失有信者也說而有信則吉從之故曰兊吉也然履失其位有信而吉乃得亡悔故曰兊吉悔亡也象曰信志也者失位而得吉是其信也

六三來兊凶 注云以陰柔之質履非其位來說者也非正而求說邪佞者也

象曰來兊之凶位不當也 疏 正義曰來兊凶者三爲陽位陰來居之見進來求說故言來兊而以不正求說佞邪之道故曰來兊凶也象曰位不當者由位不當所

卷九第十葉前

致凶也

九四商兊未寧介疾有喜 注云商商量裁制之謂也介隔也三爲佞說將近至尊故四以剛德裁而隔之匡內制外是以未寧也處於幾近閑邪介疾宜其有喜也

象曰九四之喜有慶也 疏 正義曰商兊未寧者商商量裁制之謂也夫佞邪之人國之疾也三爲佞說將近至尊故四以剛德裁而隔之使三不得進匡內制外未遑寧處故曰商兊未寧居近至尊防邪隔疾宜其有喜故曰介疾有喜象曰有慶者四能匡內制外介疾除邪除邪此之爲喜乃爲至尊所善天下蒙賴故言有慶也

九五孚于剥有厲 注云比於上六而與相得處尊正之位不說信乎陽而說信乎陰孚于剥之義也剥之爲義小人道長之謂

象曰孚于剥位正當也 注云以正當之位信於小人而踈君子故曰位正當

五四九

卷九第十葉後

也 疏 正義曰孚于剥有厲者剥者小人道長消君子之正故謂小人爲剥也九五處尊正之位下无其應比於上六與之相得是說信於小人故曰孚于剥信而成剥危之道也故曰有厲象曰位正當者以正當之位宜任君子而信小人故以當位責之也

上六引兊 注云以夫陰質最處說後靜退者也故必見引然後乃說也

象曰上六引兊未光也 疏 正義曰引兊者上六以陰柔之質最在兊後是自靜退不同六三自進求說必須他人見引然後乃說故曰引兊也象曰未光也者雖免躁求之凶亦有後時之失所以經无吉文以其道未光故也

䷺ 坎下巽上 渙亨王假有廟利涉大川利貞 疏 正義曰渙亨者渙卦名也序卦曰說而後散之故受之以渙然則渙者散釋之名雜卦曰渙離也此又渙

五五〇

是離散之號也蓋渙之爲義小人遭難離散奔迸而逃避也大德之人能於此時建功立德散難釋險故謂之爲渙能釋險難所以爲亨故曰渙亨王假有廟者王能渙難而亨可以至於建立宗廟故曰王假有廟也利涉大川者德洽神人可濟大難故曰利涉大川利貞者大難既散宜以正道而柔集之故曰利貞

彖曰渙亨剛來而不窮柔得位乎外而上同 注云二以剛來居內而不窮於險四以柔得位乎外而與上同內剛而无險困之難外順而无違逆之乖是以亨利涉大川利貞也凡剛得暢而无忌回之累柔履正而同志乎剛則皆亨利涉大川利貞也 王假有廟王乃在中也 注云王乃在乎渙然之中故至有廟也 利涉大川乘木有功也 注云乘木即涉難也木者專所以涉川也涉難而常

用渙道必有功也 疏 正義曰渙亨者疊經文略舉名德也剛來而不窮柔得位乎外而上同者此就九二剛德居險六四得位從上釋所以能散釋險難而致亨通乃至利涉大川利貞等也二以剛德來居險中而不窮於險四以柔順得位於外而上與五同內剛无險困之難外柔无違逆之乖所以得散釋險難而通亨建立宗廟而祭享利涉大川而克濟利以正道而鳩民也王假有廟王乃在中者此重明渙時可以有廟之義險難未夷方勞經略今在渙然之中故至於有廟也利涉大川乘木有功者重明用渙可以濟難之事乘木涉川必不沉溺以渙濟難必有成功故曰乘木有功也 注凡剛至利貞也 正義曰凡剛得暢而无忌回之累者此還言九二居險不窮是剛得暢遂剛既得暢无復畏忌回邪之累也柔履正而同志乎剛者此還言六四得位履正同志乎五也剛德

不暢柔不同剛何由得亨通而濟難利貞而不邪乎故言則皆亨利涉大川利貞也 注於此言皆者凡有二意一則彖雖疊渙亨二字即以剛來而不窮柔得位乎外而上同釋之下別言王假有廟王乃在中利涉大川乘木有功恐剛來之言惟釋亨德不通在下二則先儒有以剛來不窮釋亨德柔得位乎外釋利貞故言皆以通之明剛柔皆釋亨以下至于利貞也 注乘木即涉難也木者專所以涉川也 正義曰先儒皆以此卦坎下巽上以爲乘木水上涉川之象故言乘木有功王不用象直取況喻之義故言此以序之也

象曰風行水上渙先王以享于帝立廟 疏 正義曰風行水上渙者風行水上激動波濤散釋之象故曰風行水上渙先王以享于帝立廟者先王以渙然无難之時享于上帝以告太平建立宗廟以祭祖考故曰先王以享

于帝立廟也

初六用拯馬壯吉 注云渙散也處散之初乖散未甚故可以遊行得其志而違於難也不在危劇而後乃逃竄故曰用拯馬壯吉 象曰初六之吉順也 注云觀難而行不與險爭故曰順也 疏 正義曰初六處散之初乖散未甚可用馬以自拯拔而得壯吉也故曰用拯馬壯吉象曰初六之吉順也者觀難而行不與險爭故曰順也

九二渙奔其机悔亡 注云机承物者也謂初也二俱无應與初相得而初得散道離散而奔得其所安故悔亡也 象曰渙奔其机得願也 疏 正義曰渙奔其机者机承物者也初承於二謂初爲机二俱无應與初相得而初得遠難之道今二散奔歸初故曰渙奔其机也悔亡者初得散道而二往歸之得其所安故悔亡也象曰得願者違難奔散願得

所安奔初獲安是得其願也六三渙其躬无悔注云渙之爲義內險而外安者也散躬志外不固所守與剛合志故得无悔也象曰渙其躬志在外也疏正義曰渙其躬无悔者渙之爲義內險外安六三內不比二而外應上九是不固所守能散其躬故得无悔故曰渙其躬无悔象曰志在外者釋六三所以能渙其躬者正爲身在於內而應在上九是志意在外也六四渙其群元吉渙有丘匪夷所思注云踰乎險難得位體巽與五合志內掌機密外宣化命者也故能散群之險以光其道然處於卑順不可自專而爲散之任猶有丘墟匪夷之慮雖得元吉所思不可忘也象曰渙其群元吉光大也疏正義曰渙其群者六四出在坎上已踰於險得位體巽與五合志內掌機

密外宣化命者也能爲群物散其險害故曰渙其群也元吉渙有丘匪夷所思者能散群險則有大功故曰元吉然處上體之下不可自專而得位承尊憂責復重雖獲元吉猶宜於散難之中有丘墟未平之慮爲其所思故曰渙有丘匪夷所思也象曰光大也者能散群險而獲元吉是其道光大也九五渙汗其大號渙王居无咎注云處尊履正居巽之中散汗大號以盪險阨者也爲渙之主唯王居之乃得无咎也象曰王居无咎正位也注云正位不可以假人疏正義曰渙汗其大號者人遘險阨驚怖而勞則汗從體出故以汗喻險阨也九五處尊履正在號令之中能行號令以散險阨者也故曰渙汗其大號也渙王居无咎者爲渙之主名位不可假人惟王居之乃得无咎故曰渙王居无咎象曰正位者釋王居无咎之

義以九五是王之正位若非王居之則有咎矣上九渙其血去逖出无咎注云逖遠也最遠於害不近侵克散其憂傷遠出者也散患於遠害之地誰將咎之哉象曰渙其血遠害也疏正義曰渙其血去逖出者血傷也逖遠也上九處於卦上最遠於險不近侵害是能散其憂傷去而遠出者也故曰渙其血去逖出也无咎者散患於遠害之地誰將咎之矣故曰无咎象曰遠害者釋渙其血也是居遠害之地故也

䷻兌下坎上節亨苦節不可貞疏正義曰節卦名也彖曰節以制度雜卦云節止也然則節者制度之名節止之義制事有節其道乃亨故曰節亨節須得中爲節過苦傷於刻薄物所不堪不可復正故曰苦節不可貞也彖曰節亨剛柔分而

剛得中注云坎陽而兌陰也陽上而陰下剛柔分也剛柔分而不亂剛得中而爲制主節之義也節之大者莫若剛柔分男女別也苦節不可貞其道窮也注云爲節過苦則物不能堪也物不能堪則不可復正也說以行險當位以節中正以通注云然後乃亨也无說而行險過中而爲節則道窮也天地節而四時成節以制度不傷財不害民疏正義曰節亨剛柔分而剛得中者也就上下二體及二五剛中釋所以爲節得亨之義也坎剛居上兌柔處下是剛柔分也剛柔分男女別節之大義也二五以剛居中爲制之主所以得節節不違中所以得亨故曰節亨剛柔分而剛得中也苦節不可貞其道窮者爲節過苦不可爲正若以苦節爲正則其道困窮故曰苦節不可

卷九第十五葉前

貞其道窮也說以行險當位以節中正以通者上
言苦節不可貞其道窮者正由爲節不中則物所
不說不可復正其道因窮故更就二體及四五當
位重釋行節得亨之義以明苦節之窮也行險以
說則爲節得中當位以節則可以爲正良由中而
能正所以得通故曰中正以通此其所以爲亨也
天地節而四時成者此下就天地與人廣明節義
天地以氣序爲節使寒暑往來各以其序則四時
功成之也王者以制度爲節使用之
有道役之有時則不傷財不害民也 象曰澤上有
水節君子以制數度議德行 疏 正義曰澤上有水節者水在澤
中乃得其節故曰澤上有水節也君子以制數度
議德行者數度謂尊卑禮命之多少德行謂人才
堪任之優劣君子象節以制其禮數等差
皆使有度議人之德行任用皆使得宜 初九不

五五九

卷九第十五葉後

出戶庭无咎 注云爲節之初將整離散而立制度者也故明於通塞慮於險僞不出戶
庭愼密不失然後
事濟而无咎也 象曰不出戶庭知通塞也 疏 正義
曰不出戶庭无咎者初九處節之初將立制度宜
其愼密不出戶庭若不愼而泄則民情姦險應之
以僞故愼密不失然後事濟而无咎故曰不出戶
庭无咎象曰知通塞者識時通塞所以不出也
注爲節之初將整離散正義曰序卦云物不可以
終離故受之以節以此卦承渙之後初九居節之
初故曰將整離
散而立法度也 九二不出門庭凶 注云初已造之至二宜宣其制矣而
故匿之失時之極則遂廢
矣故不出門庭則凶也 象曰不出門庭凶失時
極也 疏 正義曰不出門庭凶者初已制法至二
宜宣若猶匿之則失時之極可施之事

五六〇

卷九第十六葉前

則遂廢矣不出門庭所以致凶故曰不出門庭凶
象曰失時極者極中也應出不出失時之中所以
爲凶 六三不節若則嗟若无咎 注云若辭也以陰處陽以柔乘剛違節之
道以至哀嗟自已所致
无所怨咎故曰无咎也 象曰不節之嗟又誰咎也
疏 正義曰不節若則嗟若无咎者節者制度之
卦處節之時位不可失六三以陰處陽以柔
乘剛失位驕逆違節之道禍將及已以至哀嗟故
曰不節若則嗟若也禍自己致无所怨咎故曰无
咎象曰又誰咎者由己不節
自致禍災又欲怨咎誰乎 六四安節亨 注云得位
而順不改其節而能亨者
也承上以斯得其道也 象曰安節之亨承上道
也 疏 正義曰安節亨者六四得位而上順於五
是得節之道但能安行此節而不改變則

五六一

卷九第十六葉後

何往不通故曰安節亨明六三以失位乘剛則失
節而招咎六四以得位承陽故安節而致亨象曰
承上道者以能承於
上故不失其道也 九五甘節吉往有尚 注云當位居中
爲節之主不失其中不傷財不害民之謂也
爲節而不苦非甘而何術斯以往往有尚也 象曰
甘節之吉居位中也 疏 正義曰甘節吉往有尚
者甘者不苦之名也九
五居於尊位得正履中能以中正爲節之主則當
彖曰節以制度不傷財不害民之謂也爲節而无
傷害則是不苦而甘所以得吉故曰甘節吉以此
而行所往皆有嘉尚故曰往有尚也象曰居位中
者以居尊位而得中
故致甘節之吉也 上六苦節貞凶悔亡 注云過節之中
以至亢極苦節者也以斯施正物所不堪
正之凶也以斯脩身行在无妄故得悔亡 象曰苦

五六二

卷九第十七葉前

節貞凶其道窮也（疏）正義曰苦節貞凶悔亡者上六處節之極過節之中節不能甘以至於苦故曰苦節也為節過苦物所不堪不可復正正之凶也故曰貞凶若以苦節施人則是正道之凶若以苦節脩身則儉約无妄可得亡悔故曰悔亡也

䷼兌下巽上中孚豚魚吉利涉大川利貞（疏）正義曰中孚豚魚吉者中孚卦名也信發於中謂之中孚魚者蟲之幽隱豚者獸之微賤人主內有誠信則雖微隱之物信皆及矣莫不得所而獲吉故曰豚魚吉也利涉大川利貞者微隱獲吉顯著可知既有誠信光被萬物萬物得宜以斯涉難何往不通故曰利涉大川信而不正凶邪之道故利在貞也

彖曰中孚柔在內而剛得中說而巽孚注云有上四德然後

卷九第十七葉後

乃孚乃化邦也注云信立而後邦乃化也柔在內而剛得中各當其所也剛得中則直而正柔在內則靜而順說而以巽則乖爭不作如此則物无巧競敦實之行著而篤信發乎其中矣豚魚吉信及豚魚也注云魚者蟲之隱者也豚者獸之微賤者也爭競之道不興中信之德淳著則雖微隱之物信皆及之利涉大川乘木舟虛也注云乘木於用舟之虛則終已无溺也用中孚以涉難若乘木舟虛也中孚以利貞乃應乎天也注云盛之至也（疏）正義曰中孚柔在內而剛得中說而巽孚者此就三四陰柔併在兩體之內二五剛德各處一卦之中及上下二體說而以巽釋此卦名為中孚之義也柔內剛中各當其所說而以巽乖爭不作所以信發於內謂之中孚故曰柔在內而剛得中說而巽孚也

卷九第十八葉前

乃化邦也者誠信發於內則邦國化於外故曰乃化邦也豚魚吉信及豚魚也者釋所以得吉由信及豚魚故也利涉大川乘木舟虛者釋此涉川所以得利以中信而濟難若乘虛舟以涉川也中孚以利貞乃應乎天者釋中孚所以利貞者天德剛正而氣序不差是正而信也今信不失正乃得應於天是中孚之盛故須濟以利貞也象曰澤上有風中孚君子以議獄緩死注云信發於中雖過可亮（疏）正義曰澤上有風中孚者風行澤上无所不周其猶信之被物无所不至故曰澤上有風中孚君子以議獄緩死者中信之世必非故犯過失為辜情在可恕故君子以議其過失之獄緩捨當死之刑也初九虞吉有它不燕注云虞猶專也為信之始而應在四得乎專吉者也志未能變繫心於一故有它不燕也象曰

卷九第十八葉後

初九虞吉志未變也（疏）正義曰虞吉有它不燕者虞猶專也燕安也初為信始應在于四得其專一之吉故曰虞吉既係心於一故更有他來不能與之共相燕安也故曰有它不燕也象曰志未變者所以得專一之吉以志未改變不更親於他也九二鳴鶴在陰其子和之我有好爵吾與爾靡之注云處內而居重陰之下而履不失中不徇於外任其眞者也立誠篤至雖在闇昧物亦應焉故曰鳴鶴在陰其子和之也不私權利唯德是與誠之至也故曰我有好爵與物散之象曰其子和之中心願也（疏）正義曰鳴鶴在陰其子和之者九二體剛處於卦內又在三四重陰之下而履不失中是不徇於外自任其眞者也處於幽昧而行不失信則聲聞于外為同類之所應焉如

鶴之鳴於幽遠則爲其子所和故曰鳴鶴在陰其子和之也我有好爵吾與爾靡之者靡散也又无偏應是不私權利惟德是與若我有好爵吾願與爾賢者分散而共之故曰我有好爵吾與爾靡之象曰中心願者誠信之人願與同類相應得誠信而應之是中心願也六三得敵或鼓或罷或泣或歌注云三居少陰之上四居長陰之下對而不相比敵之謂也以陰居陽欲進者也欲進而閡敵故或鼓也四履正而承五非己所克故或罷也不勝而退懼見侵陵故或泣也四履乎順不與物校退而不見害故或歌也不量其力進退无恒憊可知也象曰或鼓或罷位不當也疏正義曰得敵或鼓或罷或泣或歌者六三與四俱是陰爻相與爲類然三居少陰之上四居長陰之下各自有應對而不相比敵之謂也故曰得敵

欲進礙四恐其害己故或鼓而攻之而四履正承尊非己所勝故或罷而退敗也不勝而退懼見侵陵故或泣而憂悲也四履于順不與物校退不見害故或歌而歡樂也故曰或鼓或罷或泣或歌也象曰位不當者所以或鼓或罷進退无恒者止爲不當其位妄進故也六四月幾望馬匹亡无咎注云居中孚之時處巽之始應說之初居正履順以承於五内毗元首外宣德化者也充乎陰德之盛故曰月幾望馬匹亡者弃群類也若夫居盛德之位而與物校其競爭則失其所盛矣故曰絶類而上履正承尊不與三爭乃得无咎也象曰馬匹亡絶類上也注云類謂三俱陰爻故曰類也疏正義曰月幾望者六四居中孚之時處巽應說得位履順上承於五内毗元首外宣德化充乎陰德之盛如月之近望故曰月幾望也馬匹亡

无咎者三與己敵進來攻己己若與三校戰則失其所盛故棄三之類如馬之亡匹上承其五不與三爭乃得无咎故曰馬匹亡无咎也象曰絶類上者絶三之類不與三爭而上承於五也九五有孚攣如无咎注云攣如者繫其信之辭也處中誠以相交之時居尊位以爲群物之主信何可舍故有孚攣如乃得无咎也象曰有孚攣如位正當也疏正義曰有孚攣如无咎者攣如者相牽繫不絶之名也五在信時處於尊位爲群物之主恒須以中誠交物孚信何可暫舍故曰有孚攣如繫信不絶乃得无咎故曰有孚攣如无咎也象曰位正當者以其正當尊位故戒以繫信乃得无咎若直以陽得正位而无有係信則招有咎之嫌也上九翰音登于天貞凶注云翰高飛也飛音者音飛而實不從之謂也居卦之上處信

之終信終則衰忠篤内喪華美外揚故曰翰音登于天也翰音登天正亦滅矣象曰翰音登于天何可長也疏正義曰翰音登于天貞凶者翰高飛也飛音者音飛而實不從之謂也上九處信之終信終則衰也信衰則詐起而忠篤内喪華美外揚若鳥之翰音登于天虛聲遠聞也故曰翰音登于天虛聲无實正之凶也故曰貞凶象曰何可長也者虛聲无實何可久長

䷽艮下震上小過亨利貞可小事不可大事飛鳥遺之音不宜上宜下大吉注云飛鳥遺其音聲哀以求處上愈无所適下則得安愈上則愈窮莫若飛鳥也疏正義曰小過亨者小過卦名也王於大過卦下注云音相

卷九第二十一葉前

過之過恐人作罪過之義故以音之然則小過之義亦與彼同也過於小事謂之小過即行過乎恭喪過乎哀之例是也褚氏云謂小人之行小有過差君子為過厚之行以矯之也如晏子狐裘之比也此因小人有過差故君子為過厚之行非即以過差釋卦名彖曰小過小者過而亨言因過得亨明非罪過故王於大過音之明雖義兼罪過得名上在君子為過行也而周氏等不悟此理兼以罪過釋卦名失之遠矣過為小事道乃可通故曰小過亨也利貞者矯世勵俗利在歸正故曰利貞也可小事不可大事者時世小有過差惟可矯以小事不可正以大事故曰可小事不可大事也飛鳥遺之音不宜上宜下大吉者借喻以明過厚之行有吉有凶飛鳥遺其音聲哀以求處過上則愈无所適過下則不失其安以譬君子處過差之時為過矯之行順而止之則吉逆而忤鱗則凶故曰飛

五七一

卷九第二十一葉後

鳥遺之音不宜上宜下大吉順則執卑守下逆則犯君陵上故以臣之逆順類鳥之上下也 注飛鳥遺其音聲哀以求處 正義曰遺失也鳥之失聲必是窮迫未得安處論語曰鳥之將死其鳴也哀故知遺音即哀聲也 彖曰小過小者過而亨也 注云小者謂凡諸小事也過於小事而通者也 過以利貞與時行也 注云過而得以利貞應時宜也施過於恭儉利貞者也 柔得中是以小事吉也剛失位而不中是以不可大事也 注云成大事者必在剛也柔而浸大剥之道也 有飛鳥之象焉 注云不宜上宜下即飛鳥之象 飛鳥遺之音不宜上宜下大吉上逆而下順也 注云上則乘剛逆也下則承陽順也施過於不順凶莫大

五七二

卷九第二十二葉前

焉施過於順過更變而為吉也 疏 正義曰小過小者過而亨也者此釋小過之名也并明小過有亨德之義過行小事謂之小過順時矯俗雖過而通故曰小者過而亨也過以利貞與時行也者此釋利貞之德由為過行而得利貞然矯枉過正應時所宜不可常也故曰與時行也柔得中是以小事吉也剛失位而不中是以不可大事也者此就六二六五以柔居中九四失位不中九三得位不中釋可小事不可大事之義柔順之人惟能行小事柔而得中是行小中時故曰小事吉也剛健之人乃能行大事失位不中是行大不中時故曰不可大事也有飛鳥之象焉者釋不取餘物為況惟取飛鳥者以不宜上宜下有飛鳥之象故也飛鳥遺之音不宜上宜下大吉上逆而下順者此就六五乘九四之剛六二承九三之陽釋所以不宜上宜下大吉之義也上則乘剛而逆下則承陽

五七三

卷九第二十二葉後

而順故曰不宜上宜下大吉以上逆而下順也 象曰山上有雷小過君子以行過乎恭喪過乎哀用過乎儉 疏 正義曰山上有雷小過君子以行過乎恭喪過乎哀用過乎儉者雷之所出不出於地今出山上過其本所故曰小過小人過差失在慢易奢侈故君子矯之以行過乎恭喪過乎哀用過乎儉也 初六飛鳥以凶 注云小過上逆下順而應在上卦進而之逆无所錯足飛鳥之凶也 象曰飛鳥以凶不可如何也 疏 正義曰飛鳥以凶者小過之義上逆下順而初應在上卦進而之逆同於飛鳥无所錯足故曰飛鳥以凶也象曰不可如何也者進而之逆孰知不可自取凶咎欲如何乎 六二過其祖遇其妣不及其君遇其臣无

五七四

卷九第二十三葉前

咎注云過而得之謂之遇在小過而當位過而得之之謂也祖始也謂初也妣者居內履中而正者也過初而履二位故曰過其祖而遇其妣過而不至於僭盡於臣位而已故曰不及其君遇其臣无咎象曰不及其君臣不可過也疏正義曰過其祖遇其妣不及其君遇其臣无咎者過而得之謂之遇六二在小過而當位是過而得之也祖始也謂初也妣者毋之稱六二居內履中而正故謂之妣已過於初故曰過其祖也履得中位故曰遇其妣也過不至於僭盡於臣位而已故曰不及其君遇其臣无咎象曰臣不可過者臣不可自過其位也九三弗過防之從或戕之凶注云小過之世大者不立故令小者得過也居下體之上以陽當位而不能先過防之至令小者咸過而復應而從焉其從之也則戕之凶至矣故曰弗

卷九第二十三葉後

過防之從或戕之凶也象曰從或戕之凶如何也疏正義曰弗過防之者小過之世大者不能立德故令小者得過九三居下體之上以陽當位不能先過爲防至令小者咸過上六小人最居高顯而復應而從焉其從之也則有殘害之凶至矣故曰弗過防之從或戕之凶者春秋傳曰在內曰弒在外曰戕然則戕者皆殺害之謂也言或者不必之辭也謂爲此行者有幸而免也象曰凶如何者從於小人果致凶禍將如何乎言不可如何也九四无咎弗過遇之往厲必戒勿用永貞注云雖體陽爻而不居其位不爲貴主故得无咎也失位在下不能過者也以其不能過故得合於免咎之宜故曰弗過遇之夫宴安酖毒不可懷也處於小過不寧之時而以陽居陰不能有所爲者也以此自守免咎可也以斯攸

卷九第二十四葉前

往危之道也不交於物物亦弗與无援之助故危則必戒而已无所告救也沈没怯弱自守而已以斯而處於群小之中未足任者也故曰勿用永貞言不足用之於永貞象曰弗過遇之位不當也往厲必戒終不可長也疏正義曰无咎弗過遇之往厲必戒勿用永貞者居小過之世小人有過差之行須大德之人防使无過今九四雖體陽爻而不居其位不防之責責不在已故得无咎所以无其咎者以其失位在下不能爲過厚之行故得遇於无咎之宜故曰无咎弗過遇之也旣能无爲自守則无咎有往則危厲故曰往厲不交於物物亦不與无援之助故危則必自戒愼而已无所告救故曰必戒以斯而處於群小之中未足委任不可用之以長行其正也故曰勿用永貞也象曰位不當者釋所以弗過而遇得免於咎者以其

卷九第二十四葉後

位不當故也終不可長者自身有危无所告救豈可任之長以爲正也注夫宴安酖毒不可懷也正義曰此春秋狄伐邢管仲勸齊侯救邢爲此辭言宴安不救邢比酖鳥之毒不可懷而安之也六五密雲不雨自我西郊公弋取彼在穴注云小過者小者過於大也六得五位陰之盛也故密雲不雨至于西郊也夫雨者陰布於上而陽薄之而不得通則烝而爲雨今艮止於下而不交焉故不雨也是故小畜尚往而亨則不雨也小過陽不上交亦不雨也雖陰盛于上未能行其施也公者臣之極也五極陰盛故稱公也弋射也在穴者隱伏之物也小過者過小而難未大作猶在隱伏者也以陰質治小過能獲小過者也故曰公弋取彼在穴也除過之道不在取之是及密雲未能雨也象曰密雲不雨已上也注云陽已

上故止也 疏 正義曰密雲不雨自我西郊者小過者小者過於大也六得五位是小過於大陰之盛也陰盛於上而艮止之九三陽止於下是陰陽不交雖復至盛密雲至于西郊而不能為雨也施之於人是柔得過而處尊未能行其恩施廣其風化也故曰密雲不雨自我西郊也公弋取彼在穴者公者臣之極五極陰盛故稱公也小過之時為過猶小而難未大作猶在隱伏以小過之才治小過之失能獲小過在隱伏者有如公之弋獵取得在穴隱伏之獸也故曰公弋取彼在穴也象曰已上者釋所以密雲不雨也以艮之陽爻已止於一卦之上而成止故不上交而為雨也 注除過至能雨也 正義曰雨者以喻德之惠化也除過差之道在於文德懷之使其自服弋而取之是尚威武尚威武即密雲不雨之義也 上六弗遇過之飛鳥離之凶是

謂災眚 注云小人之過遂至上極過而不知限至于亢也過至於亢將何所遇飛而不已將何所託災自已致復何言哉 象曰弗遇過之已亢也 疏 正義曰弗遇過之飛鳥離之凶是謂災眚者上六處小過之極是小人之過遂至上極過而不知限至于亢者也過至於亢无所復遇故曰弗遇過之也以小人之身過而弗遇必遭羅網其猶飛鳥飛而无託必離矰繳故曰飛鳥離之凶也過亢離凶是謂自災而致眚復何言哉故曰是謂災眚也象曰已亢者釋所以弗遇過之以其已在亢極之地故也

☲☵ 離下坎上 既濟亨小利貞初吉終亂 疏 正義曰既濟亨小利貞初吉終亂者濟者濟渡之名既者皆盡之稱萬事皆濟故以既濟為名既萬事皆濟若小者

不通則有所未濟故曰既濟亨小也小者尚亨何況于大則大小剛柔各當其位皆得其所當此之時非正不利故曰利貞也但人皆不能居安思危慎終如始故戒以今日既濟之初雖皆獲吉若不進德脩業至於終極則危亂及之故曰初吉終亂也 彖曰既濟亨小者亨也 注云既濟者以皆濟為義者也小者不遺乃為皆濟故舉小者以明既濟也 利貞剛柔正而位當也 注云剛柔正而位當則邪不可以行矣故唯正乃利貞也 初吉柔得中也終止則亂其道窮也 注云柔得中則小者亨也柔不得中則小者未亨小者未亨雖剛得正則為未既濟也故既濟之要在柔得中也以既濟為家者道極無進終唯有亂故曰初吉終亂終亂不為自亂由止故亂故曰終止則亂也 疏 正義曰既濟亨小者

亨也者此釋卦名德既濟之亨必小者皆亨也舉小者則大者可知所以為既濟也具足為文當更有一小字但既疊經文略足以見故從省也利貞剛柔正而位當者此就二三四五並皆得正以釋利貞也剛柔皆正則邪不可行故惟正乃利貞也初吉柔得中者此就六二以柔居中釋初吉也以柔小尚得其中則剛大之理皆獲其濟物无不濟所以為吉故曰初吉也終止則亂其道窮者此正釋戒若能進脩不止則既濟无終既濟終亂由上故亂終止而亂則既濟之道窮矣故曰終止則亂其道窮也 象曰水在火上既濟君子以思患而豫防之 注云存不忘亡既濟不忘未濟也 疏 正義曰水在火上既濟君子以思患而豫防之者水在火上炊爨之象飲食以之而成性命以之而濟故曰水在火上既濟也但既濟之道初吉終

卷九第二十七葉前

剛故君子思其後患而豫防之**初九曳其輪濡其尾无咎**注云最處既濟之初始濟者也始濟未涉於燥故輪曳而尾濡也雖未造易心无顧戀志棄難者也其於義也无所咎矣**象曰曳其輪義无咎也**疏正義曰曳其輪濡其尾无咎者初九處既濟之初體剛居下是始欲濟渡也始濟未涉於燥故輪曳而尾濡故云曳其輪濡其尾也但志在棄難雖復曳輪濡尾其義不有咎故云无咎**六二婦喪其茀勿逐七日得**注云居中履正處文明之盛而應乎五陰之光盛者也然居初三之間而近不相得上不承三下不比初夫以光盛之陰處於二陽之間近而不相得能无見侵乎故曰喪其茀也稱婦者以明自有夫而它人侵之也茀首飾也夫以中道執乎貞正而見侵者衆之所助也處既濟之時不容邪道

五八三

卷九第二十七葉後

者也時既明峻衆又助之竊之者逃竄而莫之歸矣量斯勢也不過七日不須已逐而自得也**象曰七日得以中道也**疏正義曰婦喪其茀勿逐七日得者茀者婦人之首飾也六二居中履正處文明之盛而應乎五陰之光盛者也然居初三之間而近不相得夫以光盛之陰處於二陽之間近而不相得能无見侵乎故曰婦喪其茀稱婦者以明自有夫而他人侵之也夫以中道執乎貞正而見侵者物之所助也處既濟之時不容邪道者也時既明峻衆又助之竊之者逃竄而莫之歸矣量斯勢也不過七日不須已逐而自得故曰勿逐七日得象曰以中道者釋不須追逐而自得者以執守中道故也**九三高宗伐鬼方三年克之小人勿用**注云處既濟之時居文明之終履得其位是居衰末而能濟者也故伐鬼方三

五八四

卷九第二十八葉前

年乃克也君子處之故能興也小人居之遂喪邪也**象曰三年克之憊也**疏正義曰高宗伐鬼方三年克之者高宗者殷王武丁之號也九三處既濟之時居文明之終履得其位是居衰末而能濟者也高宗伐鬼方以中興殷道事同此爻故取譬焉高宗德實文明而勢甚衰憊不能即勝三年乃克故曰高宗伐鬼方三年克之也小人勿用者勢既衰弱君子處之能建功立德故興而復之小人居之日就危亂必喪邪也故曰小人勿用象曰憊也者以衰憊之故故三年乃克之**六四繻有衣袽終日戒**注云繻宜曰濡衣袽所以塞舟漏也履得其正而近不與三五相得夫有隙之棄舟而得濟者有衣袽也鄰於不親而得全者終日戒也**象曰終日戒有所疑也**疏正義曰繻有衣袽終日戒者王注云繻宜曰濡衣袽

五八五

卷九第二十八葉後

所以塞舟漏者也六四處既濟之時履得其位而近不與三五相得如在舟而漏矣而舟漏則濡濕所以得濟者有衣袽也鄰於不親而得全者終日戒也故曰繻有衣袽終日戒也象曰有所疑者釋所以終日戒以不與三五相得懼其侵克有所疑故也**九五東鄰殺牛不如西鄰之禴祭實受其福**注云牛祭之盛者也禴祭之薄者也居既濟之時而處尊位物皆濟矣將何為焉其所務者祭祀而已祭祀之盛莫盛脩德故沼沚之毛蘋蘩之菜可羞於鬼神故黍稷非馨明德惟馨是以東鄰殺牛不如西鄰之禴祭實受其福也**象曰東鄰殺牛不如西鄰之時也**注云在於合時不在於豐也**實受其福吉大來也**疏正義曰牛祭之盛者也禴殷春祭之名祭之薄者也九五居既濟之

五八六

卷九第二十九葉前

時而處尊位物既濟矣將何為焉其所務者祭祀而已祭祀之盛莫盛脩德九五履正居中動不為妄脩德者也苟能脩德雖薄可饗假有東鄰不能脩德雖復殺牛至盛不為鬼神歆饗不如我西鄰禴祭雖薄能脩其德故神明降福故曰東鄰殺牛不如西鄰之禴祭實受其福也象曰不如西鄰之時者神明饗德能脩德致敬合於祭祀之時雖薄降福故曰時也吉大來者非惟當身福流後世

注沼沚之毛蘋蘩之菜可羞於鬼神　正義曰並略左傳之文也　注在於合時　正義曰詩云威儀孔時言周王廟中群臣助祭並皆威儀肅敬甚得其時此合時之義亦當如彼也

上六濡其首厲　注云處既濟之極既濟道窮則之於未濟之於未濟則首先犯焉過進不已則遇於難故濡其首也將没不乆危莫先焉

象曰濡其首厲何可乆也　疏　正義

五八七

卷九第二十九葉後

曰濡其首厲者上六處既濟之極則反於未濟若反於未濟則首先犯焉若進而不已必遇於難故濡其首也既被濡首將没不乆危莫先焉故曰濡其首厲也象曰何可乆者首既被濡身將陷没何可乆長者也

䷿ 坎下離上　未濟亨小狐汔濟濡其尾无攸利　疏　正義曰未濟亨者未濟者未能濟渡之名也未濟之時小才居位不能建功立德拔難濟險若能執柔用中委任賢哲則未濟有可濟之理所以得通故曰未濟亨小狐汔濟濡其尾无攸利者汔者將盡之名小才不能濟難事同小狐雖能渡水而无餘力必須水汔方可涉川未及登岸而濡其尾濟不免濡豈有所利故曰小狐汔濟濡其尾无攸利也

彖曰未濟亨柔得中也

五八八

卷九第三十葉前

注云以柔處中不違剛也能納剛健故得亨也

小狐汔濟未出中也　注云小狐不能涉大川須汔然後乃能濟處未濟之時必剛健拔難然後乃能濟汔乃能濟未能出險之中

濡其尾无攸利不續終也　注云小狐雖能渡而无餘力將濟而濡其尾力竭於斯不能續終險難猶未足以濟也濟未濟者必有餘力也

雖不當位剛柔應也　注云位不當故未濟剛柔應故可濟　疏　正義曰未濟亨柔得中者此就六五以柔居中下應九二釋未濟所以得亨柔而得中不違剛也與二相應納剛自輔故於未濟之世終得亨通也小狐汔濟未出中也者釋小狐涉川所以必須水汔乃濟以其力薄未能出險之中故也濡其尾无攸利不續終者濡尾力竭不能相續而終至於登岸所以无攸利也雖不當位剛柔應者重釋未濟

五八九

卷九第三十葉後

之義凡言未者今日雖未濟後有可濟之理以其不當其位故即時未濟剛柔皆應足得相拯是有可濟之理故稱未濟不言不濟也

象曰火在水上未濟君子以慎辨物居方　注云辨物居方令物各當其所也　疏　正義曰火在水上未濟者火在水上不成烹飪未能濟物故曰火在水上未濟君子以慎辨物居方者君子見未濟之時剛柔失正故用慎為德辨別衆物各居其方使皆得求其所所以濟也

初六濡其尾吝　注云處未濟之初最居險下不可以濟者也而欲之其應進則溺身未濟之始始於既濟之上六也濡其首猶不反至于濡其尾不知紀極者也然以陰處下非為進亢遂其志者也困則能反故不曰凶事在已量而必困乃反頑亦甚矣故曰吝也

象曰濡其尾亦不知極也　疏

五九〇

卷九第二十一葉前

正義曰濡其尾吝者初六處未濟之初最居險下而欲上之其應進則溺身如小狐之渡川濡其尾也未濟之始始於既濟之上六也既濟上六但云濡其首言始入於難未没其身此言濡其尾者進不知極已没其身也然以陰處下非爲進亢遂其志者也困則能反故不曰凶不能豫照事之幾萌困而後反頑亦甚矣故曰吝也象曰亦不知極者未濟之初始於既濟之上六濡首而不知遂濡其尾故曰不知極也 注不知紀極者正義曰春秋傳曰聚斂積實不知紀極謂之饕餮言无休已也

九二曳其輪貞吉 注云體剛履中而應於五五體陰柔應與而不自任者也居未濟之時處險難之中體剛中之質而見任與拯救危難經綸屯蹇者也用健施難循難在正而不違中故曳其輪貞吉也 象曰九二貞吉中以行正也 注云位雖不正中以行正

五九一

卷九第二十一葉後

也 疏 正義曰曳其輪貞吉者九二居未濟之時處險難之內體剛中之質以應於五五體陰柔委任於二令其濟難者也經綸屯蹇任重憂深故曰曳其輪曳其輪者言其勞也靖難在正然後得吉故曰曳其輪貞吉也象曰中以行正者釋九二失位而稱貞吉者位雖不正以其居中故能行正也

六三未濟征凶利涉大川 注云以陰之質失位居險不能自濟者也以不正之身力不能自濟而求進焉喪其身也故曰征凶也二能拯難而已比之棄已委二載二而行溺可得乎何憂未濟故曰利涉大川 象曰未濟征凶位不當也 疏 正義曰未濟征凶者六三以陰柔之質失位居險不能自濟者也身既不能自濟而欲自進求濟必喪其身故曰未濟征凶也利涉大川者二能拯難而已比之若能棄已委二則没溺可免故曰利涉

五九二

卷九第二十二葉前

大川象曰位不當者以不當其位故有征則凶

九四貞吉悔亡震用伐鬼方三年有賞于大國 注云處未濟之時而出險難之上居文明之初體乎剛質以近至尊雖履非其位志在乎正則吉而悔亡矣其志得行靡禁其威故曰震用伐鬼方也伐鬼方者興衰之征也故每至興衰而取義焉處文明之初始出於難其德未盛故曰三年也五居尊以柔體乎文明之盛不奪物功者也故以大國賞之也 象曰貞吉悔亡志行也 疏 正義曰居未濟之時履失其位所以爲悔但出險難之外居文明之初以剛健之質接近至尊志行其正正則貞吉而悔亡故曰貞吉悔亡正志既行靡禁其威故震發威怒用伐鬼方也然處文明之初始出於險其德未盛不能即勝故曰三年也五以柔順文明而居尊位不奪物功九四既克

五九三

卷九第二十二葉後

而還必得百里大國之賞故曰有賞於大國也象曰志行者釋九四失位而得貞吉悔亡者也以其正志得行而終吉故也

六五貞吉无悔君子之光有孚吉 注云以柔居尊處文明之盛爲未濟之主故必正然後乃吉吉乃得无悔也夫以柔順文明之質居於尊位付與於能而不自役使武以文御剛以柔斯誠君子之光也付物以能而不疑也物則竭力功斯克矣故曰有孚吉 象曰君子之光其暉吉也 疏 正義曰貞吉无悔者六五以柔居尊處文明之盛爲未濟之主故必正然後乃吉吉乃得无悔故曰貞吉无悔也君子之光者以柔順文明之質居於尊位有應於二是能付物以能而不自役有君子之光華矣故曰君子之光也有孚吉者付物以能而无疑焉則物竭其誠功斯克矣故曰有孚吉也象曰其暉吉者言君子之

五九四

德光暉著見然後乃得吉也 上九有孚于飲酒无咎濡其首有孚失是 注云未濟之極則反於既濟既濟之道所任者當也所任者當則可信之无疑而已逸焉故曰有孚于飲酒无咎也以其能信於物故得逸豫而不憂於事之廢苟不憂於事之廢而耽於樂之甚則至于失節矣由於有孚失於是矣故曰濡其首有孚失是也 象曰飲酒濡首亦不知節也 疏 正義曰有孚于飲酒无咎者上九居未濟之極則反於既濟既濟之道則所任者當也所任者當則信之无疑故得自逸飲酒而已故曰有孚于飲酒无咎濡其首者既得自逸飲酒而不知其節則濡首之難還復及之故曰濡其首也有孚失是者言所以濡首之難及之者良由信任得人不憂事廢故失於是矣故曰有孚失是也象曰亦不知節

者釋飲酒所以致濡首之難以其不知止節故也

周易注疏卷第九

上杉右京亮藤原憲忠寄進

端平乙未四月六日陸子遹閱且標于三山之東牕

周易注疏卷第十

國子祭酒上護軍曲阜縣開國子臣孔穎達奉

勑撰

周易繫辭上

疏 正義曰謂之繫辭者凡有二義論字取繫屬之義聖人繫屬此辭於爻卦之下故此篇第六章云繫辭焉以斷其吉凶第十二章云繫辭焉以盡其言是繫屬其辭於爻卦之下則上下二篇經辭是也文取繫屬之義故字體從毄又音爲係者取綱係之義卦之與爻各有其辭以釋其義則卦之與爻各有綱係所以音謂之係也夫子本作十翼申說上下二篇經文繫辭條貫義理別自爲卷揔

曰繫辭分爲上下二篇者何氏云上篇明无故曰易有太極太極即无也又云聖人以此洗心退藏於密是其无也下篇明幾從无入有故云知幾其神乎今謂分爲上下更无異義直以簡編重大是以分之或以上篇論易之大理下篇論易之小理者事必不通何則案上繫云君子出其言善則千里之外應之出其言不善則千里之外違之又云藉用白茅无咎皆人言語小事及小慎之行豈爲易之大理又下繫云天地之道貞觀者也日月之道貞明者也豈復易之小事乎明以大小分之義必不可故知聖人既无其意若欲強釋理必不通諸儒所釋上篇所以分段次下凡有一十二章周氏云天尊地卑爲第一章聖人設卦觀象爲第二章彖者言乎象者爲第三章精氣爲物爲第四章顯諸仁藏諸用爲第五章聖人有以見天下之賾爲第六章初六藉用白茅爲第七章大衍之數爲

卷十第一葉前

第八章子曰知變化之道爲第九章天一地二爲第十章是故易有太極爲第十一章子曰書不盡言爲第十二章馬季長荀爽姚信等又分白茅章後取負且乘更爲別章成十三章案白茅以下歷序諸卦獨分負且乘以爲別章義无所取也虞翻分爲十一章合大衍之數并知變化之道共爲一章案大衍一章總明揲蓍策數及十有八變之事首尾相連其知變化之道已下別明知神及唯幾之事全與大衍章義不類何得合爲一章今從先儒以十二章爲定

天尊地卑乾坤定矣 注云乾坤其易之門戶先明天尊地卑以定乾坤之體

卑高以陳貴賤位矣 注云天尊地卑之義既列則涉乎萬物貴賤之位明矣

動靜有常剛柔斷矣 注云剛動而柔止也動止得其常體則剛柔之分著矣

卷十第一葉後

方以類聚物以羣分吉凶生矣 注云方有類物有羣則有同有異有聚有分也順其所同則吉乖其所趣則凶故吉凶生矣

在天成象在地成形變化見矣 注云象況日月星辰形況山川草木也縣象運轉以成昏明山澤通氣而雲行雨施故變化見矣

是故剛柔相摩 注云相切摩也言陰陽之交感也

八卦相盪 注云相推盪也言運化之推移

鼓之以雷霆潤之以風雨日月運行一寒一暑乾道成男坤道成女乾知大始坤作成物乾以易知坤以簡能 注云天地之道不爲而善始不勞而善成故曰易簡

易則易知簡則易從易知則有親易從則

卷十第二葉前

有功 注云順萬物之情故曰有親通天下之志故曰有功

有親則可久有功則可大 注云有易簡之德則能成可久可大之功

可久則賢人之德可大則賢人之業 注云天地易簡萬物各載其形聖人不爲羣方各遂其業德業既成則入於形器故以賢人名其德業

易簡而天下之理得矣 注云天下之理莫不由於易簡而各得順其分位也

天下之理得而成位乎其中矣 注云成位況立象也極易簡則能通天下之理通天下之理故能成象並乎天地言其中則明並天地也

疏 正義曰此第一章明天尊地卑及貴賤之位剛柔動靜寒暑往來廣明乾坤簡易之德聖人法之能見天下之理天尊地卑乾坤定矣者天以剛陽而尊地以柔陰而卑則乾坤之體安定矣

卷十第二葉後

乾健與天陽同坤順與地陰同故得乾坤定矣若天不剛陽地不柔陰是乾坤之體不得定也此經明天地之德也卑高以陳貴賤位矣者卑謂地體卑下高謂天體高上卑高既以陳列則物之貴賤得其位矣若卑不處卑謂地在上高不處高謂天在下上下既亂則萬物貴賤則不得其位矣此經明天地之體此雖明天地之體亦涉乎萬物之形此貴賤揔兼萬物不唯天地而已先云卑者便文爾案前經云天尊地卑天地別陳此卑高以陳不更別陳揔云卑高者上文詳於此略也動靜有常剛柔斷矣者天陽爲動地陰爲靜各有常度則剛柔斷定矣動而有常則成剛靜而有常則成柔所以剛柔可斷定矣若動而无常則剛道不成靜而无常則柔道不立是剛柔雜亂動靜无常則剛柔不可斷定也此經論天地之性也此雖天地動靜亦揔兼萬物也萬物稟於陽氣多而爲動也稟於

陰氣多而爲靜也方以類聚物以羣分吉凶生矣
者方謂法術性行以類共聚同方者則同聚也物
謂物色羣黨共在一處而與他物相分別若順其
所同則吉也若乖其所趣則凶也故曰吉凶生矣
此經雖因天地之性亦廣包萬物之情也在天成
象在地成形變化見矣者象謂懸象日月星辰也
形謂山川草木也懸象運轉而成昏明山澤通氣
而雲行雨施故變化見也是故剛柔相摩者以變
化形見即陽極變爲陰陰極變爲陽陽剛而陰柔
故剛柔共相切摩更遞變化也八卦相盪者剛則
陽爻也柔則陰爻也剛柔兩體是陰陽二爻相雜
而成八卦遞相推盪若十一月一陽生而推去一
陰五月一陰生而推去一陽雖諸卦遞相推移本
從八卦而來故云八卦相盪也鼓之以雷霆潤之
以風雨日月運行一寒一暑者重明上經變化見
矣又剛柔相摩八卦相盪之事八卦旣相推盪各

有功之所用也又鼓動之以震雷離電滋潤之以
巽風坎雨或離日坎月運動而行一節爲寒一節
爲暑直云震巽離坎不云乾坤艮兌者乾坤上下
備言艮兌非鼓動運行之物故不言之其實亦兼
焉雷電風雨亦出山澤也乾道成男坤道成女者
道謂自然而生故乾得自然而爲男坤得自然而
成女必云成者有故以乾因陰而得成男坤因陽
而得成女故云成也乾知太始者以乾是天陽之
氣萬物皆始在於氣故云知其太始也坤作成物
者坤是地陰之形坤能造作以成物也初始无形
未有營作故但云知也已成之物事可營爲故云
作也乾以易知者易謂易略无所造爲以此爲知
故曰乾以易知也坤以簡能者簡謂簡省凝靜不
須繁勞以此爲能故曰坤以簡能也若於物艱難
則不可以知故以易而得知也若於事繁勞則不
可能也必簡省而後可能也易則易知者此覆說

上乾以易知也乾德旣能說易若求而行之則易
可知也簡則易從者覆說上坤以簡能也於事簡
省若求而行之則易可從也上乾以易知坤以簡
能論乾坤之體性也易則易知簡則易從者此
論乾坤旣有此性人則易可倣效也易知則有親
者性意易知心无險難則相和親故云易知則有
親也易從則有功者於事易從不有繁勞其功易
就故曰易從則有功此二句論聖人法此乾坤易
簡則有所益也有親則可久者物旣和親无相殘
害故可久也有功則可大者事業有功則積漸可
大此二句論人法乾坤久而益大可久則賢人之
德者使物長久是賢人之德能養萬物故云可久
則賢人之德也可大則賢人之業者功勞旣大則
是賢人事業行天地之道揔天地之功唯聖人能
然今云賢人者聖人則隱迹藏用事在无境今云
可久可大則是離无入有賢人亦事在有境故可

久可大以賢人目之也易簡而天下之理得矣者
此則贊明聖人能行天地易簡之化則天下萬事
之理並得其宜矣天下之理得而成位乎其中者
成位況立象言聖人極易簡之善則能通天下之
理故能成立卦象於天地之中言並天地也　注
乾坤其易至之體　正義曰云先明天尊地卑以定
乾坤之體者易含萬象天地最大若天尊地卑各
得其所則乾坤之義得定矣若天之不尊降在滯
溺地之不卑進在剛盛則乾坤之體何由定矣案
乾坤是天地之用非天地之體今云乾坤之體者
是所用之體乾以健爲體坤以順爲體故云乾坤
之體　注天尊地卑至明矣　正義曰天尊地卑之
義既列解經卑高以陳也云則涉乎萬物貴賤之
位明矣解經貴賤位矣上經旣云天尊地卑此經
又云貴賤者則貴賤非唯天地是兼萬物之貴賤
注方有類至生矣　正義曰云方有類者方謂法

卷十第六葉前

術情性趣舍故春秋云教子以義方注云方道也
是方謂性行法術也言方雖以類而聚亦有非類
而聚者若陰之所求者陽陽之所求者陰是非類
聚也若以人比禽獸即是非類雖男女不同俱是
人例亦是以類聚也故云順所同則吉乖所趣則
凶注天地之道至易簡正義曰云天地之道不
爲而善始者釋經之乾以易知不勞而善成者釋
經坤以簡能也案經乾易坤簡各自別言而注合
云天地者若以坤對乾乾爲易也坤爲簡也經之
所云者是也若據乾坤相合皆无爲自然養物之
始也是自然成物之終也是乾亦有簡坤亦有易
故注合而言之也用使聖人俱行易簡法无爲之
化注天地易簡至其德業正義曰云聖人不爲
羣方各遂其業者聖人顯仁藏用唯見生養之功
不見其何以生養猶若日月見其照臨之力不知
何以照臨是聖人用无爲以及天下是聖人不爲

卷十第六葉後

也云德業既成則入於形器者初行德業未成之
時不見其所爲是在於虛无若德業既成覆被於
物在於有境是入於形器也賢人之分則見其所
爲見其成功始末皆有德之與業是所有形器故
以賢人目其德業然則本其虛无玄象謂之聖據
其成功事業謂之賢也注天下之理至分位正
義曰云天下之理莫不由於易簡而各得順其分
位者若能行說易簡靜任物自生則物得其性矣
故列子云不生而物自生不化而物自化若不行
易簡法令滋章則物失其性也老子云水至清則
无魚人至察則无徒又莊子云馬翦剔
羈絆所傷多矣是天下之理未得也
聖人設卦觀象注云此總言也繫辭焉而明吉凶剛柔相
推而生變化注云繫辭所以明吉凶剛柔相推所以明變化也吉凶者存乎人事也變

卷十第七葉前

化者存乎運行也是故吉凶者失得之象也注云由有失得故吉凶生
悔吝者憂虞之象也注云失得之微者足以致憂虞而已故曰悔吝變化
者進退之象也注云往復相推迭進退也剛柔者晝夜之象也
注云晝則陽剛夜則陰柔始揔言吉凶變化而下別明悔吝晝夜者悔吝則吉凶之類晝夜亦變化
之道吉凶之類則同因繫辭而明變化之道則俱由剛柔而著故始揔言之下則明失得之輕重辯
變化之小大故別序其義也六爻之動三極之道也注云三極三材也兼
三材之道故能見吉凶成變化也是故君子所居而安者易之序
也注云序易象之次序所樂而玩者爻之辭也是故君子居

卷十第七葉後

則觀其象而玩其辭動則觀其變而玩其占是以
自天祐之吉无不利疏正義曰此第二章也前章言天地成象成形簡易之
德明乾坤之大旨此章明聖人設卦觀象爻辭占
凶悔吝之細別聖人設卦觀象者謂聖人設畫其
卦之時莫不瞻觀物象法其物象然後設之卦象
則有吉有凶故下文云吉凶者失得之象也悔吝
者憂虞之象變化者進退之象剛柔者晝夜之象
是施設其卦有此諸象也繫辭焉而明吉凶者卦
象爻象有吉有凶若不繫辭其理未顯故繫屬吉
凶之文辭於卦爻之下而顯明此卦爻吉凶也案
吉凶之外猶有悔吝憂虞直云而明吉凶者悔吝
憂虞是凶中之小別舉吉凶則包之可知也剛柔
相推而生變化者八純之卦卦之與爻其象既定
變化猶少若剛柔二氣相推陰爻陽爻交變分爲

六十四卦有三百八十四爻委曲變化事非一體
是而生變化也繫辭而明吉凶明繫辭之意剛柔
相推而生變化明其推引而生雜卦之意也是故
吉凶者失得之象也者此下四句經總明諸象不
同之事辭之吉者是得之象辭之凶者是失之象
故曰吉凶者是失得之象也初時於事有失有得
積漸成著乃爲吉凶也然易之諸卦及爻不言吉
凶者義有數等或吉凶據文可知不須明言吉凶
者若乾元亨利貞及九五飛龍在天利見大人之
屬尋文考義是吉可知故不須云吉也若其剥不
利有攸往離之九四突如其來如焚如死如棄如
之屬據其文辭其凶可見故不言凶也亦有爻處
吉凶之際吉凶未定行善則吉行惡則凶是吉凶
未定亦不言吉凶若乾之九三君子終日乾乾夕
惕若厲无咎若屯之六二屯如邅如乘馬班如匪
寇婚媾女子貞不字十年乃字是吉凶未定亦不

言吉凶也又諸稱无咎者若不有善應則有咎若
有善應則无咎此亦不定言吉凶也諸稱吉凶者
皆嫌其吉凶不明故言吉凶以正之若坤之六五
黄裳元吉以陰居尊位嫌其不吉故言吉以明之
推此餘可知也亦有於事无嫌吉凶灼然可知而
更明言吉凶者若剥之初六剥牀以足蔑貞凶六
二剥牀以辯蔑貞凶者此皆凶狀灼然而言凶也
或有一卦之内或一爻之中得失相形須言吉凶
若大過九三棟橈凶九四棟隆吉是一卦相形也
屯卦九五屯其膏小貞吉大貞凶是一爻相形也
亦有一事相形終始有異若訟卦有孚窒惕中吉
終凶之類是也大略如此原夫易之爲書曲明萬
象苟在釋辭明其意達其理不可以一爻爲例義
有變通也悔吝者憂虞之象也者經稱悔吝者是
得失微小初時憂念虞度之形象也以憂虞不已
未是大凶終致悔吝悔者其事已過意有追悔之

也吝者當事之時可輕鄙恥故云吝也吝既是小
凶則易之爲書亦有小吉則无咎之屬善補過是
也此亦小吉而不言者下經備陳之也故於此不
言其餘元亨利貞則是吉象之境有四德别言故
於此不言也其以祉有慶有福之屬各於爻卦别
言故不在此而説且易者戒人爲惡故於惡事備
言也變化者進退之象也者萬物之象皆有陰陽
之爻或從始而上進或居終而倒退以其往復相
推或漸變而頓化故云進退之象也剛柔者晝夜
之象也者晝則陽日照臨萬物生而堅剛是晝之
象也夜則陰潤浸被萬物而皆柔弱是夜之象也
六爻之動三極之道也者此覆明變化進退之義
言六爻遞相推動而生變化是天地人三才至極
之道以其事兼三才故能見吉凶而成變化也是
故君子所居而安者易之序也者以其在上吉凶
顯其得失變化明其進退以此之故君子觀象知

其所處故可居治之位而安静居之是易位之次
序也若居在乾之初九而安在勿用若居在乾之
九三而安在乾乾是以所居而安者由觀易之位
次序也所樂而玩者爻之辭也者言君子愛樂而
習玩者是六爻之辭也辭有吉凶悔吝見善則思
齊其事見惡則懼而自改所以愛樂而耽玩也卦
之與爻皆有其辭但爻有變化取象既多以知得
失故君子尤所愛樂所以特云爻之辭也是故君
子居則觀其象而玩其辭者以易象則明其善惡
辭則示其吉凶故君子自居處其身觀看其象以
知身之善惡而習玩其辭以曉事之吉凶動則觀
其變而玩其占者言君子出行興動之時則觀其
爻之變化而習玩其占之吉凶若乾之九四或躍
在淵是動則觀其變也春秋傳云先王卜征五年
又云卜以決疑是動玩其占也是以自天祐之吉
无不利者君子既能奉遵易象以居處其身无有

卷十第十葉前

凶害是以從天以下悉皆祐之吉无不利此大有上九爻辭 注此摠言也正義曰此設卦觀象摠爲下而言故云此摠言也 注晝則陽剛至其義正義曰云始摠言吉凶變化者謂上文云繫辭焉而明吉凶剛柔相推而生變化是始總言吉凶變化也云而下別明悔吝晝夜者謂次文云悔吝者憂虞之象剛柔者晝夜之象是別明悔吝晝夜也言悔吝則吉凶之類者案上文繫辭而明吉凶次文別序云吉凶者失得之象悔吝者憂虞之象是吉凶之外別生悔吝是悔吝亦吉凶之類大略摠言吉凶若細別之吉凶之外別有悔吝也故云悔吝則吉凶之類云晝夜亦變化之道者案上文云剛柔相推而生變化次文別序云變化者進退之象剛柔者晝夜之象變化之外別云晝夜摠言之則變化晝夜是一分之則變化晝夜是殊故云晝夜亦變化之道也云吉凶之類則同因繫辭而明

六一五

卷十第十葉後

者案上文云繫辭焉而明吉凶次文別序云吉凶悔吝兩事同因上繫辭而明之也故云吉凶之類則同因繫辭而明也云變化之道則俱由剛柔而著者上文剛柔相推而生變化次文別序云變化者進退之象剛柔者晝夜之象上文則變化剛柔合爲一次文則別序變化剛柔分爲二合之則同分之則異是變化從剛柔而生故云變化之道俱由剛柔而著也云故始摠言之也上文繫辭焉而明吉凶不云悔吝是摠言之也又上文剛柔相推而生變化不云晝夜是摠變化言之也云下則明失得之輕重辯變化之大小故別序其義者案次文別序云吉凶者失得之象是失得重也悔吝者憂虞之象是失得輕也又次經云變化者進退之象是變化大也剛柔者晝夜之象是變化小也兩事並言失得別明輕重變化別明小大是別序其義

六一六

卷十第十一葉前

彖者言乎象者也注云彖總一卦之義也爻者言乎變者也注云爻各言其變也吉凶者言乎其失得也悔吝者言乎其小疵也无咎者善補過也是故列貴賤者存乎位注云爻之所處曰位六位有貴賤也齊小大者存乎卦注云卦有小大也齊猶言辯也即彖者言乎象也辯吉凶者存乎辭注云辭爻辭也即爻者言乎變也言象所以明小大言變所以明吉凶故小大之義存乎卦吉凶之狀見乎爻至於悔吝无咎其例一也吉凶悔吝小疵无咎皆生乎變事有小大故下歷言五者之差也憂悔吝者存乎介注云介纖介也王弼曰憂悔吝之時其介不可慢也即悔吝者言乎小疵也震无咎

六一七

卷十第十一葉後

者存乎悔注云无咎者善補過也震動也故動而无咎存乎悔道也是故卦有小大辭有險易注云其道光明曰大君子道消曰小之泰則其辭易之否則其辭險辭也者各指其所之易與天地準注云作易以準天地故能彌綸天地之道仰以觀於天文俯以察於地理是故知幽明之故原始反終故知死生之說注云幽明者有形无形之象死生者始終之數也【疏】正義曰此第三章也上章明吉凶悔吝繫辭之義而細意未盡故此章更委曲說卦爻吉凶之事是以義理深奧能彌綸天地之道仰觀俯察知死生之說彖者言乎象者也彖謂卦下之辭言說乎一卦之象也爻者言乎變者也謂爻下之辭言說此爻之象

改變也吉凶者言乎其失得也者謂爻卦下辭也著其吉凶者言論其卦爻失之與得之義也前章言據其卦爻之象故云吉凶者失得之象此章據其卦爻之辭故云吉凶者言乎其失得也悔吝者言乎其小疵也者辭著悔吝者言說此卦爻有小疵病也有小疵病必預有憂虞故前章云悔吝者憂虞之象但前章據其象此章論其辭也无咎者善補過也者辭稱无咎者即此卦爻能補其過若不能補過則有咎也案略例无咎有二一者善能補過故无咎二者其禍自己招无所怨咎故節之六三不節之嗟又誰咎也但如此者少此據多者言之故云善補過也前章舉其大略故不細言无咎之事此章備論也是故列貴賤者存乎位者以爻者言乎變以此之故陳列物之貴賤者在存乎六爻之位皆上貴而下賤也齊小大者存乎卦者以彖者言乎象象有小大故齊辨物之小大者存

乎卦也猶若泰則小往大來吉亨否則大往小來之類是也辯吉凶者存乎辭者謂辯明卦之與爻之吉凶存乎卦爻下之言辭是也憂悔吝者存乎介者介謂纖介謂小小疵病能預憂虞悔吝者存於細小之疵病也震无咎者存乎悔者震動也動而无咎者存乎能自悔過也是故卦有小大辭有險易者其道光明謂之大其道銷散謂之小若之適通泰其辭則說易若之適否塞其辭則艱險也辭也者各指其所之者謂爻卦之辭各斥其爻卦之之適也若之適於善則其辭善若之適於惡則其辭惡也易與天地準者自此已上論卦爻辭理之義自此已下廣明易道之美言聖人作易與天地相準謂準擬天地則乾健以法天坤順以法地之類是也故能彌綸天地之道者以易與天地相準為此之故聖人用易能彌綸天地之道彌謂彌縫補合綸謂經綸牽引能補合牽引天地之道用

此易道也仰以觀於天文俯以察於地理者天有懸象而成文章故稱文也地有山川原隰各有條理故稱理也是故知幽明之故者故謂事也故以用易道仰觀俯察知死形之幽有形之明義理事故也原始反終故知生死之說者言用易理原窮事物之初始反復事物之終末始終吉凶皆悉包羅以此之故知死生之數也止謂用易道參其逆順則禍福可知用蓍策求其吉凶則死生可識也

注辭爻辭至之差正義曰云辭爻辭也者其實卦之與爻皆有其辭知是爻辭者但卦辭變化少爻辭變化多此經辯吉凶者存乎辭與齊小大者存乎卦二文相對上既云卦故此辭為爻辭也云言象所以明小大者即齊小大者存乎卦是也云言變化所以明吉凶者則辯吉凶者存乎辭是也云故小大之義存乎卦者覆說言象所以明小大也云吉凶之狀見乎爻者覆說言變所以明吉凶

也云悔吝无咎其例一也者謂悔吝无咎體例與吉凶一也皆是存乎辭云悔吝小疵无咎皆生乎變者謂皆生於爻也言乎變者謂皆從爻變而來云事有小大者大則為吉凶小則為悔吝无咎也云故下歷言五者之差者謂於吉凶下歷次言五者之差別數五者謂吉一凶二悔三吝四无咎五然諸儒以為五者皆數列貴賤者存乎位是其一也齊小大者存乎卦是其二也辯吉凶者存乎辭是其三也憂悔吝者存乎介是其四也震无咎者存乎悔是其五也於經數之為便但於注理則乖今並存焉任後賢所釋

精氣為物遊魂為變注云精氣烟熅聚而成物聚極則散而遊魂為變也遊魂言其遊散也

是故知鬼神之情狀注云盡聚散之理則能知變化之道无幽

卷十第十四葉前

而不通也與天地相似故不違注云德合天地故曰相似知周乎萬物而道濟天下故不過注云知周萬物則能以道濟天下也旁行而不流注云應變旁通而不流淫也樂天知命故不憂注云順天之化故曰樂也安土敦乎仁故能愛注云安土敦仁者萬物之情也物順其情則仁功贍矣範圍天地之化而不過注云範圍者擬範天地而周備其理也曲成萬物而不遺注云曲成者乘變以應物不係一方者也則物宜得矣通乎晝夜之道而知注云通幽明之故則无不知也故神无方而易无體注云自此以上皆言神之所爲也方體者皆係於形器者也神則陰陽不測易則唯變所適不

卷十第十四葉後

可以一方一體明一陰一陽之謂道注云道者何无之稱也无不通也无不由也況之曰道寂然无體不可爲象必有之用極而无之功顯故至乎神无方而易无體而道可見矣故窮變以盡神因神以明道陰陽雖殊无一以待之在陰爲无陰陰以之生在陽爲无陽陽以之成故曰一陰一陽也繼之者善也成之者性也仁者見之謂之仁知者見之謂之知注云仁者資道以見其仁知者資道以見其知各盡其分百姓日用而不知故君子之道鮮矣注云君子體道以爲用也仁知則滯於所見百姓則日用而不知體斯道者不亦鮮矣故常无欲以觀其妙始可以語至而言極也疏正義曰此第四章也上章明卦爻之義其事類稍盡但卦爻未明鬼神情狀此章說

六二四

卷十第十五葉前

物之改變而爲鬼神易能通鬼神之變化故於此章明之云精氣爲物者謂陰陽精靈之氣氤氳積聚而爲萬物也遊魂爲變者物既積聚極則分散將散之時浮遊精魂去離物形而爲改變則生變爲死成變爲敗或未死之間變爲異類也是故知鬼神之情狀者能窮易理盡生死變化以此之故能知鬼神之內外情狀也物既以聚而生以散而死皆是鬼神所爲但極聚散之理則知鬼神之情狀也言聖人以易之理而能然也與天地相似故不違者天地能知鬼神任其變化聖人亦窮神盡性能知鬼神是與天地相似所爲所作故不違於天地能與天地合也知周乎萬物而道濟天下者聖人无物不知是知周於萬物天下皆養是道濟天下也故不過者所爲皆得其宜不有愆過使物失分也旁行而不流者言聖人之德應變旁行无不被及而不有流移淫過若不應變化非理而動

六二五

卷十第十五葉後

則爲流淫也樂天知命故不憂者順天施化是歡樂於天識物始終是自知性命順天道之常數知性命之始終任自然之理故不憂也安土敦乎仁故能愛者言萬物之性皆欲安靜於土敦厚於仁聖人能行此安土敦仁之化故能愛養萬物也範圍天地之化而不過者範謂模範圍謂周圍言聖人所爲所作模範周圍天地之化養言法則天地以施其化而不有過失違天地者也曲成萬物而不遺者言聖人隨變而應屈曲委細成就萬物而不有遺棄細小而不成也通乎晝夜之道而知者言聖人通曉於晝夜之道晝則明也夜則幽也言通曉於幽明之道而无事不知也自此已上皆神之所爲聖人能極神之幽隱之德也故神无方而易无體者神則寂然虛无陰陽深遠不可求測是无一方可明也易則隨物改變應變而往无一體可定也一陰一陽之謂道者一謂无也无陰无陽

六二六

卷十第十六葉前

乃謂之道一得爲无者无是虛无虛无是太虛不可分別唯一而已故以一爲无也若其有境則彼此相形有二有三不得爲一故在陰之時而不見爲陰之功在陽之時而不見爲陽之力自然而有陰陽自然无所營爲此則道之謂也故以言之爲道以數言之謂之一以體言之謂之无以物得開通謂之道以微妙不測謂之神以應機變化謂之易總而言之皆虛无之謂也聖人以人事名之隨其義理立其稱號繼之者善也者道是生物開通善是順理養物故繼道之功者唯善行也成之者性也者若能成就此道者是人之本性若性仁者成就此道爲仁性知者成就此道爲知也故云仁者見之謂之仁知者見之謂之知是仁之與知皆資道而得成仁知也百姓日用而不知者言萬方百姓恒日日賴用此道以得生而不知道之功力也言道冥昧不以功爲功故百姓日用而不能知

六二七

卷十第十六葉後

也故君子之道鮮矣者君子謂聖人也仁知則各滯於所見百姓則日用不知明體道君子不亦少乎注盡聚散至不通正義曰案下云神无方韓氏云自此以上皆言神之所爲則此經情狀是虛无之神聖人極虛无之神知變化之道幽冥悉通故能知鬼神之情狀 注自此以上至體明正義曰自此已上皆言神之所爲者謂從神无方以上至精氣爲物以下經之所云皆言神所施爲神者微妙玄通不可測量故能知鬼神之情狀與天地相似知周萬物樂天知命安土敦仁範圍天地曲成萬物通乎晝夜此皆神之功用也作易者因自然之神以垂教欲使聖人用此神道以被天下雖是神之所爲亦是聖人所爲云方體者皆係於形器者方是處所之名體是形質之稱凡處所形質非是虛无皆係著於器物故云皆係於形器也云神則陰陽不測者旣幽微不可測度不可測則何

六二八

卷十第十七葉前

有處所是神无方也云易則唯變所適者旣是變易唯變之適不有定往何可有體是易无體也云不可以一方一體明者解无方无體也凡无方无體各有二義一者神則不見其處所云爲是无方也二則周遊運動不常在一處亦是无方也无體者一是自然而變而不知變之所由是无形體也二則隨變而往无定在一體亦是无體也 注道者何至一陽也正義曰云道者何无之稱者此韓氏自問其道而釋之也道是虛无之稱以虛无能開通於物故稱之曰道云无不通无不由者若處於有則爲物礙難不可常通道旣虛无爲體則不爲礙難故无不通也无不由者言萬物皆因之而通由之而有云況之曰道者比況道路以爲稱也寂然无體不可爲象者謂寂然幽靜而无體不可以形象求是不可爲象至如天覆地載日照月臨冬寒夏暑春生秋殺萬物運動皆由道而然豈

六二九

卷十第十七葉後

見其所營知其所爲是寂然无體不可爲象也云必有之用極而无之功顯者猶若風雨是有之所用當用之時以无爲心風雨旣極之後萬物賴此風雨而得生育是生育之功由風雨无心而成是有之用極而无之功顯是神之發作動用以生萬物其功成就乃在於无形應機變化雖有功用本其用之所以亦在於无也故至乎神无方而易无體自然无爲之道可顯見矣當其有用之時道未見也云故窮變以盡神者神則杳然不測千變萬化聖人則窮此千變萬化以盡神之妙理故云窮變化以盡神云因神以明道者謂盡神之理唯在虛无因此虛无之神以明道之所在道亦虛无故云因神以明道也陰陽雖殊无一以待之者言陰之與陽雖有兩氣恒用虛无之一以擬待之言在陽之時亦以爲虛无无此陽也在陰之時亦以爲虛无无此陰也云在陰爲无陰陰以之生者謂道

六三〇

卷十第十八葉前

雖在於陰而无於陰言道所在皆无陰也雖无於陰陰終由道而生故言陰以之生也在陽爲无陽陽以之成者謂道雖在陽陽中必无道也雖无於陽陽必由道而成故言陽以之成也道雖无於陰陽然亦不離於陰陽陰陽雖由道成即陰陽亦非道故曰一陰一陽也　注君子體道至極也正義曰君子體道以爲用者謂聖人爲君子體履於至道法道而施政則老子云爲而不宰功成不居是也云仁知則滯於所見者言仁知雖賢猶有偏見仁者觀道謂道爲仁知者觀道謂道爲知不能徧曉是滯於所見也是道既以爲用若以仁以知則滯所見也至於百姓但日用通生之道又不知通生由道而來故云百姓日用而不知也云體斯道者不亦鮮矣者是聖人君子獨能悟道故云不亦鮮矣云故常无欲以觀其妙者引老子道經之文以結成此義无欲謂无心若能寂然无心无欲觀

六三

卷十第十八葉後

其道之妙趣謂不爲所爲得道之妙理也云始可以語至而言極也者若能无欲觀此道之妙理无事无爲如此可以語說其至理而言其極趣也若不如此不可語至而言極也

顯諸仁藏諸用注云衣被萬物故曰顯諸仁日用而不知故曰藏諸用也鼓萬物而不與聖人同憂注云萬物由之以化故曰鼓萬物也聖人雖體道以爲用未能全无以爲體故顯通天下則有經營之跡也盛德大業至矣哉注云夫物之所以通事之所以理莫不由乎道也聖人功用之無體同乎道盛德大業所以能至富有之謂大業注云廣大悉備故曰富有日新之謂盛德注云體化合變故曰日新生生之謂易注云陰陽轉易以成化生成象之謂乾注云擬乾之象

卷十第十九葉前

效法之謂坤注云效坤之法極數知來之謂占通變之謂事注云物窮則變變而通之事之所由生也陰陽不測之謂神注云神也者變化之極妙萬物而爲言不可以形詰者也故曰陰陽不測嘗試論之曰原夫兩儀之運萬物之動豈有使之然哉莫不獨化於大虛欻爾而自造矣造之非我理自玄應化之无主數自冥運故不知所以然而況之神是以明兩儀以大極爲始言變化而稱極乎神也夫唯知天之所爲者窮理體化坐忘遺照至虛而善應則以道爲稱不思而玄覽則以神爲名蓋資道而同乎道由神而冥於神也

夫易廣矣大矣以言乎遠則不禦注云窮幽極深无所止也以言乎邇則靜而正注云則近而當以言乎天地之間則備

卷十第十九葉後

矣夫乾其靜也專其動也直是以大生焉注云專專一也直剛正也夫坤其靜也翕其動也闢是以廣生焉注云翕斂也止則翕斂其氣動則闢開以生物也乾統天首物爲變化之元通乎形外者也坤則順以承陽功盡於已用止乎形者也故乾以專直言乎其材坤以翕闢言乎其形廣大配天地變通配四時陰陽之義配日月易簡之善配至德注云易之所載配此四義子曰易其至矣乎夫易聖人所以崇德而廣業也注云窮理入神其德崇也兼濟萬物其業廣也知崇禮卑注云知以崇爲貴禮以卑爲用崇效天卑法地注云極知之崇象天高而統物備禮之用象地

六三四

廣而載物也

天地設位而易行乎其中矣注云天地者易之門戶而易之爲義兼周萬物故曰行乎其中矣

成性存存道義之門注云物之存成由乎道義也

疏正義曰此第五章也上章論神之所爲此章廣明易道之大與神功不異也顯諸仁者言道之爲體顯見仁功衣被萬物是顯諸仁也藏諸用者謂潛藏功用不使物知是藏諸用也鼓萬物而不與聖人同憂者言道之功用能鼓動萬物使之化育故云鼓萬物聖人化物不能全无以爲體猶有經營之憂道則虛无爲用无事无爲不與聖人同用有經營之憂也盛德大業至矣哉者聖人爲功用之母體同於道萬物由之而通衆事以之而理是聖人極盛之德廣大之業至極矣哉於行謂之德於事謂之業富有之謂大業者自此已下覆說大業盛德因廣明易與乾坤及其

占之與事并明神之體以廣大悉備萬事富有所以謂之大業日新之謂盛德者聖人以能變通體化合變其德日日增新是德之盛極故謂之盛德也生生之謂易者生生不絕之辭陰陽變轉後生次於前生是萬物恒生謂之易也前後之生變化改易生必有死易主勸戒獎人爲善故云生不云死也成象之謂乾者謂畫卦成乾之象擬乾之健故謂卦爲乾也效法之謂坤者謂畫卦效坤之法擬坤之順故謂之坤也極數知來之謂占者謂窮極蓍策之數豫知來事占問吉凶故云謂之占也通變之謂事者物之窮極欲使開通須知其變化乃得通也凡天下之事窮則須變萬事乃生故云通變之謂事陰陽不測之謂神者天下萬物皆由陰陽或生或成本其所由之理不可測量之謂神也故云陰陽不測之謂神夫易廣矣大矣者此賛明易理之大易之變化極於四遠是廣矣窮於上

天是大矣故下云廣大配天地也以言乎遠則不禦者禦止也言乎易之變化窮極幽深之遠則不有禦止也謂无所止息也以言乎邇則靜而正者邇近也言易之變化在於邇近之處則寧靜而得正謂變化之道於其近處物各靜而得正不煩亂邪僻也遠尚不禦近則不禦可知近既靜正則遠亦靜正互文也以言乎天地之間則備矣者變通之道徧滿天地之内是則備矣夫乾其靜也專其動也直是以大生焉者上經既論易道資陰陽而成故此經明乾復兼明坤也乾是純陽德能普備无所偏二唯專一而已若氣不發動則靜而專一故云其靜也專若其運轉則四時不忒寒暑无差剛而得正故云其動也直以其動靜如此故能大生焉夫坤其靜也翕其動也闢是以廣生焉者此經明坤之德也坤是陰柔閉藏翕斂故其靜也翕動則開生萬物故其動也闢以其如此故能廣生

於物焉天體高遠故乾云大生地體廣博故坤云廣生對則乾爲物始坤爲物生散則始亦爲生故總云生也廣大配天地者此經申明易之德以易道廣大配合天地大以配天廣以配地變通配四時者四時變通易理亦能變通故云變通配四時也陰陽之義配日月易簡之善配至德者案初章論乾坤易簡可久可大配至極微妙之德也然易初章易爲賢人之德簡爲賢人之業今總云至德者對則德業別散則業由德而來俱爲德也子曰易其至矣乎者更美易之至極是語之別端故言子曰夫易聖人所以崇德而廣業者言易道至極聖人用之增崇其德廣大其業故云崇德而廣業也知崇禮卑者易兼知之與禮故此明知禮之用知者通利萬物象天陽无不覆以崇爲貴也禮者卑敬於物象地柔而在下故以卑爲用也崇效天卑法地者知既崇高故效天禮以卑退故法地也

卷十第二十二葉前

天地設位而易行乎其中矣者天地陳設於位謂
知之與禮而效法天地也而易行乎其中矣者變
易之道行乎知禮之中言知禮與易而並行也若
以實象言之天在上地在下是天地設位天地之
間萬物變化是易行乎天地之中也成性存存道
義之門者此明易道既在天地之中能成其萬物
之性使物生不失其性存其萬物之存使物得其
存成也性謂稟其始也存謂保其終也道謂開通
也義謂得其宜也既能成性存存則物之開通物
之得宜從此易而來故云道義之門謂易與道義
為門戶也　注萬物由之至之跡正義曰云聖人
雖體道以為用者言聖人不能无憂之事道則无
心无跡聖人則亦无心有跡聖人能體附於道其
跡以有為用云未能全无以為體者道則心跡俱
无是其全无以為體聖人則无心有跡是跡有而
心无是不能全无以為體云故順通天下則有經

卷十第二十二葉後

營之跡者言聖人順通天下之理內則雖是无心
外則有經營之跡則有憂也道則心跡俱无无憂
无患故云不與聖人同憂也　注神也者至於神
矣正義曰云神也者變化之極者言神之施為自
將變化之極以為名也云妙萬物而為言者妙謂
微妙也萬物之體有變象可尋神則微妙於萬物
而為言也謂不可尋求也云不可以形詰者杳寂
不測无形无體不可以物之形容所求而窮詰也
云造之非我理自玄應者此言神力也我謂宰主
之名也言物之造作非由我之宰主所為其造化
之理自然玄空相應而自然造作也云是以明兩
儀以太極為始者言欲明兩儀天地之體必以太
極虛无為初始不知所以然將何為始也云言變
化而稱極乎神者欲言論變化之理不知涯際唯
稱極乎神神則不可知也云夫唯知天之所為者
窮理體化坐忘遺照者言若能知天之所造為者

卷十第二十三葉前

會能窮其物理體其變化靜坐而忘其事及遺棄
所照之物任其自然之理不以他事係心端然玄
寂如此者乃能知天之所為也言天之道亦如此
也坐忘遺照之言事出莊子大宗師篇也云至虛
而善應則以道為稱者此解道之目也言至極空
虛而善應於物則乃目之為道故云則以道為稱
云不思而玄覽則以神為名者謂不可思量而玄
遠覽見者乃目之為神故云則以神為名也云蓋
資道而同乎道者此謂聖人設教資取乎道行无
為之化積久而遂同於道內外皆无也云由神而
冥於神也者言聖人設教法此神之不測无體无
方以垂於教久能積漸而冥合於神不可測也此
皆謂聖人初時雖法道法神以為无體未能全无
但行之不已遂至全无不測故云資道而同於道
由神而冥
於神也

上杉右京亮藤原憲忠寄進

卷十第二十三葉後

周易注疏卷第十　乙未人日手遣標於三山東窻

卷十一第一葉前　六四三

周易注疏卷第十一

國子祭酒上護軍曲阜縣開國子臣孔穎達奉

勑撰

聖人有以見天下之賾而擬諸其形容象其物宜 注云乾剛坤柔各有其體故曰擬諸形容 是故謂之象聖人有以見天下之動而觀其會通以行其典禮 注云典禮適時之所用 繫辭焉以斷其吉凶是故謂之爻言天下之至賾而不可惡也言天下之至動而不可亂也 注云易之爲書不可

卷十一第一葉後　六四四

遠也惡之則逆於順錯之則乖於理 擬之而後言議之而後動擬議以成其變化 注云擬議以動則盡變化之道 鳴鶴在陰其子和之我有好爵吾與爾靡之 注云鶴鳴則子和脩誠則物應我有好爵與物散之物亦以善應也明擬議之道繼以斯義者誠以吉凶失得存乎所動同乎道者道亦得之同乎失者失亦違之莫不以同相順以類相應動之斯來綏之斯至鶴鳴于陰氣同而和出言戶庭千里或應出言猶然況其大者乎千里或應況其邇者乎故夫憂悔吝者存乎纖介定失得者慎於樞機是以君子擬議以動慎其微也 子曰君子居其室出其言善則千里之外應之況其邇者乎居其室出其言不善則千

卷十一第二葉前　六四五

里之外違之況其邇者乎言出乎身加乎民行發乎邇見乎遠言行君子之樞機 注云樞機制動之主 樞機之發榮辱之主也言行君子之所以動天地也可不慎乎同人先號咷而後笑子曰君子之道或出或處或默或語二人同心其利斷金 注云同人終獲後笑者以有同心之應也夫所況同者豈係乎一方哉君子出處默語不違其中則其跡雖異道同則應 同心之言其臭如蘭 【疏】 正義曰此第六章也上章既明易道變化神理不測聖人法之所以配於天地道義從易[illegible]此章又明聖人擬議易象以贊成變化又明擬議之事先慎

卷十一第二葉後　六四六

其身在於慎言語同心行動舉措守謙退勿驕盈保靜密勿貪非位凡有七事是行之尤急者故引七卦之義以證成之聖人有以見天下之賾者賾謂幽深難見聖人有其神妙以能見天下深賾之至理也而擬諸其形容者以此深賾之理擬度諸物形容也見此剛理則擬諸乾之形容見此柔理則擬諸坤之形容也象其物宜者聖人又法象其物之所宜若象陽物宜於剛也若象陰物宜於柔也是各象其物之所宜六十四卦皆擬諸形容象其物宜也若泰卦比擬泰之形容象其泰之物宜若否卦則比擬否之形容象其否之物宜也舉此而言諸卦可知也是故謂之象者以是之故謂之象也謂六十四卦是也故前章云卦者言乎象者也此以上結成卦象之義也聖人有以見天下之動者謂聖人有其微妙以見天下萬物之動也而觀其會通以行其典禮者既知萬物以此變動觀

卷十一第三葉前

看其物之會合變通當此會通之時以施行其典法禮儀也繫辭焉以斷其吉凶者既觀其會通而行其典禮以定爻之通變而有三百八十四爻於此爻下繫屬文辭以斷定其吉凶若會通典禮得則爲吉若會通典禮失則爲凶也是故謂之爻者以是之故謂此會通之事而爲爻也夫爻者效也效諸物之通變故上章云爻者言乎變者也自此已上結爻義也言天下之至賾而不可惡也者此覆說前文見天下之賾卦象義也謂聖人於天下至賾之理必重慎明之不可鄙賤輕惡也若鄙賤輕惡不存意明之則逆於順道也言天下之至動而不可亂者覆說上聖人見天下之至動爻之義也謂天下至賾變動之理論說之時明不可錯亂也若錯亂則乖違正理也若以文勢上下言之宜云至動而不可亂也擬之而後言者覆說上天下之至賾不可惡也聖人欲言之時必擬度之而後

六四七

卷十一第三葉後

言也議之而後動者覆說上天下之至動不可亂也謂欲動之時必議論之而後動也擬議以成其變化者言則先擬也動則先議也則能成盡其變化之道也鳴鶴在陰者上既明擬議而動若擬議於善則善來應之若擬於惡則惡亦隨之故引鳴鶴在陰取同類相應以證之此引中孚九二爻辭也鳴鶴在幽陰之處雖在幽陰而鳴其子則在遠而和之以其同類相感召故也我有好爵者言我有美好之爵而在我身吾與爾靡之者言我雖有好爵不自獨有吾與汝外物共靡散之謂我既有好爵能靡散以施於物物則有感我之恩亦來歸從於我是善往則善者來皆證明擬議之事我擬議於善以及物物亦以善而應我也子曰君子居其室者既引易辭前語已絕故言子曰況其邇者乎者出其言善遠尚應之則近應可知故曰況其邇者乎此證明擬議而動之事言身有善惡無間

六四八

卷十一第四葉前

遠近皆應之也言行君子之樞機者樞謂戶樞機謂弩牙言戶樞之轉或明或闇弩牙之發或中或否猶言行之動從身而發以及於物或是或非也言行君子之所以動天地者言行雖初在於身其善惡積而不已所感動天地豈可不慎乎同人先號咷而後笑者證擬議而動則同類相應以同人初未和同故先號咷後得同類故後笑也子曰君子之道者各引易之後其文勢已絕故言子曰或出或處或默或語者言同類相應本在於心不必共同一事或此物而出或彼物而處或此物而默或彼物而語出處默語其時雖異其感應之事其意則同或處應於出或默應於語二人同心其利斷金者二人若同齊其心其纖利能斷截於金金是堅剛之物能斷而截之盛言利之甚也此謂二人心行同也同心之言其臭如蘭者言二人同齊其心吐發言語氤氳臭氣香馥如蘭也此謂二人

六四九

卷十一第四葉後

言同也○初六藉用白茅無咎子曰苟錯諸地而可矣藉之用茅何咎之有慎之至也夫茅之爲物薄而用可重也慎斯術也以往其無所失矣勞謙君子有終吉子曰勞而不伐有功而不德厚之至也語以其功下人者也德言盛禮言恭謙也者致恭以存其位者也亢龍有悔子曰貴而無位高而無民賢人在下位而無輔是以動而有悔也不出戶庭無咎子曰亂之所生也則言語以爲階君不密則

六五〇

失臣臣不密則失身幾事不密則害成是以君子愼密而不出也子曰作易者其知盜乎注云言盜亦乘釁而至也易曰負且乘致寇至負也者小人之事也乘也者君子之器也小人而乘君子之器盜思奪之矣上慢下暴盜思伐之矣慢藏誨盜冶容誨淫易曰負且乘致寇至盜之招也疏正義曰此第七章也此章欲求外物來應必須擬議謹愼則外物來應之故引藉用白茅無咎之事以證謹愼之理此藉用白茅大過初六爻辭也子曰苟錯諸地而可矣者苟且也錯置也凡薦獻之物且置於地其理可矣言今乃謹愼

薦藉此物而用絜白之茅可置於地藉之用茅何咎之有者何愆咎之有是謹愼之至也勞謙君子有終吉者欲求外物來應非唯謹愼又須謙以下人故引謙卦九三爻辭以證之也子曰勞而不伐者以引卦之後故言子曰勞而不伐者雖謙退疲勞而不自伐其善也有功而不德厚之至者雖有其功而不自以爲恩德是篤厚之至極語以其功下人者言易之所言者語說其謙卦九三能以其有功卑下於人者也德言盛禮言恭者謂德以盛爲本禮以恭爲主德貴盛新禮尚恭敬故曰德言盛禮言恭謙也者致恭以存其位者言謙退致其恭敬以存其位者也言由恭德保其祿位也亢龍有悔者上既以謙德保位此明無謙則有悔故引乾之上九亢龍有悔證驕亢不謙也不出戶庭無咎者又明擬議之道非但謙而不驕又當謹愼周密故引節之初九周密之事以明之子曰亂之所

生則言語以爲階者階謂梯也言亂之所生則由言語以爲亂之階梯也君不密則失臣者臣既盡忠不避危難爲君謀事君不愼密乃彰露臣之所爲使在下聞之衆共嫉怒害此臣而殺之是失臣也臣不密則失身者言臣之言行既有虧失則失身也幾事不密則害成者幾謂幾微之事當須密愼預防禍害若其不密而漏泄禍害交起是害成也是以君子愼密而不出者於易言之是身愼密不出戶庭於此義言之亦謂不妄出言語也子曰作易者其知盜乎者此結上不密失身之事事若不密人則乘此機危而害之猶若財之不密盜則乘此機危而竊之易者愛惡相攻遠近相取盛衰相變若此爻有釁隙衰弱則彼爻乘變而奪之故云作易者其知盜乎易曰負且乘致寇至者此又明擬議之道當量身而行不可以小處大以賤貪貴故引解卦六三以明之也負也者小人之事也

負者擔負於物合是小人所爲也乘也者君子之器者言乘車者君子之器物言君子合乘車今應負之人而乘車是小人乘君子之器也則盜竊之人思欲奪之矣上慢下暴盜思伐之矣者小人居上位必驕慢而在下必暴虐爲政如此大盜思欲伐之矣慢藏誨盜冶容誨淫者若慢藏財物守掌不謹則教誨於盜者使來取此物女子妖冶其容身不精慤是教誨淫者使來淫已也以比小人而居貴位驕矜而不謹愼而致寇至也易曰負且乘致寇至盜之招也者又引易之所云是盜之招來也言自招來於盜以愼重其事故首尾皆稱易曰而載易之爻辭也

○大衍之數五十其用四十有九注云王弼曰演天地之數所賴者五十也其用四十有九則其一不用也不用而用以之通非數而數以之成斯易之大極也四十有九數之極也夫無不可以無明必

卷十一 第七葉前

因於有故常於有物之極而必明其所由之宗也 分而為二以象兩掛一以象三揲之以四以象四時歸奇於扐以象閏五歲再閏故再扐而後掛 注云奇況四揲之餘不足復揲者也分而為二既揲之餘合掛於一故曰再扐而後掛凡閏十九年七閏為一章五歲再閏者二故略舉其凡也 天數五 注云五奇也 地數五 注云五耦也 五位相得而各有合 注云天地之數各五五數相配以合成金木水火土 天數二十有五 注云五奇合為二十五 地數三十 注云五耦合為三十 凡天地之數五十有五此所以成變化而行鬼神也 注云變化以此成鬼神以此行 乾之策二

六五五

卷十一 第七葉後

百一十有六 注云陽爻六一爻三十六策六爻二百一十六策 坤之策百四十有四 注云陰爻六一爻二十四策六爻百四十四策 凡三百有六十當期之日二篇之策萬有一千五百二十當萬物之數也 注云二篇三百八十四爻陰陽各半合萬一千五百二十策 是故四營而成易 注云分而為二以象兩一營也掛一以象三二營也揲之以四三營也歸奇於扐四營也 十有八變而成卦八卦而小成引而伸之 注云伸之六十四卦 觸類而長之天下之能事畢矣顯道 注云顯明也 神德行 注云由神以成其用 是故可與酬酢可與祐神矣 注云可以

六五六

卷十一 第八葉前

應對萬物之求助成神化之功也酬酢猶應對也 【疏】正義曰此第八章明占筮之法揲蓍之體顯天地之數定乾坤之策以為六十四卦而生三百八十四爻大衍之數五十其用四十有九者京房云五十者謂十日十二辰二十八宿也凡五十其一不用者天之生氣將欲以虛來實故用四十九焉馬季長云易有太極謂北辰也太極生兩儀兩儀生日月日月生四時四時生五行五行生十二月十二月生二十四氣北辰居位不動其餘四十九轉運而用也荀爽云卦各有六爻六八四十八加乾坤二用凡有五十乾初九潛龍勿用故用四十九也鄭康成云天地之數五十有五以五行氣通凡五行減五大衍又減一故四十九也姚信董遇云天地之數五十有五者其六以象六畫之數故減之而用四十九但五十之數義有多家各有其說未知孰是今案王弼云演天地之數

六五七

卷十一 第八葉後

所賴者五十據王弼此說其意皆與諸儒不同萬物之策凡有萬一千五百二十其用此策推演天地之數唯用五十策也一謂自然所須策者唯用五十就五十策中其所用揲蓍者唯用四十有九其一不用以其虛無非所用也故不數之顧懽同王弼此說故顧懽云立此五十數以數神神雖非數因數而顯故虛其一數以明不可言之義只如此意則別無所以自然而有此五十也今依用之分而為二以象兩者五十之內去其一餘有四十九合同未分是象太一也今以四十九分而為二以象兩儀也掛一以象三者就兩儀之間於天數之中分掛其一而配兩儀以象三才也揲之以四以象四時者分揲其蓍皆以四四為數以象四時歸奇於扐以象閏者奇謂四揲之餘歸此殘奇於所扐之策而成數以法象天道歸殘聚餘分而成閏也五歲再閏者凡前閏後閏相去大略三十二

六五八

月在五歲之中故五歲再閏再扐而後掛者既分天地天於左手地於右手乃四四揲天之數最末之餘歸之合於扐掛之一處是一揲也又以四四揲地之數最末之餘又合於前所歸之扐而總掛之是再扐而後掛也天數五者謂一三五七九也地數五者謂二四六八十也五位相得而各有合者若天一與地六相得合爲水地二與天七相得合爲火天三與地八相得合爲木地四與天九相得合爲金天五與地十相得合爲土也天數二十有五者總合五奇之數地數三十者總合五偶之數也凡天地之數五十有五者是天地二數相合爲五十五此乃天地陰陽奇偶之數非是上文演天地之策也此所以成變化而行鬼神者言此陽奇陰偶之數成就其變化言變化以此陰陽而成故云成變化也而宣行鬼神之用言鬼神以此陰陽而得宣行故云而行鬼神也乾之策二百一十

有六者以乾老陽一爻有三十六策六爻凡有二百一十六策也乾之少陽一爻有二十八策六爻則有一百六十八策此經據老陽之策也坤之策百四十有四者坤之老陰一爻有二十四策六爻故一百四十四策也若坤之少陰一爻有三十二六爻則有一百九十二此經據坤之老陰故百四十有四也凡三百有六十當期之日者舉合乾坤兩策有三百有六十當期之數三百六十日舉其大略不數五日四分日之一也二篇之策萬有一千五百二十當萬物之數者二篇之爻總有三百八十四爻陰陽各半陽爻一百九十二爻爻別三十六總有六千九百一十二也陰爻亦一百九十二爻爻別二十四總有四千六百八也陰陽總合萬有一千五百二十當萬物之數也是故四營而成易者營謂經營謂四度經營蓍策乃成易之一變也十有八變而成卦者每一爻

有三變謂初一揲不五則九是一變也第二揲不四則八是二變也第三揲亦不四則八是三變也若三者俱多爲老陰謂初得九第二第三俱得八也若三者俱少爲老陽謂初得五第二第三俱得四也若兩少一多爲少陰謂初與二三之間或有四或有五而有八也或有二箇四而有一箇九此爲兩少一多也其兩多一少爲少陽者謂三揲之間或有一箇九有一箇八而有一箇四或有二箇八而有一箇五此爲兩多一少也如此三變既畢乃定一爻六爻則十有八變乃始成卦也八卦而小成者象天地雷風日月山澤於大象略盡是易道小成引而伸之者謂引長八卦而伸盡之謂引之爲六十四卦也觸類而長之者謂觸逢事類而增長之若觸剛之事類以次增長於剛若觸柔之事類以次增長於柔天下之能事畢矣者天下萬事皆如此例各以類增長則天下所能之事法象

皆盡故曰天下之能事畢矣也顯道神德行者言易理備盡天下之能事故可以顯明无爲之道而神靈其德行之事言太虛以養萬物爲德行今易道以其神靈助太虛而養物是神其德行也是故可與酬酢者酬酢謂應報對荅言易道如此若萬物有所求爲此易道可與應荅萬物有求則報故曰可與酬酢也可與祐神矣者祐助也易道弘大可與助成神化之功也　注演天地之數至由之宗也正義曰王弼云演天地之數所賴者五十者韓氏親受業於王弼承王弼之旨故引王弼云以證成其義演天地之數所賴者五十謂萬物籌策雖萬有一千五百二十若用之推演天地之數所須賴者唯賴五十其餘不賴也但賴五十者自然如此不知其所以然云則其一不用者經既云五十又云其用四十九也既稱其用明知五十之內其一是不用者也言不用而用以之通者若

全不用理應不賴此既當論用所以并言不用爲用五十者雖是不用其有用從不用而來以不用而得用也故云不用而用以之通所用者則四十九蓍也蓍所以堪用者從造化虛无而生也若无造化之生此蓍何由得用也言非數而數以之成者太一虛无无形无數是非可數也然有形之數由非數而得成也即四十九是有形之數原從非數而來故將非數之一總爲五十故云非數而數以之成也言斯易之太極者斯此也言此其一不用者是易之太極之虛无也无形即无數也凡有皆從无而來故易從太一爲始也言夫无不可以无明必因於有者言虛无之體處處皆虛何可以无説之明其虛无也若欲明虛无之理必因於有物之境可以却本虛无猶若春生秋殺之事於虛无之時不見生殺之象是不可以无明也就有境之中見其生殺却推於无始知无中有生殺之理

是明无必因於有也言故常於有物之極而必明其所由之宗者言欲明於无常須因有物至極之處而明其所由宗若易由太一有由於无變化由於神皆是所由之宗也言有且何因如此皆由於虛无自然而來也子曰知變化之道者其知神之所爲乎注云夫變化之道不爲而自然故知變化者則知神之所爲易有聖人之道四焉以言者尚其辭以動者尚其變以制器者尚其象以卜筮者尚其占注云此四者存乎器象可得而用也是以君子將有爲也將有行也問焉而以言其受命也如響无有遠近幽深遂知來物非天下之至精其孰能

與於此參伍以變錯綜其數通其變遂成天地之文極其數遂定天下之象非天下之至變其孰能與於此易无思也无爲也寂然不動感而遂通天下之故非天下之至神其孰能與於此注云夫非忘象者則无以制象非遺數者无以極數至精者无籌策而不可亂至變者體一而无不周至神者寂然而无不應斯蓋功用之母象數所由立故曰非至精至變至神則不得與於斯也夫易聖人之所以極深而研幾也唯深也故能通天下之志唯幾也故能成天下之務注云極未形之理則曰深適動微之會則曰幾

唯神也故不疾而速不行而至子曰易有聖人之道四焉者此之謂也注云四者由聖道以成故曰聖人之道疏正義曰此第九章也上章既明大衍之數極盡蓍策之名數可與助成神化之功此又廣明易道深遠聖人之道有四又明易之深遠窮極幾神也知變化之道者其知神之所爲乎者言易既知變化之道理不爲而自然也則能知神化之所爲言神化亦不爲而自然也易有聖人之道四焉者言易之爲書有聖人所用之道者凡有四事焉以言者尚其辭者謂聖人發言而施政教者貴尚其爻卦之辭發其言辭出言而施政教也以動者尚其變者謂聖人有所興動營爲故法其陰陽變化變有吉凶聖人之動取吉不取凶也以制器者尚其象者謂造制形器法其爻卦之象若造弧矢法睽之象若造杵臼

法小過之象也以卜筮者尚其占者策是筮之所用并言卜者卜雖龜之見兆亦有陰陽五行變動之狀故卜之與筮尚其爻卦變動之占也是以君子將有爲也將有行也問焉而以言者既易道有四是以君子將欲有所施爲將欲有所行往占問其吉凶而以言命蓍也其受命也如響者謂蓍受人命報人吉凶如響之應聲也无有遠近幽深者言易之告人吉凶无問遠之與近及幽邃深遠之處悉皆告之也遂知來物者物事也然易以萬事告人人因此遂知將來之事也非天下之至精其孰能與於此者言易之功深如此若非天下萬事之內至極精妙誰能參與於此與易道同也此已上論易道功深告人吉凶使豫知來事故以此結之也參伍以變者參三也伍五也或三或五以相參合以相改變略舉三五諸數皆然也錯綜其數者錯謂交錯綜謂總聚交錯總聚其陰陽之數也

通其變者由交錯總聚通極其陰陽相變也遂成天地之文者以其相變故能遂成就天地之文若青赤相雜故稱文也極其數遂定天下之象者謂窮極其陰陽之數以定天下萬物之象猶若極二百一十六策以定乾之老陽之象窮一百四十四策以定坤之老陰之象舉此餘可知也非天下之至變其孰能與於此者言此易之理若非天下萬事至極之變化誰能與於此者言皆不能也此結成易之變化之道故更言與於此也前經論易理功深故云非天下之至精此經論極數變通故云非天下之至變也易无思也无爲也者任運自然不關心慮是无思也任運自動不須營造是无爲也寂然不動感而遂通天下之故者既无思无爲故寂然不動有感必應萬事皆通是感而遂通天下之故也故謂事故言通天下萬事也非天下之至神其孰能與於此者言易理神功不測非天下

萬事之中至極神妙其孰能與於此也此經明易理神妙不測故云非天下之至神若非天下之至神誰能與於此也夫易聖人之所以極深而研幾也者言易道弘大故聖人用之所以窮極幽深而研覈幾微也極深者則前經初一節云君子將有爲將有行問焉而以言其受命如響无有遠近幽深是極深也研幾者上經次節云參伍以變錯綜其數通其變遂成天地之文極其數以定天下之象是研幾也唯深也故能通天下之志者言聖人用易道以極深故聖人德深也故能通天下之志意即是前經上節問焉而以言其受命如響遂知來物是通天下之志也唯幾也故能成天下之務者聖人用易道以研幾故聖人知事之幾微是前經次節參伍以變錯綜其數通其變遂成天地之文是也幾者離无入有是有初之微以能知有初之微則能興行其事故能成天下之事務也唯神

也故不疾而速不行而至者此覆說上經下節易之神功也以无思无爲寂然不動感而遂通故不須急疾而事速成不須行動而理自至也案下節云唯深也言通天下之志唯幾也言成天下之務今唯神也直云不疾而速不行而至不言通天下者神則至理微妙不可測知无象无功於天下之事理絕名言不可論也故不云成天下之功也子曰易有聖人之道四焉者此之謂也者章首論聖人之道四焉章中歷陳其三事章末結而成之故曰聖人之道四焉是此之謂也章首聖人之道有四者韓氏注云此四者存乎器象可得而用者則辭也變也象也占也是有形之物形器可知也若章中所陳則有三事一是至精精則唯深也二是至變變則唯幾也三是至神神則微妙无形是其无也神既无形則章中三事不得配章首四事韓氏云四者存乎器象故知章中三事不得配章首四

卷十一 第十五葉前

事者也但行此四者即能致章中三事故章中歷
陳三事下總以聖人之道四焉結之也注此四者
存乎器象可得而用也正義曰辭是爻辭爻辭是
器象也變是變化見其來去亦是器象也象是形
象占是占其形狀並是有體之物有體則是物之
可用故云可得而用者也 注夫非忘象至與於
斯也正義曰云夫非忘象者則无以制象者凡自
有形象者不可以制他物之形象猶若海不能制
山之形象山不能制海之形象遺忘已象者乃能
制衆物之形象也非遺數者无以極數者若以數
數物則不能極其物數猶若以萬而數則不能苞
億以一億而數則不能苞千億萬億遺去數名者
則无所不苞是非遺去其數无以極盡於數也言至
精者无籌策而不可亂者以其心之至精理在玄
通无不記憶雖无籌策而不可亂也言至變者體
一而无不周者言至極曉達變理者能體其淳一

卷十一 第十五葉後

之理其變通无不周徧言雖萬類之變同歸於一
變也斯蓋功用之母象數所由立者言至精至變
至神三者是物之功用之母物之功用象之與數
由此至精至變至神所由來故云象數所由立也
言象之所以立有象者豈由象而來由太虛自然
而有象也數之所以有數者豈由數而來由太虛
自然而有數也是太虛之象太虛之數是其至精
至變也由其至精故能制數由其至變故能制象
若非至精至變至神則不得參與妙極之玄理也天一地二天三地四天五
地六天七地八天九地十注云易以極數通神明之德故明易之道先舉
天地之數也子曰夫易何爲者也夫易開物成務冒天
下之道如斯而已者也注云冒覆也言易通萬物之志成天下之務其道可

卷十一 第十六葉前

以覆冒天下也是故聖人以通天下之志以定天下之業
以斷天下之疑是故蓍之德圓而神卦之德方以知
注云圓者運而不窮方者止而有分言蓍以圓象
神卦以方象知也唯變所適无數不周故曰圓卦
列爻分各有其體故曰方也六爻之義易以貢注云貢告也六爻變易以告吉
凶聖人以此洗心注云洗濯萬物之心退藏於密注云言其道深微萬
物日用而不能知其原故曰退藏於密猶藏諸用也吉凶與民同患注云表吉凶之
象以同民所憂患之事故曰吉凶與民同患也神以知來知以藏往注云明著
卦之用同神知也蓍定數於始於卦爲來卦成象於終於蓍爲往往來之用相成猶神知也其

卷十一 第十六葉後

孰能與此哉古之聰明叡知神武而不殺者夫注云
服萬物而不以威刑也是以明於天之道而察於民之故是興
神物以前民用注云定吉凶於始也聖人以此齊戒注云洗心曰齊
防患曰戒以神明其德夫是故闔戶謂之坤注云坤道包物闢
戶謂之乾注云乾道施生一闔一闢謂之變往來不窮謂
之通見乃謂之象注云兆見曰象形乃謂之器注云成形曰器制
而用之謂之法利用出入民咸用之謂之神疏正義
曰此第十章也前章論易有聖人之道四焉以卜
筮尚其占此章明卜筮蓍龜所用能通神知也天

一地二至天九地十此言天地陰陽自然奇偶之
數也子曰夫易何爲者言易之功用其體何爲是
問其功用之意夫易開物成務冐天下之道如斯
而已者此夫子還自釋易之體用之狀言易能開
通萬物之志成就天下之務有覆冐天下之道斯
此也易之體用如此而已是故聖人以通天下之
志者言易道如此是故聖人以其易道通達天下
之志極其幽深也以定天下之業者以此易道定
天下之業由能研幾成務故定天下之業也以斷
天下之疑者以此易道決斷天下之疑用其蓍龜
占卜定天下疑危也是故蓍之德圓而神卦之德
方以知者神以知來是來无方也知以藏往是往
有常也物既有常猶方之有止數无恒體猶圓之
不窮故蓍之變通則无窮神之象也卦列爻分有
定體知之象也知可以識前言往行神可以逆知
將來之事故蓍以圓象神卦以方象知也六爻之

義易以貢者貢告也六爻有吉凶之義變易以告
人也聖人以此洗心者聖人以此易之卜筮洗蕩
萬物之心萬物有疑則卜之是蕩其疑心行善得
吉行惡遇凶是盪其惡心也退藏於密者言易道
進則盪除萬物之心退則不知其所以然萬物日
用而不知是功用藏於密也吉凶與民同患者易
道以示人吉凶民則亦憂患其吉凶是與民同其
所憂患也凶者民之所憂也上並言吉凶此獨言
同患者凶雖民之所患吉亦民之所患也既得其
吉又患其失故老子云寵辱若驚也神以知來知
以藏往者此明蓍卦德同神知知來藏往也蓍定
數於始於卦爲來卦成象於終於蓍爲往以蓍望
卦則是知卦象將來之事故言神以知來以卦望
蓍則是聚於蓍象往去之事故言知以藏往也其
孰能與此哉者言誰能同此也蓋是古之聰明叡
知神武不殺者夫易道深遠以吉凶禍福威服萬

物故古之聰明叡知神武之君謂伏犧等用此易
道能威服天下而不用刑殺而威服之也是以明
於天之道者言聖人能明天道也而察於民之故
者故事也易窮變化而察知民之事也是興神物
以前民用者謂易道興起神理事物豫爲法象以
示於人以前民之所用定吉凶於前民乃法之所
用故云以前民用也聖人以此齊戒者聖人以易
道自齊自戒謂照了吉凶齊戒其身洗心曰齊防
患曰戒以神明其德夫者言聖人既以易道自齊
戒又以易道神明其已之德化也是故闔戸謂之
坤者聖人既用此易道以化天下此已下又廣明
易道之大易從乾坤而來故更明乾坤也凡物先
藏而後出故先言坤而後言乾闔戸謂閉藏萬物
若室之閉闔其戸故云闔戸謂之坤也闢戸謂之
乾者闢戸謂吐生萬物也若室之開闢其戸故云
闢戸謂之乾也一闔一闢謂之變者開閉相循陰

陽遞至或陽變爲陰或開而更閉或陰變爲陽或
閉而還開是謂之變也往來不窮謂之通者須往
則變來爲往須來則變往爲來隨須改變不有窮
已恒得通流是謂之通也見乃謂之象者前往來
不窮據其氣也氣漸積聚露見萌兆乃謂之象言
物體尚微也形乃謂之器者體質成形是謂器物
故曰形乃謂之器言其著也制而用之謂之法者
言聖人裁制其物而施用之垂爲模範故云謂之
法利用出入民咸用之謂之神者言聖人以利而
用或出或入使民咸用之是聖德微妙故云謂之
神　注易以極數至天地之數也正義曰易以極
數通神明之德者謂易之爲道先由窮極其數乃
以數通神明之德也故明易之道先舉天地之數
者此章欲明神之德先由天地之數而成故云故
明易之道先舉天地之數也　注圓者運至故曰
方也正義曰圓者運而不窮者謂團圓之物運轉

卷十一 第十九葉前

旡窮已猶阪上走丸也蓍亦運動不已故稱圓也
言方者止而有分者方謂處所既有處所則是止
而有分且物方者著地則安其卦既成
更不移動亦是止而有分故卦稱方也是故易有
大極是生兩儀注云夫有必始於旡故大極生兩
儀也大極者旡稱之稱不可得而
名取其有之所極
況之大極者也兩儀生四象四象生八卦注云
卦以
象之八卦定吉凶注云八卦既立
則吉凶可定吉凶生大業注云
既定
吉凶則廣
大悉備是故法象莫大乎天地變通莫大乎四
時縣象著明莫大乎日月崇高莫大乎富貴注云
位所
以一天下之
動而濟萬物備物致用立成器以為天下利莫大

卷十一 第十九葉後

乎聖人探賾索隱鉤深致遠以定天下之吉凶成
天下之亹亹者莫大乎蓍龜是故天生神物聖人
則之天地變化聖人效之天垂象見吉凶聖人象
之河出圖洛出書聖人則之易有四象所以示也
繫辭焉所以告也定之以吉凶所以斷也易曰自
天祐之吉旡不利子曰祐者助也天之所助者順
也人之所助者信也履信思乎順又以尚賢也是
以自天祐之吉旡不利也疏正義曰此第十一章
也前章既明蓍卦有

卷十一 第二十葉前

神明之用聖人則而象之成其神化此又明易道
之大法於天地明象日月能定天下之吉凶成天
下之亹亹也是故易有太極是生兩儀者太極謂
天地未分之前元氣混而為一即是太初太一也
故老子云道生一即此太極是也又謂混元既分
即有天地故曰太極生兩儀即老子云一生二也
不言天地而言兩儀者指其物體下與四象相對
故曰兩儀謂兩體容儀也兩儀生四象者謂金木
水火稟天地而有故云兩儀生四象土則分王四
季又地中之別故唯云四象也四象生八卦者若
謂震木離火兌金坎水各主一時又巽同震木乾
同兌金加以坤艮之土為八卦也八卦定吉凶者
八卦既立爻象變而相推有吉有凶故八卦定吉
凶也吉凶生大業者萬事各有吉凶廣大悉備故
能生天下大事業也是故法象莫大乎天地者言
天地最大也變通莫大乎四時者謂四時以變得

卷十一 第二十葉後

通是變中最大也縣象著明莫大乎日月者謂日
月中時徧照天下旡幽不燭故云著明莫大乎日
月也崇高莫大乎富貴者以王者居九五富貴之
位力能齊一天下之動而道濟萬物是崇高之極
故云莫大乎富貴備物致用立成器以為天下利
莫大乎聖人者謂備天下之物招致天下所用建
立成就天下之器以為天下之利唯聖人能然故
云莫大乎聖人也探賾索隱鉤深致遠以定天下
之吉凶成天下之亹亹者莫大乎蓍龜者探謂闚
探求取賾謂幽深難見卜筮則能闚探幽昧之理
故云探賾也索謂求索隱謂隱藏卜筮能求索隱
藏之處故云索隱也物在深處能鉤取之物在遠
方能招致之卜筮能然故云鉤深致遠也以此諸
事正定天下之吉凶成就天下之亹亹者唯卜筮
能然故云莫善乎蓍龜也案釋詁云亹亹勉也言
天下萬事悉動而好生皆勉勉營為此蓍龜知其

好惡得失人則棄其惡而取其好背其失而求其得是成天下之亹亹也是故天生神物聖人則之者謂天生蓍龜聖人法則之以為卜筮也天地變化聖人效之者行四時生殺賞以春夏刑以秋冬是聖人效之天垂象見吉凶聖人象之者若璿璣玉衡以齊七政是聖人象之也河出圖洛出書聖人則之者如鄭康成之義則春秋緯云河以通乾出天苞洛以流坤吐地符河龍圖發洛龜書感河圖有九篇洛書有六篇孔安國以為河圖則八卦是也洛書則九疇是也輔嗣之義未知何從易有四象所以示者莊氏云四象謂六十四卦之中有實象有假象有義象有用象為四象也今於釋卦之處已破之矣何氏以為四象謂天生神物聖人則之一也天地變化聖人效之二也天垂象見吉凶聖人象之三也河出圖洛出書聖人則之四也今謂此等四事乃是聖人易外別有其功非專易

內之物何得稱易有四象且又云易有四象所以示也繫辭焉所以告也然則象之與辭相對之物辭既爻卦之下辭則象謂爻卦之象也則上兩儀生四象七八九六之謂也故諸儒有為七八九六今則從以為義繫辭焉所以告者繫辭於象卦下所以告其得失也定之以吉凶所以斷者謂於繫辭之中定其行事吉凶所以斷其行事得失易曰自天祐之吉无不利者言人於此易之四象所以示繫辭所以告吉凶告所斷而行之行則鬼神无不祐助无所不利故引易之大有上九爻辭以證之子曰祐者助也者上既引易文下又釋其易理故云子曰祐者助也天之所助者順也人之所助者信也履信思乎順者人之所助唯在於信此上九能履踐於信也天之所助唯在於順此上九恒思於順既有信思順又能尊尚賢人是以從天已下皆祐助之而得其吉无所不利也

○子曰

書不盡言言不盡意然則聖人之意其不可見乎子曰聖人立象以盡意設卦以盡情偽繫辭焉以盡其言變而通之以盡利極變通之數則盡利也故曰易窮則變變則通通則久鼓之舞之以盡神乾坤其易之縕邪縕淵奧也乾坤成列而易立乎其中矣乾坤毀則无以見易易不可見則乾坤或幾乎息矣是故形而上者謂之道形而下者謂之器化而裁之謂之變因而制其會通適變之道也推而行之謂之通乘變而往者无不通也舉而錯之

天下之民謂之事業事業所以濟物故舉而錯之於民是故夫象聖人有以見天下之賾而擬諸其形容象其物宜是故謂之象聖人有以見天下之動而觀其會通以行其典禮繫辭焉以斷其吉凶是故謂之爻極天下之賾者存乎卦鼓天下之動者存乎辭辭爻辭也爻以鼓動效天下之動也化而裁之存乎變推而行之存乎通神而明之存乎其人體神而明之不假於象故存乎其人默而成之不言而信存乎德行德行賢人之德行

楚夏不同有言无字正如釋典孔譯不宣餘有楚夏行言而

卷十一第二十三葉前

順足於內故默而成之也體與理會故不言而信也【疏】正義曰此第十二章也此章言立象盡意繫辭盡言易之興廢存乎其人事也書不盡言言不盡意然則聖人之意其不可見乎者此一節夫子自發其問謂聖人之意難見也所以難見者書所以記言言有煩碎或楚夏不同有言无字雖欲書録不可盡竭於其言故云書不盡言也言不盡意者意有深邃委曲非言可寫是言不盡意也聖人之意意又深遠若言之不能盡聖人之意書之又不能盡聖人之言是聖人之意其不可見也故云然則聖人之意其不可見乎疑而問之故稱乎也子曰聖人立象以盡意已下至幾乎息矣此一節是夫子還自釋聖人之意有可見之理也聖人立象以盡意者雖言不盡意立象可以盡之也設卦以盡情偽者非唯立象以盡聖人之意又設卦以盡百姓之情偽也繫辭焉以盡其言者雖書不盡

卷十一第二十三葉後

言繫辭可以盡其言也變而通之以盡利者變謂化而裁之通謂推而行之故能盡物之利也鼓之舞之以盡神者此一句總結立象盡意繫辭盡言之美聖人立象以盡其意繫辭則盡其言可以說化百姓之心百姓之心自然樂順若鼓舞然而天下從之非盡神其孰能與於此故曰鼓之舞之以盡神也乾坤其易之緼邪者上明盡言盡意皆由於易道此明易之所立本乎乾坤若乾坤不存則易道无由興起故乾坤是易道之所緼積之根源也是與易爲川府奥藏故云乾坤其易之緼邪乾坤成列而易立乎其中矣者夫易者陰陽變化之謂陰陽變化立爻以效之皆從乾坤而來故乾生三男坤生三女而爲八卦變而相重而有六十四卦三百八十四爻本之根源從乾坤而來故乾坤既成列位而易道變化建立乎乾坤之中矣乾坤毀則无以見易者易既從乾坤而來乾坤若缺毀

六八

卷十一第二十四葉前

則易道損壞故云无以見易也易不可見則乾坤或幾乎息矣者若易道毀壞不可見其變化之理則乾坤亦壞或其近乎止息矣幾近也猶若樹之枝幹生乎根株根株毀則枝條不茂若枝幹已枯死其根株雖未全死僅有微生將死不久根株譬乾坤也易譬枝幹也故云易不可見則乾坤或幾乎息矣是故形而上者謂之道形而下者謂之器者道是无體之名形是有質之稱凡有從无而生形由道而立是先道而後形是道在形之上形在道之下故自形外已上者謂之道也自形內而下者謂之器也形雖處道器兩畔之際形在器不在道也既有形質可爲器用故云形而下者謂之器也化而裁之謂之變者陰陽變化而相裁節之謂之變也是得以理之變也猶若陽氣之化不可久長而裁節之以陰雨也是得理之變也陰陽之化自然相裁聖人亦法此而裁節也推而行之謂之通

卷十一第二十四葉後

者因推此以可變而施行之謂之通也猶若亢陽之後變爲陰雨因陰雨而行之物得開通聖人亦當然也舉而錯之天下之民謂之事業者謂舉此理以爲變化而錯置於天下之民凡民得以營爲事業故云謂之事業也此乃自然以變化錯置於民也聖人亦當法此錯置變化於萬民使成其事業也凡繫辭之說皆說易道以爲聖人德化欲使聖人法易道以化成天下是故易與聖人恒相將也以作易者本爲立教故也非是空說易道不關人事也是故夫象聖人有以見天下之賾至是故謂之爻者於第六章已具其文今於此更復言者何也爲下云極天下之賾存乎卦鼓天下之動存乎辭爲此故更引其文也且已下又云存乎變存乎通存乎其人廣陳所存之事所以須重論也極天下之賾存乎卦者言窮極天下深賾之處存乎卦言觀卦以知賾也鼓天下之動存乎辭者鼓謂

發揚天下之動動有得失存乎爻卦之辭謂觀辭以知得失也化而裁之存乎變者謂覆說上文化而裁之謂之變也推而行之存乎通者覆說上文推而行之謂之通也神而明之存乎其人者言人能神此易道而顯明之者存在於其人若其人聖則能神而明之若其人愚則不能神而明之故存於其人不在易象也默而成之不言而信存乎德行者若能順理足於內默然而成就之闇與理會不須言自信也存乎德行者若有德行則得默而成就之不言而信也若無德行則不能然也言德行據賢人之德行也前經神而明之存乎其人謂聖人也

正於右京亮藤原憲忠寄進

周易注疏卷第十一　乙未正月八日手遍三山東窓標閱

周易注疏卷第十二

國子祭酒上護軍曲阜縣開國子臣孔穎達奉

勑撰

周易繫辭下

疏 正義曰此篇章數諸儒不同劉瓛為十二章以對上繫十二章也周氏莊氏並為九章今從九章為說也第一起八卦成列至非曰義第二起古者包犧至蓋取諸夬第三起易者象也至德之盛第四起困于石至勿恒凶第五起乾坤其易之門至失得之報第六起易之興至巽以行權第七起易之爲書至思過半矣第八起二與四至謂易之道第九起夫乾天下至其辭屈

八卦成列象在其中矣 注 云備天下之象也 因而重之爻在其中矣 注 云夫八卦備天下之理而未極其變故因而重之以象其動用擬諸形容以明治亂之宜觀其所應以著適時之功則爻卦之義所存各異故爻在其中矣 剛柔相推變在其中矣繫辭焉而命之動在其中矣 注 云剛柔相推況八卦相盪或否或泰繫辭焉而斷其吉凶況之六爻動以適時者也立卦之義則見於彖象適時之功則存之爻辭王氏之例詳矣 吉凶悔吝者生乎動者也 注 云有變動而後有吉凶 剛柔者立本者也變通者趣時者也 注 云立本況卦趣時況爻 吉凶者貞勝者也 注 云貞者正也一也夫有動則未免乎累殉吉則未

離乎凶盡會通之變而不累於吉凶者其唯貞者乎老子曰王侯得一以為天下貞萬變雖殊可以執一御也天地之道貞觀者也注云明夫天地萬物莫不保其貞以全其用也日月之道貞明者也天下之動貞夫一者也夫乾確然示人易矣夫坤隤然示人簡矣注云確剛貌也隤柔貌也乾坤皆恒一其德物由以成故簡易也爻也者效此者也象也者像此者也爻象動乎內吉凶見乎外注云兆數見於卦也注云失得驗於事也功業見乎變注云功業由變以興故見乎變也聖人之情見乎辭注云辭也者各指其所之故曰情也天地之大德曰生注云施生而不

為故能常生故曰大德也聖人之大寶曰位注云夫无用則无所寶有用則有所寶也无用而常足者莫妙乎道有用而弘道者莫大乎位故曰聖人之大寶曰位何以守位曰仁何以聚人曰財注云財所以資物生也理財正辭禁民為非曰義疏正義曰此第一章覆釋上繫第二章象爻剛柔吉凶悔吝之事更具而詳之八卦成列象在其中矣者言八卦各成列位萬物之象在其八卦之中也因而重之爻在其中矣者謂因此八卦之象而更重之萬物之爻在其所重之中矣然象亦有爻爻亦有象所以象獨在卦爻獨在重者卦則爻少而象多重則爻多而象少故在卦舉象在重論爻也剛柔相推變在其中矣者則上繫第二章云剛柔相推而生變化是變化之道在剛柔相推之中剛柔即陰陽也論其

氣即謂之陰陽語其體即謂之剛柔也繫辭焉而命之動在其中矣者謂繫辭於爻卦之下而呼命其卦爻得失吉凶則適時變動好惡故在其繫辭之中也吉凶悔吝者生乎動者也上既云動在繫辭之中動則有吉凶悔吝所以悔吝生在乎所動之中也剛柔者立本者也言剛柔之象立在其卦之根本者也言卦之根本皆由剛柔陰陽而來變通者趣時者也其剛柔之氣所以改變會通趣向於時也若乾之初九趣向勿用之時乾之上九趣向亢極之時是諸爻之變皆臻趣於時也其剛柔立本者若剛定體為乾若柔定體為坤陽卦兩陰而一陽陰卦兩陽而一陰是立其卦本而不易也則上八卦成列象在其中矣是也卦既與爻為本又是總主其時故略例云卦者時也變通者趣時者也則上因而重之爻在其中矣是也卦既總主一時爻則就一時之中各趣其所宜之時故略例

云爻者趣時者也吉凶者貞勝者也貞正也言吉之與凶皆由所動不能守一而生吉凶唯守一貞正而能克勝此吉凶謂但能貞正則免此吉凶之累也天地之道貞觀者也謂天覆地載之道以貞正得一故其功可為物之所觀也日月之道貞明者也言日月照臨之道以貞正得一而為明也若天覆地載不以貞正而有二心則天不能普覆地不能兼載則不可以觀由貞乃得觀見也日月照臨若不以貞正有二之心則照不普及不為明也故以貞而為明也天下之動貞夫一者也言天地日月之外天下萬事之動皆正乎純一也若得於純一則所動遂其性若失於純一則所動乖其理是天下之動得正在一也夫乾確然示人易矣者此明天之得一之道剛質確然示人以和易由其得一无為物由以生是示人易也夫坤隤然示人簡矣者此明地之得一以其得一故坤隤然而柔

自然无爲以成萬物是示人簡矣若乾不得一或有隤然則不能示人易矣若坤不隤然或有確然則不能示人簡矣爻也者效此者也此釋爻之名也言爻者效此物之變動也象也者像此者也言象此物之形狀也爻象動乎内者言爻之與象發動於卦之内也吉凶見乎外者其爻象吉凶見於卦外在事物之上也功業見乎變者言功勞事業由變乃興故功業見於變也聖人之情見乎辭者辭則言其聖人所用之情故觀其辭而知其情也是聖人之情見乎爻象之辭也若乾之初九其辭云潛龍勿用則聖人勿用之情見於初九爻辭也他皆倣此天地之大德曰生者自此已下欲明聖人同天地之德廣生萬物之意也言天地之盛德在乎常生故言曰生若不常生則德之不大以其常生萬物故云大德也聖人之大寶曰位者言聖人大可寶愛者在於位耳位是有用之地寶是有

用之物若以居盛位能廣用无疆故稱大寶也何以守位曰仁者言聖人何以保守其位必須仁愛故言曰仁也何以聚人曰財者言何以聚集人衆必須財物故言曰財也理財正辭禁民爲非曰義者言聖人治理其財用之有節正定號令之辭出之以理禁約其民爲非僻之事勿使行惡是謂之義　義宜也言以此行之而得其宜也　注夫八卦至其中矣　正義曰夫八卦備天下理者前注云備天下之象據其體此云備天下之理據其用也言八卦大略有八以備天下大象大理大者既備則小者亦備矣直是不變之備未是變之備也故云未極其變故因而重之以象其動用也云則爻卦之義所存各異者謂爻之所存存乎已變之義因而重之爻在其中是也卦之所存存於未變之義八卦成列象在其中是也　注剛柔至例詳矣　正義曰云立卦之義則見於彖象者彖象謂卦下之

辭說其卦之義也適時之功則存於爻辭者卦者時也六爻在一卦之中各以適當時之所宜以立功也欲知適時之功用觀於爻辭也云王氏之例詳矣者案略例論彖云彖者何也統論一卦之體明其所由之主者也夫衆不能治衆治衆者至寡者也論卦體皆以一爲主是卦之大略也又論爻云爻者何也言乎其變者也變者何也情僞之所爲也夫情僞之動非數之所求也故合散屈伸與體相乖形躁好靜質柔愛剛體與情反質與願違是故情僞相感遠近相追愛惡相攻屈伸相推見情者獲直往則違此是爻之大略也其義既廣不能備載是王氏之例詳矣　注貞者正也至執一御也　正義曰貞者正也一也者言貞之爲訓訓正訓一正者體无傾邪一者情无差二寂然无慮任運而行者也凡吉凶者由動而來若守貞靜寂何吉何凶之有是貞正能勝其吉凶也云夫有動則

未能免乎累者寂然不動則无所可累若動有營求則恥累將來故云動則未免於累也云殉吉則未離乎凶者殉求也若不求其吉无慮无思凶禍何因而至由其求吉有所貪欲則凶亦將來故云殉吉未離乎凶也云盡會通之變而不累於吉凶者其唯貞者乎言若能窮盡萬物會通改變之理而不繫累於吉凶之事者唯貞一者乃能然也猶若少必有老老必有死能知此理是盡會通之變既知老必將死是運之自然何須憂累於死是不累乎吉凶唯守貞一任其自然故云其唯貞者乎云老子曰王侯得一以爲天下貞者王侯若不得一二三其德則不能治正天下若得純粹无二无邪則能爲天下貞也謂可以貞正天下也云萬變雖殊可以執一御也者猶若寒變爲暑暑變爲寒少變爲壯壯變爲老老變爲死禍變爲福盛變爲衰變改不同是萬變殊也其變雖異皆自然而有

若能知其自然不造不爲无喜无慼而乘御於此是可以執一御也古者包犧氏之
王天下也仰則觀象於天俯則觀法於地觀鳥獸
之文與地之宜注云聖人之作易无大不極无微不究大則取象天地細則觀鳥獸
之文與地之宜也近取諸身遠取諸物於是始作八卦以
通神明之德以類萬物之情作結繩而爲罔罟以
佃以漁蓋取諸離注云離麗也罔罟之用必審物之所麗也魚麗于水獸麗于山
也疏正義曰此第二章明聖人法自然之理而作易象易以制器而利天下此一章其義旣廣
今各隨文釋之自此至取諸離此一節明包犧法
天地造作八卦法離卦而爲罔罟也云仰則觀象

於天俯則觀法於地者言取象大也觀鳥獸之文
與地之宜者言取象細也大之與細則无所不包
也地之宜者若周禮五土動物植物各有所宜是
也近取諸身者若耳目鼻口之屬是也遠取諸物
者若雷風山澤之類是也舉遠近則萬事在其中
矣於是始作八卦以通神明之德者言萬事云爲
皆是神明之德若不作八卦此神明之德閉塞幽
隱旣作八卦則而象之是通達神明之德也以類
萬物之情者若不作易物情難知今作八卦以類
象萬物之情皆可見也作結繩而爲罔罟以佃以
漁者用此罟罔或陸畋以羅鳥獸或水澤以罔魚
鼈也蓋取諸離者離麗也麗謂附著也言罔罟之
用必審知鳥獸魚鼈所附著之處故稱離卦之名
爲罔罟也案諸儒象卦制器皆取卦之爻象之體
今韓氏之意直取卦名因以制器案上繫云以制
器者尚其象則取象不取名也韓氏乃取名不取

象於義未善矣今旣遵韓氏之學且依此釋之包犧氏沒神農氏作斲木
爲耜揉木爲耒耒耨之利以教天下蓋取諸益注云
制器致豐以益萬物日中爲市致天下之民聚天下之貨交
易而退各得其所蓋取諸噬嗑注云噬嗑合也市人之所聚異方之
所合設法以合物噬嗑之義也疏正義曰此一節明神農取卦造器之義一者制耒耜取於益卦
以利益民也二者日中爲市聚合天下之貨設法
以合物取於噬嗑象物噬齧乃得通也包犧者案
帝王世紀云大皞帝包犧氏風姓也母曰華胥燧
人之世有大人跡出於雷澤華胥履之而生包犧
長於成紀蛇身人首有聖德取犧牲以充包廚故
號曰包犧氏後世音謬故或謂之伏犧或謂之宓犧

犧一號皇雄氏在位一百一十年包犧氏沒女媧
氏代立爲女皇亦風姓也女媧氏沒次有大庭氏
柏皇氏中央氏栗陸氏驪連氏赫胥氏尊盧氏混
沌氏皞英氏有巢氏朱襄氏葛天氏陰康氏无懷
氏凡十五世皆習包犧氏之號也神農者案帝王
世紀云炎帝神農氏姜姓也母曰任巳有蟜氏女
名曰女登爲少典正妃游華山之陽有神龍首感
女登於尚羊生炎帝人身牛首長於姜水有聖德
繼无懷之後本起烈山或稱烈山氏在位一百二
十年而崩納奔水氏女曰聽談生帝臨魁次帝承
次帝明次帝直次帝氂次帝哀次帝榆罔凡八代及軒轅氏神農氏沒黃帝堯舜氏
作通其變使民不倦注云通物之變故樂其器用不懈倦也神而化
之使民宜之易窮則變變則通通則久注云通變則无窮故

可久是以自天祐之吉无不利疏正義曰此一節明神農氏沒後乃至
黃帝堯舜通其易之變理於是廣制器物此節與
下制器物爲引緒之勢爲下起文黃帝堯舜氏作者
案世紀云黃帝有熊氏少典之子姬姓也母曰附
寶其先即炎帝母家有蟜氏之女附寶見大電光
繞北斗樞星照於郊野感附寶孕二十四月而生
黃帝於壽丘長於姬水龍顏有聖德戰蚩尤于涿
鹿擒之在位一百年崩子青陽代立是爲少皞少
皞帝名摯字青陽姬姓也母曰女節黃帝時大星
如虹下臨華渚女節夢接意感生少皞在位八十
四年而崩顓頊高陽氏黃帝之孫昌意之子母曰
昌僕蜀山氏之女爲昌意正妃謂之女樞瑤光之
星貫月如虹感女樞於幽房之宮生顓頊於若水
在位七十八年而崩少皞之孫蟜極之子代立是
爲帝嚳帝嚳高辛氏姬姓也其母不見生而神異

自言其名在位七十年而崩子帝摯立在位九年
摯立不肖而崩弟放勛代立是爲帝堯帝堯陶唐
氏伊祁姓母曰慶都生而神異常有黃雲覆其上
爲帝嚳妃出以觀河遇赤龍晻然陰風而感慶都
孕十四月而生堯於丹陵即位九十八年而崩帝
舜代立帝舜姚姓其先出自顓頊顓頊生窮蟬窮
蟬生敬康敬康生句芒句芒生蟜牛蟜牛生瞽瞍瞍
之妻握登見大虹意感而生舜於姚墟故姓姚氏此
歷序三皇之後至堯舜之前所爲君也此既云黃
帝即云堯舜者略舉五帝之終始則少皞顓頊帝
嚳在其間也通其變使民不倦者事久不變則民
倦而窮今黃帝堯舜之等以其事久或窮故開通
其變量時制器使民用之日新不有懈倦也神而
化之使民宜之者言所以通其變者欲使神理微
妙而變化之使民各得其宜若黃帝已上衣鳥獸
之皮其後人多獸少事或窮乏故以絲麻布帛而

制衣裳是神而變化使民得宜也易窮則變變則
通通則久者此覆說上文通其變之事所以通其
變者言易道若窮則須隨時改變所以須變者變
則開通得久長故云通則久也是以自天祐之吉
无不利者此明若能變通則无所不利故引易文
證結變通之善上繫引此文者證明人事之信順
此乃明易道之變通俱得天之祐故各引其文也黃帝堯舜垂衣裳而天
下治蓋取諸乾坤注云垂衣裳以辯貴賤乾尊坤卑之義也疏正義曰自此已
下凡有九事皆黃帝堯舜取易卦以制象此於九
事之第一也所以連云堯舜者謂此九事黃帝制
其初堯舜成其末事相連接共有九事之功故連
云黃帝堯舜也案皇甫謐帝王世紀載此九事皆
爲黃帝之功若如所論則堯舜无事易繫何須連
云堯舜則皇甫之言未可用也垂衣裳者以前衣

皮其制短小今衣絲麻布帛所作衣裳其制長大
故云垂衣裳也取諸乾坤者衣裳辯貴賤乾坤則
上下殊體故云取諸乾坤也刳木爲舟剡木爲楫舟楫之利以
濟不通致遠以利天下蓋取諸渙注云渙者乘理以散動也疏
正義曰此九事之第二也舟必用大木刳鑿其中
故云刳木也剡木爲楫者楫必須纖長理當剡削
故曰剡木也取諸渙者渙散也渙卦之義取乘
理以散動也舟楫亦乘木以載運故取諸渙也服
牛乘馬引重致遠以利天下蓋取諸隨注云隨宜也服牛
乘馬隨物所之各得其宜也疏正義曰此九事之第三也隨者謂隨時之所宜也今服用其牛
乘駕其馬服牛以引重乘馬以致遠是以人之所用各得其宜故取諸隨也重門擊柝

以待暴客蓋取諸豫注云取其備豫疏正義曰此九事之第四也豫者取其豫有防備韓氏以此九事皆以卦名而爲義者特以此豫文取備豫之義其事相合故其餘八事皆以卦名解義量爲此也斷木爲杵掘地爲臼臼杵之利萬民以濟蓋取諸小過注云以小用而濟物也疏正義曰此九事之第五也杵須短木故斷木爲杵臼須鑿地故掘地爲臼取諸小過以小事之用過而濟物杵臼亦小事過越而用以利民故取諸小過也弦木爲弧剡木爲矢弧矢之利以威天下蓋取諸睽注云睽乖也物乖則爭興弧矢之用所以威乖爭也疏正義曰此九事之第六也案爾雅弧木弓也故云弦木爲弧取諸睽者睽謂乖離弧矢所以服此乖離之人故

取諸睽也案弧矢杵臼服牛乘馬舟檝皆云之利此皆器物益人故稱利也重門擊柝非如舟檝杵臼故不云利也變稱以禦暴客是亦利也垂衣裳不言利者此亦隨便立稱故云天下治治亦利也此皆義便而言不可以一例取也上古穴居而野處後世聖人易之以宫室上棟下宇以待風雨蓋取諸大壯注云宫室壯大於穴居故制爲宫室取諸大壯也疏正義曰此九事之第七也已前不云上古已下三事或言上古或言古與上不同者已前未造此器之前更无餘物之用非是後物以替前物故不云上古也此已下三事皆是未造此物之前已更别有所用今將後用而代前用欲明前用所有從本之云上古及古者案未有衣裳之前則衣鳥獸之皮亦是也前有用不云上古者雖云古者衣皮必不

專衣皮也或衣草衣木事无定體故不得稱上古衣皮也若此穴居野處及結繩以治唯專一事故可稱上古由後物代之也取諸大壯者以造制宫室壯大於穴居野處故取大壯之名也古之葬者厚衣之以薪葬之中野不封不樹喪期无數後世聖人易之以棺椁蓋取諸大過注云取其過厚疏正義曰此九事之第八也不云上古直云古之葬者若極遠者則云上古其次遠者則直云古則厚衣之以薪葬之中野猶在穴居結繩之後故直云古也不封不樹者不積土爲墳是不封也不種樹以標其處是不樹也喪期无數者哀除則止无日月限數也後世聖人易之以棺椁者若禮記云有虞氏瓦棺未必用木爲棺也則禮記又云殷人之棺椁以前云椁无文也取諸大過者送終追遠欲其甚

大過厚故取諸大過也案書稱堯崩百姓如喪考妣三載四海遏密八音則喪期无數在堯已前而棺椁自殷已後則夏已前棺椁未具也所以其文參差前後不齊者但此文舉大略明前後相代之義不必確在一時故九事上從黄帝下稱堯舜連延不絶更相增脩也上古結繩而治後世聖人易之以書契百官以治萬民以察蓋取諸夬注云夬決也書契所以夬決斷萬事也疏正義曰此明九事之終也夬者決也造立書契所以決斷萬事故取諸夬也結繩者鄭康成注云事大大結其繩事小小結其繩義或然也是故易者象也象也者像也彖者材也注云材才德也彖言成卦之材以統卦義也爻也者效天下之動者也是故吉凶

生而悔吝著也陽卦多陰陰卦多陽其故何也陽卦奇陰卦耦注云夫少者多之所宗一者衆之所歸陽卦二陰故奇爲之君陰卦二陽故耦爲之主其德行何也注云辯陰陽二卦之德行也陽一君而二民君子之道也陰二君而一民小人之道也注云陽君道也陰臣道也君以无爲統衆无爲則一也臣以有事代終有事則二也故陽爻畫奇以明君道必一陰爻畫兩以明臣體必二斯則陰陽之數君臣之辯也以一爲君君之德也二居君位非其道也故陽卦曰君子之道陰卦曰小人之道也易曰憧憧往來朋從爾思注云天下之動必歸乎一思以求朋未能一也一以感物不思而至子曰天下何思何

慮天下同歸而殊塗一致而百慮天下何思何慮注云夫少則得多則惑塗雖殊其歸則同慮雖百其致不二苟識其要不在博求一以貫之不慮而盡矣日往則月來月往則日來日月相推而明生焉寒往則暑來暑往則寒來寒暑相推而歲成焉往者屈也來者信也屈信相感而利生焉尺蠖之屈以求信也龍蛇之蟄以存身也精義入神以致用也注云精義物理之微者也神寂然不動感而遂通故能乘天下之微會而通其用也利用安身以崇德也注云利用之道皆安其身而後動也精義由於入神以致其用利用

由於安身以崇其德理必由乎其宗事各本乎其根歸根則寧天下之理得也若役其思慮以求動用忘其安身以殉功美則僞彌多而理愈失名彌美而累愈彰矣過此以往未之或知也窮神知化德之盛也疏正義曰此第三章明陰陽二卦之體及日月相推而成歲聖人用之安身崇德德之盛也是故易者象也者但前章皆取象以制器以是之故易卦者寫萬物之形象故易者象也象也者像也者謂卦爲萬物象者法像萬物猶若乾卦之象法像於天也彖者材也者謂卦下彖辭者論此卦之材德也爻也者效天下之動者謂每卦六爻皆倣效天下之物而發動也吉凶生而悔吝著者動有得失故吉凶生也動有細小疵病故悔吝著也陽卦多陰陰卦多陽其故何者此夫子將釋陰陽二卦不同之意故先發其問云其故何也陽卦

多陰謂震坎艮一陽而二陰也陰卦多陽謂巽離兌一陰而二陽也陽卦奇陰卦耦者陽卦則以奇爲君故一陽而二陰陽爲君陰爲臣也陰卦則以耦爲君故二陽而一陰陰爲君陽爲臣也故注云陽卦二陰故奇爲之君陰卦二陽故耦爲之主其德行何者前釋陰陽之體未知陰陽德行之故故夫子將釋德行先自問之故云其德行何也陽一君而二民君子之道者夫君以无爲統衆无爲者爲每事因循委任臣下不司其事故稱一也臣則有事代終各司其職有職則有對故稱二也今陽爻以一爲君以二爲民得其尊卑相正之道故爲君子之道者也陰二君而一民小人之道者陰卦則以二爲君是失其正以一爲臣乖反於理上下失序故稱小人之道也易曰憧憧往來朋從爾思者此明不能无心感物使物來應乃憧憧然役用思慮或來或往然後朋從爾之所思若能虛寂以

純一感物則不須憧憧往來朋自歸也此一之為道得為可尚結成前文陽卦以一為君是君子之道也注云天下之動必歸乎一思以求朋未能一也一以感物不思而至矣子曰天下何思何慮者言得一之道心既静寂何假思慮也天下同歸而殊塗者言天下萬事終則同歸於一但初時殊異其塗路也一致而百慮者所致雖一慮必有百言慮雖百種必歸於一致也塗雖殊異亦同歸於至眞也言多則不如少動則不如寂則天下之事何須思也何須慮也日往則月來至相推而歲成者此言不須思慮任運往來自然明生自然歲成也往者屈也來者信也者此覆明上日往則月來寒往則暑來自然相感而生利之事也往是去藏故為屈也來是施用故為信也一屈一信遞相感動而利生則上云明生歲成是利生也尺蠖之屈以求信者覆明上往來相感屈信相須尺蠖之蟲初

行必屈者欲求在後之信也言信必須屈屈以求信是相須也龍蛇之蟄以存身者言静以求動也蛟蛇初蟄是静也以此存身是後動也言動必因静也静而得動亦動静相須也精義入神以致用者亦言先静而後動此言人事之用言聖人用精粹微妙之義入於神化寂然不動乃能致其所用精義入神是先静也以致用是後動也是動因静而來利用安身以崇德者此亦言人事也言欲利己之用先須安静其身不須役其思慮可以增崇其德言利用安身是静也言崇德是動也此亦先静而後動動亦由静而來也過此以往未之或知也者言精義入神以致用利用安身以崇德此二者皆人理之極過此二者以往則微妙不可知故云未之或知也窮神知化德之盛者此言過此一者以往之事若能過此以往則窮極微妙之神曉知變化之道乃是聖人德之盛極也注陽君道至

小人之道也正義曰陽君道者陽是虚无為體純一不二君德亦然故云陽君道也陰臣道者陰是形器各有質分不能純一臣職亦然故云陰臣道也案經云民而注云臣者臣則民也經中對君故稱民注意解陰故稱臣也注利用之道至愈彰矣正義曰云利用之道皆安其身而後動者言欲利益所用先須自安其身身既得安然後舉動德乃尊崇若不先安身身有患害何能利益所用以崇德也云精義由於入神以致其用者言精粹微妙之義由入神寂然不動乃能致其用云利用由於安身以崇德者言欲利益所用先須自安其身乃可以增崇其德也 易曰困于石據于蒺蔾入于其宫不見其妻凶子曰非所困而困焉名必辱非所據而據焉身必危既辱且危

死期將至妻其可得見邪 疏 正義曰此第四章凡有九節以上章先利用安身可以崇德若身自危辱何崇德之有故此章第一節引困之六三危辱之事以證之也困之六三履非其位欲上干於四四自應初不納於己是困於九四之石也三又乘二二是剛陽非己所乘是下向據於九二之蒺蔾也六三又无應是入其宫不見其妻死期將至所以凶也子曰非所困而困焉者夫子既引易文又釋其義故云子曰非所困謂九四若六三不往犯之非六三之所困而六三彊往干之而取困焉名必辱者以向上而進取故以聲名言之云名必辱也非所據而據焉者謂九二也若六三能卑下九二則九二不為其害是非所據也今六三彊往陵之是非所據而據焉身必危者下向安身之處故以身言之云身必危也 易曰公用射隼于高墉

卷十二第十六葉前

之上獲之无不利子曰隼者禽也弓矢者器也射之者人也君子藏器於身待時而動何不利之有動而不括是以出而有獲語成器而動者也注云括結也君子待時而動則无結閡之患也疏正義曰以前章先須安身可以崇德故此第二節論明先藏器於身待時而動而有利也故引解之上六以證之三不應上又以陰吞陽此上六處解之極欲除其悖亂而去其三也故公用射此六三之隼於下體高墉之上云自上攻下合於順道故獲之无不利也子曰隼者禽也者既引易文於上下以解之故言子曰也君子藏器於身待時而動何不利者猶若射人持弓矢於身此君子若包藏其器於身待時而動何不利之有似此射隼之人也動而

卷十二第十六葉後

不括者言射隼之人既待弓矢待隼可射之動而射之則不括結而有礙也猶若君子藏善道於身待可動之時而興動亦不滯礙而括結也語成器而後動者謂易之所說此者語論有見成之器而後興動也子曰小人不恥不仁不畏不義不見利不勸不威不懲小懲而大誡此小人之福也易曰屨校滅趾无咎此之謂也疏正義曰此章第三節也明小人之道不能恒善若因懲誡而得福也此亦證前章安身之事故引易噬嗑初九以證之以初九居无位之地是受刑者以處卦初其過未深故屨校滅趾而无咎也善不積不足以成名惡不積不足以滅身小人以小善為无益而弗為也以小

七二四

卷十二第十七葉前

惡為无傷而弗去也故惡積而不可揜罪大而不可解易曰何校滅耳凶疏正義曰此章第四節也明惡人為惡之極以致凶也此結成前章不能安身之事故引噬嗑上九之義以證之上九處斷獄之終是罪之深極者故有何校滅耳之凶案第一第二節皆先引易文於上其後乃釋之此第三已下皆先豫張卦義於上然後引易於下以結之體例不同者蓋夫子隨義而言不為例也子曰危者安其位者也亡者保其存者也亂者有其治者也是故君子安而不忘危存而不忘亡治而不忘亂是以身安而國家可保也易曰其亡其亡繫于苞桑疏

七二五

卷十二第十七葉後

正義曰此第五節以上章有安身之事故此節恒須謹慎可以安身故引否之九五以證之危者安其位者也言所以今有傾危者由往前安樂於其位自以為安不有畏慎故致今日危也亡者保其存者所以今日滅亡者由往前保有其存恒以為存不有憂懼故今致滅亡也亂者有其治者所以今有禍亂者由往前自恃有其治理也謂恒以為治不有憂慮故今致禍亂也是故君子今雖獲安心恒不忘傾危之事國之雖存心恒不忘滅亡之事政之雖治心恒不忘禍亂之事其亡其亡繫于苞桑者言心恒畏慎其將滅亡其將滅亡乃繫于苞桑之固也子曰德薄而位尊知小而謀大力少而任重鮮不及矣易曰鼎折足覆公餗其形渥凶言不勝其任也疏正義曰此第六節言不[illegible]

七二六

安其身知小謀大而遇禍也故引易鼎卦九四以證之鼎折足覆公餗其形渥凶者處上體之下而又應初既承且施非已所堪故有折足之凶既覆敗其美道災及其形以致渥凶也言不勝其任者此夫子之言引易後以此結之其文少故不云子曰也**子曰知幾其神乎君子上交不諂下交不瀆其知幾乎**注云形而上者況之道形而下者況之器於道不冥而有求焉未離乎諂也於器不絕而有交焉未免乎瀆也能无諂瀆窮理者也**幾者動之微吉之先見者也**注云幾者去无入有理而未形不可以名尋不可以形覩者也唯神也不疾而速感而遂通故能朗然玄照鑒於未形也合抱之木起於毫末吉凶之彰始於微兆故為吉之先見也**君子見幾而作不俟終日**

易曰介于石不終日貞吉介如石焉寧用終日斷可識矣注云定之於始故不待終日也**君子知微知彰知柔知剛萬夫之望**注云此知幾其神乎疏正義曰此第七節前章云精義入神故此章明知幾入神之事故引豫之六二以證之云易曰介于石不終日貞吉知幾其神乎者神道微妙寂然不測人若能豫知事之幾微則能與其神道合會也君子上交不諂下交不瀆者上謂道也下謂器也若聖人知幾窮理冥於道絕於器故能上交不諂下交不瀆若於道不冥而有求焉未能離於諂也於器不絕而有交焉未能免於瀆也能无諂瀆知幾窮理者乎幾者動之微吉之先見者此釋幾之義也幾微也是已動之微動謂心動事動初動之時其理未著唯纖微而已若其已著之後則心事顯

露不得為幾若未動之前又寂然頓无兼亦不得稱幾也幾是離无入有在有无之際故云動之微也若事著之後乃成為吉此幾在吉之先豫前已見故云吉之先見者也此直云吉不云凶者凡豫前知幾皆向吉而背凶違凶而就吉无復有凶故特云吉也諸本或有凶字者其定本則无也君子見幾而作不俟終日者言君子既見事之幾微則須動作而應之不得待終其日言赴幾之速也易曰介于石不終日貞吉者此豫之六二辭也得位居中故守介如石見幾則動不待終其一日也介如石焉寧用終日斷可識矣者此夫子解釋此爻之辭既守志耿介如石不動纔見幾微即知禍福何用終竟其日當時則斷可識矣君子知微知彰者初見事幾是知其微既見其幾逆知事之禍福是知其彰著也知柔知剛者剛柔是變化之道既知初時之柔則逆知在後之剛言凡物之體從柔

以至剛凡事之理從微以至彰知幾之人既知其始又知其末是合於神道故為萬夫所瞻望也萬夫舉大略而言若知幾合神則為天下之主何直只云萬夫而已此知幾其神乎者也**子曰顏氏之子其殆庶幾乎有不善未嘗不知知之未嘗復行也**注云在理則昧造形而悟顏子之分也失之於幾故有不善得之於二不遠而復故知之未嘗復行也**易曰不遠復无祇悔元吉**注云吉凶者失得之象也得二者於理不盡未至成形故得不遠而復舍凶之吉免夫祇悔而終獲元吉祇大也疏正義曰此第八節上節明其知幾是聖人之德此節論賢人唯庶於幾雖未能知幾故引顏氏之子以明之也其殆庶幾乎者言聖人知幾顏子亞聖未能知幾但殆近庶慕而已故云其殆庶幾乎又

以殆爲辭有不善未嘗不知者若知幾之人本无
不善以顏子未能知幾故有不善不近於幾之人
既有不善不能自知於惡此顏子以其近幾若有不
善未嘗不自知也知之未嘗復行者以顏子近幾既
知不善之事見過則改未嘗復更行之但顏子於
幾理闇昧故有不善之事於形器顯著乃自覺悟
所有不善未嘗復行以去幾既近尋能改悔故引
復卦初九以明之也以復卦初九既在卦初則能
復於陽道是速而不遠則能復
也所以无大悔而有元吉也天地絪縕萬物化
醇男女構精萬物化生易曰三人行則損一人一
人行則得其友言致一也注云致一而後化成也子曰君子
安其身而後動易其心而後語定其交而後求君

子脩此三者故全也危以動則民不與也懼以語
則民不應也无交而求則民不與也莫之與則傷
之者至矣易曰莫益之或擊之立心勿恒凶注云夫虛
已存誠則衆之所不迕也躁以有求則物之所不與也疏正義曰此第九節
也以前章利用安
身以崇德也安身之道在於得一若己能得一則
可以安身故此節明得一之事也天地絪縕萬物
化醇者絪縕相附著之義言天地无心自然得一
唯二氣絪縕共相和會萬物感之變化而精醇也
天地若有心爲二則不能使萬物化醇也男女構
精萬物化生者構合也言男女陰陽相感任其自
然得一之性故合其精則萬物化生也若男女无
自然之性而各懷差二則萬物不化生也易曰三

人行則損一人一人行則得其友者此損卦六三
辭也言六三若更與二人同往承上則上所不納
是三人俱行井六三不相納是則損一人也若六
三獨行則上所容受故云一人行則得其友此言
衆不如寡三不及一也言致一也者此夫子釋此
爻之意謂此爻所論致其醇一也故一人獨行乃
得其友也子曰君子安其身而後動者此明致一
之道致一者在身之謂若己之爲得則萬事得若
已之爲失則萬事失也欲行於天下先在其身之
一故先須安靜其身而後動和易其心而後語先
以心選定其交而後求若其不然則傷之者至矣
易曰莫益之或擊之立心勿恒凶者此益卦上九
爻辭在无位高亢獨唱无和是莫益之也衆怒難
犯是或擊之也勿无也由己建立其心无能有恒
故凶危也易之此言若虛己存誠則衆之所與躁
以有求則物之所不與也

子曰乾坤其易之門邪乾陽物也坤陰物也陰陽
合德而剛柔有體以體天地之撰注云撰數也以通神
明之德其稱名也雜而不越注云備物極變故其名雜也各得其序不
相踰越況爻繇之辭也於稽其類其衰世之意邪注云有憂患而後作
易世衰則失得彌彰爻繇之辭所以辯失得故知衰世之意邪稽猶考也夫易彰往而
察來而微顯闡幽注云易无往不彰无來不察而微以之顯幽以之闡闡明也
開而當名辯物正言斷辭則備矣注云開釋爻卦使各當其名也
理類辯明故曰斷辭也其稱名也小其取類也大注云託象以明

卷十二第二十二葉前

義因小以喻大其旨遠其辭文其言曲而中注云變化无恒不可爲典要故其言曲而中也其事肆而隱注云事顯而理微也因貳以濟民行以明失得之報注云貳則失得也因失得以通濟民行故明失得之報也失得之報者得其會則吉乖其理則凶

疏正義曰此第五章也前章明安身崇德之道在於知幾得一也此明易之體用辭理遠大可以濟民之行以明失得之報也子曰乾坤其易之門邪者易之變化從乾坤而起猶人之興動從門而出故乾坤是易之門邪乾陽物也坤陰物也陰陽合德而剛柔有體者若陰陽不合則剛柔之體无從而生以陰陽相合乃生萬物或剛或柔各有其體陽多爲剛陰多爲柔也以體天地之撰者撰數也天地之內萬物之象非剛則柔或以剛柔體象天地之數也以通

七二五

卷十二第二十二葉後

神明之德者萬物變化或生或成是神明之德也易則象其變化之理是其易能通達神明之德也其稱名也雜而不越者易之其稱萬物之名萬事論說故辭理雜碎各有倫敘而不相乖越易之爻辭多載細小之物若見豕負塗之屬是雜碎也辭雜碎各依爻卦所宜而言之是不相踰越也於稽其類其衰世之意邪者稽考也類謂事類然考校易辭事類多有悔吝憂虞故云衰亂之世所陳情意也若盛德之時物皆遂性人悉懽娛无累於吉凶不憂於禍害今易所論則有亢龍有悔或稱龍戰于野或稱箕子明夷或稱不如西鄰之禴祭此皆論戰爭盛衰之理故云衰意也凡云邪者是疑而不定之辭也夫易彰往而察來者往事必載是彰往也來事豫占是察來也而微顯闡幽者闡明也謂微而之顯幽而闡明也言易之所說論其初微之事以至其終末顯著也論其初時幽闇以至終末

七二六

卷十二第二十三葉前

闡明也皆從微以至顯從幽以至明觀其易辭是微而幽闇也演其義理則顯見著明也以體言之則云微顯也以理言之則云闡幽其義一也但以體以理故別言之開而當名者謂開釋爻卦之義使各當所象之名若乾卦當龍坤卦當馬也辨物正言者謂辨天下之物各以類正定言之若辨健物正言其龍若辨順物正言其馬是辨物正言也斷辭則備矣者言開而當名及辨物正言凡此二事決斷於爻卦之辭則備具矣其稱名也小者言易辭所稱物名多細小若見豕負塗噬腊肉之屬是其辭碎小也其取類也大者言雖是小物而比喻大事是所取義類而廣大也其旨遠者近道此事遠明彼事是其旨意深遠若龍戰于野近言龍戰乃遠明陰陽鬬爭聖人變革是其旨遠也其辭文者不直言所論之事乃以義理明之是其辭文飾也若黃裳元吉不直言得中居職乃云黃裳是

七二七

卷十二第二十三葉後

其辭文也其言曲而中者變化无恒不可爲體例其言隨物屈曲而各中其理也其事肆而隱者其易之所載之事其辭放肆顯露而所論義理深而幽隱也因貳以濟民行者貳二也謂吉凶二理言易因自然吉凶二理以濟民之行也欲令取吉而避凶行善而不行惡也以明失得之報者言易明人行失之與得所報應也失則報之以凶得則報之以吉是明失得之報也

○易之興也其於中古乎作易者其有憂患乎注云无憂患則不爲而足也是故履德之基也注云基所蹈也謙德之柄也復德之本也注云夫動本於靜語始於默復者各反其所始故爲德之本也恒德之固也注云固不傾移也損德之脩也益德之裕也注云能益物者

七二八

其德寬大也困德之辯也注云困而益明井德之地也注云所處不移象居得其所也巽德之制也注云巽所以申命明制也履和而至注云和而不至從物者也和而能至故可履也謙尊而光復小而辯於物注云微而辯之不遠復也恒雜而不厭注云雜而不厭是以能恒損先難而後易注云刻損以脩身故先難也身脩而无患故後易也益長裕而不設注云有所興爲以益於物故曰長裕因物興務不虛設也困窮而通注云處窮而不屈其道也井居其所而遷注云改邑不改井井所居不移而能遷其施也巽稱而隱注云稱揚命令而百姓不知其由也履以和行謙以制禮復以自知注云求諸

己也恒以一德注云以一爲德也損以遠害注云止於脩身故可以遠害而已益以興利困以寡怨注云困而不濫无怨於物井以辯義注云施而无私義之方也巽以行權注云權反經而合道必合乎巽順而後可以行權也

疏正義曰此第六章明所以作易爲其憂患故作易既有憂患須脩德以避患故明九卦爲德之所用也其於中古乎者謂易之爻卦之辭起於中古若易之爻卦之象則在上古伏犧之時但其時理尚質素聖道凝寂直觀其象足以垂教矣但中古之時事漸澆浮非象可以爲教又須繫以文辭示其變動吉凶故爻卦之辭起於中古則連山起於神農歸藏起於黄帝周易起於文王及周公也此之所論謂周易也作易者其有憂患乎者若无憂患何思何慮不須營作今既作易故知有憂患也身

既憂患須垂法以示於後以防憂患之事故繫以文辭明其失得與吉凶也其作易憂患已於初卷詳之也是故履履德之基者以爲憂患行德爲本也六十四卦悉爲脩德防患之事但於此九卦最是脩德之甚故特舉以言焉以防憂患之事故履者爲德之初基欲爲德之時先須履踐其禮敬事於上故履爲德之初基也謙德之柄也者言爲德之時以謙爲用若行德不用謙則德不施用是謙爲德之柄猶斧刃以柯柄爲用也復德之本者言爲德之時先從靜默而來復是靜默故爲德之根本也恒德之固者言爲德之時恒能執守始終不變則德之堅固故爲德之固也損德之脩者行德之時恒自降損則其德自益而增新故云損德之脩也謙者論其退下於人損者能自減損於己故謙損別言也益德之裕者裕寬大也能利益於物則德更寬大也困德之辯者若遭困之時守操不移德

乃可分辯也井德之地者改邑不改井井是所居之常處能守處不移是德之地也言德亦不移動也巽德之制者巽申明號令以示法制故能與德爲制度也自此已上明九卦各與德爲用也履和而至者自此已下明九卦之德也言履卦與物和諧而守其能至故可履踐也謙尊而光者以能謙卑故其德益尊而光明也復小而辯於物者言復卦於初細微小之時即能辯於物之吉凶不遠速復也恒雜而不厭者言恒卦雖與物雜碎並居而常執守其操不被物之厭薄也損先難而後易者先自減損是先難也後乃無患是後易也益長裕而不設者益是增益於物能長養寬裕於物皆因物性自然而長養不空虛妄設其法而无益也困窮而通者言困卦於困窮之時而能守節使道通行而不屈也井居其所而遷者言井卦居得其所恒住不移而能遷其潤澤施惠於外也巽稱而隱

卷十二第二十六葉前

著言巽稱揚號令而不自彰伐而幽隱也自此已上辯九卦性德也履以和行者自此已下論九卦各有施用而有利益也言履者以禮敬事於人是調和性行也謙以制禮者性能謙順可以裁制於禮復以自知者既能反復求身則自知得失也恒以一德者恒能終始不移是純一其德也損以遠害者自降損脩身无物害已故遠害也益以興利者既能益物物亦盈已故興利也困以寡怨者遇困守節不移不怨天不尤人是无怨於物故寡怨也井以辯義者井能施而无私則是義之方所故辯明於義也巽以行權者巽順也既能順時合宜故可以行權也若不順時制變不可以行權也

易之爲書也不可遠（注云擬議而動不可遠也）爲道也屢遷變動不居周流六虛（注云六虛六位也）上下无常剛柔相易

七四三

卷十二第二十六葉後

不可爲典要（注云不可以定準也）唯變所適（注云變動貴於適時趣舍存乎會也）其出入以度外內使知懼（注云明出入之度使物知外內之戒也出入猶行藏外內猶隱顯遯以遠時爲吉豐以幽隱致凶漸以高顯爲美明夷以處昧利貞此外內之戒也）又明於憂患與故（注云故事故也）無有師保如臨父母（注云安而不忘危存而不忘亡終日乾乾不可以怠也）初率其辭而揆其方既有典常（注云能循其辭以度其義原其初以要其終則唯變所適是其常典也明其變者存其要也故曰苟非其人道不虛行）苟非其人道不虛行易之爲書也原始要終以爲質也（注云質體也卦兼終始之義也）六爻相

七四四

卷十二第二十七葉前

雜唯其時物也（注云爻各存乎其時物事也）其初難知其上易知本末也初辭擬之卒成之終（注云夫事始於微而後至於著初者數之始擬議其端故難知也上者卦之終事皆成著故易知也）若夫雜物撰德辯是與非則非其中爻不備噫亦要存亡吉凶則居可知矣知者觀其彖辭則思過半矣（注云夫彖者舉立象之統論中爻之義約以存博簡以兼衆雜物撰德而一以貫之形之所宗者道衆之所歸者一其事彌繁則愈滯乎形其理彌約則轉近乎道彖之爲義存乎一也一之爲用同乎道矣形而上者可以觀道過半之益不亦宜乎）

疏 正義曰此第七章明易書體用也不可遠者言易書之體皆倣法陰陽擬

七四五

卷十二第二十七葉後

議而動不可遠離陰陽物象而妄爲也其爲道也屢遷者屢數也言易之爲道皆法象陰陽數數遷改若乾之初九則潛龍九二則見龍是屢遷也變動不居者言陰陽六爻更互變動不恒居一體也若一陽生爲復二陽生爲臨之屬是也周流六虛者言陰陽周徧流動在六位之虛六位言虛者位本无體因爻始見故稱虛也上下无常者初居一位又居二位是上无常定也既窮上位之極又下來居於初是上下无常定也若九月剝卦一陽上極也十一月一陽下來歸初也剛柔相易不可爲典要者言陰陽六爻兩相交易或以陰易陽或以陽易陰或在初位相易或在二位相易六位錯綜上下所易皆不同是不可爲典常要會也唯變所適者言剛柔相易之時既无定準唯隨應變之時所之適也其出入以度者出入猶行藏也言行藏各有其度不可違失於時故韓氏云豐以幽隱致

七四六

卷十二第二十八葉前

凶明夷以處昧利貞是出入有度也外内使知懼者外内猶隱顯言欲隱顯之人使知畏懼於易也若不應隱而隱不應顯而顯必有凶咎使知畏懼凶咎而不爲也又明於憂患與故者故事故也非但使人隱顯知懼又使人明曉於憂患并與萬事也无有師保如臨父母者言使人畏懼此易歸行善道不須有師保教訓恒常恭敬如父母臨之故云如臨父母也初率其辭而揆其方者率循也揆度也方義也言人君若能初始依循其易之文辭而揆度其易之義理則能知易有典常也故云既有典常易雖千變萬化不可爲典要然循其辭度其義原尋其初要結其終皆唯變所適是其常典也言唯變是常既以變爲常其就變之中剛之與柔相易仍不常也故上云不可爲典要也苟非其人道不虚行者言若聖人則能循其文辭揆其義理知其典常是易道得行也若苟非通聖之人則不曉達

七四七

卷十二第二十八葉後

易之道理則易之道不虚空得行也言有人則易道行若无人則易道不行无人而行是虚行也必不如此故云道不虚行也易之爲書原始要終以爲質也此以下亦明易辭體用尋其辭則吉凶可以知也原始要終以爲質者質體也言易之爲書原窮其事之初始乾初九潛龍勿用是原始也又要會其事之終末若上九亢龍有悔是要終也言易以原始要終以爲體質也此潛龍亢龍是一卦之始終也諸卦亦然若大畜初畜而後通皆是也亦有一爻之中原始要終也故坤卦之初六履霜堅冰至履霜是原始也堅冰至是要終也六爻相雜唯其時物者物事也一卦之中六爻交相雜錯唯各會其時唯各主其事若屯卦初九磐桓利居貞是居貞之時有居貞之事六二屯如邅如是乘陽屯邅之時是有屯邅之事也略舉一爻餘爻倣此也其初難知者謂卦之初始起於微細始擬議其端緒

七四八

卷十二第二十九葉前

事未顯著故難知也其上易知者其上謂卦之上爻事已終極成敗已見故易知也上云其上則其初宜云下也初既言初則上應稱末互文也以易經爻辭言初言上故此從經文也本末也者其初難知是本也其上易知是末也以事本故難知以事末故易知故云本末也初辭擬之者覆釋其初難知也以初時以辭擬議其始故難知也卒成之終者覆釋其上易知也言上是事之卒了而成就終竟故易知也若夫雜物撰德辯是與非則非其中爻不備者言雜聚天下之物撰數衆人之德辯定是之與非則非其中之一爻不能備具也謂一卦之内而有六爻各主其物各數其德欲辯定此六爻之是非則總歸於中爻言中爻統攝一卦之義多也若非中爻則各守一爻不能盡統卦義以中爻居一无偏故能統卦義也猶乾之九二見龍在田利見大人九五飛龍在天利見

七四九

卷十二第二十九葉後

大人是總攝乾卦之義也乾是陽長是行利見大人之時二之與五統攝乾德又坤之六二云直方大攝坤卦地道之義六五黄裳元吉亦統攝坤之臣道之義也噫亦要存亡吉凶則居可知矣者噫者發聲之辭卦爻雖衆意義必在其中爻噫乎發歎要定或此卦存之與亡吉之與凶但觀其中爻則居然可知矣謂平居自知不須營爲也知者觀其彖辭則思過半矣者彖辭謂文王卦下之辭言聰明知達之士觀此卦下彖辭則能思慮有益以過半矣　注夫彖者至不亦宜乎正義曰云夫彖者舉立象之統者謂文王卦下彖辭舉明立此卦象之綱統也云論中爻之義者言彖辭論量此卦中爻義意也舉立象之統者若屯卦彖云利貞夫子釋云動於險中大亨貞者是舉立象之統也論中爻之義者若蒙卦云蒙亨初筮告注云能爲初筮其唯二乎是彖云初筮其在九二是論中爻之

七五〇

卷十二第三十葉前

義也云約以存博簡以兼衆者唯舉中爻是約是簡存備六爻之義是存博兼衆也云雜物撰德而
一以貫之者一卦六爻雜聚諸物撰數諸德而用一道以貫穿之一謂中爻也以其居中於上於下
无有偏二故稱一也其事彌繁則愈滯乎形者愈益也滯謂陷滯也若事務彌更繁多則轉益滯陷
於形體言處處妨礙也云其理彌約則轉近乎道者若理能簡約則轉轉附近於道道以約少无為
之稱故少則近於道也
二與四同功注云同陰功也而異位注云有內外也其善不同二
多譽注云二處中和故多譽也四多懼近也注云位逼於君故多懼也柔之
為道不利遠者其要无咎其用柔中也注云四之多懼以近

七五一

卷十二第三十葉後

君也柔之為道須援而濟故有不利遠者二之能无咎柔而處中也三與五同功注云
同陽功也而異位注云有貴賤也三多凶五多功貴賤之等也
其柔危其剛勝邪注云三五陽位柔非其位處之則危居以剛健勝其任也夫所
貴剛者閑邪存誠動而不違其節者也所貴柔者含弘居中順而不失其貞者也若剛以犯物則非
剛之道柔以卑佞則非柔之義也疏正義曰此第八章也明諸卦二三四五爻之功用又明三
才之道并明易興之時總贊明易道之大也各隨文釋之柔之為道不利遠者此覆釋上四多懼之
意凡陰柔為道當須親附於人以得濟令乃遠其親援而欲上逼於君所以多懼其不宜利於疎遠
也其要无咎其用柔中者覆釋上二多譽也言二所多譽者言二所以要會无罪咎而多譽也所以

七五二

卷十二第三十一葉前

然者以其用柔而居中也貴賤之等其柔危其剛勝邪者此釋三與五同功之義五為貴三為賤是
貴賤之等也此並陽位若陰柔處之則傾危陽剛處之則剋勝其任故云其柔危其剛勝也諸本三
多凶五多功之下皆有注今定本无也三居下卦之極故多凶五居中處尊故多功也易之
為書也廣大悉備有天道焉有人道焉有地道焉
兼三材而兩之故六六者非它也三材之道也注云
說卦備矣道有變動故曰爻爻有等故曰物注云等類也乾陽物也坤
陰物也爻有陰陽之類而後有剛柔之用故曰爻有等故曰物物相雜故曰文注云剛柔
交錯玄黃相雜文不當故吉凶生焉疏正義曰此節明三材之義六爻相雜

七五三

卷十二第三十一葉後

之理也六者非他三材之道也者言六爻所效法者非更別有他義唯三材之道也道有變動故曰
爻者言三材之道既有變化而移動故重畫以象之而曰爻也爻有等故曰物者物類也言爻有陰
陽貴賤等級以象萬物之類故謂之物也物相雜故曰文者言萬物遞相錯雜若玄黃相間故謂之
文也文不當故吉凶生焉者若相與聚居間雜成文不相妨害則吉凶不生也由文之不當相與聚
居不當於理故吉凶生也易之興也其當殷之末世周之盛德
邪當文王與紂之事邪注云文王以盛德蒙難而能亨其道故稱文王之德
以明易之道也是故其辭危注云文王與紂之事危其辭也危者使平易
者使傾注云易慢易也其道甚大百物不廢懼以終始其

七五四

要无咎此之謂易之道也注云夫文不當而吉凶生則保其存者亡不忘亡者存有其治者乱不忘危者安懼以終始歸於无咎安危之所由爻象之大體也疏正義曰此一節明易之興起在紂之末世故其辭者憂其傾危也以當紂世憂畏滅亡故作易辭多述憂危之事亦以垂法於後使保身危懼避其患難也周氏云謂當紂時不敢指斥紂惡故其辭微危而不正也今案康伯之注云文王與紂之事危其辭也則似周釋爲得也案下覆云危者使平則似危謂憂危是非既未可明所以兩存其釋也危者使平者既有傾危以蒙大難文王有天下是危者使平也易者使傾者若其慢易不循易道者則使之傾覆若紂爲凶惡以至誅滅也其道甚大百物不廢者言易道功用甚大百種之物賴之不有休廢也懼以終始者言恒能憂懼於終始能於始思終於終

思始也其要无咎者若能始終皆懼要會歸於无咎也此之謂易之道者言易之爲道若能終始之懼則无凶咎此謂易之所用之道其大體如此也

○夫乾天下之至健也德行恒易以知險夫坤天下之至順也德行恒簡以知阻能說諸心能研諸侯之慮注云諸侯物主有爲者也能說萬物之心能精爲者之務定天下之吉凶成天下之亹亹者是故變化云爲吉事有祥象事知器占事知來注云夫變化云爲者行其言事則獲嘉祥之應觀其象事則知制器之方玩其占事則觀方來之驗也天地設位聖人成能注云聖人乘天地之

正萬物各成其能人謀鬼謀百姓與能注云人謀況議於衆以定失得也鬼謀況寄卜筮以考吉凶也不役思慮而失得自明不勞探射而吉凶自著類萬物之情通幽深之故故百姓與能樂推而不厭也八卦以象告注云以象告人爻彖以情言注云辭有險易而各得其情也剛柔雜居而吉凶可見矣變動以利言注云變而通之以盡利也吉凶以情遷注云吉凶无定唯人所動情順乘理以之吉情逆違道以蹈凶故曰吉凶以情遷也是故愛惡相攻而吉凶生注云泯然同順何吉何凶愛惡相攻然後逆順者殊故吉凶生遠近相取而悔吝生注云相取猶相資也遠近之爻互相資取而後有悔吝也情僞相感而利害

生注云情以感物則得利僞以感物則致害也凡易之情近而不相得則凶注云近況比爻也易之情剛柔相摩變動相適者也近而不相得必有乖違之患或有相違而无患者得其應也相順而皆凶者乖於時也存事以考之則義可見矣或害之悔且吝注云夫无對於物而後盡全順之道豈可有欲害之者乎雖能免濟必有悔吝也或欲害之辭也將叛者其辭慙中心疑者其辭枝吉人之辭寡躁人之辭多誣善之人其辭游失其守者其辭屈疏正義曰此第九章自此已下終篇末總明易道之美兼明易道愛惡相攻情僞相感吉凶悔吝由此而生人情不等制辭各異也德行恒易以知險者謂乾之德行恒易略不有難難以此之

卷十二第三十四葉前

故能知險之所興若不有易略則爲險也故行易以知險也德行恒簡也知阻者言坤之德行恒爲簡靜不有煩亂以此之故知阻之所興也若不簡則爲阻難故行簡靜以知阻也大難曰險乾以剛健故知其大難小難曰阻坤以柔順故知其小難知大難曰險者案坎卦彖云天險不可升地險山川丘陵言險不云阻故知險爲大難險既爲大明阻爲小也能説諸心者萬物之心皆患險阻令以阻險逆告於人則萬物之心无不憙説故曰能説諸心也能研諸侯之慮者研精也諸侯既有爲於萬物育養萬物使令得所易既能説諸物之心則能精妙諸侯之慮謂諸侯以此易之道思慮諸物轉益精粹故云研諸侯之慮也定天下之吉凶者言易道備載諸物得失依之則吉逆之則凶是易能定天下之吉凶也成天下之亹亹者亹亹勉也天下有所營爲皆勉勉不息若依此易道則所營爲

七五九

卷十二第三十四葉後

得成故云成天下之亹亹也是故變化云爲者易既備含諸事以是之故物之或以漸變改或頓從化易或口之所云或身之所爲也吉事有祥者若行吉事則有嘉祥之應也象事知器者觀其所象之事則知作器物之方也占事知來者言卜占之事則知未來之驗也言易之爲道有此諸德也天地設位者言聖人乘天地之正設貴賤之位也聖人成能者聖人因天地所生之性各成其能令皆得所也人謀鬼謀百姓與能者謂聖人欲舉事之時先與人衆謀圖以定得失又卜筮於鬼神以考其吉凶是與鬼爲謀也聖人既先與人謀鬼神謀不煩思慮與探射自然能類萬物之情能通幽深之理是其能也則天下百姓親與能人樂推爲王也自此已上論易道之大聖人法之而行自此已下又明卦爻剛柔變動情僞相感之事也剛柔雜居而吉凶可見矣者剛柔二爻相雜而居得理則

七六〇

卷十二第三十五葉前

吉失理則凶故吉凶可見也變動以利言者若不變不動則於物有損有害今變而動之使利益於物是變動以利而言説也吉凶以情遷者遷謂遷移凡得吉者由情遷移於善也所得凶者由情遷於惡也是故愛惡相攻而吉凶生者若泯然无心事无得失何吉凶之有由有所貪愛有所憎惡兩相攻擊或愛攻於惡或惡攻於愛或兩相攻擊事有得失故吉凶生也遠近相取而悔吝生者遠謂兩卦上下相應之類近謂比爻共聚迭相資取取之不以理故悔吝生也情僞相感而利害生者情謂實情僞謂虚僞虚實相感若以實情相感則利生若以虚僞相感則害生也凡易之情近而不相得則凶者近謂兩爻相近而不相得又各无外應則致凶咎若各有應雖近不相得不必皆凶也或害之悔且吝者言若能弘通不偏對於物盡竭順道物豈害之今既有心於物情意二三其外物則

七六一

卷十二第三十五葉後

或欲害之則有凶禍假令自能免濟猶有悔及吝也故云或害之悔且吝也將叛者其辭慙者此已下説人情不同其辭各異將欲違叛已者貌雖相親辭不以實故其辭慙也中心疑者其辭枝者枝謂樹枝也中心於事疑惑則其心不定其辭分散若樹枝也吉人之辭寡者以其吉善辭直故辭寡也躁人之辭多者以其煩躁故其辭多也誣善之人其辭游者游謂浮游誣罔善人其辭虚漫故言其辭浮游也失其守者其辭屈者居不值時失其所守之志故其辭屈橈不能申也凡此辭者皆論易經之中有此六種之辭謂作易之人述此六人之意各準望其意而制其辭也

上杉右京亮藤原憲忠寄進

周易注疏卷第十二 乙未立春日子遺三山東窓標

七六二

周易注疏卷第十三

國子祭酒上護軍曲阜縣開國子臣孔頴達奉

勑撰

周易說卦

疏 正義曰說卦者陳說八卦之德業變化及法象所爲也孔子以伏犧畫八卦後重爲六十四卦八卦爲六十四卦之本前繫辭中略明八卦小成引而伸之觸類而長之天下之能事畢矣又曰八卦成列象在其中矣因而重之爻在其中矣又云古者包犧氏之王天下也仰則觀象於天俯則觀法於地觀鳥獸之文與地之宜近取諸身遠取諸物於是始作八卦以通神明之德以類萬物之情

然引而伸之重三成六之意猶自未明仰觀俯察近身遠物之象亦爲未見故孔子於此更備說重卦之由及八卦所爲之象故謂之說卦焉先儒以孔子十翼之次乾坤文言在二繫之後說卦之前以彖象附上下二經爲六卷則上繫第七下繫第八文言第九說卦第十輔嗣以文言分附乾坤二卦故說卦爲第九

昔者聖人之作易也幽贊於神明而生蓍 注云幽深也贊明也蓍受命如響不知所以然而然也 **參天兩地而倚數** 注云參奇也兩耦也七九陽數六八陰數 **觀變於陰陽而立卦** 注云卦象也蓍數也卦則雷風相薄山澤通氣擬象陰陽變化之體蓍則錯綜天地參兩之數蓍極數以定象卦備象以盡數故蓍曰參天兩地而倚數卦曰觀變於陰陽也 **發揮於剛柔而生爻**

注云剛柔發散變動相生 **和順於道德而理於義窮理盡性以至於命** 注云命者生之極窮理則盡其極也

疏 正義曰此一節將明聖人引伸因重卦之意故先敘聖人本制蓍數卦爻備明天道人事妙極之理據今而稱上世謂之昔者也聰明叡知謂之聖人此聖人即伏犧也不言伏犧而云聖人者明以聖知而制作也且下繫已云包犧氏之王天下也於是始作八卦今言作易明是伏犧非文王等凡言作者皆本其事之所由故云昔者聖人之作易也聖人作易其作如何以此聖知深明神明之道而生用蓍求卦之法故曰幽贊於神明而生蓍也倚立也既用蓍求卦其揲蓍所得取奇於天取耦於地而立七八九六之數故曰參天兩地而倚數也言其作易聖人本觀察變化之道象於天地陰陽而立乾坤等卦故曰觀變於陰陽而

立卦也既觀象立卦又就卦發動揮散於剛柔兩畫而生變動之爻故曰發揮於剛柔而生爻也蓍數既生爻卦又立易道周備无理不盡聖人用之上以和協順成聖人之道德下以治理斷割人倫之正義又能窮極萬物深妙之理究盡生靈所稟之性物理既窮生性又盡至於一期所賦之命莫不窮其短長定其吉凶故曰和順於道德而理於義窮理盡性以至於命也 注幽深至而然也 正義曰幽者隱而難見故訓爲深也贊者佐而助成而令微者得著故訓爲明也蓍受命如響不知所以然而然者釋聖人所以深明神明之道便能生用蓍之意以神道與用蓍相協之故也神之爲道陰陽不測妙而无方生成變化不知所以然而然者也蓍則受人命令告人吉凶應人如響亦不知所以然而然與神道爲一故繫辭云蓍之德圓而神其受命如響亦繫辭文也 注參奇至陰數 正義

卷十二第三葉前

曰先儒馬融王肅等解此皆依繫辭云天數五地數五五位相得而各有合以爲五位相合以陰從陽天得三合謂一三與五也地得兩合謂二與四也鄭玄亦云天地之數備於十乃三之以天兩之以地而倚託大演之數五十也必三之以天兩之以地者天三覆地二載欲極於數庶得吉凶之審也其意皆以繫辭所云大演之數五十其用四十有九明用蓍之數下云天數五地數五五位相得而各有合天地之數五十有五以爲大演即天地之數又此上言幽贊於神明而生蓍便云參天兩地而倚數驗文準義故知如此韓康伯注繫辭云大演之數五十用王輔嗣意云易之所賴者五十其用四十有九則其一不用也不用而用以之通非數而數以之成用與不用本末合數故五十也以大衍五十并即天地之數故不用馬融鄭玄等說然此倚數生數在生蓍之後立卦之前明用蓍得

七八七

卷十二第三葉後

數而布以[illegible]故以九六當之七八爲奇天數也六八爲耦地數也故取奇於天取耦於地而立七八九六之數也何以參兩爲目奇耦者蓋古之奇耦亦以三兩言之且以兩是耦數之始三是奇數之初故也不以一目奇者張氏云以三中含兩有一以包兩之義明天有包地之德陽有包陰之道故天舉其多地言其少也　注卦象也至陰陽正義曰卦則雷風相薄山澤通氣擬象陰陽變化之體者此言六十四卦非小成之八卦也伏犧初畫八卦以震象雷以巽象風以艮象山以兌象澤八卦未重則雷風各異山澤不通於陰陽變化之理未爲周備故此下云八卦相錯數往者順知來者逆注云八卦相錯變化理備於往則順而知之於來則逆而數之是也知非八卦者先儒皆以繫辭論用蓍之法云四營而成易十有八變而成卦者謂用蓍三扐而布一爻則十有八變爲六爻

七八八

卷十二第四葉前

也然則用蓍在六爻之後非三畫之時蓋伏犧之初直仰觀俯察用陰陽兩爻而畫八卦後因而重之爲六十四卦然後天地變化人事吉凶莫不周備縕在爻卦之中矣文王又於爻卦之下繫之以辭明其爻卦之中吉凶之義蓍是數也傳稱物生而後有象象而後有滋滋而後有數然則數從象生故可用數求象於是幽贊於神明而生蓍用蓍之法求取卦爻以定吉凶繫辭曰天生神物聖人則之先有遠近幽深遂知來物是也繫辭言伏犧作易之初不假用蓍成卦故直言仰觀俯察此則論其既重之後端策布爻故先言生蓍後言立卦非是聖人幽贊元[illegible]觀變之前　注命者至其極也　正義曰命者人[illegible]受有其定分從生至終有長短之極故曰命者生之極也此所賦命乃自然之至理故窮理則盡其極也

昔者聖人之作易也將以順性命

七八九

卷十二第四葉後

之理是以立天之道曰陰與陽立地之道曰柔與剛　注云在天成象在地成形陰陽者言其氣剛柔者言其形變化始於氣象而後成形萬物資始乎天成形乎地故天曰陰陽地曰柔剛也或有在形而言陰陽者本其始也在氣而言柔剛者要其終也

立人之道曰仁與義兼三才而兩之故易六畫而成卦分陰分陽迭用柔剛故易六位而成章

注云設六爻以效三才之動故六畫而成卦也六位爻所處之位也二四爲陰三五爲陽故曰分陰分陽六爻升降或柔或剛故曰迭用柔剛也

疏　正義曰此一節就爻位明重卦之意八卦小成但有三畫於三才之道陰陽未備所以重三爲六然後周盡故云昔者聖人[illegible]畫卦作易也將以順性命

之理者本意將此易卦以順從天地生成萬物性命之理也其天地生成萬物之理須在陰陽必備是以造化闢設之時其立天之道有二種之氣曰成物之陰與施生之陽也其立地之道有二種之形曰順承之柔與持載之剛也天地既立人生其間立人之道有二種之性曰愛惠之仁與斷割之義也既兼備三才之道而皆兩之作易本順此道理須六畫成卦故作易者因而重之使六畫而成卦也六畫所處有其六位分二四爲陰位三五爲陽位迭用六八之柔爻七九之剛爻而來居之故作易者分布六位而成爻卦之文章也 注或有至其終也 正義曰在形而言陰陽者即坤象辭云履霜堅冰陰始凝是也在氣而言柔剛者即尚書云高明柔克又左傳云天爲剛德是也 注二四爲陰三五爲陽 正義曰王輔嗣以爲[illegible]上兑陰陽[illegible]天地定位山

澤通氣雷風相薄水火不相射八卦相錯數往者順知來者逆 注云易八卦相錯變化理備於往則順而知之於來則逆而數之 是故易逆數也 注云作易以逆覩來事以前民用 疏 正義曰此一節就卦象明重卦之意易以乾坤象天地艮兑象山澤震巽象雷風坎離象水火若使天地不交水火異處則庶類无生成之用品物无變化之理所以因而重之令八卦相錯則天地人事莫不備矣故云天地定位而合德山澤異體而通氣雷風各動而相薄水火不相入而相資既八卦之用變化如此故聖人重卦令八卦相錯乾坤震巽坎離艮兑莫不交互而相重以象天地雷風水火山澤莫不交錯則易之爻卦與天地等成性命之理吉凶之數既往之事將來之幾備在爻卦之中矣故易之爲用人欲數知

既往之事者易則順後而知之人欲數知將來之事者易則逆前而數之是故聖人用此易道以逆數知來事也 注作易至民用 正義曰易雖備知來往之事莫不假象知之故聖人作易以逆覩來事也以前民用者易占事在其民用之前此繫辭文引之以證逆數來事也 雷以動之風以散之雨以潤之日以烜之艮以止之兑以說之乾以君之坤以藏之 疏 正義曰此一節總明八卦養物之功烜乾也上四舉象下四舉卦者王肅云互相備也明雷風與震巽同用乾坤與天地通功也 帝出乎震齊乎巽相見乎離致役乎坤說言乎兑戰乎乾勞乎坎成言乎艮萬物出乎震震東方也齊乎巽

巽東南也齊也者言萬物之絜齊也離也者明也萬物皆相見南方之卦也聖人南面而聽天下嚮明而治蓋取諸此也坤也者地也萬物皆致養焉故曰致役乎坤兑正秋也萬物之所說也故曰說言乎兑戰乎乾乾西北之卦也言陰陽相薄也坎者水也正北方之卦也勞卦也萬物之所歸也故曰勞乎坎艮東北之卦也萬物之所成終而所成始也故曰成言乎艮 疏 正義曰康伯於此无注然益卦六二王用享于帝吉

卷十三第七葉前

王輔嗣注云帝者生物之主興益之宗出震而齊巽者也王之注意正引此文則輔嗣之意以此帝爲天帝也帝若出萬物則在乎震絜齊萬物則在乎巽令萬物相見則在乎離致役以養萬物則在乎坤說萬物而可言者則在乎兌陰陽相戰則在乎乾受納萬物勤勞則在乎坎能成萬物而可定則在乎艮也萬物出乎震震東方者解上帝出乎震以震是東方之卦斗柄指東爲春春時萬物出生也齊乎巽巽東南也齊也者言萬物之絜齊也解上齊乎巽以巽是東南之卦斗柄指東南之時萬物皆絜齊也離也者明也萬物皆相見南方之卦也聖人南面而聽天下嚮明而治蓋取諸此也者解上相見乎離[illegible]聖人法離之事以離爲象日之卦故爲明也日出而萬物皆相見也又位在南方故聖人法南面而聽天下嚮明而治也故云蓋取諸此也坤也者地也萬物皆致養焉故曰致

卷十三第七葉後

役乎坤者[illegible]以坤是象地之卦地能生養萬物是有其勞役[illegible]致役乎坤鄭云坤不言方者所言地之養物不專一也兌正秋也萬物之所說也故曰說言乎兌者解上說言乎兌以兌是象澤之卦說萬物者莫說乎澤又位是西方之卦斗柄指西是正秋八月也正秋而萬物皆說成也戰乎乾乾西北之卦也言陰陽相薄也者解上戰乎乾以乾是西北方之卦西北是陰地乾是純陽而居之是陰陽相薄之象也故曰戰乎乾坎者水也正北方之卦也勞卦也萬物之所歸也故曰勞乎坎者解上勞乎坎以坎是象水之卦水行不舍晝夜所以爲勞卦又是正北方之卦斗柄指北於時爲冬冬時萬物閉藏納受爲勞是坎爲勞卦也艮東北之卦也萬物之所成終而所成始也故曰成言乎艮者解上成言乎艮也以艮是東北方之卦也東北在寅丑之間丑爲前歲之末寅爲後歲

卷十三第八葉前

之初則是萬物之所成終而所成始也

神也者妙萬物而爲言者也

注云於此言神者明八卦運動變化推移莫有使之然者神則无物妙萬物而爲言也則雷疾風行火炎水潤莫不自然相與爲變化故能萬物既成也

動萬物者莫疾乎雷橈萬物者莫疾乎風燥萬物者莫熯乎火說萬物者莫說乎澤潤萬物者莫潤乎水終萬物始萬物者莫盛乎艮故水火相逮雷風不相悖山澤通氣然後能變化既成萬物也

疏 正義曰此一節別明八卦生成之用八卦運動萬物變化應時不失所不成莫有使之然者而求其眞宰无有遠近了无晦跡不知所以然而然

卷十三第八葉後

況之曰神也然則神也者妙萬物而爲言者神既範圍天地故此之下又復別言乾坤直舉六子以明神之功用故曰鼓動萬物者莫疾乎震震象雷也橈散萬物者莫疾乎巽巽象風也乾燥萬物者莫熯乎離離象火也光說萬物者莫說乎兌兌象澤也潤濕萬物者莫潤乎坎坎象水也終萬物始萬物者莫盛乎艮艮東北方之卦也故水火雖不相入而相逮及雷風雖相薄而不相悖逆山澤雖相懸而能通氣然後能行變化而盡成萬物也艮不言山獨舉卦名者動橈燥潤之功是雷風水火至於終始萬物於山義爲微故言艮而不言山也上章言水火不相入此言水火相逮者既不相入又不相及則无成物之功明性雖不相入而氣相逮及也上言雷風相薄此言不相悖者二象俱動動若相薄而相悖逆則相傷害亦无成物之功明雖相薄而不相逆也

乾健也坤

順也震動也巽入也坎陷也離麗也艮止也兌說也【疏】正義曰此一節說八卦名訓乾象天天體運轉不息故爲健也坤順也坤象地地順承於天故爲順也震動也震象雷雷奮動萬物故爲動也巽入也巽象風風行无所不入故爲入也坎陷也坎象水水處險陷故爲陷也離麗也離象火火必著於物故爲麗也艮止也艮象山山體靜止故爲止也兌說也兌象澤澤潤萬物故爲說也

乾爲馬坤爲牛震爲龍巽爲雞坎爲豕離爲雉艮爲狗兌爲羊【疏】正義曰此一節說八卦畜獸之象略明遠取諸物也乾象天天行健故爲馬也坤爲牛坤象地任重而順故爲牛也震爲龍震動象龍動物故爲龍也巽爲雞巽主號令雞能知時故爲雞也坎爲豕坎主水瀆豕處汚濕故

爲豕也離爲雉離爲文明雉有文章故爲雉也艮爲狗艮爲靜止狗能善守禁止外人故爲狗也兌爲羊兌說也王廙云羊者順從之畜故爲羊也

乾爲首坤爲腹震爲足巽爲股坎爲耳離爲目艮爲手兌爲口【疏】正義曰此一節說八卦人身之象略明近取諸身也乾尊而在上故爲首也坤爲腹坤能包藏含容故爲腹也震爲足足能動用故爲足也巽爲股股隨於足則巽順之謂故爲股也坎爲耳坎北方之卦主聽故爲耳也離爲目南方之卦主視故爲目也艮爲手艮既爲止手亦能止持其物故爲手也兌爲口兌西方之卦主言語故爲口也

乾天也故稱乎父坤地也故稱乎母震一索而得男故謂之長男巽一索而得女故謂之

長女坎再索而得男故謂之中男離再索而得女故謂之中女艮三索而得男故謂之少男兌三索而得女故謂之少女【疏】正義曰此一節說乾坤六子明父子之道王氏云索求也以乾坤爲父母而求其子也得父氣者爲男得母氣者爲女坤初求得乾氣爲震故曰長男坤二求得乾氣爲坎故曰中男坤三求得乾氣爲艮故曰少男乾初求得坤氣爲巽故曰長女乾二求得坤氣爲離故曰中女乾三求得坤氣爲兌故曰少女

乾爲天爲圜爲君爲父爲玉爲金爲寒爲冰爲大赤爲良馬爲老馬爲瘠馬爲駁馬爲木果【疏】正義曰此下歷就八卦廣明卦象者也此一節廣明

乾象乾既爲天天動運轉故爲圜也爲君爲父取其尊首而爲萬物之始也爲玉爲金取其剛而清明也爲寒爲冰取其西北寒冰之地也爲大赤取其盛陽之色也爲良馬取其行健之善也爲老馬取其行健之久也爲瘠馬取其行健之甚瘠馬骨多也爲駁馬言此馬有牙如倨能食虎豹爾雅云倨牙食虎豹此之謂也王廙云駁馬能食虎豹取其至健也爲木果取其果實著木有似星之著天也

坤爲地爲母爲布爲釜爲吝嗇爲均爲子母牛爲大輿爲文爲衆爲柄其於地也爲黑【疏】正義曰此一節廣明坤象坤既爲地地受任生育故謂之爲母也爲布取其地廣載也爲釜取其化生成熟也爲吝嗇取其地生物不轉移也爲均取其地道平均也爲子母牛取其多蓄育而順之也爲大輿取其能載

卷十三第十一葉前

萬物也爲文取其萬物之色雜也爲衆取其地載物非一也爲柄取其生物之本也其於地也爲黑取其極陰之色也震爲雷爲龍爲玄黃爲旉爲大塗爲長子爲決躁爲蒼筤竹爲萑葦其於馬也爲善鳴爲馵足爲作足爲的顙其於稼也爲反生其究爲健爲蕃鮮疏正義曰此一節廣明震象爲玄黃取其相雜而成蒼色也爲旉取其春時氣至草木皆吐旉布而生也爲大塗取其萬物之所生出也爲長子如上文釋震爲長子也爲決躁取其剛動也爲蒼筤竹竹初生之時色蒼筤取其春生之美也爲萑葦萑葦竹之類也其於馬也爲善鳴取其象雷聲之遠聞也爲馵足馬後足白爲馵取其動而見也爲作足取其動而行健也爲的顙白

卷十三第十一葉後

顙爲的顙亦取動而見[illegible]稼也爲反生取其始生戴甲而出也其究爲[illegible]極也極於震動則爲健也爲蕃鮮鮮明也取其春時草木蕃育而鮮明巽爲木爲風爲長女爲繩直爲工爲白爲長爲高爲進退爲不果爲臭其於人也爲寡髮爲廣顙爲多白眼爲近利市三倍其究爲躁卦疏正義曰此一節廣明巽象巽爲木木可以輮曲直即巽順之謂也爲風取其陽在上搖木也爲長女如上釋巽爲長女也爲繩直取其號令齊物如繩之直木也爲工亦皆取繩直之類爲白取其風吹去塵故絜白也爲長取其風行之遠也爲高取其風性高遠又木生而上也爲進退取其風之性前却其物進退之義也爲不果取其風性前却不能果敢決斷亦皆進

七八四

卷十三第十二葉前

退之義也爲臭王肅作爲香臭也取其風所發也又取下風之遠聞其於人也爲寡髮寡少也風落樹之華葉則在樹[illegible]稀疎如人之少髮亦類於此故爲寡髮也爲廣顙額闊爲廣顙髮寡少之義故爲廣顙也爲多白眼取其躁人之眼其色多白也爲近利取其躁人之情多近於利也市三倍取其木生蕃盛於市則三倍之宜利也其究爲躁卦究極也取其風之勢極於躁急也坎爲水爲溝瀆爲隱伏爲矯輮爲弓輪其於人也爲加憂爲心病爲耳痛爲血卦爲赤其於馬也爲美脊爲亟心爲下首爲薄蹄爲曳其於輿也爲多眚爲通爲月爲盜其於木也爲堅多心疏正義曰此一節廣明坎象坎爲水取

七八五

卷十三第十二葉後

其北方之行也爲溝瀆取其水行无所不通也爲隱伏取其水藏地中也爲[illegible]取其使曲者直爲矯使直者曲爲矯輮水流曲直故爲矯輮也爲弓輪弓者激矢取如水激射也輪者運行如水行也其於人也爲加憂取其憂險難也爲心病憂其險難故心病也爲耳痛坎爲勞卦也又北方主聽聽勞則耳痛也爲血卦取其人之有血猶地有水也爲赤亦取血之色其於馬也爲美脊取其陽在中也爲亟心亟急也取其中堅內動也爲下首取其水流向下也爲薄蹄取其水流迫地而行也爲曳取其水磨地而行也其於輿也爲多眚取其表裏有陰力弱不能重載常憂災眚也爲通取其水行有孔穴也爲月取其月是水之精也爲盜取水行潛竊如盜賊也其於木也爲堅多心取剛在內也離爲火爲日爲電爲中女爲甲胄爲戈兵其於人

卷十三第十三葉前

也爲大腹爲乾卦爲鼈爲蟹爲蠃爲蚌爲龜其於木也爲科上槁疏正義曰此一節廣明離象離爲火取南方之行也爲日取其日是火之精也爲電取其有明似火之類也爲中女如上釋離爲中女也爲甲胄取其剛在外也爲戈兵取其剛在於外以剛自捍也其於人也爲大腹取其懷陰氣也爲乾卦取其日所烜也爲鼈爲蟹爲蠃爲蚌爲龜皆取剛在外也其於木也爲科上槁科空也陰在内爲空木既空中者上必枯槁也

艮爲山爲徑路爲小石爲門闕爲果蓏爲閽寺爲指爲狗爲鼠爲黔喙之屬其於木也爲堅多節疏正義曰此一節廣明艮象艮爲山取陰在於下爲止陽在於上爲高故艮象山也爲徑路取其山雖

卷十三第十三葉後

高有澗道也爲小石取其艮爲山又爲陽卦之小者故爲小石也爲門闕取其有徑路又崇高也爲果蓏木實爲果草實爲蓏取其出於山谷之中也爲閽寺取其禁止人也爲指取其執止物也爲狗爲鼠取其皆止人家也爲黔喙之屬取其山居之獸也其於木也爲堅多節取其山之所生其堅勁故多節也

兌爲澤爲少女爲巫爲口舌爲毀折爲附決其於地也爲剛鹵爲妾爲羊疏正義曰此一節廣明兌象兌爲澤取其陰卦之小地類卑也爲少女如上釋兌爲少女也爲巫取其口舌之官也爲口舌取西方於五事爲言取口舌爲言語之具也爲毀折爲附決兌西方之卦又兌主秋也取秋物成熟稾稈之屬則毀折也果蓏之屬則附決也其於地也爲剛鹵取水澤所停則鹹鹵也爲妾取少女從姊爲娣也爲羊

卷十三第十四葉前

如上釋取其羊性順也

周易序卦第十

疏正義曰序卦者文王既繇六十四卦分爲上下二篇其先後之次其理不見故孔子就上下二經各序其相次之義故謂之序卦焉其周氏就序卦以六門主攝第一天道門第二人事門第三相因門第四相反門第五相須門第六相病門如乾之次坤泰之次否等是天道運數門也如訟必有師師必有比等是人事也如因小畜生履因履故通等是相因門也如遯極反壯動竟歸止等是相反門也如大有須謙蒙稚待養等是相須門也如賁盡致剝進極致傷等是相病門也韓康伯云序卦之所明非易之緼也蓋因卦之次託象以明義不取深緼之義故云非易之緼故以取其義理也今驗六十四卦二二相耦非覆即變覆者表裏視之遂成兩卦屯蒙需訟師比之類是也變者反覆唯成一卦則變以對之乾坤坎離大過頤

卷十三第十四葉後

中孚小過之類是也且聖人本定先後若元用孔子序卦之意則不應非覆即變然則康伯所云因卦之次託象以明義蓋不虛矣故不用周氏之義

有天地然後萬物生焉盈天地之間者唯萬物故受之以屯屯者盈也屯者物之始生也注云屯剛柔始交故爲物之始生也疏正義曰王肅云屯剛柔始交而難生故爲物始生也盧氏云物之始生故屯難皆以物之始生釋屯難之義案上言屯者盈也釋屯次乾坤其言已畢更言屯者物之始生者開說下物生必蒙直取始生之意非重釋屯之名也故韓康伯直引剛柔始交以釋物之始生也物生必蒙故受之以蒙蒙者蒙也物之穉也物穉不可不養也故受之以需

需者飲食之道也飲食必有訟故受之以訟注云夫有生則有資有資則爭興也訟必有衆起故受之以師師者衆也衆必有所比故受之以比注云衆起而不比則爭無由息必相親比而後得寧也比者比也比必有所畜故受之以小畜注云比非大通之道則各有所畜以相濟也由比而畜故曰小畜而不能大也物畜然後有禮故受之以履注云履者禮也禮所以適用也故旣畜則宜用有用則須禮也履而泰然後安故受之以泰泰者通也物不可以終通故受之以否物不可以終否故受之以同人注云否則

思通人〇人同志故可出門同人不謀而合與人同物必歸焉故受之以大有有大者不可以盈故受之以謙有大而能謙必豫故受之以豫豫必有隨注云順以動者衆之所隨疏正義曰鄭玄云喜樂而出人則隨從孟子曰吾君不游吾何以休吾君不豫吾何以助此之謂也王肅云歡豫人必有隨隨者皆以爲人君喜樂歡豫則以爲人所隨案豫卦彖云豫剛應而志行順以動豫豫順以動故天地如之而況建侯行師乎天地以順動故日月不過而四時不忒聖人以順動則刑罰清而民服即此上云有大而能謙必豫故受之以豫其意以聖人順動能謙爲物所說所以爲豫人旣說豫自然隨之則謙順在君說豫在人也若以人君喜樂游豫人則隨之紂作靡靡之樂長夜

之飲何爲天下離叛乎故韓康伯云順以動者衆之所隨在於人君取致豫之義然後爲物所隨所以非斥先儒也故受之以隨以喜隨人者必有事故受之以蠱蠱者事也有事而後可大注云可大之業由事而生故受之以臨臨者大也物大然後可觀故受之以觀可觀而後有所合故受之以噬嗑注云可觀則異方合會也嗑者合也物不可以苟合而已故受之以賁賁者飾也注云物相合則須飾以脩外也致飾然後亨則盡矣故受之以剝注云極飾則實喪也剝者剝[illegible]不可以終盡剝窮上反下

故受之以復復則不妄[illegible]以无妄有无妄然後可畜故受之以大畜[illegible]畜然後可養故受之以頤頤者養也不養則不可動故受之以大過注云不養則不可動養過則厚疏正義曰鄭玄云以養賢者宜過於厚王輔嗣注此卦云音相過之過韓氏云養過則厚與鄭玄輔嗣義同唯王肅云過莫大於不養則以爲過失之過案此序卦以大過次頤也明所過在養子雍以爲過在不養違經反義莫此之尤而周氏等不悟其非兼以過失釋大過之名已具論之於經也物不可以終過故受之以坎坎者陷也注云過而不已則陷沒也陷必有所麗故受之以離離者麗

也注云物窮則變極陷則反所麗也有天地然後有萬物有萬物然後有男女有男女然後有夫婦有夫婦然後有父子有父子然後有君臣有君臣然後有上下有上下然後禮義有所錯注云言咸卦之義也凡序卦所明非易之緼也蓋因卦之次託以明義咸柔上而剛下感應以相與夫婦之象莫美乎斯人倫之道莫大乎夫婦故夫子殷勤深述其義以崇人倫之始而不係之於離也先儒以乾至離為上經天道也咸至未濟為下經人事也夫易六畫成卦三材必備錯綜天人以效變化豈有天道人事偏於上下哉斯蓋守文而不求義失之遠矣〇正義曰此一節注破先儒上經明天[illegible]明人事於咸卦之初也

論之矣夫婦之道不可以不久也故受之以恒恒者久也物不可以久居其所故受之以遯遯者退也注云夫婦之道以恒為貴而物之所居不可以恒宜與世升降有時而遯也物不可以終遯注云遯君子以遠小人遯而後亨何可終邪則小人遂陵君子日消也故受之以大壯注云陽盛陰消君子道勝物不可以終壯故受之以晉注云晉以柔而進也晉者進也注云雖以柔而進要是進也進必有所傷故受之以明夷注云日中則昃月盈則食夷者傷也傷於外者必反於家故受之以家人注云傷於外者必反諸內家道窮必乖

注云室家至親過在失節故家人之義唯嚴與敬樂勝則流禮勝則離家人尚嚴其敝必乖也故受之以睽睽者乖也乖必有難故受之以蹇蹇者難也物不可以終難故受之以解解者緩也緩必有所失故受之以損損而不已必益故受之以益益而不已必決注云益而不已則盈故必決也故受之以夬夬者決也決必有遇注云以正決邪必有嘉遇也故受之以姤姤者遇也物相遇而後聚故受之以萃萃者聚也聚而上者謂之升故受之以升升而不已必困故受

之以困困乎上者必反下故受之以井井道不可不革注云井久則濁穢宜革易其故故受之以革革物者莫若鼎故受之以鼎注云革去故鼎取新既以去故則宜制器立法以治新也鼎所以和齊生物成新之器也故取象焉主器者莫若長子故受之以震震者動也物不可以終動止之故受之以艮艮者止也物不可以終止故受之以漸漸者進也進必有所歸故受之以歸妹得其所歸者必大故受之以豐豐者大也窮大者必失其居故受之以旅旅而无